28206
20

CHEFS-D'ŒUVRE

DE LA

LITTÉRATURE

FRANÇAISE

20

ŒUVRES

COMPLÈTES

DE J. RACINE

TOME PREMIER

ŒUVRES
COMPLÈTES
DE J. RACINE

AVEC UNE VIE DE L'AUTEUR

ET

UN EXAMEN DE CHACUN DE SES OUVRAGES

PAR

M. SAINT-MARC GIARDIN

DE L'ACADÉMIE FRANÇAISE

TOME PREMIER

PARIS

GARNIER FRÈRES, LIBRAIRES-ÉDITEURS

6, RUE DES SAINTS-PÈRES

M DCCC LXIX

DISCOURS PRÉLIMINAIRE.

DE RACINE ET DE SON INFLUENCE SUR LA LITTÉRATURE
DU XVIIe SIÈCLE.

On a beaucoup dit que la littérature, sous l'influence de Louis XIV, était devenue plus régulière, c'est-à-dire plus froide et plus timide, et que le génie de nos poëtes s'était laissé régler sous la main du grand roi, comme les ifs de Versailles avaient été taillés et façonnés par les jardiniers de Le Nôtre. Ne nous laissons pas duper par de vaines apparences. Racine et Boileau ne sont pas les régulateurs officiels de la littérature, les correcteurs jurés du goût et de l'esprit publics. Assurément ils aiment l'ordre, le bon goût, l'élégance; ils ont plus que cela, ils ont un génie ferme et décidé, mais sage, et dont la force ne coûte rien à l'ordre. Ils ont des idées grandes et nouvelles, et c'est par là qu'ils ont exercé sur leur siècle un légitime ascendant. Les réformateurs qui n'ont que la superstition de la règle sont impuissants. Dans les lettres, la consigne ne suffit pas.

Quelles sont donc les idées nouvelles de Racine et de Boileau? Quels sont les principes de la réforme qu'ils ont faite, et quel rapport ces principes ont-ils avec Louis XIV? Je ne veux pas encore indiquer ni expliquer ce rapport. J'aime mieux ne le faire que lorsque j'aurai dit quelles sont les principales idées de la réforme accomplie par Racine et par Boileau; et je demande pardon à Racine et à Boileau de me servir du mot de réforme, pour expliquer les idées nouvelles qu'ils ont mises en honneur dans la littérature. Le mot parle à l'esprit de notre temps, et craignant de ne pas faire comprendre tout ce qu'ils ont fait, j'aime mieux mal dire que de ne rien dire.

Boileau a indiqué les deux principales idées de la réforme qu'il fit avec Racine dans la littérature, par ces vers de *l'Art poétique* :

De cette passion

(dit-il en parlant de l'amour)

la sensible peinture
Est pour aller au cœur la route la plus sûre.

Il dit ailleurs en parlant d'Homère et des anciens :

Aimez donc leurs écrits.

La peinture de l'amour et l'imitation des anciens, voilà les deux principes fondamentaux de la réforme accomplie par Boileau et par Racine.

Eh quoi! dira-t-on, sont-ce là des idées nouvelles dans la littérature au xviie siècle? L'amour ne fait-il pas bien avant Racine le fond de tous les drames et de tous les romans du temps? Certes ce n'est pas Racine qui l'a introduit sur la scène, et, loin d'être en cela un novateur, Racine n'a été que l'imitateur de ses devanciers.

Même objection pour l'imitation des anciens. N'était-ce pas là la manie de Ronsard et de son école? Les poëtes de la pléiade ont-ils fait autre chose que d'imiter les anciens jusqu'à l'excès? Oui, si vous considérez seulement le titre et l'étiquette des deux idées fondamentales de la réforme de

Racine et de Boileau, ce sont de vieilles idées; mais si vous en considérez le fond et la pratique, elles sont neuves et hardies.

La peinture de l'amour dans Racine est fort différente de celle de ses devanciers. L'amour avant Racine est romanesque et métaphysique : c'est une aventure extraordinaire ou une théorie prétentieuse. Dans Racine, c'est une *peinture sensible,* un tableau fidèle et vrai d'un cœur amoureux; ce n'est pas l'amour tel que le ressentent les héros de roman qui ont des sentiments de fantaisie, et dont le cerveau s'échauffe plus que le cœur; c'est l'amour tel qu'il est dans tous les cœurs et tel que le ressentent, aux champs comme à la ville, les grands hommes et les hommes médiocres, tout le monde enfin. Boileau, dans *l'Art poétique,* nous dit comment il faut peindre l'amour, et ses préceptes s'accordent avec les exemples de Racine.

> Peignez donc, j'y consens, les héros amoureux.
> Mais ne m'en formez pas des bergers doucereux.
> Qu'Achille aime autrement que Tircis et Philène;
> N'allez pas d'un Cyrus nous faire un Artamène;
> Et que l'amour, souvent de remords combattu,
> Paroisse une foiblesse et non une vertu.

Voilà le véritable caractère de l'amour dans Racine et le trait distinctif. L'amour est une faiblesse, c'est-à-dire une passion qu'il faut combattre, tandis que dans l'école romanesque qui précède Racine au théâtre, et que Racine a détruite, l'amour est une vertu qu'il faut acquérir ou une doctrine qu'il faut professer. Rien ne caractérise mieux les écoles romanesques de tous les temps que l'idée de faire des passions un signe de vertu ou de force, ou de les ériger en doctrines. En changeant la peinture de l'amour, en le représentant comme une faiblesse, et non plus comme une vertu, Racine faisait une véritable révolution au théâtre, et Boileau à son tour, dans *l'Art poétique,* faisait une loi de cette révolution.

Je ne veux point rechercher ici pourquoi l'amour règne d'une façon si souveraine dans le théâtre des modernes, tandis qu'il a une si petite part dans le théâtre des anciens. La Mothe-

Houdard, l'auteur d'*Inez de Castro*, cherchant dans la préface de son *Romulus* quelle est la cause de la prépondérance de l'amour dans la tragédie et dans la comédie, prétend que cela tient à la présence des femmes au théâtre. Les poëtes veulent leur plaire, et comme la plus sûre manière de leur plaire est de parler amour, la tragédie et la comédie peignent à l'envi cette passion. Cette explication, qui semble seulement galante et frivole, renferme une idée juste et sérieuse. Elle indique le changement qui s'est fait dans le monde et la condition nouvelle des femmes dans la société moderne. Chez les anciens, l'homme ne se souciait et ne s'occupait que de la femme qu'il aimait; les autres femmes n'existaient pas pour lui, renfermées qu'elles étaient dans le gynécée. Chez les modernes, à côté de la femme qu'on aime il y a les femmes qu'on doit respecter et protéger, une moitié du monde à laquelle nous devons nos égards et notre estime. La femme antique n'était mise en relief que par la passion qu'elle inspirait ou qu'elle ressentait; la femme moderne est mise en relief et en honneur par sa seule condition de femme. La différence est grande, non-seulement dans la condition de la femme, mais dans les sentiments de l'homme envers la femme. L'amour, en effet, s'il n'a pas cessé d'être un sentiment particulier et qui a son choix, prend pourtant un sens plus général. On n'aime et on ne doit aimer qu'une femme, mais on les honore toutes. La chevalerie et plus tard la galanterie viennent se placer à côté de l'amour. Il semble même que l'amour veuille s'introduire dans toutes les institutions de la société nouvelle : dans la féodalité, par la chevalerie; à côté des tribunaux, par les Cours d'amour; dans la théologie elle-même, avec la Béatrix du Dante, qui est à la fois une maîtresse et une directrice; dans la conversation, par l'hôtel de Rambouillet; enfin l'amour règne en maître au théâtre et dans les romans; il est justifié et enseigné; on ne fait plus seulement l'amour, on en disserte et on en cause; il a le double ascendant d'un sentiment naturel au cœur de l'homme et d'une doctrine accréditée et honorée. Ne nous y trompons pas, quand les sentiments de l'homme s'érigent en doctrines, ils ont une double force et un plus grand empire.

Au xviiᵉ siècle, l'amour règne donc à la fois comme sentiment et comme doctrine au théâtre et dans les romans. Seulement il y a des auteurs qui font plus volontiers de l'amour une doctrine qu'un sentiment; et ce sont ces auteurs qui forment ce que j'appelle l'école romanesque, qui a précédé Racine et que Racine a eu le mérite de réformer et de remplacer, en substituant l'amour peint comme un sentiment à l'amour enseigné comme une doctrine.

Nous verrons, en passant, quelques-uns des principaux poëtes de l'école romanesque, Scudéry, Duryer, Thomas Corneille, et surtout Quinault.

Avant d'être le poëte de l'opéra, Quinault avait été poëte tragique et poëte comique. C'est ce Quinault-là que Boileau attaque dans ses satires; c'est de lui qu'il dit :

> Les héros, chez Quinault, parlent bien autrement,
> Et jusqu'à : Je vous hais, tout s'y dit tendrement.

C'est de Quinault et de la vogue qu'avait la galanterie ou la fausse tendresse que Corneille se plaint dans la préface de *Pertharite*. On a cru que la plainte de Corneille s'adressait à Racine; c'est une erreur; Racine, quand *Pertharite* tomba,[1] était encore un enfant inconnu; il avait quatorze ans et entrait à peine à Port-Royal. C'était Quinault qui avait alors la faveur publique et qui souvent la méritait, quoi qu'en ait dit Boileau, déjà peu juste pour les tragédies de Quinault, moins juste encore pour cet écrivain, quand il le poursuivit jusque sur la scène de l'Opéra et ne voulut pas reconnaître le génie de Quinault dans la tragédie lyrique, parce qu'il l'avait nié dans la tragédie ordinaire. Nous étudierons Quinault avec quelque attention comme étant au théâtre le véritable intermédiaire entre Corneille et Racine. Nous essayerons de montrer comment il

---

1. 1653.

a contribué pour sa part à la révolution que firent Molière et Racine dans la peinture de l'amour.

Est-ce à dire que Corneille n'avait pas su peindre l'amour? A Dieu ne plaise! l'amour est peint d'une manière admirable comme une passion, et non comme une doctrine, dans la Chimène du *Cid* et dans la Camille d'*Horace,* comme une faiblesse qu'il faut combattre et qu'il faut vaincre, dans la Pauline de *Polyeucte.* Nous pouvons avouer cependant que Corneille se laisse aller quelquefois à faire de l'amour une idée et une doctrine plutôt qu'une passion, comme faisaient les romans du temps. Dans sa *Mort de Pompée,* César soupire pour Cléopâtre d'une façon toute romanesque et fort contraire aux mœurs de César et de Cléopâtre. Dans *Rodogune,* à travers les meurtres et les empoisonnements,

> Il est des nœuds secrets, il est des sympathies,
> Dont par le doux rapport les âmes assorties
> S'attachent l'une à l'autre...

Corneille d'ailleurs est plus à son aise pour créer des caractères que pour peindre des passions. Il a le don souverain du génie; il sait créer; il sait douer de la vie les personnages qu'enfante son imagination, et d'une telle vie que les enfants de son génie n'ont pas moins de réalité que les personnages mêmes de l'histoire. Le Cid, Chimène, le vieil Horace, Nicomède, don Sanche, Pauline, Sévère, ne vivent pas moins pour nous que les personnages dont l'histoire nous atteste la vie; et même si quelqu'un venait me dire avec beaucoup d'assurance que Clovis et même Charlemagne n'ont jamais existé et que ce sont de pures fictions, il serait possible à toute force que je le crusse. Mais qu'on ne me dise pas que Chimène et Pauline, que Nicomède et le vieil Horace n'existent pas. Ils font bien mieux qu'exister, ils vivent; ils ont le cœur et l'âme de l'humanité. Que m'importe maintenant qu'ils n'aient pas eu la chair et le sang des hommes mortels? Avec la chair et le sang on ne fait qu'exister; avec le cœur et l'âme on vit! Exister? Qui est-ce donc qui n'existe pas? La pierre que j'étudie dans les cours de minéralogie, la planète que le télescope va chercher dans les cieux, tout cela existe. Que dis-je? nous tous qui roulons sur la terre au gré des événements et des révolutions, nous existons! Vivons-nous, c'est-à-dire savons-nous avec notre force morale vaincre les forces matérielles qui nous assaillent, ou les mépriser en succombant sous leur ascendant, comme font les martyrs? Il y a deux mondes, le monde des êtres et le monde des hommes, le monde qui existe et le monde qui vit. Je ne fais cas que du monde qui vit; et celui-là, je ne le cherche pas seulement dans l'histoire, je le cherche aussi dans l'imagination des grands poëtes. Lorsque je veux estimer l'homme et en avoir bonne idée, je ne prends pas seulement les personnages de l'histoire et de la réalité, je risquerais d'être souvent et fort tristement désappointé. Je prends aussi les personnages créés par le génie, et je trouve chez les uns ce qui manque aux autres et de quoi me consoler. Ne voyez-vous pas en effet ce que vous ôteriez à l'humanité si vous lui ôtiez tout à coup les personnages nés du cerveau de l'homme, et qui n'ont pas moins de vie que les personnages réels; si vous supprimiez ces grandes et belles effigies de l'âme humaine, Andromaque, Priam, Achille, Patrocle, Didon, Renaud, Tancrède, Clorinde, le Cid, Nicomède, le vieil Horace, Phèdre, Acomat, le Misanthrope, et même les Amadis, les Céladons et les Astrées? Quel vide se ferait à l'instant même dans le tableau de l'humanité! J'aime qu'il y ait eu des Alexandre et des César, des saint Vincent de Paul et des Louis XVI, des héros, des saints et des martyrs; c'est par là que l'humanité se soutient dans l'histoire; mais j'aime aussi ces personnages que l'imagination a créés et qu'elle fait à la ressemblance de l'humanité, quand elle voit l'humanité en beau. Le monde de l'imagination complète et souvent même compense le monde de l'histoire, et c'est le mérite de ce monde de nous tromper en beau, quand l'autre nous trompe en laid.

Je me suis laissé aller à parler ainsi du don suprême de la

création, parce que ce don est celui de Corneille, et qu'au commencement de ces études sur Racine je ne veux pas laisser croire que je rabatte quelque chose de mon admiration pour Corneille; mais une fois ma vieille et persévérante prédilection pour Corneille bien établie, je ne fais pas difficulté de reconnaître que Racine excelle autant dans la peinture des passions que Corneille dans la création des caractères, et qu'ils réunissent entre eux les deux qualités souveraines de l'art dramatique.

Il y a entre ces deux qualités souveraines une grande et notable différence. Dans les caractères, il y a plus de l'individu; dans les passions, il y a plus de l'homme en général. Le caractère est plus *quelqu'un;* la passion est plus *tout le monde*. Prenez un des grands personnages de l'histoire ou de l'imagination, César, Auguste, le vieil Horace, Nicomède, Sertorius, Cornélie : les passions générales de l'humanité s'effacent dans ces grands personnages sous l'empreinte impérieuse du caractère. L'individu éclipse l'homme; et même quand le poëte, pour déférer à l'usage ou par fantaisie, leur prête quelque passion qui ne soit pas conforme à leur caractère, cette passion fait en eux l'effet d'un ridicule. Dans les grandes passions, au contraire, l'homme efface l'individu; la personne disparaît dans le sentiment général qu'elle est chargée de représenter. Britannicus, Xipharès, Bajazet, n'ont pas de caractère qui leur soit propre. Ils ne sont ni Romains, ni Asiatiques, ni Turcs; ils sont amants : ils n'ont pas d'autre nature et d'autre figure que celle de l'amour. Bérénice, Atalide, Aricie, ne sont pas non plus des personnages, ce sont des passions. Il n'y a que deux poëtes qui aient su donner aux passions générales qu'ils mettent en scène un relief original, et d'une passion faire un personnage : c'est Shakspeare et Molière. Othello est le jaloux, mais en même temps c'est Othello. La jalousie est là telle qu'elle est dans le cœur de tout le monde; mais elle y est en même temps avec la nature propre à Othello. Dans *le Misanthrope,* Alceste est un amoureux et un jaloux, mais avant tout il est Alceste; de même que Tartufe aussi est un amoureux ou un libertin, mais qu'avant tout il est Tartufe. Excepté dans Molière et dans Shakspeare, qui ont su maintenir l'égalité entre la peinture des passions générales et la peinture des caractères originaux, le propre de la passion est d'effacer dans l'individu tout ce qu'il y a de personnel, et de le ramener à la condition générale de l'homme. Il y a là un procédé de généralisation que Racine, élève de Port-Royal, pratique admirablement. Il étudie le moi humain, le moi général, au lieu d'étudier le moi de tel ou tel personnage. Il substitue l'homme à l'individu, la passion au caractère. Il est par là plus philosophique ou plus abstrait que Corneille, et comme il est plus général, il est par conséquent aussi plus semblable à lui-même. Tous ses jeunes princes et toutes ses jeunes princesses se ressemblent, parce qu'ils expriment tous le même mouvement du cœur humain, c'est-à-dire l'amour.

Dans le théâtre de Racine, partout ou presque partout les passions générales de l'humanité; les originalités et les saillies particulières ramenées à l'égalité du moi humain; le moi humain étudié avec une sagacité infinie, et représenté avec un art admirable : et peut-être maintenant pouvons-nous entrevoir le rapport éloigné, mais réel, qui existe entre le procédé de généralisation que Racine introduit au théâtre et le procédé de généralisation administrative que Louis XIV introduit dans le gouvernement. L'administration de Louis XIV efface le grand seigneur, le noble, le magistrat, le militaire, et réduit tout au sujet ou à l'homme. Racine efface les personnages, les caractères, et réduit tout à la passion ou à l'homme. La littérature devient générale comme la société, et l'esprit philosophique du xviiie siècle, dont le trait distinctif est de ne s'attacher qu'à l'homme indépendamment de toutes les diversités du temps, du climat et de la condition, l'esprit du xviiie siècle se trouve préparé par le xviie siècle, soit dans la politique, soit dans la littérature.

J'ai essayé d'indiquer comment Racine avait substitué la *peinture sensible* de l'amour à la galanterie. Cette peinture de l'amour est la première réforme de Racine; la seconde est l'imitation des anciens.

L'imitation est-elle un signe de faiblesse? Oui, quand ce sont des esprits médiocres qui imitent. Les esprits médiocres ne savent pas imiter; ils ne savent que copier. On n'imite qu'à la condition d'ajouter du sien au modèle qu'on prend; sans cela, l'imitation est un pastiche. Toute imitation qui ne contient pas à la fois deux éléments, une pensée qui s'ajoute à une autre pensée pour la développer et l'agrandir, n'est qu'un procédé mécanique. Il y a même, parmi les esprits médiocres, des esprits téméraires qui se précipitent dans l'imitation avec une sorte d'aveuglement, qui renoncent volontairement à l'originalité qu'ils tiennent de leur temps ou de leur pays pour se faire anciens ou étrangers. Telle fut l'école de Ronsard. Elle abdiqua le génie et le caractère français du xvie siècle pour se faire grecque ou romaine. L'imitation doit être plus libre et plus hardie; imiter, c'est s'inspirer; imiter, c'est se pénétrer d'une image du beau et tâcher de la reproduire; c'est concevoir le beau afin de l'enfanter. Quand nous sommes devant une belle statue ou devant un beau tableau, que faisons-nous? Nous le contemplons jusqu'à ce que l'image, et, pour mieux parler, jusqu'à ce que l'idée s'en grave dans notre esprit, et quiconque a le goût ou l'intelligence des arts sait combien cette contemplation est féconde, combien en même temps les effets en sont divers, puisque, par une sorte d'échange mutuel entre les arts, la poésie peut s'inspirer de la sculpture, et la sculpture s'inspirer de la poésie, et que la forme et l'expression importent moins que l'idée même. Le fonds commun des arts est le beau; et il faut se pénétrer de cette idée du beau, quelle qu'en soit la forme. Tout le secret de l'imitation est là. L'imitation est donc, selon la nature de l'imitateur, la chose la plus libre et la plus hardie, ou la chose la plus servile et la plus aveugle.

L'imitation de l'antiquité, telle que Racine la conçut, fut libre et hardie; et non-seulement Racine imita, comme fait le génie, en s'inspirant et non en copiant : il sut choisir parmi les modèles. On imitait l'antiquité médiocre plutôt que la belle antiquité, Sènèque plutôt que Sophocle. Racine ramena la littérature de l'imitation des Latins à celle des Grecs; et ce fut une heureuse nouveauté. De plus, l'imitation, ou plutôt l'emploi de l'antiquité, de son histoire et de ses noms, était ridicule et impertinente. On peignait

.... Caton galant, et Brutus dameret.

A ces Romains de fantaisie et de convention, Racine opposa de vrais Romains dans Burrhus et dans Agrippine. Non pas que je prétende que les Grecs et les Romains que Racine fait figurer dans ses tragédies soient tout à fait de vrais Grecs et de vrais Romains. L'Achille de Racine n'est pas l'Achille d'Homère; son Andromaque n'est pas l'Andromaque d'Euripide. Je ne m'en plains pas, et voici pourquoi : c'est que la part de génie et de caractère français que Racine met dans ses personnages antiques leur donne une nouvelle originalité et une nouvelle vie. Sans cela, ses personnages ne seraient que des copies : grâce à ce que Racine leur a prêté de son fonds, ils sont des personnages vivants à nos yeux et vivant comme nous vivons, au lieu d'être des momies curieuses. Faites que Racine se fût contenté de copier l'antiquité, sans la rajeunir, sans la marquer de l'empreinte de son génie, au lieu de faire un théâtre, il aurait fait un musée.

L'antiquité mieux imitée et la passion mieux peinte, voilà les deux idées fondamentales de la réforme accomplie dans la littérature par Racine et par Boileau.

Cette étude plus attentive et plus curieuse du cœur humain s'accordait avec le mouvement intérieur de la société; et je ne parle plus ici de l'organisation administrative et politique de la France sous Louis XIV; je ne cherche plus comment se créait l'État, comment s'agrandissait la bourgeoisie, comment se préparait la démocratie. Je m'attache à un mouvement de la société tout privé et tout intérieur; je veux parler de l'ascendant chaque jour plus grand de la vie privée qui est un des caractères nouveaux de la société sous Louis XIV. La vie féodale, la vie des grands seigneurs dans leurs châteaux et dans leurs terres était une vie publique qui avait ses charges et ses obligations. Un grand terrien, un prince du sang ne vivait pas seulement pour lui; il vivait pour ses vassaux ou pour sa maison; ce mot même de maison, loin d'indiquer la vie intérieure, indiquait une façon de vivre grande et seigneuriale. Avec ces habitudes sociales, l'individu comptait pour beaucoup. Les caractères avaient plus de saillie et plus de relief; les hommes sentaient qu'ils étaient quelqu'un. A Dieu ne plaise que je veuille dire que les individus n'abusaient jamais des prérogatives qu'ils avaient! ils en abusaient beaucoup, mais ils s'en servaient aussi pour faire figure à part dans le monde. La féodalité n'était pas le temps des grandes vertus, mais c'était le temps des caractères hardis et indépendants. J'aurais grand tort de chercher à établir ici je ne sais quelle conformité systématique entre la vie féodale et seigneuriale et les grands caractères qui se rencontrent dans la tragédie de Corneille, entre la vie privée, qui devient chaque jour plus de mise au xviie siècle, et l'étude du cœur humain qui fait le charme du théâtre de Racine. Poussées trop loin, ces analogies sont des jeux d'esprit. Ce qui est vrai cependant, c'est qu'à mesure que s'effaçaient ou s'abaissaient les grandes existences féodales ou seigneuriales, et à mesure que la vie privée prenait le dessus, à mesure aussi la littérature prenait un caractère de pénétration et de sagacité morale, qui parait partout, dans les romanciers comme dans les moralistes, dans les poëtes comme dans les philosophes. C'est là encore une des causes de la prépondérance de l'amour dans la littérature. L'amour convient à la vie privée mieux qu'à la vie publique, et la remplit facilement, soit en bien, soit en mal. Prenez les ouvrages du temps qui ont eu le plus de succès et qui l'ont conservé : ils appartiennent essentiellement à la vie privée. Voyez les romans de Mme de La Fayette : quelle sensible peinture de l'amour! Prenez Nicole et ses traités de morale : quelle analyse pénétrante du moi humain! Les lettres de Mme de Sévigné sont un des plus curieux et des plus charmants témoignages de cet ascendant nouveau de la vie privée dans la société, puisqu'un seul sentiment, l'amour maternel, en fait le fond, et que ce seul sentiment a suffi pour charmer toute la société du temps, qui se passait de mains en mains ces lettres d'une mère à sa fille. La postérité s'est laissé charmer comme le xviie siècle par cet aimable épanchement de l'affection maternelle. Faut-il enfin un témoignage décisif de l'ascendant de la vie privée? Louis XIV épouse Mme de Maintenon, non pour la faire reine : le suprême bon sens et l'admirable tact de Mme de Maintenon ne l'auraient pas souffert; mais pour goûter sur le trône le charme de la vie privée. La vie publique se trouve ainsi vaincue et dominée par la vie privée dans son plus grand et son plus magnifique représentant, dans le roi Louis XIV.

Ainsi tout s'accorde entre la société et la littérature, et l'histoire de l'une explique l'histoire de l'autre. Essayez d'étudier l'histoire de la société sans étudier l'histoire de la littérature : quelle obscurité! quelle incertitude! Vous vous privez du témoin le plus important et le mieux instruit. Croyez-vous qu'à l'aide seulement des lois vous pourriez faire le tableau de la société? Les lois vous donneront quelques traits de vérité; mais elles vous tromperont souvent. Que de lois qui n'ont pas d'effet sur les populations, qui restent dans le *Bulletin des Lois,* qui meurent sans avoir vécu! J'ai fait ou voté beaucoup de lois, ayant été longtemps député : les deux seules dont j'aie retrouvé la trace dans nos hameaux sont la loi sur l'instruction primaire et la loi sur les chemins vicinaux. Les autres étaient restées en l'air, supérieures et inconnues au peuple. Voulez-vous faire le tableau de la société à l'aide seulement des événements? Même difficulté et même chance d'erreurs. Que d'événements qui ne laissent pas de marques dans la société, qui passent comme les nuages, obscurcissant ou éclaircissant le ciel, sans changer l'ordre des saisons! De tous les témoignages de l'état d'une société, la littérature est le plus sûr et le plus expressif. Il faut donc étudier l'histoire des littératures pour comprendre l'histoire des sociétés. Mais il faut aussi étudier l'histoire des sociétés pour comprendre l'histoire des littératures. Sans cela, nous serons exposés à prendre les fantaisies et les bagatelles de la littérature pour la littérature elle-même. Il y a dans la littérature comme dans l'histoire des nouveautés passagères et des nouveautés durables. Comment distinguer les unes des autres? Comment ne point se tromper? Les nouveautés durables sont celles qui répondent à l'état de la société; les nouveautés passagères, celles qui expriment le caprice de l'imagination.

Cette alliance des deux histoires pour les comprendre l'une par l'autre est nécessaire, surtout en France. Nulle part ailleurs la littérature n'a eu plus d'influence sur la société. Prenez la grande révolution de 89, elle est le résumé de la littérature du xviiie siècle, en bien comme en mal. Veillons donc soigneusement sur nos pensées, sur notre littérature, puisque c'est veiller sur notre destinée elle-même. Notre esprit a une si grande part dans notre caractère que nous perdons à la fois sur l'esprit et sur le caractère, quand nous ne surveillons pas la marche de notre esprit, quand nous ne l'entretenons pas d'idées grandes et élevées, quand nous le laissons tomber dans la brutalité ou dans la frivolité. Il est des peuples qui peuvent oublier le soin de leur esprit et garder leur dignité, des peuples où le caractère tient de moins près à l'esprit. Au contraire, en France, nous avons ce malheur, que nous ne pouvons pas être bêtes ou frivoles impunément, parce qu'à l'instant même chez nous l'abaissement des caractères s'ajoute à l'abaissement des intelligences.

Personne ne sera étonné que ces considérations sur l'importance des lettres en France précèdent l'examen du théâtre au xviie siècle. Elles en sont la préface naturelle.

INTRODUCTION.

I.

DE L'ÉTAT DU THÉATRE FRANÇAIS ENTRE CORNEILLE ET RACINE; ENTRE POLYEUCTE, 1640, ET LES FRÈRES ENNEMIS, 1664.

Il faut, pour bien comprendre Racine, connaître ses contemporains et ses devanciers. Je donnerai quelques détails sur ses contemporains et sur les pièces qui faisaient concurrence aux siennes, à mesure que j'examinerai ses tragédies; mais je veux, avant d'étudier son théâtre, indiquer brièvement quel était l'état du théâtre immédiatement avant lui. On croit qu'avant Racine, c'est Corneille seul qui remplit le théâtre français : il y a à côté de Corneille beaucoup de poëtes dramatiques qui occupent la scène et qui réussissent : Rotrou, Mairet, Duryer, Scudéry, Baro, Desfontaines, Gilbert, etc. Si je voulais étudier tous ces contemporains de Corneille et ces devanciers de Racine, j'arriverais à faire une histoire complète du théâtre français dans les soixante premières années du xviie siècle. Je ne veux pas entreprendre une pareille tâche; je veux seulement indiquer quel est le caractère général du théâtre français après les premiers chefs-d'œuvre de Corneille.

Quand nous lisons ces chefs-d'œuvre, nous ne comprenons pas comment ils ne sont pas devenus, dès leur première apparition, le modèle et la règle du théâtre contemporain, comment Corneille n'a pas créé une école. Il est cependant vrai de dire qu'il n'a pas eu de son temps beaucoup d'imitateurs. Il a été très-admiré et peu imité, sinon du côté où il n'avait pas sa grande originalité, et où il suivait, lui aussi, la mode de son temps. Corneille est tellement lui-même dans son génie que, pour l'imiter, il faudrait lui ressembler. Or, qui lui ressemble là où il est grand ? Qui a le secret de sa grandeur, et à qui aurait-il pu l'enseigner, ne l'ayant pas lui-même? Les imitateurs savent prendre les dehors ou les formes extérieures de leur modèle; mais ils ne peuvent pas prendre ce qui fait sa supériorité, ce qui est son inspiration particulière, son génie. Or, si nous cherchons quelles sont les formes extérieures du théâtre de Corneille, nous trouvons que ces formes ressemblent beaucoup aux formes du théâtre de son temps.

Les personnages et les aventures extraordinaires étaient alors fort en usage au théâtre. On sait qu'il y a souvent dans le monde des hommes qui, n'ayant rien de vraiment grand en eux-mêmes, finissent par paraître grands par leurs aventures. Le hasard fait aussi ses héros, et le propre de ces héros du hasard, c'est qu'ils lui doivent tout. A ces hommes, en effet, ôtez les événements étranges de leur vie, donnez-leur une destinée vulgaire, ils ne sont plus rien, tandis que les vrais grands hommes peuvent se passer des faveurs de la fortune. Cette grandeur de caractère qui fait les vrais héros n'étant pas plus facile à inventer au théâtre et dans les romans qu'à trouver dans l'histoire et dans le monde, il n'est pas extraordinaire que les poëtes contemporains de Corneille, n'ayant pas comme lui le génie de créer de grands caractères, aient cherché des personnages extraordinaires, c'est-à-dire des hommes en qui la singularité des aventures remplace la grandeur du caractère. La complication de l'action et la singularité aventureuse des héros, tels sont donc les deux traits distinctifs de l'école romanesque qui règne sur le théâtre français avant Corneille, pendant Corneille, et surtout de 1640 à 1664, c'est-à-dire jusqu'à Racine, dont l'*Alexandre* se sent encore de l'école romanesque.

Je ne fais pas en général grand cas des écoles romanesques; il est bon cependant de les étudier. Les aventures d'un temps, même celles qu'il met dans ses romans, caractérisent le temps. Les aventures du moyen âge ne sont certes pas celles du xviie siècle, et celles du xviie siècle ne sont pas non plus celles du xviiie ou du xixe siècle. L'homme, et surtout l'homme vulgaire, est en général maîtrisé par les événements et les aventures de son temps plutôt qu'il ne les maîtrise lui-même; il a pourtant sa part de volonté dans le tourbillon qui l'entraîne; et je ne sais pas si, à bien y regarder, la différence des aventures d'un siècle à un autre ne tient point uniquement à la différence des passions et des actions humaines. Ces différences de vies et d'aventures, selon les siècles, ne se manifestent pas seulement dans l'histoire; elles se manifestent aussi dans les romans; et même elles s'y manifestent davantage. L'homme en effet invente plus d'aventures qu'il n'en a. Les rêves ou les romans d'une société la caractérisent donc autant que son histoire. Heureuses les sociétés dans lesquelles les romans peignent des héroïsmes chimériques plutôt que des vices audacieux et des succès immoraux; dont les rêves ou les vœux tendent au bien plutôt qu'au mal! Tel était encore le xviie siècle, et tels étaient les personnages et les aventures qu'il représentait dans ses pièces de théâtre, et dans ses romans. Les romans de chevalerie et l'*Astrée* sont les sources principales où puise l'école romanesque avant Corneille et entre Corneille et Racine. Or, dans les romans de chevalerie et dans l'*Astrée*, l'idéal de la vertu l'emporte presque toujours sur l'idéal du vice, et le bien est préféré au mal : non point qu'il n'y ait dans les romans de chevalerie des Galaor, c'est-à-dire des chevaliers inconstants, et dans l'*Astrée* un Hylas, c'est-à-dire un personnage qui professe hautement l'infidélité en amour. Cependant malgré ces héros de légèreté, qui sont blâmés, mais qui ne sont pas haïs, les bons sentiments dans ces vieux romans l'emportent sans hésiter sur les mauvais. C'est aussi le penchant de l'école romanesque dans son théâtre et dans les grands romans de Mlle de Scudéry.

II.

MADEMOISELLE DE SCUDÉRY.

Mlle de Scudéry imite avec empressement dans son *Cyrus* les grands sentiments que Corneille prête à ses héros. Elle sait que, par là, elle plaira au public que la satiété et le raffinement n'ont pas encore éloigné du vrai et du grand. On a beaucoup dit que *Polyeucte* n'avait pas réussi à l'hôtel de Rambouillet à cause de l'amour entre Pauline et Sévère. Était-ce l'amour d'une femme mariée pour un autre que son mari qui choquait la pruderie de l'hôtel de Rambouillet? Ou bien cet amour contenu par le devoir ne semblait-il pas assez ardent pour être intéressant? Que lui reprochait-on? Le trop ou le trop peu? Quoi qu'il en soit, le public, jugeant mieux que l'hôtel de Rambouillet, s'émut aux amours honnêtes et touchantes de Pauline et de Sévère. Il imposa son goût aux auteurs; et ce qui était peut-être encore un paradoxe à l'hôtel de Rambouillet devint peu à peu le lieu commun des romans, sans que le public s'en lassât. Voilà sans doute pourquoi Mlle de Scudéry dans son *Cyrus* a deux fois imité et deux fois raconté les aventures de Pauline et de Sévère, sous les noms d'Amestris et d'Aglatidas, dans le premier volume, d'Alcionide et de Thrasybule, dans le troisième. C'est cette histoire d'Alcionide et de Thrasybule que je veux résumer rapidement, pour montrer ce que le roman empruntait au théâtre; nous verrons après ce que le théâtre empruntait au roman.

Alcionide aimait le prince Thrasybule, et elle en était éper-

INTRODUCTION.

dûment aimée; mais ce prince ayant été forcé de quitter Milet, on annonça bientôt sa mort, et, deux ans après, Alcionide se décida, d'après l'ordre de son père, à épouser le prince Tisandre, l'ami intime de Thrasybule. Celui-ci n'était pas mort, et, quelque temps après le mariage d'Alcionide, il revient à Milet, comme Sévère revient à Mélitène. Tisandre, qui ne sait pas qu'Alcionide a aimé Thrasybule, lui demande de le recevoir; et celle-ci alors lui apprend qu'elle a connu Thrasybule. « Cependant il la conjure de vouloir souffrir sa vue, comme celle de l'homme du monde qu'il aimoit le plus. — Ce que vous désirez, lui dit-elle, me semble un peu dangereux à vous accorder. Ce n'est pas que je ne me fie bien à moi-même; mais je ne me fie pas à vous. Tisandre lui protesta alors qu'il n'auroit jamais de jalousie. » [1]

Vaincue par les instances de son mari, Alcionide consent à recevoir son amant; mais en femme honnête, en digne imitatrice de Pauline, elle prend des précautions contre elle-même : elle ordonne à une de ses confidentes de déchirer et de jeter à la mer (elles sont sur un vaisseau) les lettres qu'elle a gardées de Thrasybule. Elle les gardait d'un mort; elle ne veut plus les garder d'un vivant qu'elle a aimé, qu'elle va revoir, et dont elle veut oublier l'amour. Pendant qu'elle parle, Thrasybule, qui était dans la chambre voisine, entend cet entretien et apprend qu'il était aimé d'Alcionide. « Désespéré, dit Thrasybule, de savoir que je n'étois pas haï, et que pourtant je serois toujours malheureux, je souffris plus que je n'avois encore souffert. Cependant Tisandre, qui m'aimoit véritablement, me vint chercher et me mena dans la chambre d'Alcionide, me priant et me conjurant toujours de faire effort pour me contenter de son amitié. J'y fus donc, et j'entendis, en y entrant, qu'elle dit tout haut à la même fille qu'elle ne manquât pas de faire ce qu'elle lui avoit ordonné. Ce discours fit que je changeai de couleur et que je regardai si attentivement

---

1. *Le Grand Cyrus*, t. III, p. 1198.

Alcionide, qu'elle en baissa les yeux. Je ne vous dirai point, seigneur, quelle fut cette conversation; car je ne pense pas que jamais trois personnes se soyent tant aimées et tant ennuyées ensemble que nous fîmes ce jour-là. Tisandre aimoit passionnément Alcionide et m'aimoit aussi beaucoup; mais, parce que j'aimois ce qu'il aimoit, je voyois bien que, soit par la compassion qu'il avoit de moi, ou par quelqu'autre sentiment qui s'y mêloit, il ne se divertissoit guères en ma compagnie. Alcionide aimoit sans doute Tisandre et ne me haïssoit point; mais, parce que ma passion ne pouvoit plus lui paroître innocente, et que, de plus, Tisandre ne l'ignoroit pas, elle en avoit l'esprit très-inquiet. Pour moi, j'avois autant d'amitié pour Tisandre que j'étois capable d'en avoir, et j'avois plus d'amour pour Alcionide que personne n'en a jamais eu pour qui que ce soit; mais, parce que mon ami étoit possesseur d'un trésor si rare; qu'outre cela, il savoit que j'étois amoureux d'Alcionide, et que je savois aussi qu'Alcionide étoit résolue de m'oublier absolument, je ne pouvois presque ni commencer de parler, ni répondre, et je sortis enfin de cette chambre avec quelque espèce de consolation, quoique ce ne soit pas l'ordinaire de quitter ce qu'on aime sans beaucoup de douleur. » [1]

Cette scène touche à toutes les complications que comporte ce que j'appellerais volontiers la trilogie du mari, de la femme et de l'amant. Comme Pauline, Alcionide a aimé Thrasybule avant d'épouser Tisandre; comme la princesse de Clèves, elle avoue à son mari les sentiments qu'elle a eus pour Thrasybule; comme M. de Volmar enfin, Tisandre veut que sa femme revoie son ancien amant. Il essaye, comme M. de Volmar, d'établir je ne sais quelle association mystique entre le mari, la femme et l'amant; association qui serait impossible, même quand le mysticisme y serait imposé à tout le monde, plus impossible encore quand il ne l'est qu'à une personne sur trois. Cette association, qui a été le rêve de quelques jurisconsultes

---

1. *Le Grand Cyrus*, p. 1203-1204.

des cours d'amour et de quelques philosophes de l'école de M. de Volmar, n'a pas mieux réussi aux uns qu'aux autres; elle a toujours été une impossibilité ou un scandale. Quel amant voudra se contenter d'assister au bonheur du mari? Thrasybule le promet à Alcionide; mais l'entretien même dans lequel il prend cet engagement témoigne qu'il ne pourra pas le tenir. Alcionide ne s'y trompe pas. Dans cet entretien, Thrasybule, avec l'indiscrétion qui est propre à l'amour et qui fait qu'un amant ne peut rien cacher de ce qu'il sent à celle qu'il aime, Thrasybule avoue à Alcionide qu'il l'a entendue quand elle parlait à sa confidente. « Après qu'Alcionide se fut un peu remise, — seigneur, dit-elle avec beaucoup de douleur dans les yeux, la curiosité que vous avez eue de deviner mes sentiments vous coûtera un peu cher, si vous m'aimez; car enfin, je vous le déclare, je ne saurois plus souffrir votre vue après ce que vous savez de moi. Peut-être, si vous eussiez ignoré ce que j'ai dans le cœur pour vous, eussé-je accordé au prince Tisandre la liberté de vous voir comme son ami, ainsi qu'il me le demandoit; mais, après ce que vous venez de me dire, il m'est absolument impossible. Je ne vous pourrois plus voir sans rougir, et, dans les termes où est mon âme, je vous haïrois peut-être par la seule crainte de vous trop aimer et de n'avoir pas assez d'indifférence pour vous. — Mais, madame, m'écriai-je, quelle justice y a-t-il de me parler comme vous faites? — Mais, injuste prince, reprit-elle, quelle raison avez-vous de me dire tant de choses que je ne puis écouter sans crime et que je n'écouterai jamais qu'aujourd'hui?.... — Eh quoi! madame, lui dis-je, est-ce trop vous demander que trois ou quatre moments tous les jours à vous souvenir d'un homme qui vous donne tous ceux de sa vie? — Oui, répliqua-t-elle, c'est trop pour ma gloire que ces trois ou quatre moments que vous demandez, et vous pouvez être assuré que, si je le puis, je vous bannirai de mon souvenir comme de mon cœur. Mais, ajouta-t-elle malgré qu'elle en eût, on ne dispose pas de sa mémoire comme on veut, et il arrivera peut-être que vous m'oublierez sans en avoir le dessein, et que je me souviendrai de vous sans le vouloir faire. Alcionide prononça ces dernières paroles avec une confusion sur le visage, si charmante pour moi, que je me jetai à genoux pour lui en rendre grâce; mais elle, se repentant de ce qu'elle avoit dit, me releva et me défendit si absolument de lui parler jamais de ma passion et de la voir jamais en particulier, que je connus bien, en effet, qu'elle le vouloit ainsi. »[1]

Qui de nous ne reconnaît ici trait pour trait la Pauline de Corneille, lorsque son père veut qu'elle revoie Sévère :

> Moi, moi! que je revoie un si puissant vainqueur
> Et m'expose à des yeux qui me percent le cœur!
> Mon père, je suis femme, et je sais ma foiblesse;
> Je sens déjà mon cœur qui pour lui s'intéresse
> Et poussera, sans doute, en dépit de ma foi,
> Quelque soupir indigne et de vous et de moi :
> Je ne le verrai point.
>
> FÉLIX.
> Rassure un peu ton âme.
> PAULINE.
> Il est toujours aimable, et je suis toujours femme.
> Dans le pouvoir sur moi que ses regards ont eu,
> Je n'ose m'assurer de toute ma vertu.
> Je ne le verrai point.
>
> (*Polyeucte*, act. Ier, sc. IV.)

Qui ne reconnaît aussi la Monime de Racine dans *Mithridate*, Monime qui a suivi Pauline et Alcionide? Elle a aimé, elle aime Xipharès; mais fiancée à Mithridate, que pendant quelque temps on avait cru mort, dès qu'elle apprend qu'il vit, elle conjure Xipharès de renoncer à elle et de ne plus la revoir :

> J'entends, vous gémissez; mais telle est ma misère,
> Je ne suis point à vous, je suis à votre père.
> Dans ce dessein vous-même il faut me soutenir
> Et de mon foible cœur m'aider à vous bannir.
> J'attends du moins, j'attends de votre complaisance

---

1. *Le Grand Cyrus*, p. 1210-1211-1214.

> Que désormais partout vous fuirez ma présence.
> J'en viens de dire assez pour vous persuader
> Que j'ai trop de raisons de vous le commander.
> . . . .
> Enfin, je me connois, il y va de ma vie :
> De mes foibles efforts ma vertu se défie.
> Je sais qu'en vous voyant un tendre souvenir
> Peut m'arracher du cœur quelque indigne soupir ;
> Que je verrai mon âme, en secret déchirée,
> Revoler vers le bien dont elle est séparée :
> Mais je sais bien aussi que, s'il dépend de vous
> De me faire chérir un souvenir si doux,
> Vous n'empêcherez pas que ma gloire offensée
> N'en punisse aussitôt la coupable pensée,
> Que ma main dans mon cœur ne vous aille chercher
> Pour y laver ma honte et vous en arracher.
> Que dis-je? en ce moment, le dernier qui nous reste,
> Je me sens arrêter par un plaisir funeste ;
> Plus je vous parle, et plus, trop foible que je suis,
> Je cherche à prolonger le péril que je fuis.
> Il faut pourtant, il faut se faire violence ;
> Et sans perdre en adieux un reste de constance,
> Je fuis. Souvenez-vous, prince, de m'éviter,
> Et méritez les pleurs que vous m'allez coûter.

Le drame entre Alcionide, Tisandre et Thrasybule devient trop critique pour pouvoir durer, et M{}^{lle} de Scudéry, pour tirer les personnages d'embarras, fait mourir le mari. Tisandre périt des blessures qu'il a reçues dans un combat ; mais, avant de rendre le dernier soupir, il fait comme Polyeucte ; il lègue sa femme à Thrasybule : « Tenez, lui dit-il, mon cher Thrasybule, je vous fais dépositaire de mes dernières volontés. Rendez, s'il vous plaît, cette lettre à notre chère Alcionide, et comme je n'ai point murmuré lorsque je me suis aperçu qu'elle a donné quelques soupirs au souvenir de votre infortune, ne murmurez pas aussi quand elle donnera quelques larmes au souvenir de ma mort.... J'ai vu que vous méritiez mieux Alcionide que moi ; aussi fais-je ce que la fortune n'avoit pas voulu faire : plus équitable qu'elle, je vous la laisse, et, si j'ose y prétendre quelque part, je vous la donne. »[1]

1. *Le Grand Cyrus*, p. 1227 et 1228.

Comme dans cette scène Tisandre joue tout à fait le rôle de Polyeucte, j'étais curieux de savoir si Alcionide jouerait aussi le role de Pauline, et si elle refuserait, comme Pauline, d'épouser Thrasybule, parce qu'elle l'a aimé pendant son mariage. Pauline sort de cet embarras par la belle porte : elle se fait chrétienne; elle veut accompagner son mari au martyre. Alcionide est plus embarrassée, parce qu'elle vit; elle se décide pourtant, à la fin, à sortir d'embarras par la porte la plus agréable, par celle de son mariage avec Thrasybule. Je reconnais à ce signe l'héroïne de roman, et d'un roman où l'amour, honnête il est vrai, règne en maître absolu. Ce n'est pas qu'Alcionide n'ait quelques-uns des sincères scrupules de Pauline : « Quoique son mari, en mourant, lui eût ordonné d'épouser Thrasybule, elle se mit dans la fantaisie qu'il lui seroit plus glorieux de ne lui obéir pas, que d'accomplir sa dernière volonté; et cette opinion s'empara de telle sorte de son esprit, qu'elle crut qu'elle seroit blâmée si elle épousoit Thrasybule, quoiqu'elle l'aimât toujours chèrement. Mais enfin le prince de Mitylène (père de Tisandre) lui ayant écrit pour la prier d'accomplir la volonté du prince son fils, et Euphranor (père d'Alcionide) le lui ayant commandé absolument, je pense pouvoir dire qu'elle obéit sans répugnance[1]. »

On voit que l'histoire d'Alcionide est l'histoire de Pauline, sécularisée pour ainsi dire, et devenue mondaine et romanesque. Le cœur humain est ainsi fait, qu'il comprend dans son idéal la vertu et le bonheur réunis. Il y avait, j'imagine, bien des gens qui eussent souhaité que Pauline se fît chrétienne, et qu'ensuite elle épousât Sévère, remplissant presque en cela les derniers vœux de Polyeucte :

Vivez heureux ensemble et mourez comme moi.

Mlle de Scudéry satisfaisait, par le mariage d'Alcionide et de Thrasybule, à cette idée vulgaire, mais honnête, de voir dès

---

1. *Le Grand Cyrus*, t. VI, p. 100.

ce monde la vertu récompensée par le bonheur; et n'oublions pas que la Monime de Racine, qui finit par épouser Xipharès, à qui la lègue aussi Mithridate, a plus imité Alcionide que Pauline dans le dénoûment de son amour.

J'ai eu quelque plaisir, je ne le cache pas, à montrer comment l'école romanesque, lorsqu'elle empruntait quelque chose à Corneille, lui empruntait quelques-unes de ces surprises du cœur surmontées par le devoir et par l'honneur, que le vieux poëte représentait si bien dans la Pauline de *Polyeucte*. Ces résistances et ces triomphes de la vertu devenaient les lieux communs des romans les plus lus au xviie siècle, ce qui témoigne de l'honnêteté morale du temps. Ce goût de l'honnêteté ne prouve pas assurément que la conduite des hommes du xviie siècle ait toujours été irréprochable ; mais il prouve qu'on aimait la vertu, même quand on ne la pratiquait pas ; et c'est là une grande ressource pour le repentir et pour le retour au bien.

J'ai pris dans *le Grand Cyrus* de Mlle de Scudéry un exemple des goûts de l'école romanesque : prenons-en un autre exemple dans le théâtre, et étudions rapidement un des meilleurs ouvrages de l'école romanesque, *l'Illustre Bassa*, de Scudéry.[1]

---

1. Il y a un roman de Mlle de Scudéry sous ce titre et sur le même sujet. La pièce de Georges de Scudéry est de 1643; *l'Illustre Bassa* est de 1641, et c'est le premier roman de Mlle de Scudéry ; le frère imitait donc la sœur. Jusqu'à la *Clélie*, les romans de Mlle de Scudéry furent publiés sous le nom de son frère.

III.

L'ILLUSTRE BASSA DE SCUDÉRY.

Scudéry[1] est un des plus curieux auteurs de l'école romanesque. La plupart de ses tragédies ou tragi-comédies sont de vrais romans, et souvent empruntées aux romans du temps. Il était gentilhomme, et, à lire les préfaces de quelques-unes de ses pièces de théâtre, il semble qu'il est mille fois plus fier de sa qualité de gentilhomme que d'auteur; ne nous y fions pas cependant. Les deux vanités s'accordent merveilleusement dans Scudéry pour grandir à l'envi le personnage. Il donne pourtant le pas à la vanité nobiliaire. « Je suis né, dit-il dans la préface de *Lygdamon et Lydias* ou *la Ressemblance*,[2] fils d'un père qui, suivant l'exemple des siens, a passé tout son âge dans les charges militaires, et qui m'avoit destiné dès le point de ma naissance à une pareille forme de vivre : je l'ai suivie et par obéissance et par inclination. Toutefois ne pensant être que soldat, je me suis encore trouvé poëte....... » — Puis Scudéry, s'excusant de ne pas savoir écrire, dit que le lecteur ne doit point s'en étonner : « Car on m'a vu, dit-il, employer la plus longue partie du peu d'âge que j'ai à voir la plus belle et la plus grande partie de l'Europe. J'ai passé plus d'années parmi les armes que d'heures dans mon cabinet, et beaucoup plus usé de mèches en arquebuses qu'en chandelles; de sorte que je sais mieux ranger les soldats que les paroles et mieux quarrer les bataillons que les périodes. » Scudéry a toutes les vanités, celle du matamore, celle de l'homme à bonnes fortunes, celle du poëte, celle aussi du

---

1. Né en 1601, mort en 1667. — Mlle de Scudéry, née en 1607, morte en 1701.

2. 1631; c'est la première pièce de Scudéry; elle est empruntée à l'*Astrée*.

INTRODUCTION.

courtisan qui sait tout sans avoir rien appris. Cite-t-il par hasard dans la préface de son *Prince déguisé*[1] un mot latin, il s'en excuse aussitôt : « Si tu es de la cour, dit-il au lecteur, pardonne-moi ce mot de latin : c'est une faute que je n'ai jamais commise en écrivant, et que je ne commettrai peut-être jamais. Le peu que j'en sais ne me permettroit pas d'en être prodigue ni d'en faire profusion. » Il y a une vanité de Scudéry que j'allais oublier dans le nombre, celle de politique et d'homme d'État; car, pour l'être, il ne lui a manqué que l'occasion. « J'ai cru, lecteur, dit-il dans la préface de ses *Discours politiques des rois*,[2] que, puisque la fortune n'a pas voulu que j'eusse aucune part aux affaires, il m'étoit du moins permis de faire voir que, si elle m'y eût appelé, je m'en serois peut-être acquitté sans honte. » Le seul emploi que ceux « qui gouvernent la monarchie » aient donné à Scudéry est celui de gouverneur du fort de Notre-Dame-de-la-Garde, et, en 1648, « les ennemis de la France sont tenus si loin de notre royaume, que les gouverneurs des places frontières ont loisir de s'amuser à faire des livres.[3] » Cette plainte vaniteuse de Scudéry sur ses loisirs comme gouverneur de Notre-Dame-de-la-Garde rappelle les vers du voyage de Chapelle et de Bachaumont :

> C'est Notre-Dame-de-la-Garde,
> Gouvernement commode et beau,
> A qui suffit pour toute garde
> Un suisse avec sa hallebarde,
> Peint sur la porte du château.

Comme Chapelle et Bachaumont sont gens de lettres et de la nouvelle école, c'est-à-dire de celle qui se moque de l'ancienne, ils ne sont pas fâchés de railler en passant leur vieux confrère Scudéry, dont ils connaissent toutes les superbes, et,

---

1. 1636.
2. *Discours politiques des rois*, par M. de Scudéry, gouverneur de Notre-Dame-de-la-Garde, 1648.
3. *Ibid.*

après s'être moqués du château, ils se moquent du gouverneur :

> Aussi voyons-nous que nos rois,
> De ce château connoissant l'importance,
> Pour le commander ont fait choix
> Toujours de gens de conséquence;
> De gens pour qui, dans les alarmes,
> Le danger auroit eu des charmes;
> De gens prêts à tout hasarder,
> Qu'on eût vus longtemps commander,
> Et dont le poil poudreux eût blanchi sous les armes.

Il y a là évidemment une allusion aux préfaces belliqueuses de Scudéry.

Avec tant de vanités diverses, comment Scudéry a-t-il pu garder de l'esprit et du talent? il en a cependant; et ses pièces, qui sont très-souvent mauvaises, ne sont pourtant pas toujours ennuyeuses. C'est par là qu'il représente bien l'école romanesque et l'intérêt dramatique qui naît de la complication des événements, sinon de la grandeur et de l'originalité des caractères. Dans les pièces de cette école, les déguisements sont naturellement très à la mode : ainsi, dans le *Prince déguisé*, un prince s'habille en jardinier pour entrer dans le palais d'un roi ennemi dont il adore la fille. La princesse Argénie trouve fort aimable le faux jardinier Cléarque, et va souvent se promener au jardin. Cléarque lui laisse entrevoir sa qualité en lui racontant une histoire qui n'est qu'un aveu déguisé. Le conte est en assez jolis vers, non sans quelques concetti italiens ou espagnols.

> Au doux climat de la Grèce,
> Un jeune prince amoureux,
> Qui n'osoit voir sa maîtresse,
> Prit un dessein dangereux.
> Pour approcher de la belle,
> Qu'un malheur faisoit rebelle
> A tant de fidélité,
> Pressé du trait qui le pique,
> Dessous un habit rustique
> Il couvrit sa qualité.

> La fortune favorable,
> Pour témoigner son pouvoir,
> A cette nymphe adorable
> L'offrit et fit recevoir.
> Ainsi sous l'habit champêtre,
> D'un troupeau qu'il mène paître
> Prenant le soin chaque jour,
> Il foule aux pieds la couronne
> Que sa naissance lui donne
> Pour avoir celle d'amour.

Enfin, un jour, le faux berger du conte, trouvant une occasion favorable, essaie de dire à la princesse ce qu'il est, et pourquoi il a pris un déguisement.

> Je suis... il ferme la bouche
> Sur le point de se nommer.
> Ah! quelle crainte le touche,
> Et qu'on la doit estimer!
> Il souffre la violence
> Du respect et du silence;
> Il paroît pâle et transi;
> Et sans dire si la belle
> Fut pitoyable ou rebelle,
> L'histoire finit ainsi.[1]

De tous les drames de l'école romanesque, le plus intéressant et le plus touchant est *Ibrahim, ou l'Illustre Bassa,* de Scudéry.[2] Dès la première scène, nous sommes étonnés de retrouver cette introduction de *Bajazet,* si admirée par La Harpe :

> ACOMAT.
> Viens, suis-moi : la sultane en ce lieu va se rendre;
> Je pourrai cependant te parler et t'entendre.
> OSMIN.
> Eh! depuis quand, Seigneur, entre-t-on en ces lieux
> Dont l'accès même étoit interdit à nos yeux?

---

1. *Le Prince déguisé*, 1636, p. 36. Je ne veux pas quitter *le Prince déguisé*, sans en citer un beau vers, un de ces vers comme il en vient parfois à Scudéry, non cherchés, mais trouvés. Cléarque raconte la défaite de Poliante, son père, et le compare à un lion blessé et mourant,

> Mais qui rugit encor sous les pieds du vainqueur.

2. 1643.

Roxelane, dans Scudéry, fait aussi entrer Rustan dans le sérail ; celui-ci s'étonne :

>ROXELANE.
>Rustan, ne craignez rien ; ne soyez point en peine :
>C'est un droit qu'on accorde à la sultane reine,
>Et, malgré la coutume et sa sévérité,
>Le sérail de dehors a cette liberté.
>Ici, quand il me plaît, peuvent entrer les hommes,
>Et Roxelane enfin règne aux lieux où nous sommes.
>RUSTAN.
>Madame, je sais bien quel est votre pouvoir,
>Et je n'ignore point nos lois et mon devoir.
>Que votre majesté me fasse donc entendre
>Quel service important un Bassa peut lui rendre.

Roxelane alors dit à Rustan ce qu'elle attend de lui. Elle a auprès de Soliman non pas une rivale, ce qui l'inquiéterait peu, mais un rival, c'est le grand vizir Ibrahim. Roxelane est le commencement d'un caractère ; c'est la femme ambitieuse. Elle a été éperdument aimée du grand Soliman, et c'est par là qu'elle est arrivée à être sultane et à régner. Cet orgueilleux plaisir de régner et de commander, elle veut le conserver à tout prix ; il faut pour cela perdre le grand vizir Ibrahim. Ce vizir, plus puissant aujourd'hui que Roxelane auprès de Soliman, est un esclave chrétien, un Justiniani de Gênes, qui a rendu de grands services à Soliman dans les guerres de son règne. De là l'amitié du sultan pour lui. Ibrahim aimait à Gênes une femme, Isabelle, dont il ne pouvait pas perdre le souvenir ; et Soliman, pour faire plaisir à son ami, a fait enlever de Gênes Isabelle, qu'il comptait donner à Ibrahim, quand celui-ci reviendrait de l'armée qu'il commande. Malheureusement, Isabelle est arrivée au sérail pendant l'absence d'Ibrahim ; Soliman l'a vue ; il n'a pas pu résister à sa beauté ; il l'aime ; et Roxelane demande à Rustan d'encourager Soliman à cet amour. Mais, dit Rustan,

>Songez-vous, madame, à ce que vous tentez,
>Et faut-il que Rustan outrage vos beautés ?
>ROXELANE.
>Ce sentiment est bon dans une âme vulgaire ;

Mais pour moi cet amour ne m'importune guère.
Si l'empereur me laisse au rang où je prétends,
Qu'il aime, que je règne, et nous serons contents !
S'il adore une esclave et s'il faut qu'il soupire,
Qu'elle règne en son cœur, et moi dans son empire. [1]

Voilà quelques vers qui semblent inspirés par Corneille ; [2] voilà aussi l'ébauche d'un caractère ; mais il ne faut pas demander à Scudéry d'étudier, d'approfondir, de développer des caractères, et de leur donner la portée qu'ils peuvent avoir. Il y a deux sortes d'hommes dans le monde, ceux qui impriment aux événements de leur vie la marque de leur caractère, et ceux qui règlent leur caractère et leur vie sur les circonstances; ceux qui se soumettent les choses, et ceux qui se soumettent aux choses. [3] Ces deux sortes de personnes se retrouvent au théâtre comme dans le monde. Les héros de Corneille ont une vitalité morale, c'est-à-dire une force et une originalité de caractère qui fait qu'ils semblent maîtres de leur destin; les héros de Scudéry au contraire obéissent au destin; ils pensent et ils agissent selon ses impulsions. Ce ne sont pas eux qui disposent de l'action théâtrale; c'est l'action théâtrale qui dispose d'eux. Sa Roxelane pourrait représenter la femme ambitieuse, c'est-à-dire celle qui sacrifie à l'ambition toutes les autres passions et l'amour même. Elle ne joue dans la pièce que le rôle d'une ennemie du vizir Ibrahim; elle a contre lui une haine furieuse, mais vulgaire, la haine d'un domestique qui voit son maître lui en préférer un

[1]. L'idée du caractère de Roxelane est dans le roman de Mlle de Scudéry : « Comme l'ambition étoit la seule chose qui régnoit dans le cœur de Roxelane, elle pouvoit bien être jalouse de la puissance d'Ibrahim, mais non pas de la beauté d'Isabelle. » (*L'Illustre Bassa*, liv. vi, p. 211, t. IV, édit. de 1641.)

[2]. Corneille paraît s'être souvenu de ce caractère de la femme ambitieuse, ébauché par Scudéry, et il l'a repris à son compte d'une façon très-piquante dans *Pulchérie*, jouée en 1672, qui ne mérite certainement pas l'oubli où elle est tombée.

[3].   Et mihi res, non me rebus subjungere conor.
(Horace.)

autre. Cette rivalité de puissance, cette jalousie du commandement qui l'anime au premier acte, quand elle pousse Rustan à perdre le vizir, elle semble l'oublier dans le reste du drame ; elle n'est plus que l'instigatrice subalterne du meurtre d'Ibrahim. L'action la mène, au lieu que ce soit elle qui mène l'action. Scudéry, préoccupé du soin de conduire son action d'une manière intéressante, à travers des péripéties qui émeuvent le public, et j'avoue que de ce côté il a réussi, Scudéry néglige dans son travail rapide et dans ses conceptions romanesques ce personnage important, et nouveau au théâtre, de la femme ambitieuse. Aussi, quand on finit de lire la pièce, on se souvient de l'action du drame qui nous a vivement frappés ; on oublie le caractère des personnages, ou plutôt ils n'en ont pas.

Voyons donc l'action de *l'Illustre Bassa*, puisque c'est dans l'action seulement qu'est l'intérêt du drame.

Soliman est agité par l'amour qu'il a pour Isabelle ; il s'en repent comme d'un parjure envers son ami ; mais sa passion est plus forte que sa conscience. Il parle à Isabelle ; il lui dit qu'il l'aime ; Isabelle rejette ses vœux ; elle aime Ibrahim et veut lui rester fidèle. Que fera Soliman ? Rustan, pour servir les projets de Roxelane, conseille au sultan de parler en maître : qu'il se fasse obéir d'Isabelle et qu'il s'inquiète peu des chagrins d'Ibrahim ! n'est-il pas tout-puissant ?

L'excès de son orgueil,

dit Rustan en parlant d'Isabelle,

aussi grand que ses charmes,
Méprisera toujours la foiblesse des larmes.
Elle traite en esclave un qui l'est en effet,
Et tu te plains d'un mal que toi-même t'es fait.
Il faut agir en roi, quelque chose qu'on fasse.
Dans cet abaissement la majesté s'efface :
Elle perd un éclat qui touche les esprits,
Et l'objet de pitié l'est souvent de mépris.
La vertu des puissants est la force suprême :
La terreur est l'éclat qui sort du diadème.
Il faut que l'épouvante accompagne leur voix :

> Prier est aux sujets, et commander aux rois.
> La crainte ébranle une âme, et puis l'amour l'emporte,
> Et l'une et l'autre ensemble étonnent la plus forte.
> Un prince est plus aimé, plus il paraît ardent,
> Et tu ne dois jamais prier qu'en commandant.[1]

Comment un prince, un sultan pourrait-il résister à de pareils conseils qui s'accordent si bien avec sa passion? Soliman presse donc de nouveau Isabelle de consentir à son amour, quand tout à coup Ibrahim revient de l'armée. Les hésitations de Soliman recommencent plus vives et plus fortes que jamais. Comment enlever Isabelle à Ibrahim présent, à Ibrahim vivant? Car déjà l'idée du meurtre d'Ibrahim a été suggérée au sultan. Avant le retour d'Ibrahim, Soliman n'était qu'infidèle et traître à son ami; depuis ce retour, va-t-il devenir son meurtrier? Le monologue où Soliman exprime le trouble et l'agitation de ses sentiments est éloquent, quoique les vers soient faibles, et là, comme dans tout le reste de la pièce, la situation soutient le poëte.

> Quelle confusion s'empare de mes sens!
> Que veux-tu, Soliman, et qu'est-ce que tu sens?
> . . . .
> Ibrahim vainc pour toi; tu t'attaques à lui!
> Il te donne un empire, et toi tu veux sa vie!
> Compare son service avecque ton envie;
> Compare son désir avec ta volonté,
> Et tu verras ton crime et sa fidélité!

Cependant, malgré les remords de sa conscience, Soliman est prêt à céder aux conseils de Roxelane et de Rustan. Ibrahim et Isabelle, instruits du danger qui les menace, se décident à fuir; ils sont surpris et arrêtés. Cette fuite, disent à l'envi Roxelane et Rustan, est un commencement de révolte; il faut faire périr Ibrahim, cet ennemi perfide

> Qui fait le musulman, mais son cœur est chrétien.

---

1. Page 47.

Soliman consent à sa prison; pourquoi pas à sa mort? dit Roxelane.

>Il enlève une esclave, et tu veux le sauver!
>Il l'enlève au sérail, et même en ta présence!
>SOLIMAN.
>Eh bien! qu'on le punisse!

Et comme Roxelane et Rustan s'empressent pour faire exécuter cet ordre. « Arrêtez! » s'écrie Soliman toujours troublé et passant sans cesse de la colère au remords et de la haine à la pitié.

>Il faut, il faut qu'il vive, et le destin le veut!
>O malheur! je me nuis, quand rien ne me peut nuire!
>Je tiens mon ennemi sans le pouvoir détruire!
>Son sort est en mes mains, et je suis sans pouvoir!
>Je puis causer sa mort, et je ne la puis voir!
>Je le veux et le puis; et par un sort étrange,
>Je ne puis l'endurer ni souffrir qu'on me venge!
>. . . . . . , ...
>RUSTAN.
>Non, seigneur, la clarté lui doit être ravie.
>SOLIMAN.
>Arrête, encore un coup; il y va de ma vie.
>ROXELANE.
>D'où vient ce changement tant indigne de toi?
>SOLIMAN.
>Il vient de mon malheur.
>RUSTAN.
>O ciel!
>SOLIMAN.
>Écoutez-moi :
>Autrefois, quand l'ingrat qui fait que je soupire
>M'eut conservé le jour aussi bien que l'empire,
>Son cœur me témoigna par divers sentiments
>Qu'il connoissoit la Porte et ses grands changements,
>Et qu'il craignoit qu'un jour la fortune inconstante
>Ne le précipitât d'une chute importante...
>. . . . .
>Alors pour l'assurer et bannir la pensée
>Dont ma reconnoissance étoit trop offensée,
>Je jure par Allah, dis-je en le relevant,
>Que, tant que Soliman sera prince et vivant,
>Tu ne mourras jamais d'une mort violente...
>. . . . .

C'est le plus dangereux de tous mes ennemis;
Mais il faut le sauver, puisque je l'ai promis.
La parole des rois doit être inviolable;
Oui, quiconque est parjure est un abominable;
J'ai juré par Allah, le dieu de l'univers.
. . . .
Mon serment me fait peur : ainsi, quoi qu'il arrive,
En dussé-je périr, il faut, il faut qu'il vive...
RUSTAN.
O ciel! cette grande âme avoir un tel scrupule![1]
. . . .
ROXELANE.
Pour moi je crains le ciel ainsi que Soliman;
Mais comme le vizir est mauvais musulman,
Je crois que sans scrupule on peut perdre ce traitre.
. . . .
SOLIMAN.
Violer en perfide un serment solennel!
Pour le crime d'autrui me rendre criminel!
Offenser le prophète et le dieu que j'adore!
Non non, je vous l'ai dit et vous le dis encore :
. . . .
Il faut le laisser vivre et désirer sa mort.
. . . .
ROXELANE.
Mais avant que choisir l'un ou l'autre parti,
Ne précipite rien; consulte le muphti.
Il est dans le sérail.

1. Toute cette scène est dans le roman de Mlle de Scudéry. « Quel changement si subit, dit Roxelane, est arrivé en l'âme de Sa Hautesse? Est-il possible que Soliman à qui j'ai entendu dire plus de cent fois que le repentir étoit une foiblesse dont il n'étoit point capable, en ait enfin aujourd'hui? — Non, lui dit Soliman, je ne me repens point, et c'est au contraire pour ne me repentir pas, et pour observer ma parole, que je me porte à ce que je fais. La sultane l'ayant obligé à s'expliquer plus clairement, il lui apprit que, comme il cherchoit à se ressouvenir des obligations que lui avoit Ibrahim, afin de détester d'autant plus son ingratitude, sa mémoire lui avoit fait voir qu'autrefois... pour assurer Ibrahim de la crainte qu'il témoignoit avoir du changement de la fortune, il lui avoit juré par Allah que, tant qu'il seroit vivant, il ne mourroit jamais de mort violente. Après cela, lui dit-il, ne me demande plus ce qui m'a fait changer d'avis. Je ne me repens point; je veux toujours la perte d'Ibrahim; mais, ne pouvant le faire mourir sans violer mon serment, il n'y faut plus songer; il faut que mon ennemi vive; il faut que je ne me venge point; et tout cela parce que je me suis moi-même attaché le bras qui lui devoit mettre un poi-

SOLIMAN.
Va, Rustan, fais qu'il vienne.
ROXELANE, à Rustan, à part.
Il sait que sa puissance est l'effet de la mienne;
Dis-lui donc qu'il s'acquitte, ou que je le perdrai.
SOLIMAN.
O ciel! inspire-moi ce que je résoudrai
Dans cette déplorable et cruelle aventure!
. . . .
Je sens de la colère et puis de la pitié;
Mon âme a de la haine et puis de l'amitié;
L'une retient mon bras, et puis l'autre l'anime.
Belle et sainte amitié, qui de nous fait le crime?
Qui de nous le premier a méprisé tes lois?
Ah! tu sais si mon cœur écoute encor ta voix!
ROXELANE.
Oui, tu l'écoutes trop, cette amitié cruelle. . .
. . . .
Oui, tu l'écoutes trop en faveur d'un ingrat
Qui lui fait un outrage aussi bien qu'à l'État.
Mais voici le muphti. . . . .
. . . .
LE MUPHTI.
Seigneur, Rustan Bassa m'a dit en peu de mots
Le doute mal fondé qui trouble ton repos :
Mais entends seulement ce que le ciel m'inspire
Pour trouver ton repos et celui de l'empire.
. . . .
Tu promis au vizir dont ton âme est ravie
Que, tant que Soliman seroit encore en vie,
Nulle tragique fin n'achèveroit son sort.

gnard dans le sein. — La sultane, qui n'étoit pas si scrupuleuse que Soliman et qui ne faisoit pas une profession si exacte d'observer sa parole, fit ce qu'elle put pour lui persuader qu'il ne devoit pas tenir la sienne. — Non, lui dit-il, je n'y saurois jamais manquer, et, quand j'aurois promis mon empire et ma liberté, je descendrois du trône et je me chargerois moi-même des chaînes que je devrois porter. Il faut qu'Ibrahim vive, puisque je l'ai promis; j'ai juré par Allah, et c'est tout dire. J'attirerois sur moi les châtiments du ciel; et je ferois une chose que je n'ai jamais faite, si j'en usois autrement. J'ai tenu tout ce que j'ai promis en ma vie, et même sans serment : ayant donc juré si solennellement, je n'y saurois jamais manquer. Je perdrois mon ennemi; mais je m'en mettrois un dans le cœur qui me persécuteroit éternellement; et le repentir, qui m'est un sentiment inconnu, trouveroit sans doute place en mon âme. » (*L'Illustre Bassa*, liv. x, p. 109-113, t. IV, édit. de 1641.)

Mais, parmi les savants, il est plus d'une mort.
Certains peuples, seigneur, dont l'exemple est utile,
Ont une mort entre eux qu'ils appellent civile :
D'autres, plus éclairés, ont enseigné souvent
Que pendant le sommeil l'homme n'est point vivant.
. . . .
Or c'est par ce moyen que tu peux satisfaire
Et ta religion et ta juste colère.
Fais mourir Ibrahim lorsque tu dormiras ;
Tu sauves ton serment, et tu te vengeras.[1]
. . . .
ROXELANE.
O saint, ô vénérable, ô fidèle interprète
Des volontés du ciel et de son saint prophète !
Qui pourroit s'opposer à tes commandements,
Et n'appréhender point de cruels châtiments ?
. . . .
SOLIMAN.
Mais quoi ! faire périr celui qui m'a sauvé !
. . . .
RUSTAN.
Mais il t'alloit ravir le jour et la couronne !
LE MUPHTI.
Ah ! seigneur, crains le ciel, et fais ce qu'il ordonne.
SOLIMAN.
O Dieu, perdre Ibrahim ! Dure nécessité !
ROXELANE.
Il dérobe une esclave ; il l'a trop mérité.
SOLIMAN.
Perdre Ibrahim !

---

1. Même scène dans le roman. Le muphti se fait répéter par Soliman les termes de l'engagement qu'il a pris avec Ibrahim. « Voici les mêmes paroles que je lui dis : *Souviens-toi que je te jure par Allah que, tant que Soliman sera vivant, tu ne mourras point de mort violente.* — Cela suffit, lui répondit le muphti ; car, seigneur, pour expliquer ma pensée à ta Hautesse, n'est-il pas vrai que la promesse qu'elle a faite à Ibrahim est une chose qui ne le peut mettre en sûreté que durant ta vie ? Et n'est-il pas certain que tes successeurs ne seroient pas obligés à sa conservation ? Cela étant, il ne sera pas difficile de te contenter ; car enfin ta Hautesse ayant promis à Ibrahim *qu'il ne mourroit point de mort violente, tant que Soliman seroit vivant,* si je puis te faire voir qu'il y a tous les jours quelques heures où Soliman ne vit point, ce sera te faire voir par ce moyen que, durant ce temps-là, Ibrahim peut mourir sans que ta Hautesse manque à sa parole. — Le sultan, l'entendant parler ainsi, crut que cet homme ne savoit pas trop bien ce qu'il vouloit dire. Mais l'autre, sans s'étonner

LE MUPHTI.
Seigneur, le prophète s'offense
De l'incrédulité qui fait ta résistance.
RUSTAN.
Perds-le pour te sauver.
ROXELANE.
Songe à ce que Dieu peut.
SOLIMAN.
Eh bien! qu'il meure donc, puisque le ciel le veut!

Mais que les muets se gardent bien de frapper Ibrahim avant que Soliman soit endormi! Viens, dit-il à Rustan,

Attendre mon sommeil dans mon appartement.

Il se retire donc dans sa chambre, et nous le voyons sur son lit, cherchant le sommeil qui doit être le signal de la mort d'Ibrahim. Rustan veille auprès de lui, évitant tout bruit et épiant le sommeil du maître.

Abaisse les rideaux, recule les lumières,

dit-il à un esclave;

Il dort, silence! il dort: retournons sur nos pas!
SOLIMAN.
Arrête, arrête!
RUSTAN.
O ciel!

et lui parlant avec autant de hardiesse que s'il eût été inspiré du ciel : Seigneur, lui dit-il, c'est une chose que personne n'ignore, que le sommeil est appelé frère de la mort par toutes les nations et en toutes les langues. Et certes, ce n'est pas sans sujet qu'il est nommé de cette sorte, étant certain qu'un homme endormi ne peut avec raison être dit vivant, puisque l'on voit qu'il est privé de toutes les fonctions de la vie raisonnable, qui seule est la vie de l'homme. J'avoue bien qu'en cet état il jouit encore de la vie des plantes, mais non pas de celle des hommes, qui ne consiste qu'en l'usage de la raison dont on est entièrement privé dans cet état... Enfin demeurant pour constant qu'un homme endormi ne se peut, à parler raisonnablement, appeler vivant, je conclus de là que, sans que ta Hautesse manque à sa parole, Ibrahim peut perdre la vie, lorsque le sommeil t'aura profondément assoupi les sens et la raison. » (*L'Illustre Bassa*, liv. v, t. IV, p. 115-119, édit. de 1641.)

INTRODUCTION. 39

SOLIMAN.
. . . . Non, non, je ne dors pas!
Garde-toi de sortir, sous peine de la vie.
Hélas! je ne dors pas et n'en ai point d'envie!
. . . . , . .
Que je suis malheureux! que ma peine est horrible!
Ici tout m'est funeste et tout m'est impossible.
Le sommeil dont chacun jouit paisiblement
N'est un bien défendu que pour moi seulement.
Plus je le veux chercher, et tant plus je m'en prive.
. . . .
Je suis plus malheureux qu'Ibrahim ne va l'être.
Dieu! que fait Isabelle en ce funeste instant?
Dieu! que pense Ibrahim de la mort qui l'attend?
. . . .
Souviens-toi, souviens-toi de la grande journée
Où le bras du vizir[1] força la destinée!
Il te sauva le jour, cruel, et tes bourreaux
Lui font voir maintenant la mort et des cordeaux!
. . . .
O triste récompense! ô lâche ingratitude!

Et comme à ces mots il s'est rejeté sur son lit, fatigué du trouble de ses pensées, Rustan, qui épie toujours ce sommeil et qui est prêt à le devancer, Rustan se dit :

Enfin par trop d'ennui, comme par lassitude,
Le sultan s'assoupit : précipitons nos pas.

Mais Soliman l'arrête encore par ce mot que la situation rend si dramatique :

. . . . . . Non, non, je ne dors pas!

Puis, méditant sur ce que signifie ce sommeil qui ne veut pas venir, Soliman ou plutôt Scudéry élève ses inspirations à toute la hauteur de cette situation à la fois terrible et touchante, et il devient grand poëte ou du moins grand auteur dramatique. [2]

1. Ibrahim.
2. La scène du roman n'est pas moins intéressante que celle du drame. « Soliman se coucha avec intention (s'il est permis de parler ainsi) d'évoquer le sommeil par le silence et par la tranquillité. Il fit ce qu'il put pour détourner son esprit de toutes sortes d'objets, afin que, cessant d'agir, il

SOLIMAN.

Mais que fais-je, insensé, de ne connoître pas
Que le ciel me combat et qu'il me rend sensible?
Lui seul rend aujourd'hui ma vengeance impossible.
Le grand vizir est pris; il est abandonné;
De funestes bourreaux il est environné;
Et cependant il vit...
. . . .
Connois, connois par là que le ciel le protége.
S'il ne le protégeoit, il seroit déjà mort.
Je n'aurois point promis ce qui change son sort :
. . . .
Je n'aurois point de peur de détruire ma gloire;
Je n'aurois point au cœur ces remords superflus;

pût plus aisément se laisser vaincre par cet invisible ennemi qui surmonte toujours plus facilement ceux qui lui résistent que ceux qui le cherchent. Le sultan, s'étant recueilli de cette sorte en soi-même, demeura quelque temps avec tant de tranquillité en apparence, que Rustan crut qu'il dormoit et qu'il pouvoit aller faire mourir Ibrahim. Mais il n'eut pas marché seulement un pas, que ce prince, se relevant sur son lit : « Arrête, lui dit-il, je ne suis pas endormi, et je ne veux point que tu partes d'ici que tu ne saches que je le sois. » Rustan, n'osant contredire le Grand Seigneur et craignant de l'éveiller encore plus qu'il ne l'étoit, s'il l'entretenoit plus longtemps, lui promit de n'entreprendre plus de sortir de sa chambre qu'il ne fût bien assuré qu'il n'en pourroit rien entendre. Après cela, Soliman fit encore tout ce qu'il put pour s'endormir. Mais il n'avoit pas sitôt fermé les yeux, que ses inquiétudes augmentoient. Il avoit de la colère de ne pouvoir être maître de son esprit, et ce qu'il faisoit pour appeler le sommeil étoit ce qui l'éveilloit davantage. Il se tournoit d'un côté, puis de l'autre, sans pouvoir trouver de repos. On eût dit qu'il rencontroit des épines partout; que le changement de place redoubloit son inquiétude; et lorsque de dessein il s'empêchoit de parler et de se plaindre haut, ses soupirs ne donnoient que trop de marques à Rustan qu'il n'étoit pas endormi. L'impatience de Soliman devenant plus forte, il crut que, s'il se promenoit quelque temps, peut-être pourroit-il s'assoupir par lassitude. Il se releva donc, et, se promenant tantôt avec violence, tantôt avec moins de précipitation, on peut dire qu'il causoit presque autant d'inquiétude à Rustan qu'il en ressentoit lui-même, de voir qu'il ne lui donnoit pas moyen d'exécuter les volontés de la cruelle Roxelane. Il s'arrêtoit quelquefois, et puis il recommençoit de marcher plus vite qu'il n'avoit fait. Il s'appuyoit ensuite en un lieu, et peu après en un autre, sans savoir presque ce qu'il faisoit, ni ce qu'il vouloit faire. Comme il se fut promené très-longtemps et que, par lassitude, il se fut remis sur son lit, il trouva encore moins de dispositions à dormir qu'auparavant... Que je suis malheureux! disoit-il en lui-même; je trouve de l'impossibilité en tout ce que je veux; les moindres choses me sont interdites. Le sommeil même dont tous mes sujets jouissent m'est un bien défendu. Ce que je fais pour

Enfin je dormirois, et lui ne seroit plus.
Mais dans l'état funeste où la douleur me range,
Je vois bien que le ciel ne veut pas qu'on me venge.
Et de quel crime, ô Dieu, prétends-je me venger?
. . . . .¹
Je suis seul criminel.
. . . .
Il songe seulement à sauver sa maîtresse.
Et pouvant renverser mon trône et me punir,
Ce cœur trop généreux ne fait que se bannir.
Écoutons la raison et le vœu du prophète. . .
. . . .
C'est lui qui me conseille en ce funeste jour;
Écoutons-les tous deux; n'écoutons plus l'amour.
C'en est fait, c'en est fait, il faut rendre les armes.
Ne versons point de sang. . . . .
Repentons-nous enfin de notre lâcheté,
Et sauvons Ibrahim qui l'a tant mérité,
Ou, s'il en faut verser, versons celui d'un traître
Qui, pour son intérêt, déshonore son maître.

RUSTAN.

Seigneur, peux-tu changer de si justes desseins?
Souffre que je l'étrangle avec mes propres mains.
. . . .

SOLIMAN.

Va, ne montre jamais tes crimes à mes yeux.
Ils me font voir les miens lorsque je te regarde.
Sors d'ici, sors, bourreau! Le prophète me garde.
C'est lui qui me conseille et qui parle à mon cœur;
C'est lui qui me couronne et qui me rend vainqueur.

le chercher est ce qui m'en prive; et quoique je change de place, je me trouve toujours partout. Il faudroit que je me séparasse de moi-même pour trouver le repos que je cherche. Enfin je suis plus mon ennemi qu'Ibrahim ne l'est, et je suis même plus malheureux que lui. Après que les inquiétudes l'eurent fait changer cent fois de place, Rustan, voyant que le jour approchoit, voulut lui persuader de ne s'amuser pas à ce scrupule et de lui permettre d'aller étrangler Ibrahim de ses propres mains, pour le punir, disoit-il, de l'inquiétude qu'il donnoit à Sa Hautesse. Mais Soliman lui parla avec tant de fureur, qu'il fut contraint de se taire. Ce cruel sentiment de Rustan donna de l'horreur à ce prince, et comme elle est un chemin à la compassion, s'étant appuyé sur sa table qui étoit auprès de son lit, insensiblement son imagination lui présenta d'autres objets. » (*L'Illustre Bassa*, liv. x, t. IV, p. 132-139, édit. de 1641.)

1. Cette inspiration est commune au drame et au roman.

« Que fais-je? dit-il en lui-même. Insensé que je suis de ne connoître pas

> Mourat, sans publier cette heureuse nouvelle,
> Fais venir Ibrahim, fais venir Isabelle.

Isabelle et Ibrahim arrivent, ne sachant guère encore à quel sort ils sont réservés.

> Vous vivrez,

leur dit Soliman,

> vous vivrez! mon injustice est morte;
> Oui, ma raison triomphe et se voit la plus forte.
> . . . .
> Vivez, vivez heureux; que rien ne vous sépare.
> Puisse le ciel bénir une amitié si rare,
> Et puissent vos bontés, au lieu de me punir,
> Perdre de mes erreurs l'infâme souvenir!
>   IBRAHIM.
> Je ne me souviens plus de ma peine passée :
> Elle est en mon esprit une image effacée.
> J'entends, j'entends la voix de mon maître aujourd'hui;
> Rustan parloit tantôt; mais maintenant c'est lui !
>   SOLIMAN.
> Non, non, il faut punir mon injuste folie;
> Oui, quittez le sérail, revoyez l'Italie.
> Oui, partez, j'y consens; ayez la liberté.[1]

Je n'ai voulu interrompre par aucune réflexion cette analyse de *l'Illustre Bassa;* j'ai voulu que le lecteur ressentît, sans être distrait par aucune critique, l'émotion que cause la situa-

que l'impossibilité que je trouve à perdre un homme désarmé que je tiens en mes mains, qui est chargé de fers et qui est sans défense au milieu de ses bourreaux, est sans doute une marque que le ciel le protége; car, si cela n'étoit pas, je l'aurois déjà perdu; je ne lui aurois pas promis, il y a si longtemps, de ne le faire point mourir; je ne m'en serois pas souvenu si précisément; cet artifice que l'on m'a trouvé pour me venger m'auroit sans doute réussi; je serois endormi, et Ibrahim seroit mort. Mais je vois bien, comme je l'ai dit, que le ciel le garde et qu'il ne veut pas que je me venge. Mais, hélas! reprenoit-il en lui-même, de quel crime, de quelle injure, de quel outrage veux-je me venger? Non, non, poursuivoit-il, Ibrahim n'est point coupable, et je suis seul criminel. » (*L'Illustre Bassa*, liv. x, t. IV, p. 141-142, édit. de 1641.)

1. Le dénoûment est le même dans le roman.

« Vous vivrez, dit alors Soliman, en se découvrant le visage qu'il avoit tout baigné de larmes; vous vivrez, généreuse princesse; la vertu d'Ibrahim

tion. Les instigations de Roxelane et de Rustan, les incertitudes de Soliman, le serment qui le lie à Ibrahim et qui l'arrête; le muphti consulté et sa subtile distinction entre les deux genres de mort; ce sommeil que Soliman cherche et ne peut pas trouver; Rustan épiant l'instant où le sultan va s'assoupir parce que c'est l'instant de tuer Ibrahim; ce mot : *Non, non, je ne dors pas!* qui révèle le trouble du sultan et qui suspend l'action; la conscience de Soliman expliquant son insomnie comme un arrêt du prophète qui veut sauver Ibrahim; cette colère qui, à mesure qu'elle se détourne de son ami, se tourne contre Rustan et qui, s'il faut verser du sang, veut verser celui du traître, parce qu'un sultan semble ne pouvoir devenir clément envers l'un qu'en devenant sanguinaire envers l'autre; ce beau vers, quand il maudit Rustan et qu'il le chasse de sa présence en lui rappelant ses crimes :

Qui me font voir les miens lorsque je te regarde;

cette scène qui fait souvenir d'Œnone chassée aussi et maudite par Phèdre; ce dénoûment plein de grandeur et d'intérêt où Soliman avoue sa faute et la répare en cédant Isabelle à Ibrahim, comme plus tard, dans Voltaire, Vendôme cédera Adélaïde Duguesclin à Nemours, et Gengis-Khan rendra Idamé à Zamti; ce triomphe enfin du bien sur le mal, qui satisfait le spectateur qu'ont ému les périls d'Ibrahim et d'Isabelle; tout cela assurément n'est pas d'un auteur médiocre et sans talent. Que manque-t-il donc à Scudéry pour être un grand poëte? Ses vers sont incorrects et diffus; mais les vers de Corneille ne

m'a surmonté. Approche, lui dit-il, et, s'il est vrai que tu ne me haïsses pas encore, crois certainement que la bienveillance que j'ai eue pour toi va reprendre sa place en mon âme... Et pour n'y mettre point de bornes et pour te faire voir que, connoissant ma faute, je veux la punir et m'empêcher d'y retomber une seconde fois, non-seulement je te donne la vie que je voulois t'ôter injustement, mais je te donne encore la liberté, aussi bien qu'à l'incomparable Isabelle. — Ah! seigneur, s'écria Ibrahim, j'entends la voix de Soliman. Ceux qui m'ont parlé de sa part ont trahi ses véritables sentiments. » (*L'Illustre Bassa*, liv. X, t. IV, p. 160-162, éd. de 1641.)

sont pas tous corrects, et les défauts du style de Scudéry ne l'auraient pas empêché de réussir auprès de la postérité, comme il a réussi auprès de ses contemporains, s'il avait eu vraiment la force dramatique. Le drame, en effet, n'est pas seulement une aventure intéressante habilement mise en action; il y a je ne sais combien de mélodrames très-intéressants par l'action, qui ne sont pourtant pas de bons drames capables d'arriver à la postérité et d'y porter le nom de leur auteur. Ce qui constitue le vrai drame et ce qui le caractérise, ce qui fait la grandeur de Corneille et de Racine, ce sont les caractères et les passions. Or, où sont les caractères, où sont les passions dans *l'Illustre Bassa?*

Prenons les caractères : il y a dans Roxelane l'ébauche d'un caractère, la femme ambitieuse. Malheureusement Scudéry s'arrête à l'ébauche et ne va pas plus loin. Soliman est encore moins un caractère que Roxelane, il est le centre de l'intrigue; c'est autour de lui qu'elle roule et qu'elle se noue. Mais tout autre sultan et tout autre prince plus ou moins ardent à aimer pourrait le remplacer sans qu'on s'aperçût du changement. L'amitié qu'il a pour Ibrahim et le serment qu'il lui a fait l'arrêtent dans ses projets de perfidie et de meurtre; mais qu'est-ce que cette amitié du prince pour son sujet, du maître pour son esclave? Ce pouvait être un trait original du caractère de Soliman; alors il eût fallu nous montrer cette amitié, et ne pas se contenter seulement de la mentionner en passant. La mention suffit pour l'action; elle ne suffit pas pour faire un caractère à Soliman. J'en dirai autant du serment qu'il a fait à Ibrahim. Quelques mots sur l'inviolabilité de la parole des rois ne suffisent pas non plus pour faire un caractère à Soliman. Quant à Rustan, c'est un esclave jaloux d'un autre esclave, et qui veut le perdre; c'est un meurtrier subalterne. Ibrahim et Isabelle sont des victimes intéressantes; ils n'ont aucun caractère particulier. Ce sont deux amants persécutés, rien de plus. Tous ces personnages qui n'ont aucun relief moral qui les distingue dépendent de l'action à laquelle ils appartiennent. Ils relèvent du fait comme de leur maître absolu. C'est là, je le sais bien, l'histoire du grand nombre; mais on n'est quelqu'un qu'à la condition d'être pour quelque chose dans sa propre destinée, et ce qui est vrai dans le monde l'est encore plus au théâtre, où le poëte ne peut nous intéresser qu'à l'aide des caractères ou des passions de ses personnages. L'aventure que je subis n'est pas mon caractère; elle peut par le choc des événements créer en moi un caractère, et ce caractère peut aussi avoir son influence sur l'aventure. Mais quand l'aventure ne crée ni mœurs ni passions dans les personnages qui sont en jeu, il n'y a pas là de drame.

N'ayant point de caractères dans son drame, Scudéry y a-t-il mis des passions? Soliman n'a point de véritable amour pour Isabelle. Il l'aime comme aiment les sultans, comme on aime au sérail. Est-ce une passion qui puisse chercher le cœur et le remuer?[1] Cette passion nous émeut, parce qu'elle fait le péril d'Ibrahim et d'Isabelle. Elle est un accident qui crée le danger de quelqu'un; c'est par là qu'elle excite notre émotion. Inspire-t-elle au moins aux victimes qu'elle fait, quelque vive et touchante douleur? Crée-t-elle par contre-coup quelque passion qui nous touche? Si je lis un naufrage, je plains les naufragés, j'ai pour eux une pitié générale; mais s'il y a parmi les naufragés quelqu'un qui ait déjà mérité l'attention du monde, ou si parmi ces obscurs naufragés il se développe des dévouements héroïques, des courages sublimes, si le danger donne aux uns des qualités qu'ils ne se connaissaient pas, aux autres des vices qu'ils ne se savaient pas non plus, alors nous ressentons une émotion particulière, alors le drame commence. L'aventure toute seule peut bien nous intéresser dans le monde et au théâtre; cela se voit souvent; l'aventure cependant, dans le monde et au théâtre, ne nous émeut véritablement que lorsqu'elle nous révèle quelques traits de l'âme humaine. La

---

1. Que dans tous vos discours la passion émue
Aille chercher le cœur, l'échauffe et le remue.
(BOILEAU.)

nature n'est belle que parce que l'homme lui prête ses sentiments. L'aventure aussi n'est touchante que lorsque l'homme l'anime par ses sentiments. Ce que l'homme prête au hasard vaut mieux que ce qu'il en reçoit. Le hasard fournit à l'homme des accidents singuliers, des malheurs, des dangers. L'homme fait de tout cela des occasions de courage, de fermeté, de dévouement, de résignation, et par conséquent des sujets d'émotion, parce que l'âme humaine y est en jeu et éclate à travers les événements.

Il y a dans *l'Illustre Bassa* de Scudéry un de ces éclairs de l'âme qui transforment le fait matériel en action humaine, et qui créent à l'instant même l'émotion dramatique. Si Soliman s'endort, Ibrahim périra : telle est la forme de l'aventure. Mais Soliman ne peut pas s'endormir : à quoi tient cette insomnie du sultan? A la conscience, c'est-à-dire à l'âme humaine qui se révolte contre ce sommeil meurtrier. En vain le silence se fait autour du sultan, en vain les rideaux sont abaissés, et les flambeaux écartés ; le corps pourrait céder à ces amorces du sommeil ; l'âme résiste. Pour elle, il y a un bruit dans le silence et une lumière dans les ténèbres. Elle voit, elle entend ; et ce cri qui arrête les bourreaux : *Non, non, je ne dors pas!* est le témoignage de la part que l'âme prend à l'aventure. Ne nous y trompons pas : c'est cette part de l'âme qui nous émeut et change le fait en drame. Supposez un instant que Soliman, pour supprimer l'intervention de son âme dans le débat, prenne de l'opium, afin d'avoir un sommeil irrésistible et dont il ne soit pas responsable. Plus de volonté dans son sommeil, plus d'acquiescement au crime, tout est matériel et forcé, rien n'est humain et libre ; mais aussi il n'y a plus de drame. Preuve éclatante que, quels que soient l'action et son invincible intérêt, le drame cependant ne vit et n'émeut que par la part que l'homme, c'est-à-dire l'âme humaine, prend à l'action. Plus il y a de l'homme dans l'action, plus il y est libre et indépendant de la contrainte du sort, plus le drame est grand, plus il s'approche de la tragédie de Corneille et de Racine. Plus au contraire l'aventure l'emporte sur l'homme et l'entraîne sans résistance et presque sans réflexion, plus le drame est médiocre, quelque intéressants qu'en soient les événements. C'est là le défaut de l'école romanesque et particulièrement de Scudéry qui, dans son *Illustre Bassa*, représente fidèlement les bonnes et les mauvaises qualités de cette école.

IV.

DURYER.

L'école romanesque aurait droit de se plaindre, si je ne prenais que Scudéry pour la représenter. Elle a parmi les contemporains de Corneille et les prédécesseurs de Racine un représentant plus important, qui a peut-être moins d'imagination que Scudéry, mais qui a plus de goût, plus de jugement, et dont les conceptions dramatiques ont plus d'ordre et de régularité, quoiqu'elles ne s'écartent point du goût du temps, c'est-à-dire du drame romanesque : c'est Duryer.

On sait comment dans Corneille le caractère des héros tend naturellement au grand. Même penchant dans Duryer; seulement la grandeur tourne au romanesque. Ses héros sont des aventuriers qui prétendent à tout et arrivent à tout, des chevaliers errants empruntés à l'*Astrée*, où la chevalerie se mêle encore beaucoup à la pastorale. Ajoutez que les événements de l'histoire n'étaient pas faits pour détourner du romanesque. C'était le temps de la guerre de Trente Ans et de ses glorieux aventuriers. Walstein venait de mourir en 1634, assassiné par l'ordre de Ferdinand II. Le théâtre de Duryer se sent de cette double influence du roman et de l'histoire. Cléomédon, le héros d'une tragédie jouée en 1635, est un illustre aventurier qui par sa valeur fait et défait les rois et les royaumes. Il aime

Célamire, fille du roi Polycandre, et la lui demande en mariage. Celui-ci la refuse parce qu'il n'est pas né prince. Cléomédon alors s'emporte et parle en matamore. J'aurai, dit-il,

> D'assez grands biens, tant que j'aurai l'épée
> Qui remit dessus vous la couronne usurpée.
> Si je veux des États, où le monde en aura,
> Vous en ayant su rendre, elle m'en donnera.

Alcionée,[1] autre héros et autre aventurier d'une tragédie de Duryer, parle aussi en faiseur et en défaiseur de rois :

> Non, je n'ai point d'États, je n'ai point de couronne
> Que mon père me laisse ou que le sort me donne ;
> Mais apprends de ce bras, tout malheureux qu'il est,
> Que qui peut en ôter, en a quand il lui plaît.

C'est dans l'*Alcionée* de Duryer que se trouvent les vers cités et popularisés par La Rochefoucauld :

> Pour obtenir un bien si grand, si précieux,
> J'ai fait la guerre aux rois ; je l'aurois faite aux dieux.

Ces héros empruntés à l'*Astrée* sont aussi tendres et aussi amoureux qu'ils sont fiers et hautains. Cléomédon, désespéré du refus que le roi lui a fait de la main de Célamire, devient fou. La folie était un des grands ressorts dramatiques du théâtre romanesque. En vain il appelle ses amis à son secours ; comme il est malheureux, il n'a plus d'amis.

> Ce sont de ces oiseaux qu'amène le printemps,
> Et que loin de nos yeux chasse le mauvais temps.

Célamire seule, la princesse qu'il aime, conserve de l'empire sur cet amoureux égaré par le désespoir. Cléomédon est heureux de lui obéir, et il exprime ce sentiment d'une manière gracieuse et touchante :

> Qu'un mot qui vient d'amour nous a bientôt changés,
> Et qu'il a de pouvoir sur nos cœurs affligés !

---

1. Alcionée, 1639.

INTRODUCTION.

> Je sais qu'elle me donne une espérance ingrate;
> Je la crois, toutefois, parce qu'elle me flatte,
> Et si la mort venoit en cet heureux instant,
> Avec ce seul espoir j'expirerois content.

Le poëte qui a su faire ces vers pleins de passion et de mélancolie n'était assurément pas un poëte qui manquât de talent. Que lui a-t-il donc manqué pour approcher plus près de Corneille? Un grain de génie d'abord, c'est-à-dire cette élévation naturelle d'idées et d'invention, que rien ne donne et que rien ne remplace, qui fait que les fautes mêmes du poëte de génie sont marquées d'un trait que n'ont pas les qualités du poëte ordinaire. A défaut de génie, Duryer aurait pu au moins avoir le travail qui aide le talent à s'approcher du génie, sinon à l'égaler. Sa destinée ne le lui a pas permis. Il était pauvre, et il était forcé de travailler vite et beaucoup pour vivre. Il faisait donc force pièces de théâtre, mais il ne prenait pas le temps de les faire avec soin. Il s'était mis aux gages des libraires et faisait aussi pour eux des traductions d'auteurs latins. Il a traduit ainsi Cicéron, Tite-Live, une grande partie de Sénèque, l'histoire de de Thou. Ses traductions sont faciles et inexactes. Je les aime mieux cependant que le mot à mot travaillé et affecté qu'on a voulu accréditer de nos jours.

Nous trouvons souvent dans Corneille un grand étalage de maximes politiques. C'était une mode et un goût du temps. A la fin du xvie siècle et pendant la Ligue, la politique dépendait de la religion. On était catholique ou protestant; on était du parti des Guise ou du Béarnais. Dans les temps de parti, la politique est pratiquée avec l'indifférence du bien et du mal qui lui est propre; mais cette indifférence n'y est pas hautement professée. Les perversités s'y font au nom de l'intérêt des partis, audacieusement et cruellement, je l'avoue; mais elles ne s'y font pas comme les conséquences d'une science admirée et redoutée. On n'en tient pas école. Lorsque les partis perdirent en France leur force et leur turbulence, quand il y eut un gouvernement régulier, la politique devint une science dont

Machiavel fut le grand maître, dont les Italiens furent les apôtres ou les praticiens. On ne fut plus un chef de parti, on fut un homme d'État, et il fut convenu qu'on pouvait, au nom de l'État, se permettre beaucoup d'actions que la morale défend. Il y eut deux morales : celle du vulgaire qui continua d'être honnête par routine ; celle des grands politiques, qui passa pour bonne, pourvu qu'elle eût un grand but. Quand une science a la vogue chez nous, la fatuité vient bien vite s'y ajouter. C'est ce qui arriva à la politique machiavélique. Comme il y avait à la tête du gouvernement un grand esprit, Richelieu, qui la pratiquait sans scrupule, les écrivains se mirent à professer cette politique, et la mirent en maximes, visant sur le théâtre à la profondeur et à la hardiesse : bonnes gens dans leur vie privée, grands scélérats en paroles.

Il y a des traces de cet esprit dans Corneille, dans la *Mort de Pompée,* par exemple. Duryer dans sa tragédie de *Dynamis, reine de Carie,*[1] se fait professeur de ces doctrines machiavéliques et les pousse à la déclamation. Dynamis, reine de Carie, a pour frère Thrasyle qui veut la détrôner ; et comme, pour apaiser son ambition, elle lui annonce qu'il doit régner après elle, et qu'elle ne veut pas se marier, Thrasyle n'en conspire que plus ardemment contre elle : car, dit-il,

> Le sceptre est de ces biens qu'on ne sauroit attendre,
> Et, lorsqu'on le promet, on enseigne à le prendre.

Le conspirateur a déjà toutes les ambitions et toutes les perversités de l'usurpateur. Il aimait Proxène, quand il n'était encore que le frère de la reine. Maintenant qu'il espère monter bientôt sur le trône, il dédaigne celle qu'il aimait, il l'abandonne ; et comme Proxène, désespérée de son infidélité, le menace d'aller révéler ses complots à Dynamis, il se décide à la tuer. Non-seulement il se résout à l'assassinat ; il le professe ; il l'érige en doctrine.

1. 1653.

> Quoi qu'elle me promette et que je puisse feindre,
> Elle sait mes desseins, elle est toujours à craindre.
> Par une prompte mort il faut m'en délivrer...
> . . . .
> Quiconque, voulant vaincre ou voulant se venger,
> N'est qu'à demi méchant, est toujours en danger.
> Et d'où vient si souvent que tant de grands courages
> Ont fait dans leurs desseins de funestes naufrages?
> C'est que leurs cœurs craintifs, à la pitié penchants,
> N'osent être une fois entièrement méchants.

Nous savons quelle est dans Corneille l'exagération de la vertu et de la fierté romaines. Elle va jusqu'à la fanfaronnade. Même exagération et même grandeur de convention dans le *Scévole* de Duryer.[1] C'est l'histoire de Mucius Scévola arrangée selon le goût de l'école romanesque. Junie, fille de Brutus, vient d'être prise; elle est amenée dans le camp de Porsenna. Mais ne croyez pas que sa captivité abatte sa fierté; elle l'augmente au contraire. Quand Porsenna lui dit de s'avancer :

> Je t'obéis, Porsenne, et te rends ce devoir,
> Parce que le destin me met en ton pouvoir;
> Mais ne présume pas qu'une honteuse crainte
> Dans la fille de Brute imprime quelque atteinte.

Il y a de l'Émilie de Corneille dans la Junie de *Scévole*. Elle est fière, elle hait les tyrans, Tarquin, Porsenna et son fils Arons qui l'adore. Mais elle n'a pas le cœur aussi insensible que son âme est orgueilleuse. Elle aime Mucius Scévola, et elle lui reste fidèle. Porsenna a beau lui proposer de la couronner reine d'Étrurie, si elle veut l'épouser; car Porsenna n'a pas pu résister aux attraits de Junie : Sache, lui dit-elle en véritable écolière de Corneille,

> Sache bien qu'en mon cœur la qualité de reine
> Est beaucoup au-dessous de celle de Romaine.[2]

---

1. 1647.

2. Et qu'on l'honore ici, mais en dame romaine,
   C'est-à-dire un peu plus qu'on n'honore la reine.

César, dans la *Mort de Pompée*, acte III. La *Mort de Pompée* est de 1641.

Tarquin est conforme à la réputation que lui ont faite les Romains. A la cruauté Duryer ajoute l'impiété, afin que ce soit le portrait achevé du tyran. C'est surtout dans une scène avec Porsenna que Tarquin manifeste hautement son incrédulité. Avant d'attaquer Rome une nouvelle fois, Porsenna a sacrifié aux dieux, et les prêtres, après avoir consulté les entrailles des victimes, ont déclaré que les présages étaient mauvais. Porsenna veut suspendre l'assaut; Tarquin gourmande cette timidité superstitieuse :

> Quoi ! vous vous étonnez ! cette âme grande et forte
> Craint un présage vain, craint une bête morte !
> PORSENNA.
> Quoi ! vous ne craignez pas ! et toutefois c'est vous
> Que menacent du ciel la haine et le courroux.
> TARQUIN.
> Que les dieux à leur gré gouvernent le tonnerre,
> Et qu'ils laissent aux rois à gouverner la terre !
> La vaillance, la force, un esprit généreux,
> Change un triste présage en un présage heureux.
> Donc, vous vous figurez qu'une bête assommée
> Tienne notre fortune en son ventre enfermée,
> Et que des animaux les sales intestins
> Soient un temple adorable où parlent les destins?
> Ces superstitions et tout ce grand mystère
> Sont propres seulement à tromper le vulgaire;
> C'est par là qu'on le pousse ou qu'on retient ses pas,
> Selon qu'il est utile au bien des potentats.
> . . . .
> PORSENNA.
> Ah! Tarquin, ce discours fait aux dieux un outrage.
> . . . .
> TARQUIN.
> Si ces dieux que l'on craint aident des révoltés,
> Sont-ils nos protecteurs et des divinités?
> Quand leurs présages vains favorisent les crimes,
> Quand ils jettent à bas des trônes légitimes,
> Ces idoles, ces dieux, ces abus des mortels,
> Ne nous montrent-ils pas à briser leurs autels?
> PORSENNA.
> C'est trop, c'est trop, Tarquin !
> TARQUIN.
>   Si c'étoit trop, Porsenne,
> Peut-être que déjà j'en souffrirois la peine.

INTRODUCTION.   53

PORSENNA.
Et peut-être aujourd'hui que vos calamités
Montrent à l'univers que vous la ressentez.
TARQUIN.
Vous êtes trop pieux pour un roi magnanime.
PORSENNA.
Et vous l'êtes trop peu pour un roi qu'on opprime.
TARQUIN.
Quoi qu'ordonnent ces dieux, le destin ou le sort,
Il est temps de trouver ou le trône ou la mort.
C'est trop sacrifier : pour gagner des conquêtes,
Il faut du sang humain, et non celui des bêtes.
. . . .
PORSENNA.
J'attends l'occasion qui doit tout avancer.
TARQUIN.
Attendez-vous qu'un dieu vous la vienne annoncer?
. . . .
PORSENNA.
Non, non, il n'est pas temps de donner des combats,
Quand les dieux opposés nous retiennent le bras.
TARQUIN.
Quoi donc, toujours les dieux ! ces dieux que l'on m'oppose
Sont de belles couleurs qui cachent autre chose.
Junie est dans votre âme; on ne l'en peut chasser,
Et c'est l'unique dieu que l'on craint d'offenser.
PORSENNA.
Je ne m'étonne pas qu'en l'état où nous sommes,
Ayant choqué les dieux, vous attaquiez les hommes.
TARQUIN.
Je ne m'étonne pas qu'un véritable amant
Immole son honneur à son contentement.
. . . .
PORSENNA.
Vous reconnoissez mal nos travaux et nos peines.
TARQUIN.
Je ne dois rien encore à des faveurs si vaines.
PORSENNA.
. . . .
C'est une honte aux rois de devoir quelque chose,
Et pour vous l'épargner, seigneur, nous voulons bien
Vous laisser en état de ne nous devoir rien.

Sur cette scène vive et curieuse je ne veux faire que deux réflexions. Je remarque d'abord que ce qu'on a appelé l'esprit philosophique du xviiie siècle est déjà fort ancien sur notre théâtre. Lorsque, dans l'*OEdipe* de Voltaire, Jocaste disait que :

> Les prêtres ne sont pas ce qu'un vain peuple pense :
> Notre crédulité fait toute leur science;

elle se croyait bien hardie; elle l'était moins que le Tarquin de Duryer. Je dois ensuite faire remarquer que la scène est bien conduite : ces deux alliés, Porsenna et Tarquin, qui semblent d'abord ne différer que de piété, et qui n'ont plus, sur aucun point, les mêmes sentiments et les mêmes intérêts, ce qui arrive vite et souvent dans les alliances politiques; l'aigreur croissante de leurs répliques et la rupture enfin de Porsenna, tout cela est intéressant, dramatique, et prépare bien le dénoûment, c'est-à-dire la réconciliation de Porsenna et des Romains. Seulement le courage de Scévola qui, selon Tite-Live, effraya Porsenna et lui persuada de faire la paix avec une nation si terrible à ses ennemis, ce courage a, dans la pièce de Duryer, moins de part à la réconciliation avec les Romains que l'amour de Porsenna pour Junie, et c'est là un des traits caractéristiques de l'école romanesque : l'amour introduit, bon gré, mal gré, dans tous les sujets, même dans ceux qui le comportent le moins.

J'ai voulu montrer par l'exemple de Duryer comment les trois sortes de sentiments souvent employés par Corneille, l'héroïsme aventureux, les doctrines de la politique machiavélique, la fierté romaine, étaient employés aussi par ses contemporains et par les poëtes de l'école romanesque. Il n'y a donc pas, à vraiment parler, entre Corneille et ses contemporains de différence de genre; il n'y a que la différence de la médiocrité au génie. Corneille n'est pas dissemblable, il est supérieur. Les passions et surtout les caractères qu'invente Corneille sont de taille à lutter contre les événements ou à les produire, et cette lutte que l'homme soutient contre les choses ou le pli impérieux qu'il leur impose nous reproduit en grand et en beau le spectacle de la vie humaine; c'est là l'intérêt du théâtre de Corneille. Ses contemporains, ceux qui se croyaient ses rivaux, donnent aussi à leurs personnages des moments et des saillies de caractère et de passion qui nous font souvenir de lui; mais les caractères ne sont pas soutenus; ils se perdent dans le cours des événements ou ils tombent dans l'exagération; l'héroïsme aboutit à la forfanterie, la fierté romaine à l'emphase, la politique à je ne sais quelle fatuité de scélératesse, et l'amour à la galanterie de convention. Des personnages ainsi conçus et ainsi faits ne sont point capables de lutter contre les choses ou de les conduire. De là le défaut capital de l'école romanesque, la prédominance des événements sur les caractères et sur les passions.[1]

V.

THOMAS CORNEILLE.

L'école romanesque a eu deux générations, la première, contemporaine de Corneille, la seconde, qui a précédé Racine de très-près et qui l'a même suivi dans sa carrière en l'imitant.

Dans la première génération j'ai cité Scudéry et Duryer. J'aurais pu en citer d'autres : la Calprenède, Tristan, Magnon, Chevreau, etc. Dans la seconde je place Thomas Corneille et Quinault.

Je ne puis, ni à cause de son nom ni à cause de son talent, oublier Thomas Corneille dans l'histoire de l'école romanesque. Ce serait une grande erreur de croire que Thomas Corneille doit seulement à son nom la place qu'il a dans l'histoire littéraire du XVIIe siècle. Son nom lui a nui, selon moi, plutôt qu'il ne lui a servi. La postérité a eu de la peine à croire qu'il

1. Outre les pièces que je viens d'indiquer, Duryer a fait aussi un *Saül* et une *Esther* que nous examinerons, quand nous arriverons à l'*Esther* et à l'*Athalie* de Racine.

ait pu y avoir dans la même famille un grand talent à côté d'un grand génie. Rien n'est plus vrai cependant, et je ne doute pas que, si Thomas Corneille n'avait pas eu le grand Corneille à côté de lui, il n'eût eu plus d'éclat de son temps et gardé plus de réputation dans la postérité. L'ombre de l'aîné a étouffé le cadet plutôt qu'elle ne l'a protégé.

Ce qui fait de Thomas Corneille un poëte à part dans l'école romanesque, c'est qu'il fait mieux qu'aucun autre la transition entre cette école et Racine, et qu'il en marque, pour ainsi dire, toutes les phases. Esprit souple et juste, plus habile que personne à profiter des bons exemples et à éviter les mauvais, il réussit dans la tragédie romanesque mieux que Scudéry et Duryer, et il y égale Quinault. Dans la tragédie à grands caractères, il suit de loin les traces de son frère, et, après Rotrou, s'en approche plus près qu'aucun de ses contemporains; il en corrige en même temps avec adresse le penchant à l'exagération. Dans la tragédie passionnée enfin, instruit par l'exemple de Racine, il sait, dans son *Ariane,* donner à l'amour un langage vrai et éloquent, et il approche aussi de Racine plus près qu'aucun de ses contemporains. Est-ce un poëte médiocre que celui qui a la gloire de faire transition entre Corneille et Racine, et de se tenir à une honorable distance de l'un et de l'autre?

Pour justifier l'éloge que je viens de faire de Thomas Corneille, je prendrai trois de ses tragédies, *Darius*[1] qui relève de la tragédie romanesque, *Camma*[2] de la tragédie à grands caractères, *Ariane*[3] de la tragédie qui veut surtout exprimer les passions, et qui sait faire parler à l'amour un langage naturel et vrai, de la tragédie enfin de Racine.

Un mot d'abord sur la vie de Thomas Corneille.

La vie des hommes de lettres et des poëtes est souvent

1. 1659.
2. 1661.
3. 1672.

irrégulière et agitée. Il semble même que, pendant la première moitié de notre siècle, une certaine irrégularité de vie et de mœurs ait passé pour un témoignage de génie. Les hommes de génie sont, disait-on, des privilégiés en ce monde, et dispensés à ce titre de l'observation des règles ordinaires de la morale. Je ne suis donc pas étonné qu'il se soit rencontré de nos jours beaucoup d'usurpateurs de ce grand nom, et que la littérature ait eu des désordonnés qui n'avaient ni le droit ni l'étoffe de leurs désordres. Voici, pour réfuter les prétentions de l'inconduite vaniteuse, deux hommes dont on ne peut contester ni le génie ni le talent, voici les deux Corneille. Quelle régularité et quelle simplicité de vie! Quelle union entre les deux frères! Quel ménage paisible et honnête! « Une estime réciproque, des inclinations et des travaux à peu près semblables, les engagements de la fortune, ceux mêmes du hasard, tout sembloit avoir concouru à les unir. Nous en rapporterons un exemple qui paroîtra peut-être singulier. Ils avoient épousé les deux sœurs, en qui se trouvoit la même différence d'âge qui étoit entre eux. Il y avoit des enfants de part et d'autre, et en pareil nombre. Ce n'étoit qu'une même maison, qu'un même domestique. Enfin, après plus de vingt-cinq ans de mariage, les deux frères n'avoient pas encore songé à faire le partage des biens de leurs femmes, biens situés en Normandie, dont elles étoient originaires comme eux, et ce partage ne fut fait que par une nécessité indispensable, à la mort de Pierre Corneille.... Très-sincèrement modeste, Thomas Corneille n'avoit jamais voulu profiter des occasions favorables de se montrer à la cour ni chez les grands........ Il aimoit sur toutes choses une vie tranquille, quelque obscure qu'elle pût être.... [1] »

---

1. Éloge de Thomas Corneille prononcé dans l'Académie des inscriptions et belles-lettres à la rentrée publique, 1710. — Thomas Corneille était mort aux Andelys au mois d'octobre 1709, à l'âge de quatre-vingt-quatre ans passés — (né en 1625 à Rouen).

Et ne croyez pas que ce fût par simplicité d'esprit ou par faiblesse de cœur que ces deux frères acceptaient si volontiers cette vie réglée et modeste. Ils savaient ce qu'ils étaient, ce qu'ils valaient; mais c'était l'usage alors de la littérature de ne pas chercher hors d'elle-même et de ses travaux la mesure de l'estime ou de la gloire qu'elle acquérait. D'autres temps ont amené et autorisé d'autres usages. Quand Thomas Corneille parle de son frère qu'il remplaça à l'Académie française, il en parle avec un sentiment profond et juste de sa grandeur, avec une émotion sincère et touchante. A voir comme il s'exprime, la grandeur du génie littéraire lui semble égale au moins à toutes les autres grandeurs du monde. Si la simplicité de cette vie modeste qu'il menait avec lui ne lui cachait rien de la gloire de son frère, nous pouvons croire également qu'elle lui laissait comprendre la dignité de l'homme de lettres aussi bien que nous pouvons la comprendre de nos jours. Pouvons-nous en effet nous tromper sur ces sentiments de légitime fierté, quand nous entendons la réponse de Racine au dicours de Thomas Corneille. « Que l'ignorance, dit Racine, rabaisse tant qu'elle voudra l'éloquence et la poésie, et traite les habiles écrivains de gens inutiles dans les États, nous ne craindrons point de le dire à l'avantage des lettres, du moment que des esprits sublimes, passant de bien loin les bornes communes, se distinguent, s'immortalisent par des chefs-d'œuvre comme ceux de monsieur votre frère, quelque étrange inégalité que, durant leur vie, la fortune mette entre eux et les plus grands héros, après leur mort cette différence cesse. La postérité, qui se plaît, qui s'instruit dans les ouvrages qu'ils lui ont laissés, ne fait point de difficulté de les égaler à tout ce qu'il y a de plus considérable parmi les hommes, et fait marcher de pair l'excellent poëte et le grand capitaine[1]. »

Étudions rapidement les trois tragédies qui nous mon-

---

1. Réponse de Racine à Thomas Corneille, reçu à l'Académie française, le 2 janvier 1685, à la place de M. Pierre Corneille son frère.

treront les vicissitudes et les progrès du talent de Thomas Corneille.

Darius est une tragédie romanesque. Il y a encore là un de ces princes déguisés et inconnus qui savent eux-mêmes leur naissance, qui en ont les grands sentiments, mais qui n'en ont pas la fortune, et dont la reconnaissance amène des péripéties et des coups de théâtre plus ou moins intéressants. Darius est fils d'Artaxerce, roi de Perse, et il aurait dû succéder à son père. Mais, à la mort d'Artaxerce, Ochus son frère s'est emparé du trône, et il aurait fait périr Darius tout jeune encore, si des amis fidèles d'Artaxerce ne l'avaient dérobé à la mort. Il a vécu sous le nom de Codoman, et, une fois arrivé à l'âge viril, il est devenu un hardi guerrier, un grand capitaine, et il a conquis des royaumes à Ochus. Celui-ci veut récompenser ce soldat de fortune, qui l'a si bien servi, et il lui ordonne de demander tout ce qu'il voudra. Darius hésite à parler; Ochus le presse :

> Oui, pour obtenir tout tu n'as qu'à demander.

Darius, sous le nom de Codoman, répond que,

> ... pour trop souhaiter, il ne demande rien.
> OCHUS.
> D'un pareil sentiment l'injustice m'offense.
> Croire trop souhaiter, c'est borner ma puissance,
> Ou douter que je veuille, après tes grands exploits,
> M'acquitter en vrai roi de ce que je te dois.
> Parle, et puisqu'à ton choix ma faveur abandonne
> Tout ce qu'à mon pouvoir a soumis la couronne,
> S'il est rang, dignités, biens, trésors...

Darius alors se décide à parler, et il demande au roi la main de la princesse Statira, sa fille, qu'il adore. Ochus ne croyait pas que Darius oserait élever ses prétentions jusque-là; il s'irrite de cette insolence :

> Un peu de nom acquis rend votre audace extrême,

dit-il à Darius;

> Mais en vous emportant au delà de vous-même,
> Gardez qu'il ne me force à vous faire rentrer
> Dans ce honteux néant dont j'ai su vous tirer.

La réponse de Darius est noble et fière, mais un peu longue :

> J'y rentrerai, seigneur; c'est mon plus doux partage,
> Et si de ce néant vous prenez avantage,
> Au moins l'ai-je rendu si beau, si glorieux
> Qu'il vaut bien le brillant d'une suite d'ayeux.
> . . . .
> Qu'on se trouve en naissant au trône ou dans la boue,
> Ce sont coups du hasard dont le destin se joue,
> Et jamais un grand cœur ne tire vanité
> De ce qu'a fait pour lui son inégalité.
> . . . .
> Qui que je sois enfin, peut-être que, né prince,
> J'ai pour braver le sort choisi cette province,
> Et viens y faire voir que, sans l'appui du sang,
> La vertu peut de soi prétendre au plus haut rang.
> Quel surcroît, après tant de gloire et de puissance,
> Vous peut du plus grand prince apporter l'alliance?
> Et que prétendez-vous d'un gendre couronné,
> Que l'effort de ce bras ne vous ait pas donné?

Ochus quitte Darius en lui disant qu'après son audace la plus grande faveur qu'il puisse lui accorder, c'est de lui laisser la vie. Darius, désespéré et furieux, va se plaindre à Mégabise du refus qu'il vient d'essuyer; et Mégabise, qui conspire contre Ochus et veut le détrôner, promet alors à Darius de lui donner la main de Statira, s'il veut servir ses projets : — Mais quel titre avez-vous, lui dit Darius, pour prétendre au trône? — Mégabise alors lui révèle mystérieusement qu'il est Darius.

DARIUS.
> Quoi! que me dites-vous?

MÉGABISE.
> Ce que je dois vous dire,
> Qu'Ochus jura ma mort pour s'assurer l'empire,
> Et qu'à me la donner Tiribaze commis,
> M'ayant sauvé le jour, me fit croire son fils.

DARIUS.
Vous êtes Darius?
MÉGABISE.
Oui, ce Darius même
Sur qui la tyrannie usurpe un diadème.

Cependant Mégabise, dénoncé par un de ses complices, est arrêté et amené devant Ochus, qui, avant de le faire mourir, veut lui faire avouer s'il est vraiment Darius ou un imposteur. Mégabise ne veut point éclaircir ses doutes. S'il était Darius, il n'en mourrait pas moins, et Ochus n'aurait que plus d'intérêt à le faire mourir, tandis que, s'il n'est qu'un imposteur, comme le vrai Darius vit quelque part, d'autres encore pourront prendre ce nom et s'en armer contre Ochus;

Et c'est pour voir ta peine et ton péril s'accroître,

dit-il à Ochus,

Que je dédaigne ici de me faire connoître.
Si tu pouvois prouver que tu perds Darius,
Après ma mort, tyran, tu ne tremblerois plus;
Au lieu que pour mon nom toujours prêt d'entreprendre,
Le peuple s'armera pour qui l'osera prendre.
Ainsi, toujours en doute et toujours malheureux,
Crains tout ce que la Perse aura de généreux...
Voilà sur quel espoir ma juste prévoyance
Aime à voir les Persans douter de ma naissance.
Je suis un imposteur; ordonne mon trépas;
Mais enfin, par ma mort, Darius ne meurt pas.

La situation est vive et forte; elle nous fait souvenir de l'*Héraclius* du grand Corneille. Comme dans *Héraclius* [1] l'incertitude en face d'un mystère obstinément caché devient un sentiment tragique. Mégabise a beau être captif et condamné à mort; il est, tant qu'il gardera son prétendu secret, il est le maître de son juge. Mais il y a là, ne l'oublions pas, quelqu'un qui connaît ce secret; c'est Darius lui-même; aussi, quand il entend Ochus s'écrier contre Mégabisé :

Il ne m'importe, meurs, qui que tu veuilles être!

1. *Héraclius*, 1647.

Avec cette magnanimité qui est d'étiquette dans les héros de la tragédie, et surtout de la tragédie romanesque, il s'écrie que c'est lui-même qui est Darius : non qu'il tienne à sauver la vie de Mégabise qu'il déteste pour ses complots et pour son imposture :

> Sors d'erreur, Mégabise, et pense à me connoître.
> Quand de ce que je suis j'ose avertir le roi,
> Ne crois pas que je songe à m'exposer pour toi.
> D'un nom dont l'attentat semble ternir la gloire
> Je ne veux qu'effacer une tache trop noire,
> Et m'en croirois indigne à plus souffrir l'abus
> Qui laisse en criminel condamner Darius.
> Il faut, s'il doit tomber, que ce soit en victime;
> Qu'on l'immole à sa gloire, et non pas à ton crime,
> Et qu'à tout l'univers son vrai sort découvert
> Montre que sa naissance est tout ce qui le perd.

Second coup de théâtre que cette révélation de Darius qui s'achève, malgré les efforts de Mégabise, par la lecture d'une lettre de Tiribase qui a sauvé Darius, et qui déclare qu'il vit sous le nom de Codoman. Plus de mystère; l'imposture de Mégabise est découverte et châtiée par la mort. Ochus, touché de la vertu de Darius, et n'ayant plus de mauvais desseins contre lui, lui donne la main de sa fille Statira, et le déclare son successeur. Il ne pouvait assurément faire moins, et il lui devait plus.

Voilà la tragédie romanesque comme la conçoivent les poëtes de la deuxième époque. L'action est mieux nouée; les coups de théâtre sont plus habilement combinés; les péripéties plus adroitement amenées. Mais il n'y a pas encore de caractères fortement conçus ou de passions vivement exprimées qui créent les situations.

Camma est-elle une tragédie faite pour amener une situation terrible, comme le fait le grand Corneille dans *Rodogune*, ou pour montrer un caractère audacieux et violent, comme celui de Camma, et faire de ce caractère le centre et le pivot de toute la pièce? Il y a lieu d'en douter. Camma, reine des

Galates, veut se venger de Sinorix qui a tué son mari le roi Sinatus. Sinorix, il est vrai, n'a tué Sinatus que parce qu'il aimait Camma. Camma, tout entière à sa vengeance, consent à épouser Sinorix, et, empoisonnant la coupe nuptiale, s'immole elle-même pour immoler Sinorix. Voilà le sujet, qui est terrible. La vengeance, qui devient la passion de Camma, lui fait un caractère énergique et violent qui crée la situation du dénoûment. Cependant, lorsque je compare Camma avec la Cléopâtre de *Rodogune,* je sens aussitôt une grande différence entre les deux personnages. La Cléopâtre de Corneille est la femme ambitieuse, et c'est son ambition qui crée tous les événements du drame. Ce n'est point un incident qui la rend ambitieuse; elle l'est par elle-même. Camma n'est vindicative qu'à cause du meurtre de son époux. Ici encore la situation domine et maîtrise le cœur humain. Voyons pourtant comment Camma exprime les sentiments que lui suggère sa situation ou sa passion, et si Thomas Corneille a su profiter ici des leçons et de l'exemple de son frère.

En vain Sinorix, qui croit que la reine ignore son crime, la presse de lui donner sa main et de conserver la couronne par ce mariage; car le peuple l'a choisi pour roi après la mort de Sinatus; Camma repousse avec dédain les prières de Sinorix :

> Sinatus me fit reine, et quoiqu'un coup funeste
> Ait réduit mon destin au seul nom qui m'en reste,
> Le malheur de sa mort ne peut rien sur ma foi;
> S'il ne vit plus pour vous, il vit encor pour moi.
> Je dois à son amour, je dois à sa mémoire
> Le refus d'un hymen qui blesseroit ma gloire;
> Du trône en vain par là vous voulez me flatter;
> Ce seroit en descendre, et non pas y monter.
> Veuve de Sinatus, je sais que je suis reine;
> Mais si je m'abaissois à vous donner ma foi,
> Femme de Sinorix, la serois-je d'un roi? [1]

1. On voit qu'en 1661, le pronom prenait encore le genre du mot qu'il remplace. Nous dirions aujourd'hui :

> Femme de Sinorix, le serais-je d'un roi?

Le est pris comme neutre et remplace la phrase au lieu de remplacer seu-

Que répond Sinorix aux paroles altières de Camma? Après l'avoir longtemps suppliée, il la menace; mais ses menaces n'obtiennent pas plus que ses supplications, et Camma lui répond en héroïne dont le courage touche à la forfanterie :

> Vous avancez beaucoup d'employer la menace.
> Je ne vous dirai point s'il faut la redoubler;
> Mais mon cœur est à vous, quand il pourra trembler.

Camma n'est pas seulement hautaine et violente dans ses paroles; elle est hardie dans ses actions, et, trouvant Sinorix à demi endormi dans le palais, elle veut le poignarder. Ici vient un coup de théâtre que j'ai vu souvent se renouveler dans les tragédies, et dont je ne sais pas si Thomas Corneille est le premier inventeur. Au moment où Camma va frapper Sinorix, Sostrate lui arrête le bras; dans le trouble, le poignard tombe à terre, et quand Sinorix se retourne et qu'il voit à terre ce poignard, il ne sait, de la reine ou de Sostrate, quel est son assassin, et quel est son sauveur. Vous croyez peut-être que, dans cette situation critique, Sostrate, pour se justifier, va accuser la reine, et Camma, pour se défendre, accuser Sostrate? C'est ainsi que les choses se passent dans la nature, où les hommes en général aiment mieux se sauver eux-mêmes que de sauver autrui : ce n'est pas ainsi que les choses se passent dans les romans et dans les drames héroïques. Sostrate aime Camma, et, pour la sauver, il prend à son compte le crime de la reine. Camma, qui, de son côté, aime aussi Sostrate, va-t-elle s'accuser elle-même pour sauver son défenseur? Si elle s'accuse, elle renonce à sa vengeance; elle ne pourra plus, dans une meilleure occasion, la satisfaire. Elle se tait donc; mais, pour sauver Sostrate, elle se résout à épouser Sinorix. Celui-ci, trompé par cette feinte douceur, et enivré de son bonheur, pardonne à Sostrate. Sinorix, disons-le en passant et sans

lement le mot. La règle nouvelle suppose l'ellipse d'une phrase ; la règle ancienne ne supposait que l'ellipse d'un mot, et, de ce côté, elle était plus juste.

INTRODUCTION.

trop nous en étonner, est un tyran commode qui se laisse volontiers injurier par tous les personnages du drame, et, de plus, un tyran malavisé qui ne soupçonne et ne redoute rien de la reine, quoiqu'il la voie passer subitement de la colère à la douceur. C'est à l'aide de ce mariage que s'accomplit enfin la vengeance de Camma. Le cinquième acte est beau et tragique, quoiqu'il y ait encore à ce moment dans la marche de l'action des retards et des détours qui empêchent la vengeance de Camma de produire tout l'effet que j'en attendais. Le grand et terrible spectacle du cinquième acte de *Rodogune* devait et pouvait aisément lui servir d'exemple et d'autorité. Il s'en est détourné comme effrayé, et il semble avoir voulu ne l'imiter qu'en l'affaiblissant.

Résumons rapidement ce cinquième acte de *Camma* à l'aide de quelques citations. Camma est dans le temple :

> Elle a fait apporter la coupe nuptiale,
> Baise le sacré vase, et s'approchant du roi :
> Dieux, dit-elle, soyez les témoins de ma foi.
> Là, pour suivre nos lois, le portant à sa bouche,
> On connoît dans ses yeux le plaisir qui la touche,
> Et le roi, que possède un transport éclatant,
> Prend de sa main le vase, et l'imite à l'instant.

Camma et Sinorix reviennent alors du temple, et Camma révèle tout à Sinorix. Cette révélation, faite avec un sang-froid terrible, suit une gradation dramatique qui produit vraiment la terreur :

> Oui, Sinorix, écoute;
> Il est quelques secrets dont tu peux être en doute;
> Et j'ai quelques clartés acquises par hasard
> Dont il est juste enfin que je te fasse part.

Elle lui raconte alors que Sinatus périt peu de temps après l'avoir épousée :

> Sa mort fut imprévue, et, sans s'inquiéter,
> Au malheur de son âge on voulut l'imputer.

> Pour moi, que de ce coup surprit la promptitude,
> Je mis à l'avérer ma plus pressante étude,
> Et découvris enfin, sans qu'on l'ait soupçonné,
> Que ce roi malheureux périt empoisonné.
> SINORIX.
> Empoisonné, madame! ah! coupable entreprise!
> CAMMA.
> Il n'est pas temps encor de montrer ta surprise...
> . . . .
> A ses mânes sacrés un zèle inviolable
> Me fit jurer soudain d'immoler le coupable;
> Et le ciel m'est témoin si dans ce triste cœur
> Rien égala jamais une si noble ardeur.
> Cependant de mon sort telle est la perfidie,
> Que, quoique cette ardeur ne soit point refroidie,
> Je n'ai pu m'affranchir d'en faire mon époux.
> SINORIX.
> Quoi, madame!
> CAMMA.
> Tu vois, t'expliquant l'entreprise,
> Si j'avois lieu d'abord d'arrêter ta surprise...
> . . . .

Et comme elle lui répète de nouveau qu'elle veut sa mort, Sinorix répond qu'il ne peut la croire, puisque c'est elle-même qui l'a sauvé des coups de Sostrate qui l'allait poignarder :

> CAMMA.
> Va, ne t'abuse point sur ce noble attentat,
> Et cesse à ma pitié, dans l'erreur qui te flatte,
> D'imputer un secours que tu dois à Sostrate.
> Quand ma haine te porte un poignard dans le sein,
> C'est lui, pour t'en sauver, qui m'arrête la main;
> Trop fidèle sujet, il m'ôte ma victime;
> Trop généreux amant, il prend sur lui mon crime.

Ayant ainsi commencé à déclarer à Sinorix tous les efforts qu'elle a faits pour venger Sinatus, Camma, je le croyais du moins, devait continuer ses révélations et l'avertir qu'elle avait empoisonné la coupe nuptiale, ne demandant pas mieux que de périr elle-même, pourvu qu'elle se vengeât. Cette gradation d'aveux, à chaque moment plus terribles, devait produire un grand effet, et c'était un spectacle vraiment tragique que de

voir Sinorix mourant sous les yeux de Camma mourante elle-
même ; l'un s'accusant de son imprudence ou de ses crimes
devenus inutiles et si cruellement expiés, l'autre triomphant
de sa vengeance enfin accomplie, et fière de sa propre agonie,
qui lui vaut le spectacle de l'agonie de son ennemi. Pourquoi
Thomas Corneille, ayant, pour ainsi dire, sous la main cette
scène digne du génie de Corneille, s'en est-il détourné? Pourquoi, au moment où Camma va accabler Sinorix par une
dernière révélation, pourquoi le poëte éloigne-t-il Sinorix et
l'envoie-t-il combattre une émeute populaire? Il triomphe de
l'émeute, mais, quand il va rentrer dans le palais, il meurt
victime du poison qu'il a bu dans la coupe nuptiale. Nous
n'avons que le récit de sa mort, au lieu d'en avoir le spectacle.
Quant à Camma, elle meurt sur la scène; c'est à Sostrate
qu'elle déclare ce qu'elle a fait pour se venger :

> J'avois empoisonné la coupe nuptiale;
> Et n'ai donné ma foi que sur le doux espoir
> D'en obtenir la mort que j'ai fait recevoir.

Faite à Sinorix, cette révélation était tragique. Faite à Sostrate,
quel effet peut-elle produire? C'est ici que nous retrouvons le
péché originel de l'école romanesque. Sostrate aime Camma, et
Camma aime Sostrate. Pourquoi, au lieu de ne songer qu'à sa
vengeance et d'être seulement un personnage tragique, pourquoi Camma est-elle aussi une héroïne amoureuse? Cet amour
diminue Camma à nos yeux, au lieu de la grandir. Il ôte au
caractère son unité dramatique. Mais quoi? Thomas Corneille
n'a pas osé s'affranchir de la routine de son école. Il fallait,
selon la poétique de l'école romanesque, que tous les personnages qu'elle mettait en scène eussent une passion amoureuse.
Quiconque n'était point amoureux n'avait pas droit de paraître
sur le théâtre. Dans le Mucius Scévola de Duryer, ce farouche
meurtrier, que nous ne pensions venir dans le camp de Porsenna que pour le tuer, y venait aussi pour voir la fille de
Brutus, Junie qu'il aime et dont il est aimé. Camma devait donc

aimer aussi et être aimée. Voilà pourquoi Thomas Corneille inventé son personnage de Sostrate qui est inutile à l'action principale du drame, mais qui est nécessaire à ce dialogue d'amour qui est la règle de la tragédie.

Il était temps que l'amour, s'il devait conserver sa place au théâtre, devînt le sujet principal et non plus le cadre cérémonial du drame. C'est là le rôle nouveau et vraiment dramatique que Racine donna à l'amour; c'est là la réforme qu'il fit au théâtre; et il est curieux de voir comment Thomas Corneille, reconnaissant en lui le nouveau maître de la scène, l'imita aussitôt, et de la manière la plus heureuse, dans *Ariane*. *Ariane* est de 1672, c'est-à-dire de la même année que *Bajazet*. Racine n'avait donc encore donné qu'*Andromaque*, *Britannicus* et *Bérénice*.[1] Car *les Frères ennemis* et *Alexandre* n'étaient que des essais. Mais *Andromaque*, *Britannicus* et *Bérénice* étaient des leçons suffisantes, de la part d'un maître tel que Racine, pour un élève tel que Thomas Corneille.

Dès le commencement d'*Ariane*, nous sentons un autre style que dans les autres tragédies de Thomas Corneille. L'exemple de Racine a produit son effet; non que Thomas Corneille atteigne à l'élégance exquise du maître; mais il s'est approprié quelque chose de sa facilité et de sa grâce. Les duretés et les incorrections, les obscurités du style du grand Corneille, qui n'est bon que lorsqu'il est sublime, commencent à disparaître. La langue s'éclaircit et s'adoucit. En même temps que l'expression s'épure et s'embellit, l'invention devient plus simple, plus naturelle, moins romanesque et moins compliquée, plus dramatique par conséquent. L'intérêt des passions l'emporte sur l'intérêt des événements. Au premier coup d'œil, il semble que rien ne soit changé au théâtre; car c'est toujours l'amour qui y règne; mais il y règne autrement. Dans les tragédies de l'école romanesque et dans les grands romans du temps, l'amour était une convention et une règle du monde. Aussi

---

[1]. Andromaque, 1667. — Britannicus, 1669. — Bérénice, 1670.

la galanterie, je ne parle ici que de la galanterie honnête, c'est-à-dire la conversation amoureuse et précieuse, y remplaçait souvent l'amour. Je consens à croire que le diable ne perdait rien à cette galanterie du beau monde; mais l'amour y perdait beaucoup; il n'était plus une passion naturelle et vive; il ne faisait plus le malheur ou le bonheur des personnages; il faisait le maintien et l'entretien de la bonne compagnie. Racine le tira, pour ainsi dire, du roman pour le faire rentrer dans la nature; il le ramena à la vérité, et lui rendit ses droits en l'affranchissant des lois de l'étiquette.

C'est cette vérité de l'amour redevenu une passion qui se fait sentir partout dans *Ariane*. Jamais tragédie ne fut plus pleine d'amour qu'*Ariane*. Ariane aime Thésée; Thésée aime Phèdre; OEnarus, roi de Naxos, aime Ariane. Il est vrai qu'aucun de ces amours ne correspond à l'autre, excepté celui de Thésée et de Phèdre; car Ariane aime Thésée qui ne l'aime plus, et OEnarus, roi de Naxos, aime Ariane qui ne l'aime pas. Cet amour d'OEnarus est un de ces amours épisodiques que la tragédie romanesque avait imposés à la tragédie passionnée, comme un reste d'héritage. Il ressemble à l'amour d'Antiochus pour Bérénice dans la tragédie de Racine. C'est un consolateur préparé pour Ariane, le jour où Thésée l'abandonnera. Mais Ariane ne l'aime pas et ne voudra pas être consolée du départ de Thésée. OEnarus lui-même, quand il s'est laissé aller à aimer Ariane, ne savait pas encore que Thésée avait changé d'amour; il aimait donc sans raison et sans espoir. Mais quoi?

> Non, ce n'est ni par choix, ni par raison d'aimer,
> Qu'en voyant ce qui plaît on se laisse enflammer;
> D'un aveugle penchant le charme imperceptible
> Frappe, saisit, entraîne et rend un cœur sensible;
> Et par une secrète et nécessaire loi,
> On se livre à l'amour sans qu'on sache pourquoi[1].

L'amour d'Ariane pour Thésée ne songe pas à s'observer et

---

1. *Ariane,* scène Ire.

à s'étudier, comme celui d'OEnarus. Mais qu'il est naïf et ardent, quand elle se croit encore aimée! Qu'il est violent et désespéré, quand elle se voit trahie! Que c'est vraiment bien une passion! Comme son amour aime à s'épancher! Comme elle s'abandonne avec confiance au plaisir de louer Thésée!

> Ce n'est point le vanter que ce qu'on m'entend dire;
> Tout le monde le sait; tout le monde l'admire;
> Mais c'est peu; je voudrois que tout ce que je voi
> S'en entretînt sans cesse, en parlât comme moi.
> J'aime Phèdre; tu sais combien elle m'est chère.
> Si quelque chose en elle a de quoi me déplaire,
> C'est de voir son esprit, de froideur combattu,
> Négliger entre nous de louer sa vertu.
> Quand je dis qu'il s'acquiert une gloire immortelle,
> Elle applaudit, m'approuve : eh, qui feroit moins qu'elle?
> Mais enfin d'elle-même on ne l'entend jamais
> De ce charmant héros élever les hauts faits.
> Il faut en leur faveur expliquer son silence.

Quelle ivresse, quel aveuglement d'amour! et comme nous nous attendrissons déjà sur son sort, quand nous l'entendons reprocher à Phèdre de ne parler qu'avec froideur de Thésée! Plût à Dieu, hélas! que Phèdre fut indifférente aux mérites du héros! Toute autre qu'Ariane, moins confiante en l'amour de Thésée et moins éprise de lui, s'inquiéterait de cette froideur affectée. Elle chercherait pourquoi Phèdre se tait, quand Ariane loue Thésée. Mais ces soupçons et ces inquiétudes ne sont point de l'amour heureux ou qui croit l'être encore. Si Phèdre se tait, c'est qu'elle ne sent pas la grandeur et la bonté de Thésée comme les sent Ariane. Eh, qui les peut sentir comme elle? Qui peut admirer Thésée comme Ariane, qui l'admire par l'amour? C'est ainsi qu'elle l'a admiré en Crète, et qu'elle l'admire encore à Naxos. Rien n'est changé en elle. Pourquoi croirait-elle que quelque chose est changé autour d'elle?

Je dois aussi remarquer combien les plaintes que fait Ariane de la prétendue froideur de sa sœur annoncent heureusement le rôle de Phèdre. Il semble que ce soit Ariane elle-même et sa passion qui aient poussé Phèdre à aimer Thésée. Elle le lui a tant vanté, elle lui a tant reproché son indifférence, que Phèdre, sollicitée d'un côté par l'amour de Thésée, et prenant part peu à peu aux sentiments de sa sœur, s'est laissé aller à la perfidie involontaire qu'elle se reproche, mais dont elle ne se défend plus. A ce trait, nous comprenons que nous ne sommes plus dans la tragédie romanesque, c'est-à-dire dans celle où les événements dominent les sentiments : nous sommes dans un genre de tragédie plus savante à la fois et plus naturelle, dans la tragédie où les sentiments tiennent plus de place que les événements, où ils les expliquent et les justifient, quand ils ne les créent et ne les amènent pas.

Dans la scène avec Thésée, c'est encore cet amour d'Ariane, si confiant et si abandonné, qui nous touche et nous émeut. Combien sera malheureuse une âme que l'amour rend si heureuse! Œnarus vient d'avouer à Thésée qu'il aime Ariane ; mais il respecte l'amour qu'Ariane et Thésée ont l'un pour l'autre, et, quoique désespéré, il est prêt à ordonner dans son palais la pompe de leur hyménée. Cet aveu, loin d'offenser Thésée, le soulage. C'est un expédient que le ciel lui ménage pour dédommager Ariane de son abandon ; et s'il la quitte, si Œnarus l'épouse et la fait reine, Thésée se trouvera moins coupable. Mais comment avouer à Ariane tous ces calculs d'une ingratitude qui confie à un autre le soin de consoler Ariane? Comment parler? Il essaye ; il loue la vertu d'un amant qui consent lui-même au bonheur de son rival. Pouvait-il faire autrement? dit Ariane.

> ....Il sait trop que mon amour extrême,
> En s'attachant à vous, n'a cherché que vous-même,
> Et qu'ayant tout quitté pour vous prouver ma foi,
> Mille trônes offerts ne pourroient rien sur moi.

Puis, sans s'occuper autrement de la magnanimité d'Œnarus, sans remarquer non plus l'embarras de Thésée et l'affectation qu'il met à louer la vertu du roi de Naxos, préoccupée seulement de son amour et heureuse d'en entretenir son amant, elle lui parle de sa sœur, de cette sœur dont elle veut le bonheur, tant elle soupçonne peu en elle une rivale!

> ....Apprenez un projet de ma flamme.
> Pour m'attacher à vous par de plus fermes nœuds,
> J'ai dans Pirithoüs trouvé ce que je veux.
> Vous l'aimez chèrement : il faut que l'hyménée
> De ma sœur avec lui joigne la destinée,
> Et que nous partagions ce que pour les grands cœurs
> L'amour et l'amitié font naître de douceurs.
> Ma sœur a du mérite; elle est aimable et belle,
> Suit mes conseils en tout, et je vous réponds d'elle.
> Voyez Pirithoüs, et tachez d'obtenir
> Que par elle avec nous il consente à s'unir.
> THÉSÉE.
> L'offre de cet hymen rendra sa joie extrême;
> Mais, madame, le roi... Vous savez qu'il vous aime...
> S'il faut...
> . . . .
> ARIANE.
> Encore un coup perdez cette jalouse crainte;
> J'en connois le remède, et, si l'on m'ose aimer,
> Vous n'aurez pas longtemps à vous en alarmer.
> THÉSÉE.
> Minos peut vous poursuivre, et si de sa vengeance...
> ARIANE.
> Eh! n'ai-je pas en vous une sûre défense?
> THÉSÉE.
> Elle est sûre, il est vrai; mais...
> ARIANE.
>   Achevez.
> THÉSÉE.
>   J'attends...
> ARIANE.
> Ce désordre me gêne et dure trop longtemps;
> Expliquez-vous enfin.
> THÉSÉE.
>   Je le veux, et je n'ose.

Et Thésée s'éloigne, n'osant pas troubler par l'aveu de son infidélité cette tendresse si naïve, si confiante, qui ne veut rien entendre que ce qui répond à son amour. C'est à Pirithoüs que Thésée a confié le triste soin d'informer Ariane qu'elle n'est

plus aimée de celui qu'elle aime tant. L'embarras de Pirithoüs
n'est presque pas moins grand que celui de Thésée; tant se
fait respecter le touchant aveuglement de l'amour d'Ariane!
tantôt il parle à mots couverts; tantôt il se tait, quand Ariane
le presse de questions.

> Je me tais, c'est à vous à voir ce qu'il faut croire.

Mais Ariane ne veut point être détrompée; elle résiste aux
éclaircissements, elle ne veut rien croire :

> Non, non, Pirithoüs, on vous trompe sans doute;
> Il m'aime, et s'il m'en faut séparer quelque jour,
> Je pleurerai sa mort, et non pas son amour.

Ce dernier vers est admirable, tant il exprime bien tous les
mouvements de cette âme agitée : sa foi obstinée en Thésée;
le doute qui commence et qu'elle repousse avec horreur ; car
il lui est plus facile et plus naturel de croire Thésée mourant que Thésée infidèle; le désespoir qu'elle entrevoit et qui
lui suggère déjà l'idée d'un affreux malheur, la mort de Thésée
par exemple, moins affreuse pourtant que son parjure, toutes
ses angoisses sont renfermées dans ce vers digne de Racine; et
quand Pirithoüs s'éloigne, quand elle reste seule avec Nérine,
sa confidente, c'est alors qu'éclatent toutes les douleurs de ce
doute plus grand qu'il ne veut être :

> Thésée a de l'amour pour une autre que moi!
> Une autre passion dans son cœur a pu naître!
> J'ai mal ouï, Nérine, et cela ne peut être.
> Ce seroit trahir tout, raison, gloire, équité ;
> Thésée a trop de cœur pour tant de lâcheté.

Mais c'est surtout dans la scène avec Phèdre qu'elle ne soupçonne pas d'être sa rivale, c'est là qu'elle exhale son étonnement, sa colère, son désespoir. Comme elle se confie à cette
sœur dont elle voulait faire le bonheur avec Pirithoüs, quand
elle-même était heureuse! Comme cette confiance si natu-

relle, hélas! et si cruellement trompée, nous touche et nous émeut!

> Ah, ma sœur, savez-vous ce qu'on vient de m'apprendre !
> Vous avez cru Thésée un héros tout parfait :
> Vous l'estimiez sans doute, et qui ne l'eût pas fait?
> N'attendez plus de foi, plus d'honneur; tout chancelle,
> Tout doit être suspect : Thésée est infidèle !
>
> PHÈDRE.
>
> Quoi, Thésée!...
>
> ARIANE.
>
> Oui, ma sœur, après ce qu'il me doit,
> Me quitter est le prix que ma flamme en reçoit;
> Il me trahit!

Phèdre embarrassée, contrainte, et que gêne la confiance de sa sœur, Phèdre essaye de la plaindre. Mais si elle ne savait pas louer Thésée au gré d'Ariane, quand celle-ci le lui vantait, peut-elle maintenant aussi plaindre Ariane à son gré, quand Ariane est trahie, abandonnée?

> ARIANE.
>
> Pour pénétrer l'horreur du tourment de mon âme,
> Il faudroit qu'on sentît même ardeur, même flamme,
> Qu'avec même tendresse on eût donné sa foi,
> Et personne jamais n'a tant aimé que moi.
> Se peut-il qu'un héros d'une vertu sublime
> Souille ainsi?... Quelquefois le remords suit le crime;
> Si le sien lui faisoit sentir ces durs combats!...
> Ma sœur, au nom des dieux, ne m'abandonnez pas!
> Je sais que vous m'aimez, et vous le devez faire;
> Vous m'avez, dès l'enfance, été toujours si chère,
> Que cette inébranlable et fidèle amitié
> Mérite bien de vous au moins quelque pitié.
> Allez trouver... hélas! dirai-je mon parjure?
> Peignez-lui bien l'excès du tourment que j'endure;
> . . . .
> Enfin, ma sœur, enfin je n'espère qu'en vous.
> Le ciel m'inspira bien, quand, par l'amour séduite,
> Je vous fis, malgré vous, accompagner ma fuite.
> Il semble que dès lors il me faisoit prévoir
> Le funeste besoin que j'en devois avoir.
> Sans vous, à mes malheurs où trouver du remède?

Perfide, malgré elle, Phèdre promet de mander Thésée et de lui parler aussi vivement qu'elle pourra.

<blockquote>

ARIANE.

Hélas! et plût au ciel que vous pussiez aimer,
Que vous pussiez savoir par votre expérience
Jusqu'où d'un fort amour s'étend la violence !
Pour émouvoir l'ingrat, pour fléchir sa rigueur,
Vous trouveriez bien mieux le chemin de son cœur :
Vous auriez plus d'adresse à lui faire l'image
De mes confus transports de douleur et de rage ;
Tous les traits en seroient plus vivement tracés.
N'importe ! essayez tout; parlez, priez, pressez;
Au défaut de l'amour, puisqu'il n'a pu vous plaire,
Votre amitié pour moi fera ce qu'il faut faire.
Allez, ma sœur, courez empêcher mon trépas.
Toi, viens, suis-moi, Nérine, et ne me quitte pas.
</blockquote>

Que ces plaintes sont touchantes, et qu'elles sont tragiques à cause de la personne à qui elles s'adressent! Didon demande aussi à sa sœur d'aller trouver Énée :

<blockquote>
Miseræ hoc tamen unum
Exsequere, Anna, mihi : solam nam perfidus ille
Te colere, arcanos etiam tibi credere sensus;
Sola viri molles aditus et tempora noras.
I, soror, atque hostem supplex affare superbum[1].
</blockquote>

Mais Anna n'est point la rivale de Didon; ce n'est point pour elle et avec elle qu'Énée abandonne Didon. C'est pour Phèdre au contraire que Thésée trahit Ariane, et c'est à Phèdre qu'Ariane se confie, c'est elle qu'elle envoie à Thésée pour obtenir que Thésée lui revienne. Ce rôle de Phèdre enfin, odieux, mais nécessaire, fait toute la tragédie d'*Ariane*. Otez Phèdre, ôtez la confiance qu'Ariane a en elle, la tragédie disparaît ; l'abandon d'Ariane n'est plus qu'une des mille et une tromperies de l'amour. Ce qui rend cet abandon vraiment tragique, c'est la

---

1. Rends-moi un dernier service, ma sœur, et tu le peux. C'est toi que le perfide accueillait le mieux ; c'est à toi qu'il confiait ses sentiments secrets ; c'est toi seule qui savais l'aborder à propos ; va donc, ma sœur, va prier cet ennemi superbe.

confiance qu'Ariane témoigne à sa rivale; c'est la pitié que nous inspire sa crédulité : tous les secours qu'elle croit se ménager auprès de Thésée par l'entremise de sa sœur sont des armes qu'elle prête contre elle. Mais elle ne le sait pas; à peine le croirait-elle, si elle le savait, tant elle est habituée à se confier en sa sœur. Aussi, quand elle cherche soit avec Nérine, soit avec Phèdre elle-même, quelle peut être sa rivale, quelle peut être celle qui lui a ravi l'amour de Thésée, elle soupçonne tout le monde, excepté Phèdre :

> Il faut découvrir ma rivale,

dit-elle à Nérine,

> Examine avec moi. De toute cette cour
> Qui crois-tu la plus propre à donner de l'amour?
> Est-ce Mégiste, Églé, qui le rend infidèle?
> De tout ce qu'il y voit Cyane est la plus belle;
> Il lui parle souvent.

Même langage avec Phèdre.

> Sur le bruit qu'aura fait son changement d'amour,
> Sachez adroitement ce qu'on dit à la cour;
> Voyez Églé, Mégiste, et parlez d'Ariane;
> Mais surtout prenez soin d'entretenir Cyane.
> C'est elle qui d'abord a frappé mon esprit;
> Vous savez que l'amour aisément se trahit :
> Observez ses regards, son trouble, son silence.

On raconte qu'au temps où il y avait de chaque côté du Théâtre-Français deux soldats des gardes françaises en faction, un de ces soldats, qui suivait la pièce avec une grande attention, au moment où Ariane prononçait ce vers :

> Est-ce Mégiste, Églé, qui le rend infidèle?

lui cria tout ému : Eh, non, non, c'est Phèdre, c'est votre carogne de sœur! Ce soldat, qui oubliait sa consigne, ressentait ce qui fait l'émotion tragique de la pièce. Il s'apitoyait sur la confiance d'Ariane envers Phèdre.

Enfin vient la grande scène d'explications et de reproches

entre Ariane et Thésée. Confus de son infidélité, et ne sachant
comment l'expliquer, surtout à celle qui en est victime, il
avoue qu'il est injuste en n'aimant plus Ariane; mais que
faire? Conseillant à Ariane un changement dont il lui donne
l'exemple, il l'engage à accepter le trône que lui offre OEnarus.
Un trône à qui perd celui qu'elle aime! Ces compensations-là
peuvent être acceptées par les hommes dont la vie a d'autres
buts que d'aimer et d'être aimés, et dont l'amour ou le mariage
n'est pas toute la destinée; mais la femme, mais Ariane! Ah!
s'écrie-t-elle,

> Périsse tout, s'il faut cesser de t'être chère!
> Qu'ai-je affaire du trône et de la main d'un roi?
> De l'univers entier je ne voulois que toi.
> Pour toi, pour m'attacher à ta seule personne,
> J'ai tout abandonné, repos, gloire, couronne.
> . . . .
> ...Mène-moi dans quelque île déserte,
> Où, renonçant à tout, je me laisse charmer
> De l'unique douceur de te voir, de t'aimer.
> Là, possédant ton cœur, ma gloire est sans seconde;
> Ce cœur me sera plus que l'empire du monde;
> Point de ressentiment de ton crime passé;
> Tu n'as qu'à dire un mot, ce crime est effacé.
> C'en est fait, tu le vois, je n'ai plus de colère.

Touchante illusion de l'amour! et comme le cœur d'Ariane est
prompt et facile à reprendre son aveuglement ou son bonheur!

> Tu n'as qu'à dire un mot.

Pourquoi ne pas le dire, ce mot qui va refaire l'enchantement
des jours passés? mais Thésée n'aime plus Ariane, et ce qu'il
y a de pis, il en aime une autre. Alors éclatent la colère et les
reproches d'Ariane :

> Tu t'es plu sans m'aimer à me le faire croire;
> Tes indignes serments sur mon crédule esprit...
> THÉSÉE.
> Quand je vous les ai faits, j'ai cru ce que j'ai dit...

A ces tristes excuses, Ariane n'a qu'un mot ou qu'un sentiment qui revient sans cesse :

> Ah! je n'ai point changé : d'où vient que ton cœur change?

Comme ces reproches de l'amour désespéré nous font souvenir encore de Didon et de ses emportements contre Énée! Didon est moins malheureuse qu'Ariane, s'il y a des degrés dans les douleurs de l'amour. Didon est abandonnée, mais elle n'est pas trahie pour une rivale; elle est sacrifiée à l'Italie et aux destins d'Énée, et non à des amours nouvelles. Vaines différences que ne sent pas le désespoir de l'amour. Quelle que soit la cause qui fait partir Énée, il part; Didon est quittée, tout est là. Elle ne verra plus Énée; il ne sera plus auprès d'elle; c'est cette idée qui pousse Didon à la mort. Quand Ariane aussi, dans cette scène de douleur et de colère, voit Thésée s'éloigner, quelle angoisse! quel cri de désespoir! Elle ne songe plus qu'à la dernière forme et à la forme la plus sensible de son malheur : elle ne verra plus Thésée! Elle a eu beau dans sa fureur le chasser de sa présence et lui crier deux fois :

> Ote-toi de mes yeux!

A peine est-il sorti, heureux peut-être de voir finir cette pénible explication :

> Il sort, Nérine, hélas!

s'écrie Ariane.

NÉRINE.
Qu'auroit fait sa présence?
ARIANE.
M'avoir ainsi quittée, et partout me trahir!
NÉRINE.
Vous l'avez commandé.
ARIANE.
Devoit-il obéir?
NÉRINE.
Que vouliez-vous qu'il fît? Vous pressiez sa retraite.

ARIANE.

Qu'il sût, en s'emportant, ce que l'amour souhaite ;
Et qu'à mon désespoir laissant un libre cours,
Il s'entendît chasser, et demeurât toujours.
Quoique sa trahison et m'accable et me tue,
Au moins j'aurois joui du plaisir de sa vue.
Mais il ne sauroit plus souffrir la mienne. Ah dieux !
As-tu vu quelle joie a paru dans ses yeux !
Combien il est sorti satisfait de ma haine !

Ariane sait l'infidélité de Thésée ; il la lui a avouée, ce qui est presque la doubler ; mais elle ne sait pas la trahison de Phèdre. La nouvelle du départ de Phèdre est admirablement amenée, et ajoute à la tragédie, au moment où elle semble finie. En effet Thésée et Phèdre sont partis ; le malheur d'Ariane est achevé ; mais sa douleur n'est pas entièrement accomplie : il lui reste à savoir que sa sœur était sa rivale. Errante dans le palais, ne pouvant plus avoir de repos, elle appelle Pirithoüs, l'ami de Thésée ; elle appelle sa sœur, tout le monde enfin. Nérine essaye en vain de la calmer.

ARIANE.

Tu dis donc qu'hier au soir chacun avec murmure
Parloit diversement de ma triste aventure ?
Que la jeune Cyane est celle que l'on croit
Que Thésée...

NÉRINE.

On la nomme à cause qu'il la voit.
Mais qu'en pouvoir juger ? il voit Phèdre de même ;
Et cependant, madame, est-ce Phèdre qu'il aime ?

ARIANE.

Que n'a-t-il pu l'aimer ! Phèdre l'auroit connu,
Et par là mon malheur eût été prévenu.
De sa flamme par elle aussitôt avertie,
Dans sa première ardeur je l'aurais amortie.

Cependant cette confiance en Phèdre est le dernier trait et comme le dernier écho de sa crédulité. Le mot de Nérine : « Il voit Phèdre de même ; » l'absence de sa sœur dans ces cruels moments, commencent, malgré elle, à inquiéter Ariane :

Je soupçonnerois Phèdre!

dit-elle; non, elle ne peut pas et ne veut pas la soupçonner. Cependant elle veut la voir : Va, dit-elle à Nérine,

> Va, fais-lui promptement savoir que je l'attends...
> Que je sens ma douleur croître par son absence.
> Qu'elle est heureuse, hélas! dans son indifférence!
> Son repos n'est troublé d'aucun mortel souci.

Pirithoüs arrive et lui apprend qu'on dit que Thésée est parti.

ARIANE.
Il est parti! Le ciel me trahiroit toujours!
Mais non! Que deviendroient ses nouvelles amours?
Feroit-il cet outrage à l'objet qui l'enflamme?
L'abandonneroit-il?
PIRITHOUS.
Je ne sais; mais, madame,
Un vaisseau, cette nuit, s'est échappé du port.

Nérine revient, et Ariane allant à elle :

Que fait ma sœur? Vient-elle?
. . . .
NÉRINE.
Madame, j'ai longtemps...
ARIANE.
Où donc l'as-tu laissée?
Parle.
NÉRINE.
De tous côtés j'ai couru vainement;
On ne la trouve point dans son appartement.
ARIANE.
On ne la trouve point! Quoi, si matin! Je tremble.
Tant de maux à mes yeux viennent s'offrir ensemble,
Que stupide, égarée, en ce trouble importun,
De crainte d'en trop voir, je n'en regarde aucun.
N'as-tu rien ouï dire?
NÉRINE.
On parle de Thésée,
On veut que cette nuit, voyant la fuite aisée...
ARIANE.
O nuit! ô trahison dont la double noirceur
Passe tout... mais pourquoi m'alarmer de ma sœur?

A ce moment, on apporte à Pirithoüs un billet de Thésée :

> ARIANE.
>Donnez, je le verrai. Par qui l'a-t-on reçu?
>D'où l'a-t-on envoyé? qu'a-t-on fait? qu'a-t-on su?

Thésée dans ce billet annonce à Pirithoüs qu'il est parti avec Phèdre :

>Elle fuit avec moi : prenez soin d'Ariane.
> ARIANE.
>Prenez soin d'Ariane! Il viole sa foi,
>Me désespère, et veut qu'on prenne soin de moi!

Quelle amertume de passion! quel cri de colère! et comme il exprime bien la douleur de la femme trahie, à qui cette dernière et banale pitié de l'homme qui l'abandonne est encore un affront, parce que c'est encore un témoignage d'indifférence! L'homme est ainsi fait : il croit que l'amour est un chagrin ou un mal qu'on peut soigner et qu'on peut guérir. On me contait qu'un homme du XVIIIe siècle qui aimait une femme du monde, et qui en était éperdument aimé, se décida pourtant à l'abandonner pour se marier; et comme il faisait part de son projet à un de ses amis : « Que deviendra Mme X., lui dit celui-ci, et comment supportera-t-elle un pareil coup? — Ah! vous pensez bien, répondit l'homme à marier, que j'ai consulté son médecin, et qu'il m'a rassuré sur sa santé. » Mon histoire est la traduction du mot de Thésée :

> Prenez soin d'Ariane!

Dans la passion, ce qui fait la supériorité dramatique de la femme sur l'homme, c'est que la femme trahie se croit de bonne foi inconsolable. Elle a raison : la passion ne peut pas se consoler; mais elle peut se remplacer. Ce fut là, si nous en croyons la mythologie, l'aventure d'Ariane. Elle remplaça l'amour d'un héros par l'amour d'un dieu, et Thésée par Bacchus.

Ariane n'est pas la seule pièce de Thomas Corneille où

il ait suivi les principes de l'école passionnée, et où il se soit inspiré de l'exemple de Racine. Nous aurons occasion, à propos de *Bajazet*, de parler de la tragédie du *Comte d'Essex*. Le *Comte d'Essex* est une imitation ingénieuse de *Bajazet;* mais *Ariane* est l'ouvrage de Thomas Corneille où, tout en imitant le nouveau maître du théâtre, il s'est montré le plus original. C'est aussi l'ouvrage qui fait le mieux comprendre comment la tragédie passionnée, créée par Racine, a succédé à la tragédie romanesque, et l'a entièrement remplacée. Ce changement, dans Racine, se fait sous nos yeux, d'*Alexandre* à *Andromaque;* mais Racine n'avait suivi les exemples de la tragédie romanesque qu'une seule fois dans *Alexandre,* tandis que la plus grande partie du théâtre de Thomas Corneille appartient à cette école, et, lorsqu'il y renonçait, pour embrasser la nouvelle doctrine, son abjuration annonçait la chute définitive de l'école.

Un examen rapide du théâtre tragique de Quinault va nous montrer le même fait sous une autre forme et dans un autre auteur, digne aussi par son talent de l'attention de tous ceux qui veulent savoir quel était l'état du théâtre français entre Corneille et Racine.

VI.

QUINAULT.

Je parlerai surtout du théâtre tragique de Quinault, qui appartient à l'école romanesque, et qui a déjà aussi pourtant quelques traits de la tragédie passionnée. Quinault n'a pas eu le temps, comme Thomas Corneille, de profiter des leçons et des exemples de Racine. Lorsque parut *Andromaque,* en 1667, et cette date marque l'avénement de la tragédie passionnée, Quinault ne travaillait déjà plus pour le Théâtre-Français. Sa dernière tragédie, *Pausanias,* est de 1666.

INTRODUCTION.   83

Plus tard, à partir de 1672, il fit des opéras, et c'est là peut-être qu'il a profité des leçons de Racine, à voir la simplicité et la clarté élégante de l'action. Dans ses tragédies romanesques, il excitait l'intérêt par la singularité et la multiplicité des coups de théâtre. A l'Opéra, le jeu des machines et la surprise des décorations le dispensaient de la complication des coups de théâtre. L'étonnement des yeux remplaçait l'étonnement de l'esprit.

Il résulte de ce que je viens de dire que, Quinault n'ayant pas profité de l'exemple d'*Andromaque*, ou n'en ayant profité que dans ses opéras, on peut croire qu'il représente, plus exactement encore que Thomas Corneille, le caractère de la tragédie romanesque entre Corneille et Racine. Ce point a son importance dans l'histoire littéraire du temps.

Le grand Corneille, dans la préface de sa *Sophonisbe*,[1] se plaint des auteurs « qui efféminent leurs héros par leur complaisance au goût des délicats du jour, qui veulent de l'amour partout, et ne permettent qu'à cette passion de faire auprès d'eux la bonne ou mauvaise fortune des ouvrages. » On a cru que cette critique s'adressait aux tragédies de Racine. Grande erreur, que Voltaire a fort bien signalée dans son commentaire de Corneille. « Ce n'est point Racine, dit-il, que Corneille désigne ici. Ce grand homme qui n'a jamais efféminé ses héros, qui n'a traité l'amour que comme une passion dangereuse, et non comme une galanterie froide, pour remplir un acte ou deux d'une intrigue languissante, Racine, dis-je, n'avait encore publié aucune pièce de théâtre. C'est Quinault dont il est ici question. Le jeune Quinault venait de donner successivement *Stratonice, Amalasonte, le Faux Tibérinus, Astrate*.[2]

---

1. Imprimée en 1663.
2. Il y a ici une question de date à éclaircir. La *Sophonisbe* de Corneille est de 1653 — *Amalasonte* de Quinault est de 1657, — *Stratonice*, de 1660, — *le Faux Tibérinus*, de 1661 — l'*Astrate*, de 1663. Si c'est Quinault que Corneille a eu en vue, et je le crois, il faut supposer que, n'ayant pas fait imprimer *Sophonisbe* aussitôt qu'elle a été jouée, en 1653, il a

Cet *Astrate* surtout, joué dans le même temps que *Sophonisbe* [1] avait attiré tout Paris, tandis que *Sophonisbe* était peu suivie. Il y a de très-belles scènes dans *Astrate*; il y règne surtout de l'intérêt; c'est ce qui fit son grand succès. Le public était las d'une politique froide, mêlée de raisonnements sur l'amour et de compliments amoureux, sans aucune passion véritable. On commençait aussi à s'apercevoir qu'il fallait un autre style que celui dont les dernières pièces de Corneille sont écrites. Le style de Quinault était plus naturel et moins obscur. Enfin ses pièces eurent un prodigieux succès, jusqu'à ce que l'*Andromaque* de Racine les éclipsât toutes.... Boileau commença à rendre l'*Astrate* ridicule, en se moquant de l'anneau royal qui est en effet une invention puérile; mais il faut convenir qu'il y a de très-belles scènes entre Sichée et Astrate. »

Si vous supprimez quelques erreurs de détails, il n'y a rien de plus vrai que cette remarque de Voltaire et rien qui explique mieux l'état du théâtre français entre Corneille et Racine. C'était alors le règne de la galanterie convenue. Elle s'était emparée du théâtre et du roman, sous le patronage de l'hôtel de Rambouillet, et le grand Corneille qui l'attaquait dans la préface de sa *Sophonisbe*, l'imitait en même temps dans beaucoup de ses pièces, quoiqu'il n'en eût ni le goût ni le génie. La galanterie avait fini par étouffer l'amour, comme la procédure étouffe souvent la justice. Il était temps qu'une nouvelle manière d'exprimer l'amour, plus simple, plus vraie et plus touchante, s'introduisît dans la société et dans la littérature. L'amour ne devait pas abdiquer son empire; cette abdication

---

écrit plus tard la préface et au moment des succès de Quinault. En tout cas, c'est bien à la tragédie romanesque que Corneille s'en prend, et de plus, c'était aussi le temps des grands romans de galanterie. La critique de Corneille s'appliquait donc fort justement à la littérature de son temps.

1. Erreur de Voltaire : il y a dix ans entre *Sophonisbe*, jouée en 1653, et *Astrate*, jouée en 1663. La chronologie n'a certainement pas autant d'importance dans l'histoire littéraire que dans l'histoire politique ; il ne faut point cependant la trop négliger.

est impossible; elle est contraire à la nature de l'âme et de l'esprit humain,

> Et toujours de l'amour la sensible peinture
> Est pour aller au cœur la route la plus sûre.

Mais l'amour peut changer souvent les formes de son gouvernement, tout en gardant son pouvoir qui est une loi de la nature. Molière, Racine, Boileau et La Fontaine furent, avec des caractères différents et sous des formes variées, les chefs de cette réforme qui substitua l'amour à la galanterie. Voltaire, qui a toujours aimé et défendu Quinault, prétend que son style, plus clair et plus naturel, convenait déjà à l'amour passionné, et qu'il s'éloignait de la galanterie froide et étudiée. A ce titre, Quinault appartiendrait à l'école de la tragédie passionnée; il en serait le précurseur lointain et méconnu. Il m'est impossible pourtant de lui attribuer ce mérite dans ses tragédies. L'amour y parle, il est vrai, un langage moins prétentieux qu'auparavant; mais ce n'est point encore une passion capable de produire l'action et les événements de la tragédie; c'est encore un sentiment de convention, un langage obligé pour les héros et les héroïnes dramatiques. La tendresse y domine partout, moins déclamatoire peut-être, mais toujours affectée, et Boileau n'a pas eu tort de dire dans ses satires :

> Les héros chez Quinault parlent bien autrement,
> Et jusqu'à « je vous hais » tout s'y dit tendrement.

Si des sentiments nous passons à l'action, c'est par là surtout que Quinault appartient à la tragédie romanesque. Corneille, éclairé par son sublime bon sens et par les échecs de ses dernières tragédies qui se partageaient maladroitement entre l'influence de la mode et les inspirations de son génie, avait raison de blâmer « sévèrement cette école dont les agréments surnaturels et miraculeux défigurent les personnages........ et détruisent l'histoire au lieu de la corriger. » Ces actions compliquées jusqu'à devenir miraculeuses abondent, en effet, dans Quinault, qui est, selon moi, de ce côté, un des représentants les plus fidèles de la tragédie romanesque ; il n'en a pas tous les défauts, mais il en a tous les procédés.

J'ai voulu déterminer la place que Quinault a dans l'histoire du théâtre français entre Corneille et Racine, avant d'examiner brièvement ses tragédies, et de dire aussi quelques mots sur sa vie.

Né en 1635, Quinault fut dès son enfance presque adopté par le poëte Tristan,[1] qui lui enseigna à faire des vers. L'élève fit des progrès rapides, et dès 1653, à dix-huit ans, il fit une comédie intitulée les Rivales, qui eut un très-grand succès. Tristan cependant pensa avec raison qu'il ne fallait pas que son élève devînt poëte de profession, et voulut qu'il entrât chez un avocat aux conseils du roi. Quinault avait un de ces esprits heureux qui sont propres aux affaires comme à la poésie, et qui réussissent aussi bien dans le monde que dans la littérature. « Un jour, dit l'abbé d'Olivet dans l'*Histoire de l'Académie française,* l'avocat, dont Quinault était un des clercs, le chargea de mener une de ses parties, gentilhomme d'esprit et de mérite, chez son rapporteur pour l'instruire de son affaire. Le rapporteur ne s'étant point trouvé chez lui, et ne devant revenir que fort tard, Quinault proposa au gentilhomme de le mener à la comédie en attendant, et lui promit de le bien placer sur le théâtre. A peine furent-ils sur le théâtre, que tout ce qu'il y avait de gens de la plus haute qualité vinrent embrasser Quinault et le féliciter sur la beauté de sa pièce, qu'ils venaient voir représenter, à ce qu'ils disaient, pour la troisième ou quatrième fois. Le gentilhomme, surpris de ce qu'il entendait, le fut encore davantage quand on joua la comédie (c'était, à ce qu'on dit, *l'Amant indiscret ou le Maître étourdi*), où le parterre et les loges retentissaient sans cesse des applaudissements qu'on lui donnait. Quelque grande que fût sa surprise, elle fut encore

---

1. Tristan, poëte tragique et auteur de *Marianne,* 1637, qui balança le succès du *Cid.* Tristan né en 1601, mort en 1655.

tout autre, lorsque étant chez son rapporteur, il entendit Quinault lui expliquer son affaire avec une netteté incroyable, mais avec des raisons si solides, qu'il ne douta presque plus du gain de sa cause. »

Je suis persuadé que le gentilhomme qui entendait applaudir si vivement Quinault pour sa comédie, devait avoir quelque inquiétude pour sa cause, ne croyant pas qu'on pût être à la fois bon poëte dramatique et bon clerc d'avocat. C'est l'opinion commune du monde. Il se trompait pour Quinault. J'avoue que ce qui fait que j'ai beaucoup de goût pour la biographie, c'est qu'il y a, selon moi, dans la vie de chaque homme une question de morale ou de conduite qu'il est curieux d'examiner. Ici par exemple : Un poëte ou un homme de lettres doit-il être nécessairement un sot dans le monde ou dans les affaires? Et si par hasard il a quelque capacité en dehors des lettres, faut-il en conclure qu'il est mauvais poëte ou mauvais littérateur? Quinault est un exemple de l'accord qui peut exister entre le talent des vers et celui des affaires. Qui sait? C'est le temps peut-être plutôt que l'intelligence qui manque aux hommes d'affaires pour faire de la littérature, ou aux littérateurs pour faire des affaires. Arrivées à un certain degré, les lettres ou les affaires prennent tout l'homme. Avec cette science de la vie qu'il avait par instinct et au suprême degré, Quinault comprit qu'il devait rester homme de lettres, puisque c'est par là qu'il avait réussi, mais qu'il pouvait faire une part dans sa vie aux affaires; et il la fit, non pas dans les spéculations du commerce ou de l'industrie, choses encore peu connues de son temps et qui laissent peu de loisir, mais dans l'administration des finances. Il acheta une charge d'auditeur à la Chambre des comptes, et remplit son emploi avec autant d'exactitude et de capacité que les membres de sa compagnie qui n'étaient que financiers. La Chambre des comptes n'avait pas d'abord voulu admettre Quinault, disant qu'il n'était pas de l'honneur d'une compagnie aussi grave que la leur de recevoir dans leur corps un homme qui avait paru pendant plusieurs années sur les théâtres, pour y faire représenter ses tragédies et ses comédies. Cette opposition ne dura pas; Quinault fut reçu, et le comptable exact et laborieux fit excuser le poëte.

Autre problème de biographie que je trouve encore dans la vie de Quinault. Un poëte ou un écrivain doit-il toujours avoir un air gauche et maladroit, ou pédant et renfrogné? Rien de pareil assurément dans Quinault. « Il était grand et bien fait; il avait les yeux bleus, languissants et à fleur de tête, les sourcils clairs, le front élevé, large et uni, le visage long, l'air mâle, le nez bien fait et la bouche agréable. A l'égard de son esprit, il l'avait adroit et infiniment tendre et passionné. Il parlait et écrivait fort juste, et fort peu de gens pouvaient atteindre la délicatesse de ses expressions dans les conversations familières. Il savait, comme doit savoir un honnête homme; il était complaisant sans bassesse, disait du bien de tout le monde, ce qui lui avait fait beaucoup d'amis; il avait le secret de se faire aimer de tout le monde. La passion qui le dominait le plus était l'amour; mais il l'a toujours conduite avec tant d'adresse, qu'il se pouvait vanter avec justice qu'elle ne lui avait jamais fait faire un faux pas, malgré les emportements qu'elle inspire d'ordinaire aux autres. »

En 1670, Quinault fut nommé à l'Académie française, et chaque fois qu'il y porta la parole, il le fit avec grand succès. Un jour haranguant le roi au nom de l'Académie, il apprit la mort de Turenne, et il en parla sur-le-champ avec un à-propos et une justesse de sentiments qui lui attirèrent les applaudissements de toute la cour.

Un homme comme Quinault, qui avait beaucoup de goût pour l'amour, et à qui pourtant cette passion n'avait jamais fait faire de faux pas, avait de la vocation pour le mariage. Il se maria donc, et son mariage fut honnête et heureux. Un de ses amis, riche marchand de Paris, était exposé aux chicanes de ses associés. Il pria Quinault d'éclaircir ses affaires; celui-ci le fit avec la pénétration et la clarté ordinaire de son esprit.

Sur ces entrefaites, le marchand mourut, et Quinault épousa la veuve à qui ses soins avaient conservé sa fortune. Cette femme, qui était pieuse, voulut que son mari renonçât au théâtre, et celui-ci ne fit plus de tragédies. Mais quand Lulli l'engagea à faire des opéras, il fit comprendre à sa femme que ce n'était point reprendre la profession d'auteur que de travailler pour les plaisirs du roi. Comme tout ce qui concernait le roi devenait respectable, la femme de Quinault ne s'opposa pas aux opéras de son mari et de Lulli. Ce sont ces opéras qui ont fait la gloire de Quinault dans la postérité, et ce sont eux aussi qui ont ajouté à sa fortune pendant sa vie. Il recevait du roi quatre mille francs pour chaque opéra, plus deux mille francs de pension annuelle. Le roi choisissait lui-même les sujets.

La faveur de Quinault et surtout de Lulli était grande auprès du roi. Lulli voulut s'en servir pour avoir aussi à son tour une charge et un titre. Mais il visa plus haut que Quinault. Il voulut avoir une charge de secrétaire du roi. Pour comprendre l'importance de cette charge et la dignité vaniteuse qui s'y attachait, il faut savoir que les secrétaires d'État, c'est-à-dire les ministres, étaient obligés d'être secrétaires du roi. C'était comme le premier degré des grands emplois. Réunis, ils formaient ce qu'on appellait le corps de la chancellerie.[1] Le malheur était que, leurs charges étant vénales, ceux qui avaient de l'argent, et plus d'argent souvent que de mérite et de considération, les achetaient, et, une fois devenus membres du corps de la chancellerie, ils n'étaient pas les moins fiers de leur titre. « Quand on sut que Lulli voulait entrer dans ce

---

1. Voici, d'après le *Dictionnaire de droit* de Ferrière, édit. de 1771, quels étaient les droits et priviléges des secrétaires du roi. Leur charge conférait la noblesse; ils avaient le droit d'acquérir, tenir et posséder des fiefs, seigneuries et terres nobles, sans payer aucun droit de nouveaux acquets. Ils n'étaient d'abord que soixante pour expédier toutes les lettres de chancellerie. En 1704, ils étaient au nombre de trois cent quarante. Comme leurs charges étaient vénales, les rois augmentaient leur nombre, quand ils avaient besoin d'argent.

corps, ce fut un récri universel. Il était assez riche pour cela ; mais quoi? un bouffon, un homme qui paraissait sur le théâtre! cela était-il supportable? Le bruit de ces murmures arriva jusqu'à Lulli, et cela le piqua au jeu. En 1681, on reprit à Saint-Germain le Bourgeois gentilhomme dont il avait composé la musique. Il chanta lui-même le personnage du muphti, qu'il exécutait à merveille. Toute sa vivacité, tout le talent naturel qu'il avait pour déclamer, se déployèrent là, et, quoiqu'il n'eût qu'un filet de voix, et que ce rôle paraisse fort pénible, il venait à bout de le remplir au gré de tout le monde. Le roi, qu'il divertit extrêmement, lui en fit des compliments. Lulli prit cette occasion : « Sire, lui dit-il, j'avais dessein d'être secrétaire du roi ; mais vos secrétaires ne voudront plus me recevoir. — Ils ne voudront plus vous recevoir! dit le roi ; ce sera bien de l'honneur pour eux. Allez, voyez M. le chancelier. » Lulli alla du même pas chez M. le Tellier, et le bruit se répandit que Lulli devenait Monsieur le secrétaire. Cette compagnie et mille gens commencèrent à en murmurer tout haut. Voyez-vous le moment qu'il prend? A peine a-t-il quitté son grand chapeau de muphti, qu'il ose prétendre à une charge, à une qualité honorable. Ce farceur, encore essoufflé des gambades qu'il vient de faire sur le théâtre, demande à entrer au sceau. M. de Louvois, sollicité par MM. de la chancellerie, et qui était de leur corps, s'en offensa fort. Il reprocha à Lulli sa témérité, si peu convenable à un homme comme lui, qui n'avait de recommandation et de services que d'avoir fait rire. « Hé, tête-bleu! lui répondit Lulli, vous en feriez autant, si vous le pouviez. » La riposte était gaillarde. Il n'y avait dans le royaume que M. le maréchal de la Feuillade et Lulli qui eussent répondu à M. de Louvois de cet air. Enfin le roi parla à M. le Tellier. Les secrétaires du roi étant venus faire des remontrances à ce ministre, sur ce que Lulli avait traité d'une charge parmi eux, et sur l'intérêt qu'ils avaient qu'on le refusât pour la gloire de tout le corps, M. le Tellier leur répondit en des termes encore plus désagréables que ceux dont le roi s'était servi. Quand ce vint aux provisions[1], on les expédia à Lulli avec des agréments inouïs. Le reste de la cérémonie s'accomplit avec la même facilité : il ne trouva aucun de ses confrères brusque ni impoli. Aussi fit-il noblement les choses de son côté. Le jour de sa réception, il donna un magnifique repas, une vraie fête aux anciens et aux gens importants de sa compagnie, et, le soir, un plat de son métier, l'opéra où l'on jouait le *Triomphe de l'amour*. Ils étaient vingt-cinq ou trente qui y avaient ce jour-là, comme de raison, les bonnes places : de telle sorte qu'on voyait la chancellerie en corps, deux ou trois rangs de gens graves en manteaux noirs et en grands chapeaux de castor, aux premiers rangs de l'amphithéâtre, écoutant d'un sérieux admirable les menuets et les gavottes de leur confrère le musicien. Ils faisaient une décoration rare, et qui embellissait le spectacle. L'opéra apprit ainsi publiquement que son Seigneur, s'étant voulu donner un nouveau titre, n'en avait pas eu le démenti. M. de Louvois même ne crut pas devoir garder sa mauvaise humeur. Suivi d'un gros de courtisans, il rencontra bientôt après Lulli à Versailles. « Bonjour, lui dit-il en passant, bonjour, mon confrère : » ce qui s'appela alors un bon mot de M. de Louvois.

Le triomphe de Lulli, on le voit, fut complet. Louvois l'acceptait à Versailles, et changeait sa mauvaise humeur en plaisanterie ; la chancellerie en corps l'acceptait à l'opéra, en y allant en premières loges. Est-ce à dire que ce triomphe de Lulli sur la chancellerie fût de bon goût et de bon exemple ? Je ne le crois pas. Je ne blâme pas le comédien Lulli d'avoir voulu être secrétaire du roi pour son argent. Il ne faisait qu'acheter ce qu'on vendait ; il était dans son droit. Je suis encore moins disposé à exclure les comédiens des charges publiques, pourvu qu'ils ne les pratiquent pas en même temps que la profession du théâtre. Nous avons eu au commencement de ce siècle un grand tragédien, Talma, qui sous la Restauration était devenu très-populaire. S'il eût été nommé député, et cela se

---

[1]. Le diplôme ou le brevet de l'emploi.

pouvait, aurait-il pu être député le matin et acteur le soir? Il ne l'aurait jamais voulu. Qu'est-ce donc que je trouve à reprendre dans le triomphe de Lulli sur Louvois et sur le corps de la chancellerie? L'égoïsme despotique du roi qui, au lieu de comprendre et de respecter les fiertés ou les vanités de l'esprit de corps, chose extrêmement monarchique, les sacrifie sans hésiter à la vanité ou à l'ambition d'un de ses amuseurs. Lulli avait raison : il n'était pas facile d'amuser Louis XIV, et je crois que Louvois a dû souvent se dire avec amertume, même avant le mot de Lulli, que le ministre qui servait bien le despote ne valait guère plus auprès de lui que le comédien qui le faisait rire. Triste et significative égalité entre tous les genres de services qui se rendent aux rois absolus. C'est là la moralité à tirer de l'histoire de Lulli.

Revenons à Quinault. Ses opéras, qui avaient grand succès, et qui le méritaient, ses fonctions à la Chambre des comptes qui l'accréditaient dans son corps par son assiduité et par son intelligence, sa fortune qu'il savait fort bien administrer, l'Académie où il était très-considéré, cinq filles enfin qu'il avait à marier, tout cela faisait de Quinault un auteur, un fonctionnaire et un père de famille très-occupé. Un jour qu'il travaillait à faire son opéra d'*Amadis* dont le roi lui avait donné l'idée, un de ses amis l'avertit que le bruit courait dans le monde qu'il était fort embarrassé de traiter ce sujet. Quinault lui répondit par les vers suivants :

> Ce n'est pas l'opéra que je fais pour le roi
> Qui m'empêche d'être tranquille :
> Tout ce qu'on fait pour lui paroit toujours facile.
>   La grande peine où je me vois,
>   C'est d'avoir cinq filles chez moi,
>   Dont la moins âgée est nubile.
> Je dois les établir et voudrois le pouvoir :
> Mais à suivre Apollon on ne s'enrichit guère.
> C'est, avec peu de bien, un horrible devoir
> De se sentir pressé d'être cinq fois beau-père.
>   Quoi, cinq actes devant notaire,
>   Pour cinq filles qu'il faut pourvoir !

O ciel! Peut-on jamais avoir
Opéra plus fâcheux à faire?

Habitué à toujours réussir, parce qu'il savait en tout s'y prendre comme il fallait, Quinault sut se tirer de cette affaire comme des autres. Il est vrai que trois de ses filles l'y aidèrent en prenant le parti du couvent. Leur mère était très-pieuse, et Quinault lui-même, après le grand succès d'*Armide*, avait renoncé à l'opéra, et s'était consacré à la poésie religieuse. Il avait fait un poëme sur l'hérésie détruite, c'est-à-dire sur cette fatale révocation de l'édit de Nantes, approuvée par tous les grands hommes du siècle de Louis XIV, par les mondains comme par les dévots, par La Fontaine comme par Bossuet, par Quinault comme par Boileau. Les deux autres filles de Quinault se marièrent bien, et je ne puis reprocher à ce père de famille, qui fut honnête homme et habile homme, je ne puis lui reprocher qu'une seule faute de conduite : il mourut de trop bonne heure, à cinquante-trois ans, en 1688.

On croit en général que les hommes de lettres en France n'ont pris leur rang dans le monde qu'au xviiie siècle, et que c'est Voltaire qui les a mis hors de page. Leur émancipation date de plus haut. Boileau a peut-être vu encore dans sa première jeunesse le poëte affamé et crotté de l'ancien temps. Mais tout change sous ses yeux. Les deux Corneille ne sont pas riches; mais ils vivent en bons pères de famille; ils ont déjà la dignité de la vie bourgeoise, s'ils n'en ont pas l'aisance. Boileau et Racine sont des hommes de cour et bien rentés. La Fontaine, dont l'insouciance appelait le désordre, y échappe par le patronage du monde le plus élevé, qui le protége sans l'abaisser. Quinault est une sorte de magistrat et de financier. Les hommes de lettres n'ont donc pas attendu Voltaire pour avoir leur rang dans le monde. Leur dignité, comme hommes, date du même temps que leur grandeur comme poëtes.

Voyons maintenant les ouvrages de Quinault, ceux surtout qui se rattachent à l'école romanesque, c'est-à-dire ses tragédies. J'ai parlé ailleurs de ses comédies, et surtout de *la Mère coquette*, qui est une comédie presque digne de Molière [1].

Le Faux Tibérinus et l'*Astrate* sont les deux tragédies de Quinault que je choisis entre toutes les autres : d'une part à cause de leur grand succès; d'autre part, parce qu'elles ont tous les caractères de la tragédie romanesque, avec quelques-uns de ces mouvements naturels de passion que le génie et le bon sens de Quinault lui révélaient avant l'exemple de Racine, et malgré l'ascendant de la mode qu'il suivait et qu'il fortifiait.

Le Faux Tibérinus est un roman fort étrange. Tibérinus, roi d'Albe, avait dans son armée un brave officier nommé Agrippa, qui lui ressemblait à ce point qu'on s'y trompait sans cesse dans l'armée et à la cour. Quand on voyait Agrippa, on croyait voir Tibérinus, et quand on voyait Tibérinus, on croyait voir Agrippa. Il n'y avait qu'un moyen d'abolir cette désolante ressemblance, c'était qu'un des deux pérît, et le roi Tibérinus trouvait juste que ce fût Agrippa. Agrippa et son père Tyrrhène prévinrent le roi en le tuant, et, grâce à la ressemblance, Agrippa régna sous le nom et sous la figure de Tibérinus. Il fut convenu que c'était Agrippa qui avait péri sous les coups de Tibérinus, et Tyrrhène, pour mieux accréditer la fraude, maudissait partout le roi comme étant le meurtrier de son fils. Ce rôle du père d'Agrippa est curieux. Ennemi public et bruyant du faux Tibérinus, il est de toutes les conspirations qui se font contre le roi; il trouve à cela deux avantages : d'une part, sa haine prétendue contre le faux Tibérinus persuade à tout le monde que c'est Agrippa son fils qui a péri; et d'autre part, sa complicité fait échouer toutes les conspirations auxquelles il s'associe. Tyrrhène n'a d'ambition et d'orgueil que pour son fils. Pourvu que son fils règne, peu lui importe d'être forcé de cacher à tous les yeux sa joie et sa fierté paternelles; peu lui

---

1. Voir le Ier volume de mon *Cours de littérature dramatique*, 7me édit., p. 429.

importe d'avoir à la cour l'attitude d'un proscrit et d'un factieux. Personne ne veille avec plus de vigilance sur les dangers de ce fils qu'il a fait roi. Il le pleure avec affectation en public, et l'embrasse avec orgueil à la dérobée.

Un des dangers que Tyrrhène craint le plus pour son fils, c'est l'amour qu'Agrippa a pour la princesse Lavinie. Il y a là en effet une complication singulière d'événements et de sentiments tout à fait digne de l'école romanesque. Agrippa, quand il vivait encore sous son propre nom, aimait la princesse Lavinie et en était aimé, sans qu'il le sût. Maintenant qu'il est roi sous le nom de Tibérinus, il n'a pas perdu son amour. Mais la princesse déteste Tibérinus, c'est-à-dire celui qu'elle croit le meurtrier d'Agrippa, de son amant. Que va faire le faux Tibérinus? Révélera-t-il son secret à Lavinie? Lui dira-t-il qu'il est Agrippa? Son père le lui défend. Il n'est plus roi, dès qu'il n'est plus maître de son secret. Cependant ce secret échappe au faux Tibérinus dans une scène où Lavinie lui avoue qu'elle aimait Agrippa :

> Ah! devant qu'au tombeau mon amant pût descendre,
> Que n'a-t-il pu savoir ce que tu viens d'apprendre!
> Hélas! d'un fier orgueil l'effort impérieux
> A peine en sa faveur laissoit parler mes yeux :
> J'affectois des froideurs, quand je brûlois dans l'âme,
> Et j'ai tant su contraindre une innocente flamme,
> Qu'il n'a pas, en mourant, emporté la douceur
> De savoir quel empire il avoit sur mon cœur.
> Dieux, s'il eût pleinement joui de ma tendresse,
> S'il eût prévu mes pleurs. . . . .
> AGRIPPA.
> Ah, c'en est trop, princesse
> Je ne puis plus tenir contre un charme si doux.
> Faites venir Tyrrhène. . . . . .
> C'est trop vous abuser, et c'est trop me contraindre.
> Mon amour veut parler; je ne saurois plus feindre;
> Mon secret trop pesant commence à devenir
> Un fardeau que mon cœur ne peut plus soutenir.
> Cessez, cessez enfin, ô beauté trop fidèle,
> De chercher Agrippa dans la nuit éternelle.
> Tibérinus fut seul dans le fleuve abimé,
> Et vous voyez en moi cet amant trop aimé!

LAVINIE.
Vous, ô ciel! mais douter d'un père qui m'assure...
AGRIPPA.
Je vois que vous m'allez soupçonner d'imposture;
Et je vous fais si tard ce surprenant aveu,
Que j'ai bien mérité qu'on me soupçonne un peu.
Aussi ne crois-je pas pouvoir tout seul suffire
A vous persuader ce que j'ose vous dire :
J'obligerai mon père à ne déguiser rien :
Croyez-en son rapport; n'en croyez pas le mien.
Je m'en vais le forcer de vous rendre justice,
De finir votre erreur, d'avouer l'artifice,
Et de ne chercher plus, du moins à l'avenir,
A séparer deux cœurs que l'amour veut unir.
Essayez cependant, vous-même, à me connoître;
Croyez-en votre cœur.
LAVINIE.
J'en croirois trop, peut-être;
Mon cœur se peut méprendre, interdit comme il est;
Je n'ose l'écouter.
AGRIPPA.
Tyrrhène enfin paroît.
Connoissez qui je suis par l'aveu qu'il va faire.
LAVINIE.
Tâchez d'être son fils, si vous me voulez plaire.

C'est déjà un coup de théâtre que l'aveu d'Agrippa à Lavinie ;
mais l'école romanesque aime à les redoubler l'un par l'autre.
Écoutons Tyrrhène :

AGRIPPA.
Seigneur, à la princesse enfin j'ai tout appris.
Vous m'en pouvez blâmer; vous en serez surpris;
Mais enfin c'en est fait; l'amour m'a fait connaître :
Mon cœur de mon secret n'a pas été le maître;
Je n'ai pu vous tenir ce que j'avois promis :
J'ai tout dit.
TYRRHÈNE.
Quoi, seigneur?
AGRIPPA.
Que je suis votre fils.
TYRRHÈNE.
Vous, mon fils! vous seigneur! Que pouvez-vous prétendre?
Mon fils est au tombeau; laissez en paix sa cendre;
Hélas, c'est par vos coups...
AGRIPPA.
Vos soins sont superflus :

Un secret échappé ne se rappelle plus.
Avouez qu'en faveur de notre ressemblance,
Depuis la mort du roi, j'ai gardé sa puissance;
Que, noyé par malheur, son corps tiré de l'eau
Eut de vous, sous mon nom, les honneurs du tombeau;
Que pour fuir tout soupçon et pouvoir nous instruire
De ce qu'entreprendroient ceux qui voudroient me nuire,
Vous avez accusé le roi de mon trépas...

TYRRHÈNE.

Je vois où je m'expose en ne l'avouant pas.
Il y va de ma vie, et déjà je m'apprête,
Seigneur, à vous payer ce refus de ma tête.
Trahir le sang d'un fils pour m'entendre avec vous!

AGRIPPA.

Quoi!

TYRRHÈNE.

Non, vos yeux en vain éclatent de courroux;
Vous m'avez mal connu, si vous l'avez pu croire;
De cette lâcheté l'infamie est trop noire,
Et le sang malheureux qui peut m'être resté
Ne vaut pas s'acheter par cette indignité.

En face de ce père qui continue à désavouer son fils pour le mieux sauver, Lavinie dont le cœur penchait vers le faux Tibérinus, revient à croire qu'Agrippa en effet est mort, et s'écrie elle-même :

Reçois donc à la fois, ombre qui m'es si chère,
Les larmes d'une amante avec les pleurs d'un père,
Et sois sensible encore, ayant perdu le jour,
A ces derniers tributs du sang et de l'amour.

Puis regardant Agrippa :

Mais, seigneur, mais hélas, s'il étoit votre fils?

Vers touchant et naturel et qui exprime bien la situation, laquelle, tout invraisemblable qu'elle est, puisqu'elle repose sur une ressemblance presque impossible, nous émeut pourtant, à mesure qu'elle se développe et qu'elle s'éloigne de ses commencements. Il y a dans ce vers de Lavinie un de ces mouvements de passion qui font presque de Quinault un des précurseurs de l'école passionnée, quoiqu'il soit de son temps le représentant le plus accrédité de l'école romanesque.

C'est encore un de ces mouvements naturels qui amène enfin Thyrrhène à démentir ses artifices. Lavinie, persuadée par Thyrrhène qu'Agrippa est vraiment Tibérinus et le meurtrier de son amant, arme contre lui des conjurés qui l'attaquent dans le temple où le faux Tibérinus offrait un sacrifice. Un des conjurés vient annoncer à Lavinie devant Tyrrhène la mort de Tibérinus :

FAUSTE.
C'en est fait; il est mort.
TYRRHÈNE.
Dieux !
FAUSTE,
Ces mots tout d'un temps
Ont fait pousser au ciel mille cris éclatants.
. . . .
LAVINIE, à Tyrrhène.
Ainsi donc tous nos vœux sont comblés pleinement :
Vous vengez votre fils; je venge mon amant.
. . . .
Mais d'où naissent, seigneur, ces soudaines alarmes?
Ce trouble où vous tombez?
TYRRHÈNE.
Je tremble, je frémis!
LAVINIE.
Quoi, le roi mort!
TYRRHÈNE.
Hélas, madame, c'est mon fils!
LAVINIE.
Votre fils!
TYRRHÈNE.
Je sens trop ici que je suis père :
La voix du sang s'échappe et ne peut plus se taire.
La nature, à ce coup, laisse la feinte à part.
Elle parle.
LAVINIE.
Ah ! pourquoi parle-t-elle si tard?

Rassurons-nous : l'école romanesque ne renvoie jamais son monde mécontent et désespéré. Elle veut bien émouvoir ses spectateurs; elle ne veut pas les désoler. Agrippa n'est point mort; il s'est dérobé aux coups des conjurés; il a retrouvé des soldats fidèles, il a vaincu l'émeute, et il épouse Lavinie en reprenant son nom d'Agrippa, sans perdre le trône.

Des événements extraordinaires, invraisemblables, finissant par produire quelques mouvements naturels et vraiment dramatiques, tel est le mérite du *Faux Tibérinus* et ce qui en fit le succès.

Astrate est du même genre, avec plus de mérite et avec plus de succès encore. Les comédiens, voyant l'empressement du public, doublèrent le prix des places; et la satire qui s'attaqua à la pièce ne fit d'abord qu'en augmenter la vogue, avant d'en diminuer et plus tard d'en détruire la réputation. Tout le monde sait les vers de Boileau dans la satire du *Festin ridicule* :

> Et puis blâmer Quinault! Avez-vous lu l'Astrate?
> C'est là ce qui s'appelle un ouvrage achevé;
> Surtout, l'anneau royal me semble bien trouvé.
> Son sujet est conduit d'une belle manière,
> Et chaque acte en sa pièce est une pièce entière.
> Je ne puis plus souffrir ce que les autres font. [1]

Comme il attaquait, Boileau à son tour fut attaqué; et Boursault, dans la *Satire des satires*,[2] défendit Quinault et l'*Astrate*. Il y a quelques traits piquants dans la scène où le marquis, toujours chargé, depuis Molière, d'être ridicule, attaque l'*Astrate* sans savoir pourquoi, et seulement parce que Boileau l'attaque. Une marquise, qui se pique d'avoir du goût, et qui ne jure que par Boileau, a vu l'*Astrate*, et l'a fort approuvé :

> J'en revins satisfaite autant qu'on le peut être;
> Un ouvrage si beau part de la main d'un maître.
> Bien des gens qu'il charma l'applaudirent tout haut.
> Dites-moi, s'il vous plaît, qui l'a fait?
> BOURSAULT.
>   C'est Quinault.

1. L'Astrate est de 1663. — La satire de Boileau est de 1665.
2. Boileau, qui avait déjà du crédit à la cour, eut le tort de faire supprimer cette comédie.

LA MARQUISE.

. . . .
Quoi, le même Quinault que Despréaux déchire,
A composé l'Astrate ?. . .
. . . .
Je suis au désespoir de l'avoir trouvé beau ;
Il me parut charmant ; j'en admirai le tendre.
Mais si jamais j'y vais, j'en dirai pis que pendre.
Il ne doit rien valoir, car Despréaux le dit.

Le marquis a aussi admiré autrefois l'Astrate.

Vous trouvâtes la pièce admirablement belle,

dit Émilie, un des personnages.

LE MARQUIS.
Elle étoit belle aussi quand elle étoit nouvelle ;
Mais elle ne l'est plus à présent.
LE CHEVALIER.
Ah, fort bien !
Pompée est déjà vieux ; il ne vaut donc plus rien.
Dans deux ans, l'Alexandre et sa sœur l'Andromaque
Ne seront donc plus beaux, si quelqu'un les attaque.

Vivement attaquée, vivement défendue, on voit que la tragédie de l'*Astrate* a fort occupé les contemporains. Examinons-la rapidement, et voyons si elle mérite qu'on en ait dit tant de mal et tant de bien.

Astrate est fils des anciens rois de Tyr ; mais il ignore sa naissance, et croit avoir Sichée pour père. Il a, dans les guerres auxquelles il a pris part, rendu de grands services à Élise, reine de Tyr, qui s'est emparée du trône par usurpation ; et si Astrate connaissait sa naissance et ses droits, il devrait être l'ennemi irréconciliable d'Élise. L'amour en a décidé autrement ; il aime Élise, mais d'un amour sans espoir ; car la reine doit épouser Agénor, un des princes de la maison usurpatrice. Loin de cacher son amour ou d'en rougir, Astrate le confie à tout le monde, et même à son rival heureux :

Pour combattre en secret le mal dont je soupire,
Je me suis dit cent fois tout ce qu'on peut se dire ;

> Tout ce qu'on peut tenter, je l'ai fait jusqu'ici ;
> Du moins mon foible cœur se l'est fait croire ainsi.
> Mais s'il faut dire tout, contre un mal qui sait plaire
> On ne fait pas toujours tout ce que l'on croit faire ;
> Et pour se reprocher un crime qu'on chérit,
> Pour peu que l'on se dise, on croit s'être tout dit.

Ceux qui, comme moi, ont quelque habitude du style du *Grand Cyrus* et de la *Clélie*, retrouvent complétement ici le ton de ces deux romans, avec la même finesse ou le même raffinement de pensées et de sentiments et quelque chose de plus doux et de plus facile dans l'expression.

La reine de Tyr, Élise, de son côté aime Astrate qu'elle croit un guerrier d'aventure, un chevalier errant, dont elle ne connaît ni la naissance ni les droits. Comme elle doit choisir un époux, c'est lui qu'elle choisit, et elle l'annonce à Sichée, qu'elle croit père d'Astrate. Élise est tout près d'être un caractère dramatique. Il y a en elle de l'Athalie et de la Sémiramis. Elle avoue avec une sorte de franchise les crimes qui l'ont faite reine ; et comme Sichée lui dit qu'Astrate n'a ni naissance ni sceptre pour mériter un si grand choix :

> Il a sans doute un cœur qui ne cède à nul autre ;
> Mais il n'a point de sceptre à joindre avec le vôtre ;

Élise répond :

> . . . .
> Il a de la vertu ; c'est de quoi j'ai besoin.
> Le crime en ma famille a mis le diadème ;
> L'ayant ainsi reçu, je l'ai gardé de même.

Elle raconte alors que, montant sur le trône et craignant la révolte du parti attaché aux anciens rois de Tyr, elle fit périr le roi et deux de ses fils qu'elle tenait en prison. Ce coup découragea les rebelles :

> Le troisième, à mon père échappé dès l'enfance,
> Caché dans mes États prépare sa vengeance ;
> J'en ai divers avis, et le peuple irrité

> Pour lui, sans le connoître, est presque révolté.
> Le prince[1] en m'épousant, loin d'assurer ma tête,
> N'aideroit qu'à grossir l'orage qui s'apprête,
> Et le peuple seroit encor plus mutiné
> S'il voyoit des tyrans tout le sang couronné.
> J'ai besoin d'un époux illustre et magnanime,
> Qui m'allie à la gloire et me tire du crime,
> Dont la vertu pour moi calme les factieux,
> Écarte la tempête et désarme les dieux.

Il y a là une sorte de grandeur audacieuse qui ne manque jamais de plaire au public, soit au théâtre, soit même dans l'histoire. Élise, après son mariage avec Astrate, n'a plus besoin pour assurer sa fortune que de la mort de ce dernier héritier des anciens rois de Tyr, caché à tous les yeux, et qui, nous le comprenons déjà, n'est autre qu'Astrate lui-même :

> Mon destin,

dit-elle à Sichée,

> Me demande encor cette victime.
> Le sort de ma maison, plus fort que mes souhaits,
> M'arrache à l'innocence et m'enchaîne aux forfaits.
> Il m'en fait un devoir et me force à connoître
> Qu'on n'est pas toujours juste autant qu'on voudroit l'être ;
> Qu'il est des ascendants dont la fatalité
> Nous impose du crime une nécessité ;
> Et qu'en nous, quelquefois, par un pouvoir suprême,
> Il entre du destin jusqu'en la vertu même.

Voilà ces maximes machiavéliques qui sont chères aussi à l'école romanesque, et qu'elle mêle de la façon la plus singulière avec la galanterie. Du reste, la reine de Tyr n'est pas seulement un homme d'État sans scrupules, elle est aussi un libre penseur, et les philosophes du dernier siècle et du nôtre doivent applaudir à la hardiesse de ses sentiments. Sa confidente s'étonne que, menacée par un oracle d'Ammon, la reine ne s'effraye point :

---

1. Agénor.

> Quoi, vous voyez les dieux prêts à vous accabler,
> Et vous ne tremblez pas!
>
> ÉLISE.
>
> Que sert-il de trembler?
> S'il est bien vrai qu'au ciel ma perte soit écrite,
> Pour en craindre le coup, crois-tu que je l'évite,
> Et, par mes foibles soins, qu'il soit encore en moi
> D'altérer des destins l'inviolable loi?
> Non, pour fuir les périls que prédit un oracle,
> L'ébranlement sert moins de secours que d'obstacle,
> Et l'aveugle terreur, quand on doit trébucher,
> Précipite la chute au lieu de l'empêcher.
> Tel oracle, parfois, s'est accompli sans peine,
> Qui n'a dû son succès qu'à la foiblesse humaine;
> Et qui, s'il n'eût fait peur, eût pu courir hasard
> De n'avoir point d'effet ou d'en avoir plus tard.

Comme il y a dans Élise, à travers l'homme d'État et l'esprit fort, une femme qui aime, et comme, dans la tragédie romanesque, tous les personnages sont soumis avant tout à l'ascendant de l'amour, Élise s'occupe plus de la passion qu'elle a pour Astrate que de l'oracle d'Ammon et des périls qui la menacent. Fière du choix qu'elle a fait, et se confiant en la valeur de son amant, elle croit qu'une fois qu'elle l'aura épousé, elle n'aura plus rien à craindre. Elle avoue donc à Astrate que c'est lui qu'elle aime et qu'elle est prête, quoiqu'il ne soit que son sujet, à le choisir pour son époux. Cependant elle lui demande quelque temps encore avant de déclarer sa résolution.

Et l'anneau royal, dira-t-on, cet anneau qui, selon la satire, *est si bien trouvé,* que devient-il? A quoi sert-il? A vrai dire, il ne sert pas à grand'chose. Élise, pour consoler Agénor du refus qu'elle fait de l'épouser, a imaginé de lui confier l'anneau royal qui est le signe du pouvoir suprême, et de le charger de le remettre lui-même à Astrate. Elle a voulu, dit Agénor à Astrate :

> ...Pour rendre pour moi son refus moins honteux,
> Que ce fût de ma main que vous fussiez heureux.

Cette invention délicate et subtile n'a point produit sur Agénor l'effet qu'en attendait la reine. Ayant l'anneau royal et en même temps la toute-puissance, il s'en sert pour faire arrêter Astrate, et peut-être irait-il plus loin, si la reine, se ravisant à propos, ne le faisait arrêter lui-même et ne remettait l'anneau royal entre les mains d'Astrate; si bien que cet anneau, en deux scènes au plus, passe de main en main, sans produire aucun effet, sinon un instant de péril pour Astrate, et un péril qui ne fait trembler personne. Car, d'une part, nous savons bien que la reine est toujours là pour arrêter le mal, et d'autre part, Quinault lui-même n'a pas voulu que ce péril pût devenir tragique, puisqu'il n'en a fait que l'occasion d'un défi ou plutôt d'une controverse amoureuse entre les deux rivaux, Agénor et Astrate. Le sujet de cette controverse galante, digne des cours d'amour et de la tragédie romanesque, est cette question : Quel est le plus heureux amant, celui qui est aimé de celle qu'il aime et qui ne l'épouse pas, ou celui qui l'épouse et qui n'en est pas aimé?

Astrate, heureux d'être aimé de la reine et heureux de l'épouser, court se jeter à ses pieds et la remercier de son choix et de son amour. Sichée l'arrête et lui représente que cette reine qu'il va épouser est une usurpatrice, qu'elle a fait tuer le roi légitime et ses deux fils. — Que voulez-vous? Je l'aime. — Mais son trône est menacé... on conspire contre elle. — Je le sais, et je la défendrai contre les conjurés. — Les connaissez-vous, ces conjurés? — Oui, je les connais, et je les punirai. — Vous ne les connaissez pas tous. C'est moi qui suis le chef de la conspiration. — Astrate éperdu, mais ne renonçant point à son amour, déclare qu'il saura bien sauver à la fois la reine et son père. Bientôt en effet il revient annoncer à Sichée que sur sa demande la reine a tout pardonné :

ASTRATE.
Rassurez-vous, seigneur, et cessez de vous plaindre :
Ni vous ni vos amis, vous n'avez rien à craindre.
SICHÉE.
Si vous n'avez rien dit, rien ne doit m'étonner.
ASTRATE.
J'ai tout dit; mais, seigneur, j'ai fait tout pardonner.

Seulement, la reine veut savoir quel est ce prétendant qui arme contre elle les bras de ses sujets : c'est le seul dont elle exige la mort comme nécessaire à la tranquillité de l'État.

ASTRATE.
Souffrez-lui, s'il se peut, encor cette injustice :
Ce sera la dernière, et l'État agité
En a même besoin pour sa tranquillité.
Dans ces deux ennemis un devoir implacable
Rend à jamais la haine irréconciliable.
Un père massacré, deux frères égorgés,
Tôt ou tard doivent être ou suivis ou vengés.
Un prince malheureux qui reçoit cette offense
Doit renoncer au jour plutôt qu'à la vengeance,
Et la reine, engagée à cette cruauté,
Ne peut qu'en l'achevant trouver l'impunité.

SICHÉE.
Et, pour prix de ma grâce, il faut livrer mon maître !

ASTRATE.
Non, seigneur ; seulement, faites-le-moi connoître.
Ne craignez rien de moi de honteux ni de bas.
J'irai seul l'attaquer, sans secours que mon bras,
Et n'imiterai point le soin indigne et lâche
Dont il vous fait armer, quand lui-même il se cache.
. . . .

SICHÉE.
Eh bien, puisqu'étouffant vos vertus magnanimes,
Vous voulez de la reine épouser jusqu'aux crimes,
En achever l'horreur et l'oser soutenir,
Il faut vous dire tout, mais c'est pour vous punir.

ASTRATE.
Cet ennemi, seigneur, est-il si redoutable ?

SICHÉE.
De quelque fermeté dont vous soyez capable,
Je suis sûr de vous voir pâlir d'étonnement
Et frémir de terreur à son nom seulement.

ASTRATE.
Ces menaces ne font qu'augmenter mon envie ;
Nommez-le-moi, seigneur, m'en coûtât-il la vie !

Alors Sichée lui montre une lettre du dernier roi qui révèle à Astrate sa naissance, son nom et ses devoirs :

ASTRATE.
Ah, d'un coup plus affreux peut-on être percé !
Je serois né du sang que la reine a versé !

> Quoi, j'aurois à venger par des lois trop sévères,
> Sur un si cher objet, mon père et mes deux frères!
> Et quand nos cœurs charmés se croyoient tout permis,
> Malgré l'amour et nous, nous serions ennemis!

Ainsi, cet ennemi de la reine, qu'Astrate voulait immoler lui-même de sa main, ce descendant des rois légitimes, cet héritier qu'Astrate trouvait juste de sacrifier à la sûreté de l'État, c'est lui-même! Que va-t-il penser? Est-il encore juste que le dernier descendant des anciens rois périsse pour affermir la reine sur son trône? Que de devoirs et surtout que de sentiments nouveaux! Le devoir de venger son père va-t-il l'emporter sur son amour? ou bien l'amour va-t-il le pousser à épouser la femme qui est couverte du sang de son père et de ses frères? La situation est tragique; de plus, elle est morale, et c'est en cela que je l'aime. Comme cette idée : c'est moi, a changé tout à coup la situation! Quelle lumière soudaine! Tout à l'heure il fallait se hâter de sacrifier un innocent et le dernier descendant des rois légitimes! — cet innocent, c'est moi! — Astrate faisait bon marché, il y a quelques instants, des conjurés ou des proscrits. — Ces conjurés, c'est pour moi qu'ils conspirent; ces proscrits, c'est pour moi qu'ils risquent leur tête. Quels aspects nouveaux, inattendus! Comme le moi, ce grand magicien, d'un coup de sa puissante baguette,

> Change tout, donne à tout une face imprévue!

Cependant les événements et les émotions se pressent dans une progression vraiment dramatique. Élise vient demander à Astrate s'il sait enfin quel est l'ennemi qui la menace :

> ÉLISE.
> Eh bien, mon ennemi vous est-il découvert?
> . . . .
> ASTRATE.
> . . . . Ah madame!
> ÉLISE.
> Je vous trouve interdit; qui trouble ainsi votre âme?
> Tout votre soin pour moi n'a-t-il rien obtenu?

INTRODUCTION.

ASTRATE.
Hélas, votre ennemi ne m'est que trop connu.
ÉLISE.
En l'état où je suis, c'est peu de le connoître.
Peut-être de ces lieux est-il déjà le maître.
On vient de m'avertir que le peuple en fureur
Se soulève, s'attroupe et s'arme en sa faveur,
Et qu'un gros de soldats, joint à la populace,
En soutient la révolte et redouble l'audace.
J'ai vu même, à ce bruit, la frayeur s'emparer
De ceux en qui j'ai cru devoir plus espérer;
Tout cherche à me trahir; tout me devient funeste,
Et si j'ai quelque espoir, c'est en vous qu'il me reste.
Mon ennemi, sans vous, est sûr de m'accabler.
ASTRATE.
N'en appréhendez rien; c'est à lui de trembler.
. . . .
ÉLISE.
Quoi! contre ses efforts vous pourriez m'assurer?
ASTRATE.
Je puis même encor plus; je puis vous le livrer!
ÉLISE.
Me le livrer, vous-même, ô ciel! se peut-il faire
Que j'aie un bien si doux par une main si chère,
Et que le plus mortel de tous mes ennemis
Par un amant aimé me soit enfin remis?
Le temps presse : à ma haine offrez donc sans attendre
Ce sang fatal qu'il faut achever de répandre.
De cette heureuse mort hâtons-nous de jouir.
ASTRATE.
Eh bien, madame, eh bien, il faut vous obéir;
Et, pour tarir ce sang qui vous est si funeste,
En montrer à vos yeux le déplorable reste.
Ce dernier fils d'un roi par votre ordre égorgé,
Ce fils par son devoir à vous perdre engagé,
Cette victime encore à vos jours nécessaire,
Ce malheureux vengeur d'un misérable père,
D'une maison détruite et d'un sceptre envahi,
Enfin, cet ennemi tant craint et tant haï,
Dont nous cherchions la perte avec un soin extrême,
Qui l'eût pu croire, hélas, madame, c'est moi-même!
ÉLISE.
Vous, ô ciel! vous, Astrate!

La sène est belle, et ce nouveau coup de théâtre est bien amené. Cependant nous ne tremblons pas sur l'issue de cette reconnaissance. Pourquoi cela? Nous sommes arrivés au moment où, les événements et les devoirs qui séparent Astrate d'Élise étant tous révélés et connus, l'intérêt doit être à son comble ou reculer. Or, je ne puis pas me dissimuler que, dès ce moment, l'intérêt recule. Je ne crains pas, en effet, qu'Élise, trouvant son ennemi dans Astrate, c'est-à-dire dans son amant aimé, songe à le faire périr; et je crains encore moins qu'Astrate, oubliant son amour et ne s'occupant plus qu'à venger sa famille, songe à tuer son amante. Ces terribles extrémités de l'ambition et de la vengeance ne sont point de mise dans la tragédie romanesque et amoureuse dont Quinault est un des représentants. Au lieu de redouter les coups l'un de l'autre, ils font assaut de générosité et de tendresse l'un envers l'autre. Astrate veut mourir pour assurer les jours d'Élise, et Élise, de son côté, veut mourir pour assurer les jours d'Astrate. Voilà de beaux sentiments, mais qui détruisent la tragédie. Ils ne craignent l'un et l'autre qu'une seule chose, c'est de ne pas être assez aimés l'un de l'autre en mourant.

> ÉLISE.
> Je consens à ma mort, vengez-vous; mais, hélas!
> Astrate, s'il se peut, ne me haïssez pas.
> . . . .
> ASTRATE.
> Eh! comment voulez-vous qu'un amant vous haïsse!
> Non, non, le ciel veut bien voir trahir son courroux,
> Puisqu'il prend un vengeur si foible contre vous.
> C'est pour vous épargner qu'en mes mains il vous livre,
> Qu'il m'impose un devoir que je ne saurois suivre,
> Et s'il avoit voulu vous perdre absolument,
> Il ne s'en fieroit pas au devoir d'un amant.

Tout à l'heure nous étions dans la tragédie; nous sommes maintenant dans l'églogue amoureuse.

Je ne suis pas de l'avis de ceux qui prétendent que l'amour et ses chagrins ne peuvent pas nous intéresser. Mais si vous voulez m'émouvoir avec les chagrins de l'amour, n'y mêlez pas des sentiments d'un ordre supérieur, et qu'il ne peut vaincre sans devenir odieux. Ainsi Astrate a son père à venger, et quand même il consentirait à ne pas venger son père et ses frères, il ne peut plus épouser Élise couverte du sang de sa famille. Séparez donc le plus tôt possible deux amants qui n'ont plus rien qui les puisse unir, et surtout ne nous les montrez pas doutant de leurs devoirs et prêts à les sacrifier. Que, dans Racine, Titus hésite à se séparer de Bérénice, et que le poëte nous attendrisse sur ses chagrins et sur ses doutes, j'y consens de grand cœur. La cause de la séparation de Titus et de Bérénice est toute politique, et contre la politique l'amour nous trouvera aisément de son parti. Mais ici, il y a plus que la politique pour séparer Élise d'Astrate; il y a le sang qu'Élise a versé. Si Astrate n'était qu'un prince légitime qui aimât quelque belle reine usurpatrice, et qui fût aimé d'elle, la défection d'Astrate serait excusée, dans le roman, au théâtre et dans le monde; et les politiques l'appelleraient une fusion. Mais le sang versé par Élise les sépare à jamais, et leurs lamentations d'amour deviennent odieuses ou ennuyeuses; odieuses, si elles laissent croire à une réunion désormais impossible; ennuyeuses, si elles ne doivent aboutir qu'à exprimer leur tendresse. A ce moment il nous faut de la tragédie, et non plus de l'élégie. Voyez la *Sémiramis* de Voltaire qui a des traits de ressemblance avec l'*Astrate* de Quinault. Comme Élise, Sémiramis a tué son roi, qui de plus était son époux, et, comme Élise, elle aime et elle veut épouser Arsace, le fils du roi qu'elle a tué, et qui est aussi son fils. Quand ces redoutables secrets sont découverts, ce sont eux qui dominent la scène et qui s'en emparent par droit de terreur. Le poëte ne nous laisse plus penser qu'à l'oracle qui a prononcé que le fils, autre Oreste, doit venger son père, même sur sa mère; oracle fatal dont la piété filiale d'Arsace essaye en vain de détourner l'accomplissement. Dans l'*Astrate,* avant le secret découvert, le poëte pouvait à loisir nous occuper de l'amour d'Élise et d'Astrate; une fois le secret révélé, une fois la dette du sang proclamée, c'en est fait, l'amour ne doit plus dominer la scène; et s'il ne domine plus, il languit.

Me sera-t-il permis d'appuyer ces réflexions par un de mes souvenirs de professeur? Je parlais de Quinault dans mon cours de poésie française à la Sorbonne, et, ayant lu l'*Astrate*, je m'étais pris de goût pour cet ouvrage. Cela nous arrive parfois à nous autres professeurs et critiques. La curiosité nous fait illusion; nous croyons à des mérites inconnus ou méprisés que nous nous faisons un plaisir de remettre en lumière. Je tentai donc la réhabilitation de l'*Astrate* ; je tâchai de jouer ce tour à Boileau. Le public refusa de s'associer à mon paradoxe. Dans les trois premiers actes dont je fis des citations, choisies de mon mieux, les jeunes gens qui m'écoutaient semblèrent donner raison à Quinault contre Boileau, et l'*Astrate*, malgré l'inutilité insignifiante de l'anneau royal, paraissait retrouver son grand succès du xviie siècle. Je triomphais. Le triomphe continua pendant les trois premières scènes du quatrième acte. Mais quand, après le secret déclaré par Astrate à Élise, on vit les deux amants s'occuper encore de leur amour et faire assaut de générosité à qui mourrait l'un pour l'autre, cet amour, continué si mal à propos et remplaçant les sentiments douloureux et terribles qui devaient remplir la scène, produisit son effet. Je sentis mon public qui languissait peu à peu; et quand, au cinquième acte, Élise se tue pour assurer le trône à Astrate et pour sortir d'embarras, cette mort, que j'avais trouvée belle et touchante dans mon cabinet, ne toucha que médiocrement mes auditeurs. Elle était devenue nécessaire, et le public en avait pris son parti.

Ce sont de beaux vers cependant que ceux d'Élise mourante, et sans vouloir appeler de l'arrêt du public de la Sorbonne confirmant l'arrêt de Boileau, je puis remarquer que, comme la mort d'Élise est le seul dénoûment naturel et convenable de la situation, ses sentiments, aussitôt qu'elle accomplit ce dénoûment nécessaire, redeviennent touchants et dramatiques. Elle peut aimer Astrate, elle en peut même être aimée, j'ose le dire, dès que la mort va les séparer pour jamais. Ils peuvent s'attendrir mutuellement sur leur séparation, dès qu'elle est irrévocable, dès que l'ordre moral est rétabli par le sacrifice d'Élise. Je sais gré à Élise d'avoir compris que son amour pour Astrate était désormais impossible, mais je ne sais pas gré du tout à Astrate de ne pas comprendre cette loi fatale. Il essaye encore de persuader à Élise, déjà mourante du poison qu'elle a pris, qu'elle peut vivre, et vivre avec lui sur le trône. Qu'il y a de vérité et d'émotion tragique dans la réponse d'Élise !

> . . .Ah! gardez de tenter mon amour,
> Et quand je perds la vie, épargnez-moi l'outrage
> De m'en faire trop tard une trop douce image.
> Troublez moins une mort qui n'est plus à mon choix.
> Je meurs.
>   ASTRATE.
>   Ah!. . .
>   ÉLISE.
>   La douleur vous dérobe la voix.
> . . . .
> Adieu, j'ai trop de peine à mourir à vos yeux.
> . . . .
> Dans mon cœur expirant je sens que votre vue
> Rallume ce qu'éteint le poison qui me tue,
> Et que de vos regards le charme est assez fort
> Pour retenir mon âme et suspendre ma mort.
> Qu'on m'emporte!

On sait comment, après *Pausanias*, en 1666, Quinault quitta la tragédie pour toujours. Il l'avait promis à sa femme; il plaisait aussi en cela à la compagnie à laquelle il appartenait. Mais quand, en 1772, le roi lui demanda de faire les opéras que Lulli mettrait en musique, je ne vois pas que Quinault ait pensé à résister aux ordres du roi. Les opéras que fit Quinault n'étaient pas assurément plus édifiants que ses tragédies. Étant même plus consacrés à l'amour, ils étaient plus dangereux, aidés surtout de la musique et du spectacle qui les accompagnait. Mais la volonté du roi purifiait tout ce qu'elle commandait, et Quinault se trouva fort à son aise d'obéir à la fois à ses penchants pour le théâtre et aux ordres de Louis XIV.

VII.

LES OPÉRAS DE QUINAULT.

Le xviiie siècle a semblé prendre à tâche de venger Quinault de l'injustice de Boileau. Voltaire, Marmontel, Chamfort, ont loué à l'envi ses opéras. Disons-en donc aussi un mot, parce que, dans les opéras de Quinault, nous retrouverons les leçons et les exemples de Racine, comme nous les avons déjà trouvés dans l'*Ariane* de Thomas Corneille.

Quand on cherche quelles sont en France les origines de l'opéra, il faut encore en revenir à Corneille. *A Jove principium.* Tout commence par lui, la tragédie, la comédie, et même l'opéra. En 1650, l'*Andromède, la Toison d'or,* en 1661, étaient des pièces qui se jouaient avec des machines et de la musique. C'étaient des opéras ; et Corneille avait déjà essayé de réunir dans un genre d'ouvrages particuliers la musique, la danse, les machines et le drame. La musique seulement n'avait encore qu'une faible part qui alla s'agrandissant tous le jours, jusqu'à Lulli, lequel fit croire que la musique était le principal charme de l'opéra, et que la poésie n'était que l'accessoire.[1]

En restituant au grand Corneille la gloire d'être un des inventeurs de l'opéra en France, n'oublions pas un autre inventeur de ce genre de pièces, Benserade. Benserade fit pour

---

1. Les beaux vers de Quinault protestaient en vain contre cette prétention justement critiquée par Voltaire dans son *Dictionnaire philosophique* : « Comme Lulli, dit-il, était très-plaisant, très-débauché, adroit, intéressé, bon courtisan, et par conséquent aimé des grands, et que Quinault n'était que doux et modeste, il tira toute la gloire à lui. Il fit accroire que Quinault était son garçon poëte, qu'il dirigeait, et qui, sans lui, ne serait connu que par les satires de Boileau. Quinault, avec tout son mérite, resta donc en proie aux injures de Boileau et à la protection de Lulli. »

* Article : *Art dramatique.*

les ballets de la cour et pour la danse, qui est une des parties importantes de l'opéra, ce que Quinault fît pour la musique de Lulli. Il y joignit ses vers. C'est le mérite du xviie siècle qu'à tous ses plaisirs il voulait mêler le plaisir de l'esprit, pour leur donner plus d'élégance, et j'allais presque dire de dignité.

Ces ballets de la cour étaient dansés par le roi, par les princes et par les princesses, par toute la cour enfin. Benserade faisait pour chaque personnage des devises ingénieuses, où, pour parler comme le roi dans le *privilége* qu'il accorde à Benserade pour la publication de ses œuvres, « la manière dont il confondoit, dans les vers qu'il faisoit pour les ballets, au commencement de notre règne, le caractère des personnes qui dansoient avec le caractère des personnages qu'ils représentoient, étoit une espèce de secret personnel qu'il n'avoit imité de personne, et que personne n'imitera jamais peut-être de lui. » Ce *privilége du roi,* changé en éloge de l'auteur, montre la faveur que Benserade avait à la cour et le crédit qu'il avait conservé dans le monde.

Boileau, juge sévère des auteurs de la génération qui l'avait précédé, fait encore l'éloge de Benserade dans le quatrième chant de l'*Art poétique,* quand il donne pour emploi à la littérature de chanter le roi, emploi dont elle s'acquittait fort volontiers :

> Que de son nom chanté par la bouche des belles,
> Benserade en tous lieux amuse les ruelles.

Quelques courtes citations des ballets de Benserade montreront quel est le genre de mérite que lui attribue le *privilége du roi,* et peindront en même temps les mœurs et les habitudes de la cour de Louis XIV au commencement de son règne. Je prends le ballet royal d'*Hercule amoureux,* dansé par leurs Majestés en 1662. Le roi, la reine, toute la cour, figuraient dans les entrées de ce ballet. Cela n'empêche pas qu'à la dix-huitième et dernière entrée, celle des étoiles, comme Mlle de Mancini représentait une de ces étoiles, Benserade ne lui fit adresser ces vers, que la jeune reine Marie-Thérèse ou ne comprenait pas, ou ne devait pas entendre avec plaisir :

> Chacun dans son état a sa mélancolie;
> Ne cachez point la vôtre; elle est visible à tous.
> Être étoile pourtant, c'est un poste assez doux,
> Et la condition me semble fort jolie.
> Vous la deviez garder : ce goût trop délicat
> A votre feu si vif et si rempli d'éclat
> Mêle quelque fumée et sert comme d'obstacle;
> Les étoiles, vos sœurs, vous diront qu'autrefois
> Une étoile a suffi pour produire un miracle
> Et pour faire bien voir du pays à des rois.

Chose singulière : ces vers qui font allusion à l'amour que Louis XIV avait eu pour Mlle de Mancini, et que toute la cour avait connu, ne paraissaient à personne ce qu'ils nous paraîtraient aujourd'hui, c'est-à-dire une indiscrétion; ils semblaient ingénieux et permis. J'en sais bien la raison : les amusements qu'ils égayaient se renfermaient dans le cercle de la cour, et ce cercle lui-même était fermé au public. On s'amusait entre soi, comme gens du même monde, et les allusions y étaient permises, pourvu qu'elles fussent gracieuses et agréables. Or cela ne déplaisait pas à Mlle de Mancini, et cela même l'élevait, au lieu de la rabaisser, qu'on sût et qu'on dît qu'elle avait été aimée par le roi.

Les amours du roi changeant, les allusions changeaient aussi, et personne ne s'en étonnait. En 1663, Louis s'occupait de Mlle de La Vallière, et dans le *Ballet des arts* où le roi dansait et représentait un berger, Mlle de La Vallière, habillée en bergère, s'entendait adresser ces vers dont le sens ne trompait personne :

> Non, sans doute, il n'est point de bergère plus belle :
> Pour elle cependant qui s'ose déclarer?
> La presse n'est pas grande à soupirer pour elle,
> Quoiqu'elle soit si propre à faire soupirer.
> Elle a dans ses beaux yeux une douce langueur,
> Et quoiqu'en apparence aucun n'en soit la cause,

INTRODUCTION.

> Pour peu qu'il fût permis de fouiller dans son cœur,
> On ne laisseroit pas d'y trouver quelque chose.
> Mais pourquoi là-dessus s'étendre davantage?
> Suffit qu'on ne sauroit en dire trop de bien;
> Et je ne pense pas que dans tout le village
> Il se rencontre un cœur mieux placé que le sien.

Le berger de ce beau village, qui permettait à Benserade de faire allusion à ses amours, ne se faisait pas scrupule de prendre part aux amusements de ce brillant hameau. Non seulement il dansait comme les autres villageois et villageoises, et avec elles; mais il s'entendait réciter des vers à son éloge, et il s'habituait à être loué en face, comme il le fut toute sa vie. Je dois remarquer qu'à comparer les louanges adressées à sa jeunesse avec celles qui furent prodiguées à son âge mûr, il y a dans Benserade, non plus de vérité, mais plus de mesure et de modération que dans les poëtes qui le suivirent. Voyez dans ce même *ballet royal des arts,* en 1663, ces vers pour le roi habillé en berger :

> Voici la gloire et la fleur du hameau;
> Nul n'a la tête et plus belle et mieux faite;
> Nul ne fait mieux redouter sa houlette;
> Nul ne sait mieux comme on garde un troupeau;
> Et quoiqu'il soit dans l'âge où nous sentons
> Pour le plaisir une attache si forte,
> Ne croyez pas que son plaisir l'emporte;
> Il en revient toujours à ses moutons.
> . . . .
> A son labeur il passe tout d'un coup,
> Et n'ira pas dormir sur la fougère,
> Ni s'oublier auprès d'une bergère,
> Jusques au point d'en oublier le loup.
> Ce n'est pas tant un berger qu'un héros,
> Dont l'âme grande applique ses pensées
> Au soin de voir ses brebis engraissées,
> En leur laissant la laine sur le dos.

Plût à Dieu que ce dernier vers eût toujours été vrai! à peine l'était-il encore en 1663. Mais ce n'est point dans les ballets royaux de Benserade ou dans les prologues d'opéras de Quinault qu'il faut chercher la vérité de l'histoire. Il ne faut chercher dans les ballets de Benserade d'autre mérite que celui d'une finesse élégante et gracieuse; témoin encore ces vers faits en 1669 pour le roi qui représentait le soleil dans le *ballet de Flore* :

> Je doute qu'on le prenne avec vous sur le ton
> De Daphné ni de Phaéton,
> Lui trop ambitieux, elle trop inhumaine :
> Il n'est point là de piége où vous puissiez donner;
> Le moyen de s'imaginer
> Qu'une femme vous fuie, et qu'un homme vous mène !

Ce ballet de *Flore* est le dernier où dansa le roi. On sait que Racine, dans *Britannicus*, joué en 1669, disait de Néron :

> Pour toute ambition, pour vertu singulière,
> Il excelle à conduire un char dans la carrière,
> A disputer des prix indignes de ses mains,
> A se donner lui-même en spectacle aux Romains,
> A venir prodiguer sa voix sur un théâtre...

On prétend que Louis XIV, prenant leçon de ces vers qui certes n'avaient pas été faits dans l'idée de les lui appliquer, renonça dès ce moment à danser et à figurer lui-même dans les ballets et dans les fêtes qu'il donnait à la cour. Je crois qu'il y a eu seulement entre les vers de Racine et la résolution du roi une coïncidence de dates. C'est après coup qu'on s'est souvenu que, depuis *Britannicus*, Louis XIV n'avait plus voulu se donner lui-même en spectacle à sa cour, et on a fait honneur à l'allusion prétendue du poëte d'un trait de bon sens et de bon goût de Louis XIV. En 1669, le roi avait trente et un ans, et il a pu, à cet âge, croire, sans aucune suggestion étrangère, qu'il devait respecter lui-même scrupuleusement une Majesté qu'il faisait tant respecter aux autres. Les ballets royaux étaient une habitude de la *bonne régence*[1], et cette habitude se perdait à

---

1. J'ai vu le temps de la bonne régence, —
    Temps où régnoit une heureuse abondance;
    Temps où la ville, aussi bien que la cour,
    Ne respiroit que les jeux et l'amour.
    (SAINT-ÉVREMOND, t. III, p. 294.)

INTRODUCTION. 117

mesure que la cour prenait une autre face, non pas plus austère, mais moins familière.

Benserade était mêlé à tous les amusements de l'ancienne cour; il était l'auteur de ce fameux sonnet de *Job,* qui fit tant causer et tant écrire à la cour et à la ville; et comme sa réputation dominait encore les nouvelles générations de la cour et de la ville, c'était à lui qu'on recourait par habitude, quand on voulait, selon l'usage du temps, mêler l'esprit aux plaisirs ou aux événements de la cour. Tout se faisait par lui; les vers mêmes que Louis XIV adressa à Mlle de Mancini, quand il la quitta, avaient été faits par Benserade. Coutume singulière assurément de mêler des vers, commandés à un poëte, aux événements les plus intimes de la vie. Louis XIV trouvait tout naturel de suivre en cela l'usage, puisque, dans son amour pour Mlle de La Vallière, il prit Dangeau pour secrétaire; c'était Dangeau qui rédigeait les billets d'amour du roi et, chose curieuse, les réponses aussi de Mlle de La Vallière.

Les vers que Benserade met dans la bouche du roi abandonnant Mlle de Mancini se rapprochent par la situation de ceux de Titus quittant Bérénice,[1] et c'est un honneur pour Benserade de pouvoir soutenir un instant la comparaison.

> A Iris.
>
> Le ciel ne consent pas, Iris, que je vous aime;
> Il faut que je défère à son ordre suprême,
> Ou que je passe au moins de longs et tristes jours,
> En ne vous voyant point et vous aimant toujours.[2]
> . . . .
> Au seul bruit de mon nom je vois trembler la terre,
> Je fais ce qu'il me plaît, soit en paix, soit en guerre;

---

1. Les vers de Benserade sont de 1659; — *Bérénice* de Racine est de 1670.
2.   Ah, prince, jurez-lui que toujours trop fidèle,
   Gémissant dans ma cour et plus exilé qu'elle,
   Portant jusqu'au tombeau le nom de son amant,
   Mon règne ne sera qu'un long bannissement.
               (RACINE, *Bérénice,* acte III, scène II.)

> Tout cède, tout fléchit, mais, dans un tel besoin,
> Ma puissance finit et ne va pas plus loin. [1]
>
> Que sert pour mon repos d'entendre toujours dire :
> Il a vaincu l'Espagne, il a soumis l'empire,
> Il a rasé leurs forts, abattu leurs remparts ;
> Il a fait retentir son nom de toutes parts ;
> Nul n'a porté si haut l'honneur du diadème ;
> Il a fait plus encore, il s'est vaincu lui-même.
> . . . .
> Cependant jusqu'au bout poussons cette victoire ;
> Je prétends la donner en garde à la mémoire,
> Faire éclater ma force, et que les nations
> En comptant mes sujets comptent mes passions [2],

Vers un peu obscur qui veut dire que le roi s'est assujetti ses passions comme ses sujets.

> Disons mieux : tout l'honneur d'une si grande affaire
> A moi seul n'est pas dû ; vous m'aidez à la faire.
> Êtes-vous pas réduite au point où je me voi ?
> Prenez-vous pas sur vous comme je prends sur moi ?
> Avec mon zèle ici votre zèle conspire ;
> Et vous avez grand part au triomphe où j'aspire [3].

1. Maître de l'univers, je règle sa fortune ;
   Je puis faire les rois ; je puis les déposer ;
   Cependant de mon cœur je ne puis disposer.
                 (*Ibid.*, acte II, scène I.)
2. Je n'attendois pas moins de cet amour de gloire,
   Qui partout après vous attacha la victoire.
   La Judée asservie et ses remparts fumants,
   De cette noble ardeur éternels monuments,
   Me répondoient assez que votre grand courage
   Ne voudroit pas, seigneur, détruire son ouvrage,
   Et qu'un héros vainqueur de tant de nations
   Sauroit bien tôt ou tard vaincre ses passions.
                 (*Ibid.*, acte II, scène II.)
   Vous-même contre vous fortifiez mon cœur ;
   Aidez-moi, s'il se peut, à vaincre ma foiblesse,
   A retenir des pleurs qui s'échappent sans cesse ;
   Ou, si nous ne pouvons commander à nos pleurs,
   Que la gloire, du moins, soutienne nos douleurs,
   Et que tout l'univers reconnoisse sans peine
   Les pleurs d'un empereur et les pleurs d'une reine.
                 (*Ibid.*, acte IV, scène V.)

> . . . .
> Ainsi parloit un prince accablé de tristesse,
> Qui vouloit, aux dépens de sa propre tendresse,
> Se prescrire à soi-même une nécessité
> De renoncer au joug qu'impose la beauté.

Il y a dans cette élégie de Benserade quelques vers tournés d'une manière fine et parfois touchante, quand on sait quel en est le sujet. Mais on sent aussi que l'auteur travaille sur commande et exprime des sentiments qui ne sont pas les siens, ni ceux de son cœur, ni ceux de sa condition. Que j'aime bien mieux Benserade, quand, dans ses élégies amoureuses, il parle pour lui-même et donne à ses sentiments, sans les forcer, le tour élégant et fin qui fait son mérite! Voyez ces stances dont quelques vers sont charmants :

> Beauté qui triomphez de moi,
> Vous rêvez à je ne sais quoi,
> Sans qu'on puisse juger quel chagrin est le vôtre;
> D'où viennent ces noirceurs dessus un front si doux?
> Est-ce que je suis près de vous,
> Ou que vous êtes loin d'un autre?
> . . . .
> Peut-être quand mon œil ardent
> Vous contemploit en imprudent,
> Ce qu'en dépit de moi trop souvent il hasarde,
> Vous disiez en vous-même, et mon cœur l'entendoit :
> Hélas, l'autre me regardoit
> Comme celui-ci me regarde!
>
> S'il est ainsi, j'aime bien mieux
> Ne dire mot, baisser les yeux,
> Et prendre une froideur qui soit comme la vôtre,
> Que de nous mettre au point où vous étiez tantôt.
> Hélas, oubliez-moi plutôt
> Que de vous souvenir d'un autre.[1]

Les citations que je viens de faire de Benserade et surtout la dernière prouvent qu'il méritait une partie au moins de sa grande réputation. Je le retrouverai dans l'examen des tragédies de Racine, puisqu'il a fait aussi un *Mithridate*. La part

---

1. Tome II, p. 167.

d'estime que je lui ferai alors dans la comparaison sera fort médiocre; je ne suis donc pas fâché, ayant à parler de l'opéra en général, et par conséquent des ballets, d'avoir pu faire mention de Benserade, et d'avoir rendu justice au poëte qui, dans un temps où les ballets n'étaient pas encore muets et ne s'occupaient pas seulement de parler aux yeux comme ils le font de nos jours, savait prêter à cette sorte d'ouvrage un langage ingénieux et piquant.

Prenons maintenant dans Voltaire l'éloge de Quinault, et voyons ce qu'il loue dans ses opéras. Quinault, selon Voltaire, n'a pas seulement dans ses vers une clarté et une harmonie dignes de Racine; il a souvent aussi une harmonie vraiment lyrique, et cela sans affectation et sans invraisemblance, sans que le poëte se mette à parler à la place du personnage. Voyez ces vers de Méduse dans l'opéra de *Persée*, que Voltaire a cités plusieurs fois avec une sincère admiration:

> J'ai perdu la beauté qui me rendit si vaine :
> Je n'ai plus ces cheveux si beaux
> Dont autrefois le Dieu des eaux
> Sentit lier son cœur d'une si douce chaîne.
> Pallas, la barbare Pallas,
> Fut jalouse de mes appas
> Et me rendit affreuse autant que j'étois belle.
> Mais l'excès étonnant de la difformité
> Dont me punit sa cruauté
> Fera connoître, en dépit d'elle,
> Quel fut l'excès de ma beauté.
> Je ne puis trop montrer sa vengeance cruelle :
> . . . .
> Je porte l'épouvante et la mort en tous lieux ;
> Tout se change en rocher à mon aspect horrible :
> Les traits que Jupiter lance du haut des cieux
> N'ont rien de si terrible
> Qu'un regard de mes yeux.
> Les plus grands dieux du ciel, de la terre et de l'onde,
> Du soin de se venger se reposent sur moi ;
> Si je perds la douceur d'être l'amour du monde,
> J'ai le plaisir nouveau d'en devenir l'effroi.
>
> (PERSÉE, acte III, scène 1re.)

Il y a là assurément de beaux vers, et qui respirent un air de fermeté et d'énergie qu'on ne s'attend guère à trouver à l'opéra. Nous croyons trop, sur la parole de Boileau, à la frivolité galante des vers de Quinault. Il y a sans doute dans ses opéras des lieux communs de galanterie, des banalités d'amour; ce sont les sacrifices que Quinault faisait à Lulli, qui avait besoin pour sa musique de ces sentiments communs et généraux. Mais quand on lit avec quelque attention les opéras de Quinault, on s'aperçoit bien vite que, même dans l'expression générale de l'amour, Quinault échappe, dès qu'il le peut, à la banalité de la galanterie. Je ne parle pas seulement de ses personnages principaux, auxquels il donne des sentiments et des passions vrais et naturels; je parle même de ses personnages secondaires, de ses confidents, de ses bergers et de ses bergères, de ceux enfin qui appartiennent le plus à l'opéra. Aussitôt que ces personnages sortent un instant des rangs du chœur et prennent quelque importance dramatique, aussitôt qu'ils ne sont plus seulement des chanteurs, mais des acteurs, le poëte les exempte de la galanterie banale. Tantôt ils prennent une grande part au drame, comme dans *Roland*, tantôt, comme dans les *Fêtes de Bacchus et de l'Amour*, si l'opéra ne va pas jusqu'au drame, leurs chansons de tendresse ont quelque chose de gracieux, qui parfois même est emprunté à l'antiquité classique. Qui croirait, par exemple, qu'une des plus agréables traductions que nous ayons de la charmante ode d'Horace : *Donec gratus eram tibi*, se trouve dans un opéra de Quinault?

DAMON.
Ma volage s'avance.

CLIMÈNE.
Voici mon infidèle amant.

DAMON et CLIMÈNE.
Vengeons-nous de son inconstance ;
O la douce vengeance
Qu'un heureux changement!

Nous sommes encore ici dans l'opéra, nous en sortons presque aussitôt par la traduction de l'ode d'*Horace*.

DAMON.

Quand je plaisois à tes yeux,
J'étois content de ma vie,
Et ne voyois rois ni dieux
Dont le sort me fît envie.

CLIMÈNE.

Lorsqu'à toute autre personne
Me préféroit ton ardeur,
J'aurois quitté la couronne
Pour régner dessus ton cœur.

DAMON.

Une autre a guéri mon âme
Des feux que j'avois pour toi.

CLIMÈNE.

Un autre a vengé ma flamme
Des foiblesses de ta foi.

DAMON.

Chloris qu'on vante si fort
M'aime d'une ardeur fidèle ;
Si ses yeux vouloient ma mort,
Je mourrois content pour elle.

CLIMÈNE.

Myrtil si digne d'envie
Me chérit plus que le jour ;
Et moi je perdrois la vie
Pour lui montrer mon amour.

DAMON.

Mais si d'une douce ardeur
Quelque renaissante trace
Chassoit Chloris de mon cœur
Pour te remettre en sa place?

CLIMÈNE.

Bien qu'avec pleine tendresse
Myrtil me puisse chérir,
Avec toi, je le confesse,
Je voudrois vivre et mourir.

Certes, ces vers n'ont point la précision élégante d'*Horace*; la facilité en est un peu molle; cependant il y a de la grâce, de l'harmonie, et surtout l'introduction inattendue de l'ode d'*Horace* rompt heureusement la monotonie des galanteries banales de l'opéra.

Ce que Voltaire aime surtout dans Quinault, et ce qui doit surtout attirer notre attention, c'est sa manière de traiter les passions. De ce côté, Quinault, dans ses opéras, est tout à fait de l'école de Racine. Il n'en était pas encore dans ses tragédies, quoiqu'il s'approchât peu à peu déjà du modèle, avant même que le modèle existât. Mais quand Quinault fit les opéras que lui commandait le roi, c'est-à-dire vers 1673, *Andromaque, Britannicus, Bérénice, Bajazet, Mithridate* même, avaient déjà paru, et de si bonnes leçons ne pouvaient pas être perdues pour un homme comme Quinault, pas plus qu'elles ne l'avaient été pour Thomas Corneille. Aussi, dans ses opéras principaux, Quinault a fait partout de l'amour une passion, au lieu d'en faire seulement un sujet de conversation ou une aventure compliquée, comme c'était l'usage dans la tragédie romanesque. Il a peint cette passion avec des traits naturels et vifs, et il l'a peinte sous ses diverses formes. Habile observateur de la différence des genres, il se garde bien de confondre l'opéra avec la tragédie, et de donner aux passions de ses personnages les développements que la tragédie donne aux passions de ses héros. Il sait qu'il a auprès de lui un autre art, celui de la musique, chargé de prêter à ses héros le genre d'expression dramatique qu'ils doivent avoir. Quinault est admirable dans ce genre de passions, toujours naturelles, jamais poussées jusqu'à la violence, quelle que soit leur vérité, et contenues, pour ainsi dire, par la musique.

La tragédie va et doit aller plus loin ; elle fouille profondément dans le cœur de l'homme pour en tirer tous les sentiments et toutes les émotions qu'il y a dans la passion. Quinault ne prend que les premières émotions, fortes, mais simples, et auxquelles la réflexion n'a encore rien ajouté. Dans la tragédie nous ressentons nos passions, mais, de plus, nous y réfléchissons, et c'est de cette double force que se compose l'expression tragique. Dans les opéras de Quinault, les passions ne vont pas jusqu'à la réflexion profonde et amère; elles s'arrêtent à l'émotion; mais elles l'expriment d'une manière vive et naturelle; c'est l'art dont Quinault avait l'instinct, et dont il a pris des leçons chez Racine.

La variété des formes sous lesquelles s'exprime l'amour est infinie dans Quinault. Où l'amour tendre et élégiaque peut-il trouver des accents plus gracieux et plus élégants que dans *Isis?* Voyez Hiérax, qui aimait Io, et qui la soupçonne d'être infidèle aux serments d'amour qu'elle lui a faits. Son confident, Pirante, veut le distraire de ses tristes rêveries en lui faisant remarquer la beauté du vallon solitaire où ils se promènent :

HIÉRAX.
Depuis qu'une nymphe inconstante
A trahi mon amour et m'a manqué de foi,
Ces lieux jadis si beaux n'ont plus rien qui m'enchante;
Ce que j'aime a changé; tout est changé pour moi.

Et plus loin :

Ce fut dans ces vallons où par mille détours
Inachus prend plaisir à prolonger son cours,[1]
Ce fut sur son charmant rivage
Que sa fille volage
Me promit de m'aimer toujours.
Le zéphir fut témoin, l'onde fut attentive,
Quand la nymphe jura de ne changer jamais;
Mais le zéphir léger et l'onde fugitive
Ont bientôt emporté les serments qu'elle a faits.

Io vient, et, trouvant Hiérax, lui demande par habitude ou par coquetterie :

M'aimez-vous? Puis-je m'en flatter?

La réponse d'Hiérax est belle et touchante :

Cruelle, en pouvez-vous douter?
En vain votre inconstance éclate;

---

1. Ce n'est qu'à l'opéra que l'Inachus a ces charmants détours; en Grèce et près d'Argos, ce n'est qu'un torrent que je me souviens d'avoir traversé en calèche.

> En vain elle m'anime à briser tous nos nœuds;
> Je vous aime toujours, ingrate,
> Plus que vous ne voulez et plus que je ne veux.

Et comme Io parle de funestes présages qui semblent annoncer que les dieux désapprouvent leur mariage :

> Notre hymen,

répond Hiérax,

> ne déplaît qu'à votre cœur volage;
> Répondez-moi de vous, je vous réponds des dieux.
> Vous juriez autrefois que cette onde rebelle
> Se ferait vers sa source une route nouvelle
> Plutôt qu'on ne verrait votre cœur dégagé :
> Voyez couler ces flots dans cette vaste plaine;
> C'est le même penchant qui toujours les entraîne ;
> Leur cours ne change point, et vous avez changé.[1]

Quels beaux vers, lyriques à la fois et dramatiques! Entre une amante infidèle et un amant jaloux, la scène assurément pourrait être plus violente dans la tragédie; nous restons dans l'élégie, et nous laissons à la musique le soin d'ajouter à la douleur d'Hiérax l'accent qu'elle doit avoir pour nous toucher. La poésie vraie et élégante de Quinault a ce qu'il faut pour inspirer la musique et pour s'achever par elle.

Dans *Atys,* l'amour a des accents plus forts et plus touchants. Le sujet est heureusement inventé : Atys aime Sangaride que va épouser le roi de Phrygie, et Sangaride elle-même aime Atys. Mais ils se sont mutuellement caché leur passion, Atys croyant que Sangaride aime le roi, et Sangaride croyant Atys indifférent. C'est le jour même du mariage de Sangaride que le secret éclate entre ces deux amants qui se sont méconnus. Voyez de quelle manière Sangaride se plaint à sa confidente de l'indifférence d'Atys :

> SANGARIDE.
> Atys est trop heureux!
> DORIS.
> L'amitié fut toujours égale entre vous deux,

---

[1]. *Isis*, acte Ier, scènes II et III.

> Et le sang d'assez près vous lie.
> Quel que soit son bonheur, lui portez-vous envie,
> Vous qu'aujourd'hui l'hymen avec de si beaux nœuds
> Doit unir au roi de Phrygie?
>
> SANGARIDE.
>
> Atys est trop heureux !
> Souverain de son cœur, maître de tous ses vœux,
> Sans crainte, sans mélancolie,
> Il jouit en repos des beaux jours de la vie ;
> Atys ne connoît point les tourments amoureux.
> Atys est trop heureux ![1]

Comme ces vers préparent bien la double confidence qu'ils vont se faire, mais trop tard! Atys, en effet, vient faire ses adieux à Sangaride, avant qu'elle épouse Celænus, le roi de Phrygie.

> ATYS.
>
> Sangaride, ce jour est un grand jour pour vous.
>
> SANGARIDE.
>
> Nous ordonnons tous deux la fête de Cybèle;
> L'honneur est égal entre nous.
>
> ATYS.
>
> Ce jour même un grand roi doit être votre époux;
> Je ne vous vis jamais si contente et si belle.
> Que le sort du roi sera doux !
>
> SANGARIDE.
>
> L'indifférent Atys n'en sera point jaloux.
>
> ATYS.
>
> Vivez tous deux contents ; c'est ma plus chère envie ;
> J'ai pressé votre hymen, j'ai servi vos amours ;
> Mais enfin ce grand jour, le plus beau de vos jours,
> Sera le dernier de ma vie.
>
> SANGARIDE.
>
> O dieux !
>
> ATYS.
>
> Ce n'est qu'à vous que je veux révéler
> Le secret désespoir où mon malheur me livre ;
> Je n'ai que trop su feindre; il est temps de parler.
> Qui n'a plus qu'un moment à vivre
> N'a plus rien à dissimuler.
>
> SANGARIDE.
>
> Je frémis; ma crainte est extrême :
> Atys, par quel malheur faut-il vous voir périr?

---

1. *Atys*, acte Ier, scène IV.

INTRODUCTION.

ATYS.
Vous me condamnerez vous-même,
Et vous me laisserez mourir.

SANGARIDE.
J'armerai, s'il le faut, tout le pouvoir suprême.

ATYS.
Non, rien ne peut me secourir ;
Je meurs d'amour pour vous ; je n'en saurois guérir.

SANGARIDE.
Quoi ? Vous !

ATYS.
Il est trop vrai !

SANGARIDE.
Vous m'aimez !

ATYS.
Je vous aime.
Vous me condamnerez vous-même,
Et vous me laisserez mourir.
J'ai mérité qu'on me punisse :
J'offense un rival généreux,
Qui par mille bienfaits a prévenu mes vœux :
Mais je l'offense en vain ; vous lui rendez justice;
Ah ! que c'est un cruel supplice
D'avouer qu'un rival est digne d'être heureux !
Prononcez mon arrêt ; parlez sans vous contraindre.

SANGARIDE.
Hélas !

ATYS.
Vous soupirez ? Je vois couler vos pleurs !
D'un malheureux amour plaignez-vous les douleurs ?

SANGARIDE.
Atys, que vous seriez à plaindre
Si vous saviez tous vos malheurs !

ATYS.
Si je vous perds et si je meurs,
Que puis-je encore avoir à craindre ?

SANGARIDE.
C'est peu de perdre en moi ce qui vous a charmé ;
Vous me perdez, Atys, et vous êtes aimé.

ATYS.
Aimé ! Qu'entends-je, ô ciel ! quel aveu favorable !

SANGARIDE.
Vous en serez plus misérable.

ATYS.
Mon malheur en est plus affreux ;
Le bonheur que je perds doit redoubler ma rage.

Mais n'importe, aimez-moi, s'il se peut davantage,
Quand j'en devrois mourir cent fois plus malheureux.[1]

Quels beaux vers! Quelle situation touchante et vraie! Y a-t-il, même dans Racine, une scène plus attendrissante? J'ajoute que cette scène n'a rien de la tragédie romanesque, qu'elle est la plus simple du monde, qu'il est naturel que ces deux amants qui se sont mutuellement caché leur tendresse par je ne sais quelle discrétion et quelle réserve malheureuse, mais aisée à concevoir, se l'avouent à ce dernier moment, quand l'aveu ne peut plus servir qu'à les rendre plus malheureux. Ce sont là de ces satisfactions inutiles et fatales que l'amour ne sait pas se refuser. L'intérêt de la scène est pris tout entier dans les mystères du cœur humain, et non pas dans la complication des aventures. C'est là l'école de Racine. *Atys* est de 1676, *Iphigénie en Aulide* est de 1674, et *Phèdre* de 1677. La scène d'*Atys* mérite ce rapprochement qui écraserait tout autre poëte.

Dans *Roland*, l'amour n'est pas moins bien observé et moins bien peint. Ce n'est plus ici l'amour qui s'avoue trop tard et qui fait lui-même son malheur; c'est l'amour jaloux avec toutes ses fureurs, mais contenu par les lois de l'opéra et de la musique. Roland n'est pas moins jaloux que l'Oreste et le Mithridate de Racine, que l'Orosmane et le Vendôme de Voltaire. Mais il ne s'abandonne pas aux transports jaloux des héros de la tragédie. Il est profondément irrité, puisque sa fureur va jusqu'à la folie; mais le poëte a mieux aimé nous peindre le désordre de la raison de Roland, que la fée Logistille guérira par ses enchantements salutaires, que de montrer son héros en proie aux sombres et amères pensées, aux cruels dépits de Mithridate ou de Vendôme. Il s'est surtout arrêté sur les premiers moments de cette jalousie, sur les circonstances qui l'amènent, et c'est là qu'il triomphe. Il n'y a rien de plus

---

1. *Atys*, scène vi.

dramatique que le dialogue de Roland et des bergers, quand il apprend de leur bouche empressée et naïve le récit des amours d'Angélique et de Médor. Il n'y a pas un mot qui ne blesse profondément le cœur de Roland; mais comme les bergers font la blessure sans le savoir, leur simplicité même modère le drame, et l'empêche de tourner à la tragédie. La manière dont Quinault représente les passions dans ses opéras n'est nulle part plus curieuse à étudier que dans *Roland*. Il en peint volontiers les commencements, qui sont intéressants sans être violents; il en représentera aussi l'excès, si cet excès aboutit aux égarements de la folie ou aux prodiges de la métamorphose, comme dans *Roland* et dans *Atys;* mais il ne prend pas la passion dans le milieu de son cours, quand elle est dans toute sa force, dans toute sa violence, sans cesser pourtant d'être encore humaine, c'est-à-dire sans que l'homme y ait encore perdu sa raison ou sa nature. Les hommes qui emploient à souffrir tout ce qu'ils ont de pensées dans l'esprit et de sentiments dans le cœur, Mithridate, Orosmane, Vendôme, Otello surtout, voilà ceux qui représentent la jalousie dans la tragédie, c'est-à-dire la passion au milieu de son cours. Roland, dans l'opéra, n'en représente que les premiers moments dans son dialogue avec les bergers, et l'excès dans sa folie.

Citons ce dialogue entre Roland et les bergers, et voyons comment il est amené.

Roland, très-brave guerrier, mais amant peu avisé, croit qu'il a enfin touché le cœur d'Angélique. Il croit qu'elle l'attend, et pendant ce temps elle s'enfuit avec Médor. En vain Astolphe l'avertit de son erreur. Comment persuader à Roland qu'il n'est pas aimé? Il a toutes les illusions et toutes les impatiences d'un amant heureux; il croit qu'Angélique va venir.

Va, laisse-moi seul dans ces lieux,

dit-il à Astolphe;

Angélique, pour moi sensible,
Veut pour tout autre être invisible;
Va, ne l'empêche point de paroitre à mes yeux.[1]

Astolphe se retire, et Roland cherche Angélique :

ROLAND seul.

Ah! j'attendrai longtemps ; la nuit est loin encore.
Quoi ! le soleil veut-il luire toujours ?
Jaloux de mon bonheur, il prolonge son cours
Pour retarder la beauté que j'adore.
O nuit, favorisez mes désirs amoureux!
Pressez l'astre du jour de descendre dans l'onde ;
Dépliez dans les airs vos voiles ténébreux.
Je ne troublerai plus par mes cris douloureux
Votre tranquillité profonde :
Le charmant objet de mes vœux
N'attend que vous pour rendre heureux
Le plus fidèle amant du monde.
O nuit, favorisez mes désirs amoureux!

Que ces gazons sont verts! Que cette grotte est belle !
(Roland lit tout bas des vers écrits sur la grotte.)
Ce que je lis m'apprend que l'amour a conduit,
Dans ce bocage, loin du bruit,
Deux amants qui brûloient d'une ardeur mutuelle.
J'espère qu'avec moi l'amour bientôt ici
Conduira la beauté que j'aime.
Enchantés d'un bonheur extrême,
Sur ces grottes, bientôt, nous écrirons aussi :
(Roland répète tout haut les vers qu'il a lus tout bas.)
Beau lieu, doux asile
De nos heureuses amours,
Puissiez-vous être toujours
Charmant et tranquille!

Voyons tout : Qu'est-ce que je vois ?
Ces mots semblent tracés de la main d'Angélique...
(Roland lit tout bas les deux vers qu'Angélique a écrits.)
Ciel ! c'est pour un autre que moi
Que son amour s'explique !
(Roland répète tout haut ce qu'il a lu tout bas.)
Angélique engage son cœur;
Médor en est vainqueur!

---

1. *Roland,* acte IV, scène 1re.

Elle m'auroit flatté d'une vaine espérance !
L'ingrate !... N'est-ce point un soupçon qui l'offense ?
Médor en est vainqueur ! Non, je n'ai point encor
   Entendu parler de Médor !
Mon amour auroit lieu de prendre des alarmes,
   Si je trouvois ici le nom
   De l'intrépide fils d'Aimon
Ou d'un autre guerrier célèbre par ses armes.
   Angélique n'a pas osé
Avouer de son cœur le véritable maître,
   Et je puis aisément connoître
Qu'elle parle de moi sous un nom supposé.
   C'est pour moi seul qu'elle soupire ;
Elle me l'a trop dit, et j'en suis trop certain.

Lisons ces autres mots ; ils sont d'une autre main. . .
  (Roland lit deux vers que Médor a écrits.)
   Qu'ai-je lu ?... Ciel ! il faut relire :
  (Roland répète tout haut ce qu'il a lu tout bas.)
   Que Médor est heureux !
   Angélique a comblé ses vœux.
Ce Médor, quel qu'il soit, se donne ici la gloire
D'être l'heureux vainqueur d'un objet si charmant.
Angélique a comblé les vœux d'un autre amant !
Elle a pu me trahir !... Non, je ne le puis croire !
Non, non, quelqu'envieux a voulu par ces mots
Noircir l'objet que j'aime et troubler mon repos.
 (On entend un bruit de musettes, et Roland continue.)
   J'entends un bruit de musique champêtre ;
   Il faut chercher Angélique en ces lieux ;
    Au premier regard de ses yeux
    Mes noirs soupçons vont disparoître.[1]

Pendant que Roland cherche Angélique, une troupe de bergers et de bergères s'approche ; c'est une noce de village, et le fiancé et la fiancée, Coridon et Bélise, chantent leurs amours. Roland les écoute.

     CORIDON.
   Angélique est reine ; elle est belle ;
   Mais ses grandeurs ni ses appas
   Ne me rendroient point infidèle.
    Je ne quitterois pas
    Ma bergère pour elle.

---

1. *Roland*, acte IV, scène III.

BÉLISE.

Quand des riches pays arrosés par la Seine
Le charmant Médor seroit roi,
Quand il pourroit quitter Angélique pour moi,
Et me faire une grande reine,
Non, je ne voudrois pas encor
Quitter mon berger pour Médor.

ROLAND.

Que dites-vous ici de Médor, d'Angélique?

CORIDON.

Ce sont d'heureux amants dont l'histoire est publique
Dans tous les hameaux d'alentour.

BÉLISE.

Ils ont avec regret quitté ce beau séjour :
Ces arbres, ces rochers, cette grotte rustique,
Tout parle ici de leur amour.

ROLAND.

Ah! je succombe au tourment que j'endure.

CORIDON.

Reposez-vous sur ce lit de verdure.

BÉLISE.

Vous paroissez chagrin? écoutez à loisir
De ces heureux amants l'agréable aventure;
Vous l'entendrez avec plaisir.

(Roland, accablé de douleur, s'assied sur un gazon, et écoute avec inquiétude
ce que Coridon et Bélise lui racontent.)

CORIDON.

En ces lieux où Médor mouroit sans assistance
Angélique adressa ses pas;
Elle sut se servir d'un art dont la puissance
Garantit Médor du trépas.

BÉLISE.

D'un grand empire Angélique est maîtresse;
Elle est charmante; elle avoit à son choix
Cent des plus riches rois;
Médor est sans bien, sans noblesse;
Mais Médor est si beau qu'elle l'a préféré
A cent rois qui, pour elle, ont en vain soupiré.

CORIDON.

On ne peut s'aimer davantage;
Jamais bonheur ne fut plus doux.

BÉLISE.

Ils se sont donné devant nous
La foi de mariage.

CORIDON.

Quand le festin fut prêt, il fallut les chercher.

BÉLISE.

Ils étoient enchantés de ces belles retraites.

CORIDON.

On eut peine à les arracher
De l'endroit charmant où vous êtes.

ROLAND, se levant avec précipitation.

Où suis-je, juste ciel, où suis-je, malheureux!

BÉLISE.

Demeurez, et voyez nos danses et nos jeux.

CORIDON.

On m'a promis cette belle bergère;
Honorez notre noce, on la fera demain.

ROLAND.

Où sont-ils ces amants?

BÉLISE.

Ils ont prié mon père
De les conduire au port le plus prochain.
Le voici; demeurez, si vous me voulez croire;
Vous apprendrez de lui le reste de l'histoire.

TERSANDRE.

J'ai vu partir du port cette reine si belle...

ROLAND.

Angélique est partie?

TERSANDRE.

Et Médor avec elle;
Elle en fait un grand roi, c'est son unique soin.

ROLAND.

Ils sont partis ensemble?

TERSANDRE.

Ils sont déjà bien loin.
Dans les climats les plus heureux du monde
Ils vont en paix goûter mille plaisirs.
Jusqu'au vent qui règne sur l'onde
Tout favorise leurs désirs.

ROLAND, à part.

Ils se sont dérobés tous deux à ma vengeance!

. . . .

TERSANDRE.

Mais quel est ce guerrier? Aisément on devine
Qu'il sort d'une illustre origine.

CORIDON.

Nous l'avons trouvé dans ces lieux.

BÉLISE.

Le trouble de son cœur se montre dans ses yeux.

CORIDON.

Il s'agite.

BÉLISE.
Il menace.
CORIDON.
Il pâlit.
BÉLISE.
Il soupire.
TERSANDRE.
Son cœur souffre peut-être un amoureux martyre;
Je suis touché de ses douleurs.
BÉLISE.
Quels terribles regards!
ROLAND.
La perfide!
TERSANDRE.
Il murmure.
CORIDON.
Il frémit.
BÉLISE.
Il répand des pleurs.
ROLAND.
Tant de serments! ah! la parjure!
TERSANDRE.
Ne l'abandonnons pas dans un chagrin si noir.
ROLAND.
Elle rit de mon désespoir;
Je l'aimois d'un amour si tendre et si fidèle!
TERSANDRE.
Ses regards sont plus doux.
CORIDON.
Il est moins agité.
ROLAND.
J'ai cru vivre heureux avec elle :
Hélas! quelle félicité!
TERSANDRE.
Non, je n'en doute point, c'est l'amour qui le blesse.
BÉLISE.
L'amour peut-il causer cette sombre tristesse?
On a vu des amants si contents dans ces bois![1]

Bientôt cette sombre tristesse de Roland devient un égarement furieux, et les bergers s'enfuient épouvantés.

Je ne veux point commenter cette scène dont tout le monde comprend la beauté simple et touchante; je veux seulement

1. *Roland*, acte IV, scènes IV et V.

remarquer comment Quinault, en évitant de faire exprimer par son héros les tourments de la jalousie, ce qui l'eût fait tomber dans la tragédie, a l'art de faire supposer tous ces tourments par le spectateur, et de les lui faire ressentir plus vivement peut-être que si Roland les exprimait lui-même. Les émotions du héros ne nous arrivent, pour ainsi dire, qu'à travers les paroles de ses interlocuteurs, qui le désespèrent innocemment, et nous associent d'autant mieux à ce désespoir qu'ils le causent sans le vouloir. La jalousie de Roland n'est vue que par l'idée qu'on s'en fait en écoutant les bergers, et cette idée suffit au drame, tel que l'opéra le comporte.

Nous avons vu dans *Atys* l'amour malheureux, dans *Roland* l'amour jaloux; voyons, pour achever de montrer comment Quinault sait peindre l'amour sous toutes les formes, voyons dans *Armide* l'amour irrésistible et involontaire.

On sait comment l'Armide du Tasse, qui s'est donné pour rôle de séduire les meilleurs chevaliers de l'armée des Croisés, a réussi presque avec tous; mais elle a échoué contre Renaud : cet échec l'humilie et l'attriste. En vain ses deux confidentes lui parlent de ses victoires :

PHÉNICE.
Vos yeux n'ont eu besoin que de leurs propres charmes
Pour affoiblir le camp de Godefroi.
SIDONIE.
Ses plus vaillants guerriers, contre vous sans défense,
Sont tombés en votre puissance.
ARMIDE.
Je ne triomphe pas du plus vaillant de tous !
Renaud pour qui ma haine a tant de violence,
L'indomptable Renaud échappe à mon courroux.
Tout le camp ennemi pour moi devient sensible,
Et lui seul, toujours invincible,
Fait gloire de me voir d'un œil indifférent. . . .[1]

Elle le hait : donc, elle l'aimera. Il faut se défier de la haine qui précède l'amour; il ne faut se fier qu'à celle qui le

---

1. *Armide,* acte 1ᵉʳ, scène 1ʳᵉ.

suit. Les sentiments très-vifs ont l'inconvénient de tourner aisément à leurs contraires. Comme ils ébranlent l'âme et l'ouvrent de tous côtés, ils la laissent sans défense. Armide a beau s'écrier :

> Que je le hais! que son mépris m'outrage!
> Qu'il sera fier d'éviter l'esclavage
>   Où je tiens tant d'autres héros!
> Incessamment son importune image
>   Malgré moi trouble mon repos.[1]

Ces protestations de haine ne fortifient pas son âme. On a dit avec raison que l'amour était une attention exclusive; aussi c'est déjà presque aimer quelqu'un que de penser sans cesse à lui pour le haïr. Enfin Armide parvient par sa magie à amener Renaud dans des jardins enchantés, où il s'endort vaincu par les charmes qu'elle a employés. Alors se fiant à sa haine, elle accourt pour tuer Renaud; car il faut qu'il périsse, pour que *son image importune ne trouble plus son repos.*

> Enfin,
> dit-elle,
>   Il est en ma puissance,
> Ce fatal ennemi, ce superbe vainqueur!
> Le charme du sommeil le livre à ma vengeance;
>   Je vais percer son invincible cœur.
> Par lui tous mes captifs sont sortis d'esclavage;
>   Qu'il éprouve toute ma rage!
>   (Armide va pour frapper Renaud; elle s'arrête.)
> Quel trouble me saisit? Qui me fait hésiter?
> Qu'est-ce qu'en sa faveur la pitié me veut dire?
>   Frappons!... Ciel! qui peut m'arrêter?
> Achevons!... Je frémis!... Vengeons-nous!... Je soupire!
> Est-ce ainsi que je dois me venger aujourd'hui?
> Ma colère s'éteint quand j'approche de lui;
>   Plus je le vois, plus ma fureur est vaine;
>   Mon bras tremblant se refuse à ma haine.
> Ah! quelle cruauté de lui ravir le jour!
> A ce jeune héros tout cède sur la terre.
> Qui croiroit qu'il fût né seulement pour la guerre?
>   Il semble être fait pour l'amour.

---

1. *Armide,* acte Ier, scène 1re.

> Ne puis-je me venger à moins qu'il ne périsse,
> Et ne suffit-il pas que l'amour le punisse?
> Puisqu'il n'a pu trouver mes yeux assez charmants,
> Qu'il m'aime au moins par mes enchantements!
> Que, s'il se peut, je le haïsse![1]

Voici donc le plan d'Armide : se faire aimer de Renaud par ses enchantements, ne pouvant pas le séduire par sa beauté, et continuer elle-même, s'il se peut, à le haïr, afin de le livrer aux tourments d'un amour désespéré. Son plan réussit, sauf le dernier point. Les enchantements d'Armide ont vaincu l'indifférence de Renaud ; il aime Armide ; mais Armide le hait-elle? Écoutez comme elle avoue elle-même à ses deux confidentes le trouble de son cœur ; il y a peut-être dans cette scène plus d'esprit et de réflexion que n'en comporte l'opéra ; mais j'aime ce défaut :

> De mes plus doux regards Renaud sut se défendre ;
> Je ne pus engager ce cœur fier à se rendre,
>   Il m'échappa malgré mes soins.
> Sous le nom du dépit l'amour vint me surprendre,
>   Lorsque je m'en gardois le moins.
> Plus Renaud m'aimera, moins je serai tranquille ;
>   J'ai résolu de le haïr.
> Je n'ai jamais tenté rien de si difficile ;
> Je crains que pour forcer mon cœur à m'obéir
>   Tout mon art ne soit inutile.

Pourquoi haïr? disent les confidentes, contentez-vous de ne point aimer :

> Faites choix de l'indifférence
> Elle assure un repos heureux.
>
> ARMIDE.
>
> Non! non! Il ne m'est plus possible
> De passer de mon trouble en un état paisible ;
>   Mon cœur ne se peut plus calmer.
> Renaud m'offense trop, il n'est que trop aimable :
> C'est pour moi désormais un choix indispensable
>   De le haïr ou de l'aimer.

---

[1]. *Armide*, acte II, scène v.

Eh bien! pourquoi ne pas l'aimer, puisqu'il vous aime? disent encore les confidentes qui représentent la complaisance que les passions ont toujours pour elles-mêmes. Que la réponse d'Armide est belle et profonde! qu'elle est tragique, et de la tragédie, telle que la conçoit Racine, c'est-à-dire inspirée par l'étude du cœur humain!

> Il m'aime? Quel amour! ma honte s'en augmente.
> Dois-je être aimée ainsi? Puis-je en être contente?
> C'est un vain triomphe, un faux bien.
> Hélas! que son amour est différent du mien!
> J'ai recours aux enfers pour allumer sa flamme;
> C'est l'effort de mon art qui peut tout sur son âme;
> Ma foible beauté n'y peut rien.
> Par son propre mérite il suspend ma vengeance,
> Sans secours, sans efforts, même sans qu'il y pense,
> Il enchaîne mon cœur d'un trop charmant lien;
> Hélas! que son amour est différent du mien![1]

Quel admirable retour d'Armide sur elle-même! qu'il est naturel et vrai! comme la femme perce dans la magicienne et la domine, détruisant du même coup l'ascendant de la magie, et nous ramenant à l'ascendant de la passion! Le mérite du personnage d'Armide dans le Tasse, c'est que la magicienne devient amoureuse. La magie d'Armide nous laisserait froids; sa passion nous touche. Quinault, dans la scène que je viens de citer, s'est heureusement emparé de cette idée pour la développer par la réflexion que fait Armide sur la différence de l'amour de Renaud et du sien. La beauté et la grâce irrésistibles de Renaud ont tout fait. Pour être aimé, il n'a pas même pris la peine d'y penser, tandis qu'Armide, pour être aimée, a dû invoquer toutes les puissances de l'enfer. Qu'est-ce donc que l'amour qu'elle a obtenu? et qu'il fait honte à la femme, s'il fait honneur à la magicienne! Un talisman de moins, elle n'était pas aimée. Par un talisman contraire, elle peut être de nouveau dédaignée et abandonnée. Quand je vois l'amer retour qu'Armide fait sur l'amour de Renaud pour elle,

---

1. *Armide*, acte III, scène II.

si différent de l'amour qu'elle a pour lui, je me souviens involontairement du retour de Phèdre sur elle-même, quand elle apprend l'amour d'Hippolyte pour Aricie[1]. Quelles amours que les leurs! quel amour que le sien!

> Tous les jours se levoient clairs et sereins pour eux.
> Et moi, triste rebut de la nature entière!

Voilà bien ces passions qui se regardent et se tourmentent elles-mêmes, qui sont la passion vraie et naturelle, au lieu de ces passions prétentieuses et romanesques que Quinault avait mises dans ses tragédies, mais qu'il abandonnait tout à fait dans l'opéra, éclairé qu'il était par les exemples de Racine depuis *Andromaque*.

1. *Phèdre*, 1677. — *Armide*, 1686.

VIE DE RACINE

DEPUIS SES COMMENCEMENTS

JUSQU'A SA PREMIÈRE TRAGÉDIE : *LES FRÈRES ENNEMIS*

1639 — 1664

―――――

I.

LA FAMILLE DE RACINE. — LETTRES INÉDITES.

J'ai toujours lu avec une sincère émotion les premières pages des mémoires de Louis Racine sur son père. C'est à son fils qu'il les adresse; noble et pieux usage d'entretenir les fils de la mémoire de leurs aïeux. Le souvenir du passé est bon pour les jeunes gens, et ce qui m'affermit dans cette croyance, c'est que je vois que les jeunes gens aiment les récits du passé; ils n'en craignent que les sermons. La tradition prêchée et imposée leur déplaît; la tradition contée leur est douce et agréable. Je sais bien que toutes les familles n'ont pas à faire récit d'un grand ancêtre, mais il y a dans toutes les familles, même les plus obscures, quelque aïeul qui a eu ses qualités, ses talents, son mérite, et qui a ou commencé, ou affermi, ou relevé la famille. Il y en a aussi qui ont eu leurs torts et leurs faiblesses. Ce sont ces divers exemples de bien ou de mal qui font la tradition des familles, et qui, s'ils sont contés de père en fils, donnent des leçons sans prétention et sans ennui. Si j'avais à indiquer une des choses qui manquent malheureusement le plus à la société de nos jours, je dirais volontiers que c'est l'idée et le souvenir d'avoir eu un aïeul ou un bisaïeul. Le passé chez nous se détruit avec une effrayante rapidité, au profit prétendu du présent qui s'essouffle à son tour à courir après l'avenir.

La gloire de Jean Racine attirait sans doute son fils Louis à écrire des Mémoires sur son père et à les dédier à son fils.[1] Ce n'est point cependant de cette gloire qu'il l'entretient. Il a un but plus élevé et plus grand. « Lorsque je fais connoître mon père, mieux que ne l'ont fait connoître jusqu'à présent ceux qui ont écrit sa vie, en rendant ce que je dois à sa mémoire,

---

1. Voici comment Louis Racine parlait de son fils, en 1752. « Vous m'avez demandé des nouvelles de mon fils; vous avez bien de la bonté. Il a dix-huit ans, est grand et bien fait, très-bien reçu dans le monde, s'y conduit sagement, ne manque ni d'esprit ni de goût, mais a très-peu d'ardeur pour le travail, voudroit tout savoir et ne rien étudier.* » « Ma plus grande peine, ajoute-t-il, est qu'il ne se détermine à aucun parti. » Ce fils mourut en 1755, victime par contre-coup du tremblement de terre de Lisbonne. « Mon fils m'étoit cher, écrit Louis Racine dans la note finale de son poëme de *la Religion*, édition de 1757, non parce qu'il étoit unique, mais parce qu'il promettoit beaucoup. Obligé de se procurer de quoi vivre, il s'étoit déterminé, par un choix sagement médité, au commerce maritime, où les richesses que l'on peut gagner ne sont point, comme il me le disoit, celles de l'iniquité. L'espérance qu'il feroit une fortune honnête, et en honnête homme, m'avoit adouci la douleur de sa séparation, lorsqu'il partit pour Cadix, où, à peine arrivé, il vient de m'être enlevé par cet affreux tremblement de terre dont on parlera longtemps ; et les circonstances qui l'ont fait périr sont si cruelles**, qu'elles contribuent à le faire regretter de tout le monde, dans sa patrie et en Espagne, où il s'étoit déjà fait estimer. Dieu me l'avoit donné, Dieu me l'a ôté ; oui, Dieu me l'a ôté, et même par un de ces coups imprévus qui rendent la mort terrible à tout âge et surtout dans l'âge des passions. Puisse l'affliction dans laquelle je passerai le reste de cette vie, m'être utile pour l'autre! puisse cette religion que j'ai chantée arrêter les larmes que la nature veut à tout moment me faire verser sur mon fils, et m'en fournir d'autres pour pleurer sur moi-même. »

* Lettres inédites de Louis Racine à M. René Chevage, de Nantes.
** Un furieux coup de mer sur la jetée du port de Cadix, au moment du tremblement de terre de Lisbonne. Jean Racine, — il portait le nom de son grand-père, — était sur la jetée à ce moment, et fut enlevé par les vagues.

j'ai une double satisfaction : fils et père à la fois, je remplis un de mes devoirs envers vous, mon cher fils, puisque je mets devant vos yeux celui qui, pour la piété, pour l'amour de l'étude, et pour toutes les qualités du cœur, doit être votre modèle. J'avois toujours approuvé la curiosité que vous aviez témoignée pour entendre lire les Mémoires dans lesquels vous saviez que j'avois rassemblé diverses particularités de sa vie; et je l'avois approuvée sans la satisfaire, parce que j'y trouvois quelque danger pour votre âge. Je craignois aussi de paroître plus prédicateur qu'historien, quand je vous dirois qu'il n'avoit eu, la moitié de sa vie, que du mépris pour le talent des vers, et pour la gloire que ce talent lui avoit acquise. Mais maintenant qu'à ces Mémoires je suis en état d'ajouter un recueil de ses lettres, et qu'au lieu de vous parler de lui, je puis vous le faire parler lui-même, j'espère que cet ouvrage, que j'ai fait pour vous, produira en vous les fruits que j'en attends, par les instructions que vous y donnera celui qui doit faire sur vous une si grande impression.

. . . .

« Ne jetez les yeux sur les lettres de sa jeunesse que pour y apprendre l'éloignement que l'amour de l'étude lui donnoit du monde, et les progrès qu'il avoit déjà faits, puisqu'à dix-sept ou dix-huit ans il étoit rempli des auteurs grecs, latins, italiens, espagnols, et en même temps possédoit si bien sa langue, quoiqu'il se plaigne de n'en avoir qu'*une petite teinture,* que ces lettres, écrites sans travail, sont dans un style toujours pur et naturel.

« Vous ne pourrez sentir que dans quelque temps le mérite de ses lettres à Boileau, et de celles de Boileau : ne soyez donc occupé aujourd'hui que de ses dernières lettres, qui, quoique simplement écrites, sont plus capables que toute autre lecture de former votre cœur, parce qu'elles vous dévoileront le sien. C'est un père qui écrit à son fils comme à son ami. Quelle attention, sans qu'elle ait rien d'affecté, pour le rappeler à ce qu'il doit à Dieu, à sa mère et à ses sœurs! Avec quelle

douceur il fait des réprimandes, quand il est obligé d'en faire!
Avec quelle modestie il donne des avis! Avec quelle franchise
il lui parle de la médiocrité de sa fortune! Avec quelle simplicité il lui rend compte de tout ce qui se passe dans son
ménage! Et gardez-vous bien de rougir quand vous l'entendrez
répéter souvent les noms de Babet, Fanchon, Madelon, Nanette,
mes sœurs : apprenez au contraire en quoi il est estimable.
Quand vous l'aurez connu dans sa famille, vous le goûterez
mieux lorsque vous viendrez à le connoître sur le Parnasse;
vous saurez pourquoi ses vers sont toujours pleins de sentiment.

« Plutarque a déjà pu vous apprendre que Caton l'Ancien
préféroit la gloire d'être bon mari à celle d'être grand sénateur, et qu'il quittoit les affaires les plus importantes pour aller
voir sa femme remuer et emmaillotter son enfant. Cette sensibilité antique n'est-elle donc plus dans nos mœurs, et trouvons-nous qu'il soit honteux d'avoir un cœur? L'humanité,
toujours belle, se plaît surtout dans les belles âmes; et les
choses qui paroissent des foiblesses puériles aux yeux d'un
bel esprit sont les vrais plaisirs d'un grand homme. Celui
dont on vous a dit tant de fois, et trop souvent peut-être,
que vous deviez ressusciter le nom, n'étoit jamais si content
que quand, libre de quitter la cour, où il trouva dans les
premières années de si grands agréments, il pouvoit venir
passer quelques jours avec nous. En présence même d'étrangers, il osoit être père : il étoit de tous nos jeux; et je me
souviens (je le puis écrire, puisque c'est à vous que j'écris), je
me souviens de processions dans lesquelles mes sœurs étoient
le clergé, j'étois le curé, et l'auteur d'*Athalie*, chantant avec
nous, portoit la croix.

« C'est cette simplicité de mœurs si admirable, dans un
homme tout sentiment et tout cœur, qui est cause qu'en copiant
pour vous ses lettres, je verse à tous moments des larmes, parce
qu'il me communique la tendresse dont il étoit rempli.

« Oui, mon fils, il étoit né tendre, et vous l'entendrez assez dire; mais il fut tendre pour Dieu, lorsqu'il revint à lui; et du jour qu'il revint à ceux qui, dans son enfance, lui avoient appris à le connoître, il le fut pour eux sans réserve; il le fut pour ce roi dont il avoit tant de plaisir à écrire l'histoire; il le fut toute sa vie pour ses amis; il le fut depuis son mariage et jusqu'à la fin de ses jours pour sa femme et pour ses enfants sans prédilection; il l'étoit pour moi-même, qui ne faisois guère que de naître quand il mourut, et à qui ma mémoire ne peut rappeler que ses caresses. »

Ainsi, c'est l'homme plus que le poëte que Louis Racine veut montrer et enseigner à son fils; c'est le père de famille plus que l'auteur tragique qu'il veut lui faire aimer et admirer. Il signale surtout dans son père la bonté et les vertus de l'homme privé; il est près d'oublier le grand poëte. Avait-il tort de préférer ainsi l'homme au poëte, la vie privée à la vie littéraire et publique, la vertu enfin à la gloire? Il n'avait tort ni pour son fils, son premier et son plus cher lecteur, ni pour la société elle-même. C'est une bonne et douce joie à ménager aux lecteurs d'un grand poëte ou d'un grand écrivain que de leur montrer dans le grand homme un homme fait comme nous, ayant même âme et même cœur, soumis aux mêmes devoirs et aux mêmes obligations, souffrant des mêmes douleurs, jouissant des mêmes joies, notre supérieur par l'esprit ou par le caractère, mais que cette supériorité ne dispense d'aucune des conditions de l'humanité, ou à qui elle ne crée aucun droit prédestiné de domination sur les hommes. Les grands hommes qui sont bons et simples sont les vrais grands hommes; ce sont ceux-là surtout qui font honneur à l'humanité, parce qu'ils ne s'en séparent pas. Si les grands hommes ne sont plus de la même nature que nous, il n'y a plus rien en eux que j'aime et que j'admire; ce sont des anges, des dieux, des démons, c'est tout ce que vous voudrez, ce ne sont plus des hommes. Ils ne tiennent plus à moi, je ne tiens plus à eux; ils ne me touchent plus; et comme ce mot me ramène naturellement à la question littéraire, j'ajoute que les grands poëtes et les grands orateurs ne nous émeuvent qu'avec nos propres sentiments. Leur grandeur ou leur génie est de mieux exprimer que nous nos idées et nos émotions. Ils transfigurent nos sentiments, mais ils ne les dénaturent pas.

Je n'ai pas pu résister au plaisir de signaler le caractère principal que Louis Racine reconnaît dans son père, et, me conformant avec plaisir à cette autorité, j'aimerai aussi à montrer sans cesse dans Racine l'homme à côté du poëte; et cela, soit dans les commencements de sa vie, soit dans le milieu et à la fin : dans les commencements, quand, suivant la loi qui se suit partout, il appartient encore à la famille comme enfant et comme adolescent; plus tard, quand, s'avançant dans la jeunesse, il entre dans ces jours d'indépendance dont beaucoup d'entre nous ne font que des jours de plaisir, sans songer que ces jours où nous commençons à vivre par nous-mêmes sont ceux aussi où notre destinée commence à se faire; quand enfin, devenu homme et maître de sa carrière, il dirige sa vie avec habileté et avec honneur, revenant toujours avec joie de la cour et du monde vers la famille qu'il s'est faite; homme de cour et homme d'intérieur, grand poëte, mais bon mari et bon père, sachant que la vie n'a de vérité et de bonheur qu'à l'aide des sentiments qui sont communs à tous les hommes.

« Les Racine, dit Louis Racine,[1] originaires de La Ferté-Milon, petite ville du Valois, y sont connus depuis longtemps, comme il paroît par quelques tombes qui subsistent encore dans la grande église. » J'ai voulu voir si ces tombes marquées d'un nom qui devait devenir illustre avaient, mieux que tant d'autres tombes magnifiques, échappé à la destruction du temps et des révolutions; j'ai visité La Ferté-Milon, et j'y ai recherché le souvenir de Racine.

Il n'y a rien de si simple que cette petite ville; et ceux

1. 1ʳᵉ partie de ses mémoires.

VUE DE LA FERTÉ-MILON

Garnier frères Éditeurs

qui voudraient établir quelque rapport entre la poésie de Racine et l'aspect de sa ville natale feront bien de ne pas la visiter. Ils se l'imagineront certainement plus pittoresque qu'elle n'est. Non pas cependant qu'après la première vue, qui n'a rien de grand ni même de gracieux, on ne s'aperçoive qu'elle est bien située et bien disposée. Placée entre le Valois et la Brie, dans un pays qui va bientôt s'étendre en vastes plateaux, mais qui est encore coupé çà et là par de petits cours d'eau et de petites vallées, La Ferté-Milon est sur la colline d'une de ces petites vallées. Au fond coule la rivière d'Ourcq, qui donne son nom au canal de l'Ourcq. La ville s'élève en étages du bord de l'Ourcq jusqu'au sommet de la colline, qu'occupent les ruines imposantes de son vieux château féodal. Je ne sais pas pourquoi le château de la Ferté-Milon n'a pas la réputation de Coucy ; c'est assurément un des plus beaux monuments de l'architecture féodale. Il en reste toute la façade occidentale, qui permet de juger de la grandeur et de la beauté de l'édifice. Un grand mur de soixante mètres de long au moins, et de vingt mètres de hauteur, avec quatre grandes tours irrégulières, une à chaque bout, deux au milieu ; entre les deux tours du milieu un grand porche ogival, avec une voûte et une porte plus basse sous le grand porche, faisant de ce côté l'entrée du château ; chaque tour ornée de niches, et, dans ces niches, des statues mutilées aujourd'hui, mais dont le style, ainsi que l'encadrement des niches, dénote l'âge de la Renaissance ; au-dessus du grand porche, un bas-relief représentant la crucifixion avec de belles figures et du plus beau style, voilà une description fort incomplète du château de La Ferté-Milon, que Racine avait peut-être vu plus entier qu'il ne l'est aujourd'hui, mais dont il n'a pas dit un seul mot dans ses lettres de famille, tant le genre descriptif était alors peu à la mode, surtout appliqué aux châteaux de la féodalité. Les souvenirs qu'avait laissés le régime féodal dans la mémoire de la bourgeoisie gâtaient pour elle la grandeur de l'architecture féodale.

Quelques débris de vitraux dans l'église principale de La Ferté-Milon me font croire que ce château a dû appartenir à la branche des Bourbons-Vendôme dont est sorti Henri IV, et qui était puissante au xve et au xvie siècle. Ces souvenirs historiques, fort indifférents, je crois, aux habitants actuels de La Ferté-Milon, qui s'occupent surtout du commerce des grains de la Brie, n'inspiraient pas plus de curiosité à Racine et à ses contemporains. Plus on pénètre par la biographie dans l'intérieur de la société française, l'ancienne comme la nouvelle, plus on voit que cette société est douée d'une faculté d'oubli toute particulière. Il est rare que, soit pour l'histoire, soit pour la vie privée, les traditions en France remontent au delà de trois ou quatre générations.

Je n'ai pas retrouvé dans l'église de La Ferté-Milon les pierres tombales qui subsistaient encore, selon Louis Racine, au xviiie siècle, et qui y témoignaient de l'ancienneté de la famille de Racine. L'église, où il y a encore, au-dessus de la porte du baptistère, une boiserie fleurdelisée d'or en mémoire sans doute des Bourbons-Vendôme, l'église n'a plus de pierres tombales. Elle est proprement pavée en carreaux, comme une chambre d'auberge. J'avais pris avec soin sur mon calepin les noms des familles alliées à celle de Racine, les Sconin, les Desmoulins, les Vitart, les Hericart, les Duchesne, les Fournier, les Logeois, les Lahaye, afin de voir si je les retrouverais sur les pierres tombales que j'attendais. Je n'ai trouvé dans l'église que deux pierres sépulcrales qui servent de marches à la porte latérale, au nord de l'église, et les inscriptions en sont illisibles, étant usées par les pas des paroissiens.

« Vous savez, dit Racine écrivant à sa sœur, Mme Rivière, que notre famille est fort étendue, et que j'ai un assez bon nombre de parents à aider de temps en temps.[1] » Il y a de

---

1. (Lettre du 10 janvier 1697.) Les auteurs de cette nombreuse parenté de Racine étaient son bisaïeul, qui avait eu six enfants, et son aïeul, qui eut lui-même huit enfants, dont deux fils, l'un père de Racine, et l'autre

quoi faire réfléchir à la fuite rapide des familles sur cette terre, quand on songe que de cette nombreuse parenté il ne reste à La Ferté-Milon, si nous en croyons M. l'abbé de La Roque, un des petits-fils de Racine, qu'une seule famille, celle des Masson, descendant de Mme Rivière, sœur de Racine. Aussi n'est-ce pas sans une certaine émotion que j'ai trouvé sur les bancs à dos de cette église le nom de Mme Masson. Ce simple nom d'une petite-nièce de Racine me mettait pour un instant plus près de lui, à La Ferté-Milon, que sa statue, d'assez mauvais goût, érigée à la porte de la mairie, ou que son buste au-dessus de la fontaine, près de la maison où il est né, dit-on.

Le père de Racine n'imita pas la fécondité de son grand-père, qui avait eu six enfants, et de son père, qui en avait eu huit. Il n'eut, quant à lui, que deux enfants, Jean Racine qui devait rendre immortel le nom de la famille, et une fille, Marie Racine, qui fut plus tard Mme Rivière, dont je viens d'indiquer la descendante restant encore à La Ferté-Milon. Le père de Racine, né en 1615, servit d'abord dans le régiment des gardes; il épousa en 1638 Jeanne Sconin, fille de Pierre Sconin, procureur du roi aux eaux et forêts du Valois. Il perdit sa femme en 1641, cinq jours seulement après la naissance de sa fille Marie. Racine avait alors treize mois. Au mois de novembre 1642, il se remaria, mais il mourut le 6 février 1643, âgé seulement de vingt-huit ans, laissant deux enfants orphelins de père et de mère, Racine et sa sœur.

Peut-être ai-je tort de donner cette généalogie de Racine. Je dirai pour m'excuser que cette généalogie, qui explique la nombreuse parenté dont Racine parle dans ses lettres, a pour moi un intérêt plus général. Cette famille Racine qui s'élève

---

son oncle. — Racine parle de cet oncle dans une lettre adressée d'Uzès à sa sœur, le 3 janvier 1662. Voir le recueil des lettres inédites de Jean Racine et de Louis Racine publié par leur petit-fils, l'abbé Adrien de La Roque, Paris, 1862, page 270.

et s'agrandit peu à peu, de génération en génération, dans la charge de contrôleur du grenier à sel, charge quasi judiciaire;[1] qui s'allie aux Sconin, agrandis eux-mêmes dans la charge de procureur aux eaux et forêts du Valois, me représente une des causes et quelques-uns des degrés de l'élévation progressive de la bourgeoisie française à la fin du xvie siècle et au commencement du xviie. La féodalité avait créé en France je ne sais combien de juridictions et d'administrations particulières, que la royauté avait laissées subsister quand elle avait réuni à la couronne les principautés féodales. On se fait une fausse idée de la féodalité quand on se la représente comme un système de gouvernement chevaleresque ou militaire, confus et désordonné; c'était au contraire, dans les trois derniers siècles, avant 89, un système très-administratif, et dans lequel l'administrateur, étant tout près de l'administré, entrait dans tous les détails de sa vie et de sa fortune. C'est par là qu'il était oppressif. La féodalité avait peu à peu dégénéré en fiscalité. Elle avait perdu ses droits politiques, et elle avait gardé ses droits fiscaux, dont les seigneurs usaient et abusaient pour satisfaire à leurs besoins d'argent. Il y avait dans chaque petite cour féodale je ne sais combien d'employés, on disait alors d'officiers, qui administraient ou exploitaient le fief. La royauté, qui succéda à la plupart des principautés par hérédité et par mariage, et qui dans ces fiefs réunis à la couronne était, en commençant surtout, plutôt seigneuriale que monarchique, la royauté garda la plus grande partie de ces petits cadres administratifs. Ayant aussi de grands besoins d'argent, elle changea en charges vénales tous les emplois des cours féodales, et leur donna par là une stabilité qu'ils n'avaient

---

1. Le grenier à sel formait une juridiction établie pour juger en première instance les contestations au sujet de la gabelle, c'est-à-dire de la distribution du sel et des droits du roi. L'appel des jugements qui s'y rendaient était porté à la Cour des aides. Le tribunal se composait d'un président, d'un grènetier et d'un contrôleur, d'un lieutenant, d'un garde des grandes et petites mesures, d'un avocat du roi et d'un procureur du roi.

pas. La petite bourgeoisie des villes s'y précipita et y acquit de l'importance. De là peut-être le goût que la société française a malheureusement conservé pour les emplois publics. Les enfants de ces familles accréditées par les charges administratives et judiciaires qu'elles exerçaient dans leur pays reçurent une bonne éducation ; quelques-uns eurent de l'esprit, quelques-uns du génie ; et la gloire littéraire créa dans ces familles, déjà séparées de la foule, des noms plus grands qu'aucun des grands noms seigneuriaux de la France, puisqu'ils sont devenus des noms européens. A Rouen, le maître des eaux et forêts de la vicomté de Rouen a, en 1606, un fils qui est le grand Corneille ; à Château-Thierry, le maître des eaux et forêts a, en 1621, un fils qui est La Fontaine ; à la Ferté-Milon, le contrôleur du grenier à sel a, en 1639, un fils qui est Racine.

Resté orphelin avec sa sœur Marie, Racine fut élevé dans la maison de son aïeul paternel, Jehan Racine, le père des huit enfants, ce qui l'entoura de bonne heure d'un grand nombre de tantes et de cousins et cousines germaines. Sa sœur Marie fut élevée dans la maison de son aïeul maternel, Sconin, le procureur du roi aux eaux et forêts du duché de Valois, qui avait lui-même beaucoup d'enfants, ce qui de ce côté donnait encore beaucoup d'oncles, de tantes et de cousins à Racine. En 1650, le grand-père Jehan Racine mourut, et Racine resta confié aux soins de sa grand'mère, Marie Desmoulins, veuve de Jehan Racine et femme de grand cœur et de grand sens, qui aimait beaucoup Racine, et qu'il aimait aussi beaucoup. Dans les lettres de sa jeunesse, il parle de cette grand'mère, qu'il appelle sa mère avec beaucoup de tendresse. « Ma mère est à Port-Royal, écrit-il à sa sœur Marie, le 23 juillet 1663 ; [1]

---

1. Dans presque toutes les éditions de Racine, cette lettre sur la mort de sa grand'mère est datée du 23 juillet 1662, sans doute parce que le nécrologe de Port-Royal met la mort de Mme Marie Desmoulins, veuve du grand-père de Racine, le 12 août 1662. Cette date est une erreur déjà relevée par Louis Racine. De plus, nous avons une lettre de Racine lui-même,

elle est malade à l'extrémité, et il n'y a pas d'apparence qu'elle en revienne. Je ne saurois vous dire combien j'en suis affligé, et il faudroit que je fusse le plus ingrat du monde, si je n'aimois une mère qui m'a été si bonne, et qui a eu plus de soin de moi que de ses propres enfants. Elle n'a pas eu moins d'amitié pour vous, quoiqu'elle n'ait pas eu d'occasion de vous le témoigner.[1] » La grand'mère ne survécut guère à cette lettre, et Racine, le 13 août 1663, annonça à sa sœur la perte qu'ils venaient de faire. « Je ne doute point que vous n'en receviez beaucoup d'affliction, quoique vous ne l'eussiez pas vue depuis longtemps ; car je vous assure qu'elle vous aimoit tendrement et qu'elle vous auroit traitée comme ses propres enfants, si elle avoit pu faire quelque chose pour vous. Je vous prie de la recommander aux prières de mon grand-père.[2] Nous n'avons plus que lui maintenant, et il nous tient lieu de père et de mère tout ensemble. Nous devons bien prier Dieu qu'il nous le conserve. Je vous supplie de lui dire que je mets toute ma confiance et tout mon recours à lui, et que j'aurai toujours pour lui toute l'obéissance et l'affection que j'aurois pu avoir pour mon propre père... Adieu, ma chère sœur ; j'ai trop de douleur pour songer à autre chose qu'à la perte que j'ai faite. Mon oncle Racine[3] ne manquera pas sans doute de faire tout ce qu'il faudra pour le service de ma mère. Adieu donc ! la mort de ma mère doit nous porter à nous aimer encore davantage, puisque nous n'avons plus tantôt personne.[4] »

Cette lettre montre combien Racine avait l'âme tendre et affectueuse, et quels retours touchants il faisait vers les pieuses affections de la famille, au milieu même de ses préoccu-

écrite le 25 juillet 1662. Il est donc impossible qu'il ait écrit de Paris à sa sœur, le 23 juillet 1662, les inquiétudes que lui donnait la santé de sa mère, qui mourut en effet le 12 août 1663, et non 1662.

1. *Lettres inédites de J. Racine*, p. 272.
2. M. Sconin, l'aïeul maternel, et qui élevait la sœur de Racine.
3. Un des fils par conséquent de la grand'mère qui vient de mourir.
4. *Lettres inédites de J. Racine*, p. 273 et 274.

pations littéraires ; car n'oublions pas qu'en 1663 Racine avait déjà 22 ans, qu'il avait déjà fait la *Nymphe de la Seine*, sa première pièce de vers, encouragée par Chapelain et par Perrault ; que le roi lui avait fait promettre une pension, et qu'enfin il avait déjà fait son voyage d'Uzès. Ce n'était donc plus un jeune homme enfermé dans le sein de la famille, et qui n'a pris encore aucun essor.

Les fragments des lettres inédites que je viens de citer nous indiquent aussi par quelques traits que la nombreuse famille de Racine n'était pas toujours très-unie, et que, comme Racine avait été élevé chez son grand-père paternel, il était moins bien accueilli dans la famille de son grand-père maternel, M. Sconin, le procureur du roi aux eaux et forêts du Valois. Il semble même que sa sœur Marie Racine, élevée chez M. Sconin, partageait les préventions que ce côté de la famille avait contre Racine. Celui-ci, en effet, se plaint à sa sœur qu'elle ne lui écrive pas, et qu'elle soit fâchée contre lui, sans qu'il sache trop pourquoi. « Plût à Dieu, lui écrit-il en 1658 ou 1659, que vous fussiez dans la même disposition que moi, et que vous me voulussiez écrire, quand vous le pouvez ; mais on voit bien que vous manquez plus de bonne volonté que d'autre chose, car je vous ai déjà mandé mon adresse, si je m'en souviens, et il est aisé de me faire tenir vos lettres. Au moins, j'en espérois une de vous tous les mois ; mais je vois bien que vous êtes toujours en colère, et que vous me voulez punir de ce que je n'ai pas été, ce vous semble, assez diligent pour vous voir, tandis que j'étois à La Ferté. Je n'y veux plus retourner de ma vie ; car je n'ai pas fait encore un voyage qui ne m'ait mis mal avec vous ; et, en cela, je suis le plus malheureux du monde, puisque c'étoit plus pour vous que j'y allois que pour quelque chose que ce fût ; mais c'est temps perdu à moi de vous en parler ; vous n'oubliez pas si aisément votre colère. Il n'y auroit rien vraiment que je ne fisse pour vous apaiser. Mandez-moi ce qu'il faut faire ; et s'il ne faut que vous écrire tous les huit jours et faire un serment que, quand j'irai à La Ferté, ce qui ne sera de longtemps, je ne bougerai d'avec vous, je ferai tout cela du meilleur cœur du monde. Je vous écris même avec du papier doré tout exprès, afin que cela puisse faire ma paix ou aider à la faire. Pour vous, quand vous me devriez écrire du plus gros papier qui se vende chez M. Delamare, je le recevrai aussi bien que si la lettre étoit écrite en lettres dorées... Quand vous m'écrirez, si vous le faites, mandez-moi comment je suis dans l'esprit de mon grand-père,[1] et si ce voyage-ci ne m'aura pas nui autant que l'autre... Adieu! je vous donne le bonsoir; je puis bien vous le donner, car j'entends minuit qui sonne... » Et en post-scriptum : « Je vous manderai tout ce que je ferai. Ne croyez rien de moi que je ne vous le mande.[2] »

J'ai bien quelques réflexions à faire sur cette lettre et sur ces brouilleries de jeunesse du frère et de la sœur; mais j'aime mieux d'abord continuer les extraits qui y ont rapport. « Je ne sais ce que je vous ai fait, écrit-il encore au mois d'août 1658 ou 1659, pour vous dépiter de telle sorte contre moi. J'ai vu le temps que les lettres ne vous coûtoient pas si cher; il ne vous coûteroit pas beaucoup de m'en écrire au moins une en trois mois. Cependant il y a bien cela que je n'en ai reçu aucune de vous. Mandez-moi pourquoi vous êtes fâchée contre moi, et je tâcherai de vous apaiser, car vous êtes assez souvent d'humeur à croire les choses autrement qu'elles ne sont. Quoi qu'il en soit, mandez-moi ce que vous avez contre moi.[3] »

Cette correspondance entre le frère et la sœur, qui roule sur de petits démêlés de famille, s'arrête en 1663, après la mort de la grand'mère de Racine, soit que la sœur et le frère ne se soient plus écrit, soit que les lettres n'aient pas été gardées. Elle recommence en 1680 seulement, quand

---

1. M. Sconin.
2. *Lettres inédites*, p. 259, 260 et 261.
3. *Ibid.*, p. 262.

Racine est déjà célèbre et bien venu à la cour, quand il est marié et qu'il a des enfants, quand sa sœur elle-même est mariée à M. Rivière, conseiller du roi, contrôleur du grenier à sel, et de plus médecin à La Ferté-Milon; quand par conséquent la condition du frère et de la sœur est tout à fait changée. A prendre cette correspondance dans sa première partie, elle n'a quelque intérêt pour nous que parce qu'elle nous fait connaître la sensibilité que Racine mettait dès sa jeunesse dans toutes ses affections, même celles de famille, c'est-à-dire les affections qui sont à la fois les plus calmes et les plus fortes. Qui avait tort du frère ou de la sœur dans ces petites querelles? Le frère aimait-il mieux de loin que de près, comme cela se voit quelquefois, et comme Racine a l'air de se le reprocher lui-même, quand il avoue qu'il n'était pas assez diligent pour voir sa sœur tandis qu'il était à La Ferté? La sœur était-elle ombrageuse et susceptible de préventions? Croyait-elle trop aisément à celles qu'elle trouvait contre son frère dans la famille Sconin?[1] Séparée de son frère dès l'enfance et habituée à entendre parler de lui en mal plutôt qu'en bien, elle était, lui dit Racine, assez souvent d'humeur à croire les choses autrement qu'elles ne sont.

Malgré le mauvais accueil qu'il trouvait dans une partie de sa famille, Racine a toujours conservé beaucoup d'amitié pour ses parents. Réconcilié avec sa sœur, quand il est à Uzès, il la prie de lui mander tout ce qui se passe à La Ferté, comme elle a commencé : « mais faites-le un peu plus au long que vous n'avez fait. Quand on écrit de si loin, il ne faut pas écrire pour une page; j'ai vu que vous m'écriviez

---

1. Dans une partie seulement de cette famille; car nous savons par les ettres inédites que sa tante Vitart, qui était une Sconin, l'aimait beaucoup: « Vous devez espérer beaucoup d'assistance en la personne de ma chère tante Vitart, écrit-il à sa sœur dans la lettre où il lui apprend la mort de leur grand'mère; elle nous aime beaucoup, et elle nous servira de mère à l'un et à l'autre. » (*Lettres inédites*, p. 274.) Son oncle d'Uzès, qui voulait lui donner un bénéfice, était aussi un Sconin.

de si belles lettres, quand j'étois à Paris; il ne se passoit rien à La Ferté que je ne susse par votre moyen. Assurez-vous que je ne saurois avoir plus de plaisir que lorsque vous vous donnerez cette peine pour moi.[1] » Même attachement quand, plus tard, riche et aimé du roi, historiographe de France, recherché par les plus grands seigneurs de la cour, il aurait pu, non pas oublier La Ferté-Milon et ses parents, mais relâcher des liens que sa famille n'avait guère cherché à lui rendre doux pendant sa jeunesse. C'est à ce moment, au contraire, si nous en croyons les dates de la correspondance inédite, qu'il renoue ces liens affaiblis peut-être par l'absence. Il prend l'habitude d'aller tous les ans à La Ferté-Milon voir sa sœur, maintenant mariée, et à qui son mari a peut-être appris qu'un frère comme Racine ne doit pas être traité aussi légèrement qu'elle faisait autrefois. Je serais tenté de croire que la lettre du 28 septembre 1680, qui annonce à Mme Rivière la visite de Racine, et qui est la première que nous trouvions après une interruption de dix-sept ans (1663-1680) dans le recueil des lettres inédites, je serais tenté de croire que cette lettre indique la reprise encore très-récente des relations entre le frère et la sœur. Racine y parle en homme bon et affectueux, mais en homme du monde qui craint que sa sœur ne prenne, pour le recevoir, le cérémonial de la province; et de même qu'il trouvait autrefois que sa sœur en faisait trop peu pour lui, il ne voudrait pas qu'elle en fît trop maintenant.

« 28 septembre 1680.

« Je vous écris ce mot, ma chère sœur, pour vous avertir que je me prépare à partir demain, pour vous aller voir, avec ma femme et mes enfants; nous prétendons souper jeudi au soir avec vous. Je vous plains de l'embarras que nous vous allons donner, mais je ne vous pardonnerai pas si vous faites

---

1. *Lettres inédites*, p. 68.

la moindre façon pour nous. Commencez dès le premier jour à ne nous point faire de festin ; nous sommes gens à qui il ne faut pas grand'chose pour faire bonne chère...... » [1]

Cependant les anciennes exigences de la sœur revenaient de temps en temps : « Vous avez eu tort de me vouloir du mal de ce que je n'ai point été vous voir à mon voyage de Braisne.[2] J'avois pris mes mesures pour repasser par La Ferté... Nous aurions grande envie, ma femme et moi, de vous aller voir, et peut-être irons-nous dès cette année.[3] » Ces visites en famille du frère à la sœur se font de plus en plus, et presque chaque année. M. Rivière, qui semblait très-bien comprende l'honneur et l'avantage d'avoir Racine pour beau-frère, lui avait demandé d'être le parrain de son enfant. Racine lui répond, le 27 octobre 1682 : « Je vous suis fort obligé, Monsieur, de l'honneur que vous me faites de vouloir que je tienne votre enfant. Je me rendrai pour cela à La Ferté-Milon, dès que j'aurai su que ma sœur est accouchée. Je pars demain pour aller à Fontainebleau, où je ne serai que sept ou huit jours. Je vous prie de faire mes compliments à ma cousine Vitart, et de lui témoigner la joie que j'ai d'être son compère.[4] » L'amitié entre les deux familles semble s'accroître avec les années, et il n'y a plus rien qui la trouble. Ce n'est point seulement à sa sœur et à son beau-frère que Racine témoigne combien les liens de famille lui sont doux et sacrés; il le témoigne à tous ses parents. « Votre lettre m'a donné bien du déplaisir, écrit-il à sa sœur, 31 janvier 1685, en m'apprenant l'état fâcheux où se trouve mon cousin Vitart. Je vous prie, au nom de Dieu, de lui bien témoigner la part que je prends à sa maladie, et d'assurer aussi ma cousine, sa femme, qu'on ne peut pas s'inté-

---

1. *Lettres inédites*, p. 275.
2. Braisne, chef-lieu de canton à quatre lieues de Soissons, sur la route de Reims.
3. 1681, 10 septembre. *Lettres inédites*, p. 276.
4. *Ibid.*, p. 278.

resser plus que je fais à son déplaisir. Je voudrois de tout mon cœur être en état de les soigner l'un et l'autre. Mandez-moi de ses nouvelles, quand vous le pourrez.[1] » Il prie sa sœur « d'assister pour lui tous ceux de ses pauvres parents qu'elle croira en avoir besoin dans ce temps de cherté.[2] » « Si vous connoissez même quelques autres pauvres qui vous paroissent en grand besoin, je vous prie de ne leur point refuser de mon argent. Je me repose sur vous de tout cela, et je ne vous accuserai point d'avoir trop donné.[3] » — « J'approuve la charité que vous voulez faire au cousin de La Haye, écrit-il en 1694 : tout débauché qu'il a été, il ne faut pas l'abandonner dans l'extrême misère où il est, et je donnerai même quelque chose de plus, si vous le jugez à propos. Je crois vous redevoir beaucoup d'argent, et vous me ferez plaisir de me mander ce qui en est, et à quoi tout se monte. » Ce cousin de La Haye est la plaie de la famille, mais une plaie qu'on panse avec patience, et qu'on voudrait guérir, sans trop l'espérer. « Le cousin Henri est venu ici, fait comme un misérable, et a dit à ma femme, en présence de tous nos domestiques, qu'il étoit mon cousin. Vous savez comme je ne renie point mes parents, et comme je tâche à les soulager; mais j'avoue qu'il est un peu rude qu'un homme, qui s'est mis en cet état par ses débauches et par sa mauvaise conduite, vienne ici nous faire rougir de sa gueuserie. Je lui parlai comme il le méritoit, et lui dis que vous ne le laisseriez manquer de rien s'il en valoit la peine, mais qu'il buvoit tout ce que vous aviez la charité de lui donner. Je ne laissai pas de lui donner quelque chose pour s'en retourner; je vous prie aussi de l'assister tout doucement, mais comme si cela venoit de vous. Je sacrifierai volontiers quelque chose par mois pour le tirer de la nécessité. Je vous recommande toujours la pauvre Marguerite (c'était la nourrice de Racine qui vivait encore), à

1. *Lettres inédites*, p. 282.
2. Lettre du 4 septembre 1685, *ibid.*, p. 284.
3. *Ibid.*, p. 301.

qui je veux continuer de donner par mois, comme j'ai toujours fait. Si vous croyez que ma cousine Desfossés ait besoin de quelques secours extraordinaires, donnez-lui ce que vous jugerez à propos.[1] »

On voit comment Racine était prompt à assister ses parents, malgré leurs défauts, et comment sa charité s'étendait sur toute sa famille, y compris sa nourrice, la pauvre Marguerite, et ce n'est pas le trait qui me touche le moins dans le grand poëte. Mais la famille, pour qui entend bien le sens de ce mot, ne se compose pas seulement des vivants; elle se compose aussi des morts et de leur mémoire qu'il faut entretenir et raviver. J'ai aimé à trouver dans les nouvelles lettres inédites un témoignage de la fidélité de Racine dans l'accomplissement du devoir que nous avons envers nos père et mère, envers nos aïeux, devoir qui ne se remplit pas seulement par des messes et des prières, mais par le souvenir que nous devons garder de ceux qui nous ont précédés dans la vie et qui nous l'ont donnée. Orphelin presque dès sa naissance, Racine, qui n'avait jamais connu son père et sa mère, demande à sa sœur de faire rechercher à La Ferté-Milon la date de leur mort. « Je vous prie de me mander le jour où mon père et ma mère moururent, afin que je fasse prier Dieu ces jours-là pour eux; il me semble que c'est vers ce temps-ci que nous perdîmes feu ma mère.[2] Adieu, ma chère sœur; j'embrasse ma petite nièce qu'on dit qui est la plus jolie du monde. » Rien de si simple que ce soin de la mémoire de son père et de sa mère, et cette mention affectueuse de la gentillesse de sa petite nièce; mais ce rapprochement si naturel et si peu prémédité entre le passé et le présent ou plutôt l'avenir, puisqu'il s'agit d'un enfant, fait la force et la douceur de l'esprit de famille.

L'idée d'honorer ses aïeux est si près de l'idée de s'en

1. Lettre du 10 janvier 1697; cette lettre ne fait point partie des lettres inédites.
2. Lettre du 31 janvier 1685. *Lettres inédites*, p. 283.

honorer soi-même, que je ne m'étonne pas de trouver dans Racine quelque complaisance à rechercher les armoiries de sa famille pour les graver sur sa vaisselle d'argent. Ainsi, il écrit à sa sœur, le 16 janvier 1697 :

« Je vous écris, ma chère sœur, pour une affaire où vous pouvez avoir intérêt aussi bien que moi, et sur laquelle je vous supplie de m'éclaircir le plus tôt que vous pourrez. Vous savez qu'il y a un édit qui oblige tous ceux qui ont ou qui veulent avoir des armoiries sur leur vaisselle ou ailleurs, de donner pour cela une somme qui va tout au plus à vingt-cinq francs, et de déclarer quelles sont leurs armoiries. Je sais que celles de notre famille sont un *rat* et un *cygne,* dont j'avois seulement gardé le cygne, parce que le rat me choquoit; mais je ne sais point quelles sont les couleurs du chevron sur lequel grimpe le rat, ni les couleurs aussi de tout le fond de l'écusson, et vous me ferez un grand plaisir de m'en instruire. Je crois que vous trouverez nos armes peintes aux vitres de la maison que mon grand-père fit bâtir, et qu'il vendit à M. de La Clef. J'ai ouï dire aussi à mon oncle Racine qu'elles étoient peintes aux vitres de quelque église. Priez M. Rivière de ma part de s'en mettre en peine, et de demander à mon oncle ce qu'il en sait, et de mon côté je vous manderai le parti que j'aurai pris là-dessus. J'ai aussi quelque souvenir d'avoir ouï dire que feu notre grand-père avoit fait un procès au peintre qui avoit peint les vitres de sa maison, à cause que ce peintre, au lieu d'un rat, avoit peint un sanglier. Je voudrois que ce fût en effet un sanglier, ou la hure d'un sanglier, qui fût à la place de ce vilain rat. J'attends de vos nouvelles pour me déterminer et pour porter mon argent; ce que je suis obligé de faire le plus tôt que je pourrai. »

J'ai voulu rassembler dans ce chapitre tout ce que j'ai trouvé de relatif à la famille de Racine, soit dans les mémoires de Louis Racine, soit dans les lettres inédites qu'a publiées l'abbé Adrien de La Roque, un des descendants de Racine, afin de bien montrer, dès le commencement, quel était l'homme dans l'auteur. Je reprends maintenant l'histoire du poëte, son éducation et ses études à Port-Royal.

II.

ÉDUCATION DE RACINE A PORT-ROYAL.

Racine avait dix ans, quand, après la mort de son grand-père paternel, en 1650, il fut envoyé au collége de Beauvais. Il y apprit les premiers principes du latin, dit Louis Racine dans les *Mémoires sur la vie de son père*. « Ce fut alors que la guerre civile s'alluma à Paris, et se répandit dans toutes les provinces. Les écoliers s'en mêlèrent aussi, et prirent parti chacun suivant son inclination. Mon père fut obligé de se battre comme les autres, et reçut au front un coup de pierre, dont il a toujours porté la cicatrice au-dessus de l'œil gauche. Il disoit que le principal de ce collége le montroit à tout le monde comme un brave; ce qu'il racontoit en plaisantant. On verra dans une de ses lettres, écrite de l'armée à Boileau, qu'il ne vantoit pas sa bravoure.[1] »

Racine quitta le collége de Beauvais en 1655, il avait alors près de dix-sept ans, et alla continuer ses études à Port-Royal, où il passa trois ans. Le séjour de Racine à Port-Royal et les relations qu'il eut avec les grands docteurs chrétiens de cette école tiennent une place importante dans sa vie et même dans l'histoire de la littérature française. Il est donc curieux de savoir comment et pourquoi le jeune Racine, en quittant Beauvais, alla à Port-Royal, qui n'était point un collége régulier, mais une retraite où quelques hommes très-

---

1. Voici le passage de cette lettre écrite du camp devant Mons, le 3 avril 1691 : « Je voyois toute l'attaque fort à mon aise, d'un peu loin à la vérité; mais j'avois de fort bonnes lunettes, que je ne pouvois presque tenir fermes, tant le cœur me battoit à voir tant de braves gens dans le péril! » Il n'y a pas là de poltronnerie, mais de la pitié et de la sensibilité.

savants et très-pieux s'étaient retirés pour vivre, pour travailler en commun, et pour élever un petit nombre de jeunes gens.

La persécution qui devait finir par détruire Port-Royal avait commencé de bonne heure pour les hommes attachés aux doctrines de cette sainte maison. Quand en 1638 le cardinal de Richelieu fit enfermer à la Bastille M. Duvergier de Hauranne, abbé de Saint-Cyran, quelques-uns de ses partisans et de ses amis, Antoine Le Maistre et Le Maistre de Séricourt son frère, qui vivaient au prieuré de Port-Royal, furent aussi forcés de quitter cette retraite, et vinrent se réfugier à la Chartreuse de Bourg-Fontaine dans la forêt de Retz. Cette abbaye était tout près de La Ferté-Milon, et les réfugiés de Port-Royal vinrent sans doute visiter souvent les familles de la petite ville qui avaient des rapports avec Port-Royal. Celle des Racine était du nombre. La grand'mère de Racine avait une sœur, Suzanne Desmoulins, qui était religieuse à Port-Royal, et elle y avait aussi sa fille, Agnès Racine, qui y était élevée depuis 1635. Cette fille, tante de Racine et qu'il aimait et respectait beaucoup, fit profession à Port-Royal en 1646, à l'âge de vingt ans. Entre les Racine de La Ferté-Milon et les réfugiés de Port-Royal il y avait donc des relations qui sans doute devinrent plus étroites pendant le séjour de M. Le Maistre à Bourg-Fontaine. M. l'abbé de La Roque [1] rapporte une tradition sur l'hospitalité donnée aux pieux réfugiés par Mme Vitart, tante de Racine. Il ne croit pas que MM. Le Maistre se soient jamais établis à La Ferté-Milon; mais ils y venaient sans doute passer quelques jours de temps en temps, et c'est chez Mme Vitart qu'ils logeaient.[2] Fontaine, au con-

---

1. Introduction aux lettres inédites de Racine, p. 19.
2. Au xviie siècle, les familles Vitart et Héricart figuraient parmi les plus honorables de La Ferté-Milon; c'est à cette dernière famille qu'appartenait la femme de La Fontaine, Marie Héricart, fille du lieutenant civil de La Ferté-Milon. Cette famille, qui subsiste encore aujourd'hui, a donné un membre à l'Institut, Académie des sciences, dans la personne de

traire, dans ses mémoires sur MM. de Port-Royal, n'hésite pas à dire que MM. Le Maistre se retirèrent chez M. Vitart à La Ferté-Milon. Les détails qu'il donne sur la persécution qui força MM. Le Maistre à quitter Port-Royal, sur la vie qu'ils menèrent à La Ferté-Milon, la pratique qu'il a eue avec tous les docteurs de Port-Royal, ayant vécu avec eux à Port-Royal-des-Champs et ayant suivi M. Le Maistre de Sacy dans sa prison et dans les diverses retraites qu'il fut forcé de chercher, tout cela me fait préférer le récit de Fontaine à la tradition que rapporte l'abbé de La Roque.

Le cardinal de Richelieu était un centralisateur fort absolu ; il se défiait de tout ce qui se passait en dehors du cercle de son pouvoir. A ce titre il n'aimait pas Port-Royal et M. de Saint-Cyran ; c'était dans l'Église quelque chose et quelqu'un qui ne relevait pas de lui. Il aurait très-certainement dispersé et interdit la petite Académie française qui se réunissait chez Conrard, si Bois-Robert ne lui eût persuadé de l'instituer et de la régler lui-même. Il mit Saint-Cyran à Vincennes, non pas parce qu'il avait des opinions qui déplaisaient à quelques docteurs de la piété facile, mais parce qu'il voulait penser et agir par lui-même. Or, il y avait parmi les solitaires de Port-Royal un homme dont la conversion venait de faire beaucoup de bruit ; c'était Antoine Le Maistre, grand avocat et très-éloquent, qui avait quitté le barreau pour s'enfermer à Port-Royal et ne plus songer qu'à son salut. Cette éclatante répudiation du monde déplaisait aussi à Richelieu, et l'inquiétait, je ne sais pourquoi. Il avait envoyé son Laubardemont à Vincennes interroger M. de Saint-Cyran, qui avait refusé de répondre. « Ce fut aussi, dit Fontaine, ce vaillant maître des requêtes qu'on lâcha contre M. Le Maistre. Cet homme tout fier de confiance en sa suffi-

---

M. Héricart de Thury, ingénieur et agronome distingué, mort à Rome en 1854. (Note de M. l'abbé de La Roque.) — J'ai vu moi-même son tombeau dans l'église de Saint-Louis des Français, qui, à Rome, est, depuis le XVIIe siècle, le cimetière de l'élite de la colonie française, renouvelée de siècle en siècle.

sance, quoique mince, et de la puissance du maître qui l'envoyoit, s'imagina que tout le monde alloit trembler devant lui.... Il ne descendit pas d'abord à Port-Royal; il coucha chez M. Voisin à un quart de lieue de là; et de grand matin, au moins pour lui, il vint pour trouver ces gens encore dans leur lit et se rendre maître de leurs papiers. Il demanda brusquement la chambre de M. Le Maistre; on l'y mena; il lui déclara qu'il venoit de la part du roi, et se mit en état de l'interroger. Mais hélas! à qui avoit-il affaire? Ignoroit-il que M. Le Maistre étoit un homme du métier? M. Le Maistre le tourna, le mania, le redressa, et lorsqu'il sortoit des termes de son devoir, il savoit bien le faire rentrer aussitôt dans son chemin. J'ai oublié cent questions badines que le commissaire fit à M. Le Maistre : ce qu'il faisoit là, ce qui l'avoit porté à y venir, pourquoi il avoit quitté le palais, qui l'y avoit exhorté, et d'autres choses semblables. Mais je n'ai pu oublier une question que M. Le Maistre m'a dit depuis qu'il lui fit. Il lui demanda s'il n'avoit point eu de visions. On vit alors ce que dit saint Jérôme de ceux qui servent Dieu et de ceux qui servent le monde : ils se croyent fous réciproquement. M. Le Maistre répondit froidement qu'oui; que, quand il ouvroit une des fenêtres de sa chambre, qu'il lui montra du doigt, il voyoit le village de Vaumurier, et que, quand il ouvroit l'autre, il voyoit le village de Saint-Lambert; que c'étoient là toutes ses visions...... Huit jours après on lui envoya un ordre de se retirer de Port-Royal, lui et M. de Séricourt son frère. Si ce désert eût eu du sentiment, il auroit déploré son malheur. Les deux frères ne demandoient qu'un coin de la terre pour y pleurer devant Dieu, et on le leur refusoit. Ils ne cherchoient qu'un lieu pour s'y cacher, et on les y déterroit. Il semble que le monde entier leur étoit fermé, depuis qu'ils avoient renoncé au monde. Cependant ces solitaires bannis ne trouvèrent rien d'extraordinaire dans ce traitement des hommes; ils ressentoient de la joie de n'en être plus aimés. M. Le Maistre, comme pour dire une espèce d'adieu à sa solitude, fit en s'en allant ces quatre vers, et les répéta souvent avec larmes :

> Lieux charmants, prisons volontaires,
> L'on me bannit en vain de vos sacrés déserts;
> Le suprême Dieu que je sers
> Fait partout de vrais solitaires.[1]

Cherchant partout une retraite, ils se réfugièrent à La Ferté-Milon, chez M. Vitart. Fontaine n'hésite pas sur ce fait; il ajoute cependant plus loin quelques détails qui permettent d'accorder avec son récit la tradition rapportée par M. l'abbé de La Roque : « Ces inconnus, dit-il, paroissant à la ville les fêtes et dimanches pour aller à la messe, firent tout d'un coup admirer leur piété, quelques efforts qu'ils fissent pour la cacher. On répandit partout que jamais on n'avoit vu des personnes d'un si grand exemple; mais ce n'étoit pas ce qui paroissoit aux yeux des hommes qui étoit le plus beau, c'étoit ce qui se passoit dans le secret du logis et ce qui n'avoit que Dieu pour spectateur et pour témoin. Ils y demeuroient cachés, sans même qu'ils se vissent ou qu'ils se parlassent l'un à l'autre; ils se relevoient la nuit pour prier ensemble. Pour tout le reste du jour, ils ne se voyoient plus. Tout ce qui les gênoit là, c'est que cette maison étoit trop petite et trop incommode pour satisfaire l'avidité de leur pénitence et le secret de leurs mortifications; ce qui faisoit que souvent, après avoir dit leurs matines, ils se déroboient furtivement du logis à l'obscurité de la nuit, pour aller chercher dans le bois voisin quelque lieu plus propre pour rassasier leurs désirs.[2] »

Si Mme Vitart, qui était une tante de Racine, avait reçu MM. Le Maistre à La Ferté-Milon, si sa grand'mère avait déjà une sœur et une fille à Port-Royal, il n'est pas extraordinaire qu'elle ait fait recevoir son petit-fils parmi les disciples des savants établis au prieuré. Il semble même que l'affection qu'Antoine Le Maistre avait pour Racine, qu'il appelait son fils, remontait au temps de sa retraite à Bourg-Fontaine ou de

1. *Mémoires de Fontaine*, t. I p. 84-86.
2. *Ibid.*, p. 86-87.

son séjour à La Ferté-Milon. Il s'était probablement dès ce temps-là occupé du jeune Racine, et l'avait recommandé à ses amis du prieuré. Nous voyons en effet qu'en 1656 Antoine Lemaistre, qui est encore à Bourg-Fontaine et ne peut pas encore retourner à Port-Royal, écrit à Racine, qui est à Port-Royal depuis un an seulement, la lettre suivante :

De Bourg-Fontaine, ce 21 mars 1656.

« Mon fils, je vous prie de m'envoyer au plus tôt l'Apologie des SS. PP., qui est à moi, et qui est de la première impression. Elle est reliée en veau marbré, in-4°. J'ai reçu les cinq volumes de mes Conciles, que vous aviez fort bien empaquetés. Je vous en remercie. Mandez-moi si tous mes livres sont bien arrangés sur des tablettes, et si mes onze volumes de saint Jean Chrysostome y sont; et voyez-les de temps en temps pour les nettoyer. Il faudroit mettre de l'eau dans des écuelles de terre où ils sont, afin que les souris ne les rongent pas. Faites mes recommandations à votre bonne tante, et suivez bien ses conseils en tout. La jeunesse doit toujours se laisser conduire, et tâcher de ne point s'émanciper. Peut-être que Dieu nous fera revenir où vous êtes. Cependant il faut tâcher de profiter de cet événement, et faire en sorte qu'il nous serve à nous détacher du monde, qui nous paroît si ennemi de la piété. Bonjour, mon cher fils; aimez toujours votre papa comme il vous aime; écrivez-moi de temps en temps. Envoyez-moi aussi mon Tacite in-folio. »

Il y a dans ce billet l'attachement d'un maître affectueux et l'attention que le savant a pour ses livres. Racine faisait bon usage de tous ces in-folio grecs et latins, sacrés et profanes, que le bon Antoine Le Maistre lui recommandait de défendre contre les souris. Quelle lecture assidue! que d'extraits! que de notes! M. l'abbé de La Roque a publié la liste des livres que Racine avait lus et annotés à Port-Royal et des extraits qu'il avait faits de ces divers ouvrages. Cette liste fut faite par Louis Racine en déposant à la Bibliothèque royale ces

VIE DE RACINE.

livres et ces extraits;[1] ils y sont encore ; ils témoignent de l'excellence des études qui se faisaient à Port-Royal, de l'ardeur de Racine, et ils montrent comment, aidé par l'enseignement de pareils maîtres, son intelligence s'ouvrait alors aux grandeurs et aux grâces de la littérature sacrée et profane. L'auteur de *Phèdre* et d'*Athalie* perce déjà dans l'étudiant.

Je ne puis pas me dispenser ici de donner quelques détails

1. ÉTAT DE CE QUE J'AI REMIS A LA BIBLIOTHÈQUE DU ROI.

Vies de Plutarque, grecques, édition de Florence, 1517, in-fol.; exemplaire sur lequel mon père, faisant ses études à Port-Royal, a écrit des *notes* à la marge.

Morales grecques de Plutarque, édition de Bâle, 1554, in-fol.; exemplaire dont il a fait le même usage.

Un exemplaire grec de *Platon,* édition de Bâle, dont il a fait le même usage.

Quelques *traités* grecs de Platon, petit in-fol., où sont quelques-unes de ses *notes.*

Morale grecque d'Aristote, exemplaire sur lequel il a pareillement mis ses *notes.*

Iliade grecque ; Parisiis, apud *Turnebum,* 1554, in-8 ; à la marge sont plusieurs de ses *notes.*

Euripide grec, édition d'Alde, in-8, où se trouvent quelques-unes de ses *notes* sur deux tragédies.

Sophocle grec, même édition, avec ses *notes* sur trois tragédies.

Autre *Sophocle,* Typis Regiis, in-4, avec ses *notes* sur l'*Ajax* et l'*Électre.*

Veterum Comicorum Sententiœ, avec plusieurs de ses *notes* à la marge.

Victorii Commentarius in Poeticam Aristotelis. Quelques endroits traduits par lui, à la marge.

Traité sur l'orthographe française. Une de ses *notes* à la marge, à la page 7.

MANUSCRITS.

Extraits, écrits par mon père, des auteurs latins qu'il lisoit à Port-Royal en 1656.

Pareils *extraits* de saint Basile.

Quelques ouvrages écrits par lui dans le même temps, et une traduction de la *Vie de Diogène,* par Diogène Laërce.

Traduction d'une partie du *Banquet* de Platon, et de quelques morceaux de sa *République.*

Remarques sur l'Odyssée et sur Virgile [*].

Son *Quinte-Curce* de Vaugelas, avec quelques *notes* à la marge.

Manuscrit sur les *traductions,* écrit de la main de M. Le Maistre.

Projet, écrit de la main de mon père, du premier acte de l'*Iphigénie en*

[*] Les remarques sur *Virgile* n'ont jamais été imprimées.

sur l'enseignement de Port-Royal, sur son esprit, sur ses méthodes. Je reviendrai ensuite sur les extraits de Racine pour chercher, dans les cahiers de l'élève, de nouveaux témoignages sur l'enseignement des maîtres.

Quand on parle de Port-Royal, de ses doctrines, de ses divers établissements, il faut toujours remonter à M. Duvergier de Hauranne, abbé de Saint-Cyran. C'est lui qui, par ses opinions, par son caractère et par ses persécutions, représente le premier et le mieux, avant le grand Arnauld, l'esprit et la doctrine de Port-Royal. L'éducation des enfants tient une grande place dans cette doctrine. On croit encore dans le clergé français que les docteurs de Port-Royal sont, malgré leurs erreurs, de grands théologiens et de grands moralistes; on a raison; mais ce sont aussi de grands pédagogues, et c'est surtout dans la manière dont ils entendaient l'éducation des

---

Tauride [*], la scène de *Britannicus* qu'il retrancha, et un de ses *discours* à l'Académie.

Extrait fait par lui du *traité* de Lucien *sur la manière d'écrire l'histoire.*

Extrait, par lui, des *Quæstiones Alnetanæ* de M. Huet.

Quelques *remarques*, écrites par lui.

Fragments historiques, écrits de sa main.

Ses *deux testaments* écrits et signés par lui, l'un du 29 octobre 1685, l'autre du 10 octobre 1698.

Mémoires, écrits par lui, sur les affaires temporelles de Port-Royal.

L'*épitaphe* de Mlle de Vertus, et la *préface* qu'il avoit destinée à ses *lettres contre Port-Royal,* mais qu'il ne fit jamais imprimer.

Ce qui s'est trouvé, à sa mort, de la IIe partie de l'*Histoire de Port-Royal;* le tout écrit de sa main, excepté quelques feuillets écrits de la main de Boileau.

Lettre de M. Le Maistre et cinq de M. Arnauld [**].

Ses *lettres originales* savoir : les *lettres* de sa jeunesse, les *lettres* écrites à Boileau avec les réponses, et les *lettres* écrites à mon frère. (L. R.)

[*] « Après *Phèdre*, il avoit encore formé quelques projets de tragédies, dont il n'est resté dans ses papiers aucun vestige, si ce n'est le plan du premier acte d'une *Iphigénie en Tauride*. Quoique ce plan n'ait rien de curieux, je le joindrai à ses *lettres*, pour faire connoître de quelle manière, quand il entreprenoit une *tragédie*, il disposoit chaque *acte*, en prose. Quand il avoit ainsi lié toutes les *scènes* entre elles, il disoit : *Ma tragédie est faite,* comptant le reste pour rien. »

(*Mémoires de L. Racine sur la vie de son père.*)

[**] Les éditions les plus complètes de J. Racine ne font connaître que quatre lettres d'Arnauld.

enfants qu'on peut bien comprendre l'idée qu'ils se faisaient de la conduite de l'homme ici-bas, de ses devoirs, de ses droits et de sa destinée. Ils montrent à l'enfant le but que doit atteindre l'homme, et ils l'y acheminent.

« M. de Saint-Cyran, dit Lancelot dans les mémoires qu'il a faits touchant la vie de l'abbé de Saint-Cyran, témoignoit toujours aux enfants une bonté qui alloit jusqu'à une espèce de respect pour honorer en eux l'innocence et le Saint-Esprit qui y habite. » Je ne sais pourquoi, en citant ces belles paroles qui montrent le prix infini qu'avait pour M. de Saint-Cyran toute âme humaine, je me rappelle, malgré moi et comme par contraste, ce que me disait un voyageur en Amérique de la considération que les Américains avaient pour les jeunes garçons de douze à quinze ans. Comme c'est à cet âge que les enfants commencent à montrer ce qu'ils pourront être, et que dans ce pays la science principale est pour chacun de savoir se tirer d'affaire, les Américains sont fort empressés auprès de ces jeunes garçons, ne sachant point s'ils ne vont pas devenir des hommes très-industrieux et peut-être de gros millionnaires. Ils saluent donc avec respect tous les soleils levants. Mais à midi, et quand la journée a déjà commencé à montrer ce qu'elle sera, ils changent leurs respects en indifférence, et le soir souvent en mépris, si le soleil n'a pas eu l'éclat qu'ils attendaient. Calculs fort terrestres que ceux des Américains; dans les enfants ils adorent l'avenir mondain; pensées toutes chrétiennes que celles de M. de Saint-Cyran, qui dans l'enfant salue une âme appelée à se sauver ou à se perdre. C'est l'idée de cet avenir mystérieux et supérieur au monde qui inspirait à M. de Saint-Cyran le respect touchant et pieux qu'il avait pour les enfants.

« Il les bénissoit, continue Lancelot, leur faisoit le signe de la croix sur le front, et, quand ils en étoient capables, il leur disoit toujours quelque bonne parole qui étoit comme une semence de quelque vérité qu'il jetoit en passant et dans la vue du bien, afin qu'elle germât en son temps. Une fois qu'il nous vint voir, il entra dans la chambre des enfants, et comme il avoit toujours l'air gai et un cœur porté au bien, il leur dit en les caressant : Eh bien, que faites-vous ? Car il ne faut pas perdre de temps, et ce que vous ne remplissez pas, le diable le prend pour lui. Ils lui montrèrent leur Virgile qu'ils étudioient, et il leur dit : Voyez-vous tous ces beaux vers-là ? Virgile, en les faisant, s'est damné, parce qu'il les a faits par vanité et pour la gloire; mais vous, il faut que vous vous sauviez en les apprenant, parce que vous le devez faire par obéissance et pour vous rendre capables de servir Dieu. »

Voilà une opinion un peu dure sur Virgile, et qui eût étonné Racine, s'il eût été du nombre des élèves que visitait ce jour-là M. de Saint-Cyran; mais quoi ? Il faut l'entendre dans le sens et dans l'esprit de M. de Saint-Cyran. Nous ne sommes appelés dans ce monde que pour faire notre salut et celui des autres; c'est à ce soin que nous devons employer notre vie et notre esprit. Hors de là tout est vain. On peut dire qu'à ce compte la vie monastique est la seule bonne. Les docteurs de Port-Royal ne s'éloignaient pas de cette opinion qui nous semble excessive; ils voulaient seulement que la vie des couvents fût vraiment monastique. Il ne faut pas oublier que la supériorité de la vie religieuse sur la vie mondaine a toujours été la maxime incontestée de l'Église chrétienne, et que, dans les siècles même qui répudient et qui attaquent cette maxime, les échecs et les défaillances de la vie mondaine viennent de temps en temps rendre crédit à la vie religieuse. Avec ces pensées, qu'est-ce que la poésie profane ? qu'est-ce que Virgile ? Des sujets d'études auxquels il faut s'appliquer par obéissance pour ses maîtres, pour apprendre à bien parler et à bien écrire, afin d'être en état de défendre l'Église et de servir Dieu contre le monde.

« M. de Saint-Cyran estimoit tellement la charité de ceux qui s'employoient à élever chrétiennement des enfants, qu'il disoit qu'il n'y avoit pas d'occupation plus digne d'un chrétien dans l'Église; qu'à la mort, une des plus grandes consolations que nous pouvions avoir étoit si nous avions contribué à la bonne éducation de quelque enfant, et qu'enfin cet emploi suffît seul pour sanctifier une âme, pourvu qu'on s'en acquitte avec charité et patience..... » — « Il avoit soin d'avertir que, pour bien conduire les enfants, il falloit plus prier que crier et plus parler d'eux à Dieu que de leur parler de Dieu ; car il n'aimoit pas qu'on leur tînt de grands discours de piété, ni qu'on les lassât d'instructions : il vouloit qu'on ne leur parlât presque que dans les rencontres et dans les occasions que Dieu faisoit naître, selon le mouvement qu'il nous donnoit et les dispositions qu'il nous faisoit remarquer en eux à le bien recevoir, parce que les mouvements de donner dépendent de Dieu aussi bien que les dons... » — « Il ne pouvoit souffrir qu'on fît le capital, dans l'éducation des enfants, des sciences et de l'étude, comme on fait aujourd'hui : il regardoit cette conduite comme une des plus grandes fautes qu'on pouvoit faire dans la sainteté de cet emploi, et il disoit que, outre qu'elle dégoûtoit ceux qui étoient tardifs et donnoit de la vanité aux autres, elle retomboit encore ensuite sur la République et sur l'Église. »

Idée de la sainteté de l'enseignement qui est une des grandes œuvres de la charité ; application de la doctrine de la grâce à l'éducation, si je puis parler ainsi, puisqu'il faut, pour enseigner la foi, attendre les opportunités que Dieu prépare et qu'il faut beaucoup parler des enfants à Dieu par la prière, au lieu de parler beaucoup de Dieu aux enfants par la prédication ; supériorité de l'éducation sur l'instruction et de la formation du cœur sur la formation de l'esprit ; faire des hommes et des chrétiens plutôt que des savants et des lettrés, qui sont souvent nuisibles à l'État et à l'Église par leurs prétentions, tels sont les principes de M. de Saint-Cyran sur l'éducation.

Il en tiroit de curieuses conséquences sur la profession de l'enseignement et sur les personnes qu'il convie à l'exercice de cette profession. Il n'y en avait pas pour lui de plus haute et de plus digne de l'application des hommes les plus distingués. « Quelque pénible et quelque humiliante qu'elle soit aux yeux du monde, il ne laissoit pas néanmoins, dit Lancelot, d'y employer des personnes considérables, sans qu'elles crussent avoir droit de s'en plaindre, parce qu'elles voyoient avec combien de zèle et de charité il pratiquoit lui-même ce qu'il conseilloit aux autres... » — « Un jour qu'il alla acheter une paire de bas chez un marchand, il vit un petit garçon qui lui parut de bonne espérance; il eut regret d'apprendre qu'on l'envoyoit au collége, où il étoit en danger de se gâter, et il dit à ce marchand qu'il l'envoyât chez lui, et qu'il lui feroit la leçon avec son neveu... Dans sa prison il avoit pris trois petits enfants qu'il se donnoit la peine d'instruire. » Aimant et glorifiant ainsi la profession de l'enseignement, il ne concevait pas comment les hommes en étaient arrivés à la regarder comme un métier inférieur ou secondaire. « C'étoit, disoit-il, un des plus grands artifices du démon d'avoir rendu méprisable la voie par laquelle il prévoyoit qu'on pouvoit lui ravir le plus d'âmes, en conservant les enfants dans l'innocence. On trouve moyen de porter les personnes de toute condition à toutes sortes d'œuvres de piété, et on croiroit avoir fait une faute de seulement leur proposer celle-là. On ne craint pas de les exposer aux infections des prisons pour y visiter les prisonniers, à l'air corrompu des hôpitaux pour assister les malades, à servir les pauvres, à panser des plaies qui font quelquefois horreur, et on croiroit que ce seroit pour eux trop se rabaisser, et prendre trop de peine, que de s'occuper seulement à l'éducation d'un enfant..... J'ai admiré quelquefois comment, la profession des médecins les engageant à voir tant de choses sales et vilaines, et les exposant souvent à un air dangereux, il s'en trouve tant néanmoins qui l'embrassent, parce que l'attache que les hommes ont à la vie rend cette condition honorable; et comment en même temps les hommes ne se font pas scrupule de mépriser la profession qui peut le plus contribuer au salut éternel de leurs enfants... Mais ce qui donne encore plus d'étonnement, c'est de voir que des exercices et des charges très-basses d'elles-mêmes sont si relevées dans la maison des princes, comme celles de maître d'hôtel, de premier ou de grand écuyer, et que ce qui regarde le soin et l'éducation des créatures raisonnables et rachetées par le sang d'un Dieu soit traité comme le dernier emploi de la nature. Certes, il faut avouer que l'aveuglement des hommes est bien grand. Je sais bien que la plupart des gens du monde se moqueroient de moi, s'ils voyoient ceci; mais qu'ils s'en moquent, pourvu que vous, ô mon Dieu, vous ne vous en moquiez pas; car ce ne sera point sur leurs sentiments que nous serons jugés, mais sur vos paroles divines et sur les maximes de vos serviteurs. »

Je ne veux faire qu'une réflexion sur les paroles qu'on vient de lire, et qui glorifient par de si pieuses raisons la profession de l'enseignement. J'ai plusieurs fois visité l'Allemagne, c'est-à-dire le pays de l'Europe où le professorat est le plus honoré, et où il a le plus de crédit. L'importance des universités, la science des maîtres, l'ardeur des élèves, le goût universel de l'étude, la juste part d'indépendance faite aux établissements d'instruction publique, tout cela m'a expliqué la dignité et l'autorité du professorat en Allemagne. Mais je ne connais rien de plus grand et de plus pénétrant, rien qui rende plus justice à la dignité de l'enseignement que les réflexions de M. de Saint-Cyran : l'instituteur a charge d'âme; c'est là ce qui fait la grandeur de son emploi dans la société.

Tous les docteurs et tous les maîtres de Port-Royal ont sur l'éducation des enfants les mêmes pensées et les mêmes sentiments que M. de Saint-Cyran, c'est-à-dire un respect singulier pour les âmes qu'ils ont à guider vers Dieu et pour l'homme qu'ils ont à former pour la cité. Ils ont la passion de la pédagogie, ainsi comprise, et Fontaine nous dit dans ses mémoires sur MM. de Port-Royal que M. de Sacy « sentoit toujours, en parlant de ce sujet, une certaine chaleur qui en donnoit aux plus froids. » Je sais bien que, dans les idées de MM. de Port-Royal, les maîtres des enfants sont plutôt des précepteurs que des professeurs. Jamais les maîtres ne quittent les élèves ; ils font les leçons, assistent aux études, aux récréations, aux repas ; et ne croyez pas que les élèves de ces maîtres attentifs mènent une vie renfermée et monotone. Lancelot, qui commença par être le précepteur des princes de Conti, nous apprend qu'après le lever et le déjeuner de ses élèves, il « leur faisoit faire trois ou quatre tours de jardin ou monter même les montagnes pour les fortifier et les mettre en belle humeur ; après quoi, dit-il, nous venons étudier. » Ce qui gâte en général le préceptorat, et ce qui en fait souvent un mauvais régime, c'est que le précepteur vit avec ses élèves dans la famille, et que la vie de famille ne se prête pas à la régularité qui convient aux études. La vie de famille a une facilité et un laisser aller qui en fait le charme, mais qui s'accorde mal avec l'exactitude nécessaire à l'enseignement. Le principe du système pédagogique de Port-Royal, c'est le préceptorat séparé de la famille. C'était la pensée de M. de Saint-Cyran quand il écrivait de sa prison de Vincennes : « J'avois fait le dessein de bâtir une maison, qui eût été comme un séminaire pour l'Église, pour y conserver l'innocence des enfants, sans laquelle je connois tous les jours qu'il est difficile qu'ils deviennent bons clercs. Je ne désignois de le faire que pour six enfants que j'eusse choisis dans toute la ville de Paris, selon qu'il eût plu à Dieu de me les faire rencontrer, et je leur voulois donner un maître tout exprès pour leur apprendre le latin, et avec lui un bon prêtre pour régler et gouverner leur conscience..... Ce dessein fut ruiné par ma prison..... » Les amis et les disciples de M. de Saint-Cyran essayèrent de réaliser son dessein, et Lancelot crut qu'en commençant de se charger lui-même de l'éducation de plusieurs jeunes gens, il ferait naître le désir à quelques autres de suivre son exemple et d'entrer dans ses vues et dans celles de M. de Saint-Cyran. Il vouloit non point seulement former des ecclésiastiques, mais instruire indifféremment dans les lettres humaines, et surtout dans une piété solide et lumineuse, les jeunes gens que l'on voudrait bien confier à ses soins. Son zèle ne tarda guère à être imité. Plusieurs personnes d'un mérite peu commun s'empressèrent de soutenir cette bonne œuvre et de rendre les mêmes services à la jeunesse, et ce fut ainsi que se formèrent ce qu'on a appelé *les petites écoles de Port-Royal.*

« On les tint d'abord dans une maison située dans le cul-de-sac de la rue d'Enfer, près la maison de Port-Royal de Paris, et l'on y forma une espèce de collége qui fut divisé en cinq chambres ou classes. Chaque chambre étoit composée d'un maître et de quatre ou cinq étudiants; on n'en admettoit pas ordinairement un plus grand nombre, afin que l'application du maître fût moins partagée, et que les écoliers eussent un moyen plus facile de faire de plus grands progrès. Chaque écolier payoit 400 livres de pension, mais, pendant la première guerre de Paris en 1648, la cherté des vivres obligea de prendre cinq cents livres. Cette somme contribuoit à fournir aux frais du loyer et des régents et aux gages des domestiques. Les premiers étoient MM. Lancelot, Nicole, Guyot et Coutet de Beauvais. On choisit pour directeur M. Charles Walon de Beaupuis, qui étoit dejà dans les ordres sacrés. »

Tels sont les commencements et tels sont aussi les principes des écoles de Port-Royal. La charité ardente de M. de Saint-Cyran à sauver l'âme innocente des enfants, l'éducation mise au-dessus de l'instruction, le collége morcelé en chambres d'enseignement, faisant chacune un petit préceptorat pour quatre ou cinq enfants, l'application des maîtres partagée de cette façon entre un très-petit nombre d'élèves, voilà ce qui constituait les écoles de Port-Royal, fondées par quelques hommes qui ont plus fait pour la science de l'enseignement que beaucoup de grands colléges et de grandes administrations. En effet, ce ne sont pas seulement les méthodes pédagogiques de Port-Royal qui ont été l'honneur de cet enseignement, ce sont les sentiments qui l'animaient. Le cœur chrétien y a fait plus que l'esprit lettré.

« L'envie qui est l'ennemi de tout bien, dit l'auteur de la Vie de Nicole, ne fut pas longtemps sans se soulever contre une œuvre si digne de louange. L'avantage que l'on retiroit de ces écoles étoit trop grand, et la réputation qu'elles s'acquéroient chaque jour commençoit à être trop étendue pour n'être pas en butte à la contradiction et à la jalousie. La première persécution que l'on vit s'élever contre elles fut excitée par les disciples du père Bazot, jésuite, que l'on nommoit pour cette raison les *bazotistes*. Ils logeoient dans la rue d'Enfer, et, fidèlement attachés à leur maître, ils épioient avec soin tout ce qui pouvoit faire ombrage à la société dont il étoit membre. Ils souffroient donc impatiemment des écoles où l'on formoit la jeunesse dans d'autres principes que ceux qui étoient en vogue dans la leur.... On représenta cette école de Port-Royal comme une société sans règle et sans lois, qu'il étoit dangereux de laisser subsister, où l'on enseignoit des opinions pernicieuses, auxquelles il falloit s'opposer promptement et avec force. On intéressa la Cour dans ces calomnies, et l'on surprit facilement un ordre pour y envoyer de sa part un commissaire qui devoit en faire la visite. Si elle eût été faite selon les règles, elle n'eût servi qu'à manifester la vérité et à couvrir de confusion ceux qui avoient excité cette affaire, mais leur passion n'eût pas été satisfaite, et il falloit qu'elle le fût. Le commissaire se transporta donc dans la maison sans être revêtu des marques de sa charge, et, affectant l'homme indifférent, il se contenta d'abord de demander à celui qui lui ouvrit la porte quel étoit le supérieur de cette maison, et témoigna qu'il vouloit lui parler. Pendant qu'on se met en devoir d'avertir M. de Beaupuis, le commissaire se revêt de sa robe qu'il avoit fait apporter secrètement avec lui; il suit le domestique qui lui avoit ouvert la porte, et le suit de si près qu'il fut aussitôt que lui dans la chambre où étoit celui qu'il cherchoit. Il trouva M. de Beaupuis assis près d'une table, et, abrégeant les civilités, il lui demanda brusquement de la part du roi quelle étoit sa qualité, et ce qu'il faisoit alors. « Je lis, répondit tranquillement M. de Beaupuis, l'article des saints du mois.... » Le commissaire demanda à M. de Beaupuis les noms de ceux qu'il avoit sous sa conduite. « Prenez la peine de monter dans les chambres, lui répondit le supérieur, vous saurez de ceux mêmes qui y sont leurs noms et leurs occupations. » Il le fit et s'en retourna. Comme on avoit lieu de craindre que cette visite, aussi extraordinaire qu'inopinée, ne fût bientôt suivie de quelque nouvelle chicane et peut-être d'une entière destruction des écoles, on résolut de les transférer à la campagne. On envoya une partie des régents et des écoliers aux Trous, près de Port-Royal, une autre à Saint-Sernin, une troisième au Chesnay près de Versailles... Le reste des régents et des écoliers fut envoyé aux granges de Vaumurier sous la direction de M. de Beaupuis et de M. Lancelot. » Lancelot est véritablement le directeur des études de Port-Royal; il est mathématicien; il est helléniste; c'est lui qui fait les deux méthodes pour l'enseignement de la langue grecque et de la langue latine, le jardin des racines grecques, deux méthodes aussi pour l'italien et pour l'espagnol. « On lui donne encore la grammaire générale et raisonnée, qui est de M. Arnauld. M. Lancelot, ayant communiqué à ce docteur quelques difficultés qui l'arrêtoient au sujet des langues, donna lieu à celui-ci de faire diverses réflexions sur les vrais fondements de l'art de parler; il en entretint M. Lancelot, qui les trouva si solides qu'il engagea M. Arnauld à les lui dicter à ses heures de loisir, et les ayant ainsi recueillies et mises en ordre, il en composa cette grammaire. » Nicole enseignait les belles-lettres, la philosophie, et il « expliquoit par la logique tout ce qui a été donné depuis au public sur l'art de penser. » Nicole savait parfaitement le grec, le latin, l'espagnol et l'italien. Térence était son auteur favori, et il l'avait lu plusieurs fois. On voit que les lettres profanes, loin d'être négligées à Port-Royal, y étaient étudiées avec ardeur. Seulement cette étude s'accordait dans la pensée des docteurs de Port-Royal avec l'étude des lettres sacrées, et elles profitaient l'une de l'autre.

Ce sont les traces de cet enseignement à la fois pieux et lettré que je veux essayer de retrouver dans les cahiers et les notes d'étude de Racine. Ces notes ont été recueillies et publiées par M. le marquis de La Rochefoucauld-Liancourt.[1]

Je reviendrai sur ce recueil de notes de Racine, que je compte publier dans cette édition sur une copie plus exacte; je ne veux en ce moment qu'y prendre quelques citations et quelques pensées qui montrent quelle était, dès Port-Royal, la tournure d'esprit de Racine, et quel était aussi le caractère de l'enseignement qu'il recevait. On a cru trop aisément qu'il y avait dès Port-Royal une sorte d'opposition secrète entre le génie de Racine, porté naturellement vers les lettres profanes, et l'esprit de ses maîtres qui s'attachaient exclusivement aux lettres chétiennes. C'est une grande erreur. Les maîtres de Port-Royal cultivaient avec le même zèle les lettres profanes et les lettres sacrées. Ils croyaient que la grandeur de la littérature sacrée et la majesté de l'Écriture sainte ne devaient pas nous rendre insensibles à la beauté de la littérature grecque et latine; que la pureté de la doctrine chrétienne pouvait sans danger s'exprimer dans un style formé à l'école des grands écrivains de la Grèce et de Rome; que le mauvais goût et la grossièreté du langage étaient une mauvaise garantie de l'orthodoxie, et qu'enfin il n'y avait pas de péché à tâcher de penser avec saint Augustin et de parler avec Cicéron ou avec Térence.

Je suis disposé à croire que cette lutte prétendue entre Racine et ses maîtres, l'un déjà trop épris de la beauté de la littérature profane, et les autres étroitement renfermés dans le cercle de la littérature sacrée, vient de l'histoire si souvent répétée de Racine lisant un roman grec, *les Amours de Théagène et de Chariclée,* et de son maître Lancelot lui prenant ce roman et le brûlant. On sait que Racine, sans se décourager,

---

1. Études littéraires et morales de Racine publiées par M. de La Rochefoucauld-Liancourt, Paris, 1856.

se procura un nouvel exemplaire du livre condamné, le lut et le porta ensuite lui-même à Lancelot, en lui disant qu'il pouvait maintenant brûler encore celui-là, car il savait le livre par cœur. Cette historiette prouve que Racine n'était pas l'élève le plus docile du monde, et que Lancelot, qui expliquait lui-même Euripide et Sophocle à ses élèves, aimait mieux qu'ils apprissent par cœur une belle tragédie qu'un médiocre roman. Je suis de l'avis de Lancelot contre Racine, qui eut le tort assez commun de prendre pour bon ce qui était défendu. Mais l'historiette ne prouve pas que la littérature profane fût proscrite à Port-Royal, et que Racine n'ait pu l'y étudier qu'en cachette et par contrebande. La bonne littérature profane y était admise et enseignée; c'était la mauvaise qui était interdite; mais la bonne elle-même était subordonnée aux règles de la foi chrétienne, et ce perpétuel rapprochement entre les deux littératures faisait qu'elles s'élevaient et qu'elles s'embellissaient l'une par l'autre.

Cette double étude de l'antiquité profane et de l'antiquité sacrée se retrouve sans cesse dans les notes du jeune homme qui sera l'auteur de *Phèdre* et d'*Athalie*. C'était l'esprit de Port-Royal. Seulement, dans les écrivains de Port-Royal, la doctrine chrétienne dominait tout et cachait l'art emprunté à l'antiquité. Dans Racine, qui se laissa d'abord entraîner au torrent du monde, l'inspiration de la littérature profane éclipsa pendant quelque temps l'inspiration sacrée : elle reparut plus tard, et *Athalie* surpasse *Phèdre*. Cela me rappelle la perte du Rhône, telle que je l'ai vue par un beau jour d'été : le fleuve disparaissait sous les rochers qui le couvraient, et ces rochers eux-mêmes étaient couverts d'arbustes en fleurs, où volaient je ne sais combien de papillons et d'insectes éclatants; c'était à ne pas croire que le fleuve coulât sous sa voûte invisible; et pourtant plus loin il reparaissait à la lumière plus beau et plus magnifique que jamais. Le passage de Racine à travers la littérature et la vie profane ne lui a rien ôté non plus de la grandeur qu'il avait puisée aux sources sacrées.

Voyons maintenant dans ces notes éparses de Port-Royal quelques témoignages de cette double inspiration où se formait le génie de Racine.

10[1] « Euripide dit : Les Dieux brisent les fortunes des hommes.

11 Il ajoute : « C'est afin que les hommes tournent leurs regards vers eux.

12 « Le prophète Amos dit que rien n'arrive en la cité que par Dieu.

13 « David dit : La coupe du bon vin et la coupe de la lie sont entre les mains de Dieu.

« 14 « Ce qui ne signifie pas, ajoute Racine, que Dieu fasse le mal. »

Il a raison; Dieu laisse aux hommes le choix du bien et du mal, le choix entre les deux coupes. Mais nous ne cherchons pas dans ces pensées et ces citations éparses la doctrine philosophique ou théologique de Racine à dix-sept ans: nous cherchons seulement quelle est l'idée qui lui fait faire le rapprochement entre Euripide, le prophète Amos et le roi David : il aime à trouver le même sentiment dans les deux littératures, la même croyance à l'incontestable intervention de Dieu ou des Dieux dans les affaires « de la cité » et dans les aventures particulières « de l'homme. »

« 24. « La grâce consiste en ce que les hommes n'ont point d'autres bons sentiments que ceux que Dieu leur donne. »

« 25. « Plutarque a dit que Caton aimoit tellement la vérité, qu'il sembloit être poussé par une inspiration divine.[2] »

Je reconnais un disciple de Port-Royal à ce soin de montrer que la grâce est une doctrine si nécessaire et si évidente, que les païens mêmes y croyaient et en reconnaissaient les effets dans la vertu de leurs grands hommes. La conciliation entre

---

1. Je me sers des numéros mis par M. de La Rochefoucauld-Liancourt aux notes de Racine. — 2ᵉ partie, p. 12-13.
2. *Ibid.*, p. 14.

les doctrines chrétiennes et les doctrines grecques et latines était l'instinct et le penchant de Racine dès sa jeunesse.

« 21. « Chiron disoit au jeune Achille : Jupiter est le maître des éclairs et des foudres. »

« 22. « *Nubes et caligo in circuitu ejus.* Dieu est le maître des nuées et des orages.[1] »

Rapprochement d'expression à côté des rapprochements de sentiments et de pensées. Tout est bon à noter pour le jeune homme dans l'étude comparée des deux littératures qu'il fait sous l'influence de ses maîtres, et qu'il pousse plus loin qu'eux.

Je me borne à ces citations ; elles suffisent, si je ne me trompe, pour montrer la part que l'antiquité profane et l'antiquité sacrée avaient dans l'esprit de Racine, dans ses études, et par conséquent dans l'enseignement de Port-Royal. A Dieu ne plaise que je veuille en ce moment faire entre Racine et Raphaël un parallèle qui, s'il allait plus loin qu'un simple rapprochement, deviendrait faux ! Il m'est impossible cependant, quand je vois cette conciliation que Racine aime à faire sans cesse entre les deux antiquités, de ne point me souvenir de ces peintures de Raphaël, *l'École d'Athènes* et *la Dispute du Saint-Sacrement,* où la philosophie ancienne et la théologie chrétienne sont placées en regard l'une de l'autre, non pour être opposées l'une à l'autre, mais pour être comparées et conciliées. Dans cette comparaison, les peintres italiens, entraînés par le penchant naturel de l'art vers le paganisme, n'ont pas toujours su garder la mesure que Raphaël, quand il est mort à trente-sept ans, n'avait pas encore perdue. Ils ont plus donné à la tradition païenne qu'ils reprenaient avec enthousiasme qu'à la tradition chrétienne que Giotto et l'école du xive et du xve siècle avaient su garder dans la peinture comme dans la sculpture. Racine, qui était poëte, et qui se servait du langage, c'est-à-dire d'un moyen fait pour exprimer plutôt la pensée humaine que la forme humaine, Racine

---

1. La Rochefoucauld-Liancourt, *Études littéraires et morales,* p. 21.

était plus à son aise pour tenir la balance égale entre les deux antiquités, et pour les concilier dans les œuvres de son génie. De là cette louange qu'il a méritée d'être sans contredit celui de nos poëtes français qui s'est le plus approché du génie grec, et qui cependant a fini par rester le plus fidèle au génie chrétien.

III.

PREMIERS VERS DE RACINE. — SA SORTIE DE PORT-ROYAL EN 1658.

Les premiers vers de Racine datent de Port-Royal; ils lui furent inspirés par la beauté des lieux; mais ils ne sont pas bons, et Louis Racine, qui les publia le premier, a raison de dire que son père « fit connoître à Port-Royal sa passion plutôt que son talent pour les vers par sept odes qu'il composa sur les beautés champêtres de sa solitude, sur les bâtiments de ce monastère, sur les paysages, les prairies, les bois, l'étang, etc. Le hasard, ajoute-t-il, m'a fait trouver ces odes, qui n'ont rien d'intéressant, même pour les personnes curieuses de tout ce qui est sorti de la plume des écrivains devenus fameux : elles font seulement voir qu'on ne doit pas juger du talent d'un jeune homme par ses premiers ouvrages. Ceux qui lurent alors ces odes ne purent pas soupçonner que l'auteur deviendroit dans peu l'auteur d'*Andromaque*. »

Il n'y a en effet dans ces vers, que le lecteur pourra lire dans notre édition, rien qui annonce un grand poëte et surtout un poëte dramatique. Il est poëte descriptif, et de la plus mauvaise école, c'est-à-dire de celle qui mêle les concetti de l'Italie ou de l'Espagne aux images de la nature.

> Je vois les tilleuls et les chênes,
> Ces géants de cent bras armés,
> Ainsi que d'eux-mêmes charmés,

Y[1] mirer leurs têtes hautaines.
Je vois aussi leurs grands rameaux
Si bien tracer dedans les eaux
　　Leur mobile peinture,
Qu'on ne sait si l'onde en tremblant
　　Fait trembler leur verdure,
Ou plutôt l'air même et le vent.

En lisant ces vers, je me souvenais vaguement d'en avoir lu de ce genre dans les poëtes du temps, et je ne m'étonnais pas que le jeune poëte eût pris modèle sur les auteurs contemporains; je m'étonnais seulement que la mauvaise poésie descriptive du siècle eût pénétré à Port-Royal; je me rappelais ces paroles excellentes de Lancelot dans la préface du *Recueil des poésies chrétiennes* : « Il est visible que pour former les personnes à la poésie, il faut leur former le sentiment et le goût. Or, pour cela, il n'y a qu'une méthode, qui est de lire quantité de bons vers et de n'en lire point de mauvais. En lisant d'excellents vers, on s'en imprime l'idée; et en n'en lisant point de mauvais, on empêche que cette idée ne s'obscurcisse et ne se corrompe.[2] » Cette introduction de la

1. Dans l'étang de Port-Royal.
2. Ce recueil de poésies chrétiennes est une des curiosités du xviie siècle. Ce sont dans le premier volume des vers chrétiens; dans le second, les vers profanes arrivent; la préface est de Lancelot, la dédicace au prince de Conti est de La Fontaine, qui s'y désigne déjà comme fabuliste.

　　Pour moi, je n'ai de part en ces dons du Parnasse
　　　Qu'à la faveur de ceux que je suis à la trace :
　　Ésope me soutient par ses inventions;
　　J'orne de traits légers ses riches fictions.
　　Ma muse cède en tout aux muses favorites
　　Que l'Olympe doua de différents mérites.
　　Cependant à leurs vers je sers d'introducteur;
　　Cette témérité n'est pas sans quelque peur.
　　De ce nouveau recueil je t'offre l'abondance,
　　Non point par vanité, mais par obéissance.
　　Ceux qui par leur travail l'ont mis en cet état,
　　Te le pouvoient offrir en termes pleins d'éclat;
　　Mais craignant de sortir de cette paix profonde
　　Qu'ils goûtent en secret et loin du bruit du monde,
　　Ils m'engagent pour eux à le produire au jour,
　　Et me laissent le soin de t'en faire leur cour.

Quels sont donc ces pieux solitaires qui, ayant fait un recueil de poésies

poésie descriptive du temps à Port-Royal et le mauvais effet qu'elle eut sur Racine, qui la prit pour modèle dans ses premiers vers, s'expliquèrent pour moi, lorsque je me mis à relire dans le *Recueil des poésies chrétiennes* les vers de M. Arnauld d'Andilly, et surtout dans les *Mémoires de Fontaine pour servir à l'histoire de Port-Royal*, les vers de M. Le Maistre de Sacy, qu'il cite avec admiration.

Ces vers de M. Le Maistre de Sacy sont meilleurs assurément que les vers de Racine que je viens de citer ; mais ils sont dans le même goût. Fontaine raconte que la mère de MM. Le Maistre leur ayant envoyé des bourses qu'elle avait brodées pour eux, M. Le Maistre de Sacy fut chargé par ses frères de faire leurs remercîments à leur mère. « Il faut avouer, dit M. de Sacy dans la lettre qu'il écrivoit à sa mère, que nous

chrétiennes, n'ont point voulu cependant le publier sous leur nom, et ont chargé La Fontaine de le dédier au prince de Conti? Sont-ce les solitaires de Port-Royal? On peut le croire, si Lancelot a fait la préface; on peut en douter, si La Fontaine, qui était déjà connu comme l'auteur des *Contes*, a publié ce recueil en 1671. Les contes de La Fontaine ont paru en 1665 et en 1666. Le privilége du *Recueil des poésies chrétiennes* est de 1669, et l'impression de 1670. Enfin, le privilége est accordé à M. Henri Loménie de Brienne, sous le faux nom de Lucile Hélie de Brèves. Ce Loménie de Brienne avait quitté le monde pour le cloître ; il était entré à l'Oratoire, et bientôt il quitta le cloître pour le monde et se fit auteur, moitié profane, et moitié religieux, cherchant à gagner quelque argent en publiant des livres qu'il faisait plus ou moins. Homme de cour, il obtint un privilége pour publier ce *Recueil des poésies chrétiennes* qu'il avait peut-être fait au cloître pendant sa retraite, ou qu'il avait peut-être trouvé fait par quelques-uns de ses amis du cloître. Comme il y avait dans ce recueil beaucoup de vers de Messieurs de Port-Royal ou de leurs amis, Lancelot y mit une préface. Mais se défiant de l'autorité peu mondaine du nom de Lancelot auprès du public, M. de Brienne pria La Fontaine, un de ses amis du monde, d'y mettre son nom et d'en faire la dédicace au prince de Conti; ce que fit La Fontaine, sans s'inquiéter plus que M. de Brienne du contraste qu'il y avait entre le sujet de ce recueil et sa réputation de conteur. Il y mit même la traduction d'un psaume, ce qui n'était encore alors pour lui qu'un exercice de littérature, et non point un engagement de mieux vivre. Pour arranger le tout, on ajouta au titre de *poésies chrétiennes* le mot de *diverses*. On ne connaît de ce recueil que deux volumes. L'abbé Goujet, dans sa *Bibliothèque française*, parle d'un troisième dans lequel sont quelques fables de La Fontaine encore inédites quand il publia ce 3e volume, que je n'ai pas rencontré.

fûmes surpris quand nous vîmes ces belles bourses, et que toutes, dans leur beauté différente, furent admirées également, de sorte que, quand il les fallut choisir, on n'en pouvoit prendre une, sans avoir regret de quitter les autres :

>Ainsi dans ces jardins dont la vive peinture
>Fait admirer ensemble et l'art et la nature,
>Dans un riche parterre, entre mille couleurs
>Qui composent l'émail et la pourpre des fleurs,
>Le mélange d'attraits dont la terre est pourvue
>Nous charme en même temps et nous trouble la vue.
>L'œil confond les objets, et l'âme son désir ;
>Pour avoir trop à prendre on ne sauroit choisir.

« Celle que je vis la première, ce fut la bleue et blanche, que je croyois sans doute la plus belle, et dont les couleurs me ravirent dans leur agréable mélange :

>Ainsi quand le soleil, dans un sombre nuage,
>Cache pour quelque temps l'or de son beau visage,
>On voit une blancheur qui pare en mille lieux
>Ce grand voile d'azur qui couvre tous les cieux.

« Mais véritablement, je n'admirai pas moins la seconde, dont l'incarnat et le blanc sont mêlés avec tant d'artifice :

>Comme lorsque le lis, dont toute fleur adore
>Le diadème blanc dans l'empire de Flore,
>Unit son teint d'argent et mêle sa blancheur
>Au pourpre merveilleux de cette belle fleur,
>Ils redoublent tous deux leurs beautés naturelles ;
>Chacun donne et reçoit mille grâces nouvelles.
>Dans cet heureux mélange on les voit embellis ;
>Le lis pare la rose, et la rose le lis.[1] »

Je m'arrête et ne veux pas suivre M. Le Maistre de Sacy dans la description de toutes les bourses que sa mère avait aimé à broder pour ses fils ; mais il est évident que cette poésie descriptive, pleine de métaphores et de périphrases, qui, sans aller jusqu'à la pointe italienne, s'approche sans cesse du jeu d'esprit, est le modèle qu'a suivi Racine dans ses premières

---

1. *Mémoires de Fontaine*, t. Ier, p. 88-89.

années. Non pas que je refuse à M. de Sacy, à M. Arnauld d'Andilly et aux poëtes de Port-Royal, en y comprenant Racine dans ses premiers essais, le don de sentir le charme intime de la nature. La retraite qu'ils habitaient, à la fois gracieuse et grave, avait de quoi les inspirer. Port-Royal, dont j'ai plusieurs fois visité les ruines, ruines douloureuses, puisqu'elles ont été faites par la main des hommes, Port-Royal était bâti au fond d'une vallée, au milieu de riantes prairies, couronnées de tous côtés par des collines couvertes de bois. Le lieu est propre, s'il en fut jamais, à la méditation pieuse et à la rêverie poétique. Pour les solitaires et les poëtes de Port-Royal, aimer la nature, c'était aimer Dieu, qui l'avait faite si belle. Ils excellent donc à voir et à glorifier Dieu dans les merveilles de la création, et la piété en eux aide au talent. Voyez quelques strophes de l'ode à la solitude, d'Arnauld d'Andilly.

> En ce jour dont les délices
> N'ont que des objets innocents,
> Je n'ai point à garder mes sens
> Des charmes périlleux des vices.

> Le murmure si doux du cristal des ruisseaux,
> Le son harmonieux du concert des oiseaux,
> Et de l'émail des fleurs la vivante peinture,
> Sont des voix et des traits brillants de tous côtés
>   Qui de l'auteur de la nature
> Célèbrent les grandeurs et montrent les beautés.

> La terre de moissons dorées
> Couvrant ses fertiles sillons,
> La riche fraîcheur des vallons,
> Les plantes de leurs fruits parées,
> L'inégal mouvement des machines des cieux
> Dont l'insensible cours se dérobe à nos yeux,
> L'azur du firmament et le feu des étoiles,
> Par un nombre infini de miracles divers,
>   Me font découvrir sous leurs voiles
> L'adorable pouvoir du Dieu de l'univers.

> Ainsi le ciel, la terre et l'onde
> Sont autant de vivants portraits

> Qui me figurent les attraits
> Et les beautés d'un autre monde.
> . . . .[1]

Comparez à ces vers d'Arnauld d'Andilly cette strophe de Racine sur Port-Royal :

> C'est sous ces épaisses feuillées
> Qu'on voit les petits oiseaux,
> Ces chantres si doux et si beaux,
> Errer en troupes émaillées;
> C'est là que ces hôtes pieux
> Par leurs concerts harmonieux
> Enchantent les oreilles,
> Et qu'ils célèbrent sans souci
> Les charmantes merveilles
> De ces lieux qu'ils ornent aussi.

Vous reconnaîtrez aisément la même inspiration et la même école. Il y a moins de goût et aussi moins de piété dans les vers de Racine; mais il y a le même don de sentir la beauté de la nature et le même penchant à la célébrer.

Je ne voudrais pas cependant qu'on crût que, dans les premiers vers de Racine, il n'y en ait pas çà et là qui témoignent d'un poëte à venir, quand le travail et de meilleurs modèles auront formé son génie. Sont-ce par exemple des vers sans grâce et sans élévation que ceux-ci que je tire de la première ode de Port-Royal, et dans lesquels il préfère aux jets d'eau et aux cascades des jardins de Rueil ou de Saint-Germain le cours paisible et doux des ruisseaux de la prairie?

> La nature est inimitable;
> Et quand elle est en liberté,
> Elle brille d'une beauté
> Aussi douce que véritable.[2]

Et ceux-ci dans l'ode sixième sur la lutte des taureaux :

> Pendant cette rude tempête
> On voit les timides troupeaux

---

1. *Recueil des poésies chrétiennes*, t. Ier, p. 172-173.
2. *Ibid.*, ode Ire.

> Attendre qui des deux rivaux
> Les doit faire enfin sa conquête;
> Mais déjà l'un, tout glorieux,
> Fait d'un effort victorieux
> Triompher sa furie;
> L'autre, morne et plein de douleur,
> Va loin de la prairie
> Cacher sa honte et son malheur.

Nous reconnaissons dans ces vers une imitation des beaux vers de Virgile dans les *Géorgiques* :

> Nec mos bellantes una stabulare, sed alter
> Victus abit, longeque ignotis exulat oris,
> Multa gemens ignominiam plagasque superbi
> Victoris, tum quos amisit inultus amores;
> Et stabula aspectans regnis excessit avitis.[1]

L'imitation est encore timide et faible ; elle décèle cependant un poëte qui sentait de bonne heure le charme infini de Virgile, et qui se préparait à en transporter dans notre langue l'harmonie et l'élégance.

J'ai voulu montrer par les diverses citations que je viens de faire que, si Racine avait pris à Port-Royal le goût et le sentiment de la grande poésie grecque et latine, il n'avait pas été aussi heureux dans les modèles qu'il avait sous les yeux pour la poésie française. Les vers qu'on y lisait comme bons pour se conformer au précepte de Lancelot, ceux aussi qu'on y faisait et que Racine y faisait lui-même, appartiennent encore à l'ancienne école, c'est-à-dire à la poésie diffuse et incorrecte qu'on trouve dans les auteurs de la première partie du xviie siècle. Cette poésie élégante et pure, gracieuse et élevée, que Racine devait avec Boileau enseigner à son siècle, Racine ne l'a point apprise à Port-Royal. Il en avait l'idée par l'admiration qu'il y avait prise pour la poésie grecque et latine, mais il n'en avait pas le modèle : sa gloire est de l'avoir trouvé.

---

1. *Géorgiques*, 3ᵉ livre, v. 260 et suiv.

Les vers latins qui nous sont restés de la jeunesse de Racine sont plus élégants que ses vers français; mais ils ne sont guère plus originaux : il avait seulement de meilleurs modèles qu'il imitait de plus près. On ne sait jamais pour la poésie latine moderne jusqu'à quel point le style en appartient à l'auteur; son mérite même est qu'il lui appartienne le moins possible. Il n'y a que les idées qui procèdent de lui et qui témoignent de son originalité. Les vers latins de Racine sont élégants comme ceux d'un bon imitateur de Virgile et d'Ovide, et les sentiments, dans la pièce adressée au Christ, sont ceux d'un pieux élève de Port-Royal qui voit la persécution s'élever contre cette sainte maison.

AD CHRISTUM.

O qui perpetuo moderaris sidera motu,
    Fulmine qui terras imperioque regis,
Summe Deus, magnum rebus solamen in arctis,
    Una salus famulis præsidiumque tuis,
Sancte parens, facilem præbe implorantibus aurem,
    Atque humiles placida suscipe mente preces.
Huc adsis tantum, et propius res aspice nostras,
    Leniaque afflictis lumina mitte locis.
Hanc tutare domum quæ per discrimina mille,
    Mille per insidias vix superesse potest.
Aspice ut infandis jacet objectata periclis,
    Ut timet hostiles irrequieta manus.
Nulla dies terrore caret, finemque timoris
    Innovat infenso major ab hoste metus.
Undique crudelem conspiravere ruinam
    Et miseranda parant vertere tecta solo.
Tu spes sola, Deus, miseræ; tibi vota precesque,
    Fundit in immensis nocte dieque malis.
Quem dabis æterno finem, rex magne, labori?
    Quis dabitur bellis invidiæque modus?
Nullane post longos requies speranda tumultus?
    Gaudia sedato nulla dolore manent?
Sicne adeo pietas vitiis vexatur inultis?
    Debita virtuti præmia crimen habet.
Aspice virgineum castis penetralibus agmen,
    Aspice devotos, sponse benigne, choros.
Hic sacra illæsi servantes jura pudoris,

Te veniente die, te fugiente, vocant. [1]
. . . .
Huc quoque nos quondam tot tempestatibus actos
 Abripuit flammis gratia sancta suis.
Ast eadem insequitur mœstis fortuna periclis :
 Ast ipso in portu sæva procella furit.
Pacem, summe Deus, pacem te poscimus omnes;
 Succedant longis paxque diesque malis.
Te duce disruptas pertransiit Israel undas :
 Hos habitet portus, te duce, vera salus.
Hic nemora, hic nullis quondam loca cognita muris,
 Hic horrenda tuis laudibus antra sonant.
Huc tua dilectas deduxit gratia turmas ;
 Hinc ne unquam Stygii moverit ira noti! [2]

1. Je trouve dans les odes sur Port-Royal des vers qui semblent traduire ces vers latins, et qui méritent encore d'être cités :

> C'est dans ce chaste paradis
> Que règne en un trône de lis
> La virginité sainte ;
> C'est là que mille anges mortels
> D'une éternelle plainte
> Gémissent aux pieds des autels.
>
> Non, ma plume n'entreprend pas
> De tracer ici vos combats,
> Vos jeûnes et vos veilles.
> Il faut, pour en bien révérer
> Les augustes merveilles,
> Et les taire et les adorer.   (Ode deuxième.)

2. Je traduis cette pièce, quoiqu'elle doive perdre beaucoup à être traduite, n'étant qu'une plainte sans grande nouveauté, exprimée en vers élégamment imités des poëtes latins.

PRIÈRE AU CHRIST.

« O toi qui diriges l'éternel mouvement des astres, qui gouvernes le monde par les commandements de ta foudre, Dieu tout-puissant, vengeur et consolateur des affligés, c'est en toi que tes serviteurs mettent l'espérance de leur salut; Père des miséricordes, prête une oreille indulgente à nos prières, et reçois nos vœux dans ta bonté. Viens à notre secours ; jette un regard de pitié sur nos malheurs, et répands en ces lieux désolés la lumière de ta clémence. Protége cette maison qui, à travers mille vicissitudes, à travers mille embûches, ne peut subsister que par toi. Vois à combien de périls elle est exposée, comment sans cesse et sans repos elle a à craindre l'effort de ses ennemis. Point de journée qui n'ait sa terreur, et les craintes de la veille n'aboutissent qu'aux craintes plus grandes encore du lendemain ; partout nos ennemis conspirent notre ruine : ils veulent détruire jusqu'en

En 1658, au mois d'octobre, Racine vint à Paris, au collége d'Harcourt, faire sa philosophie. Goûta-t-il ce genre d'étude ? Peu, si nous en croyons des vers qu'il adressait à un de ses amis.

> Lisez cette pièce ignorante [1]
> Où ma plume si peu coulante
> Ne fait voir que trop clairement,
> Pour vous parler succinctement,
> Que je ne suis pas un grand maître.
> Hélas, comment pourrois-je l'être ?
> Je ne respire qu'arguments.
> Ma tête est pleine à tous moments
> De majeures et de mineures.[2]
> Etc.

Il est possible, d'après ces vers, que Racine trouvât que la philosophie n'avait pas de quoi inspirer les poëtes; mais rien ne prouve qu'il ne l'étudiât pas avec attention, et ce qui me le fait croire, ce sont les notes et les citations de philosophie que

leurs fondements nos foyers persécutés. Hélas! nous n'espérons qu'en toi; c'est toi qu'au milieu de nos maux nous implorons nuit et jour. Juge souverain, quel terme assignes-tu à nos épreuves? Quand finiront les attaques de l'envie qui nous poursuit? N'avons-nous donc point de repos à espérer après tant de tempêtes? N'aurons-nous pas quelques jours de joie après tant de jours de douleur? Ainsi donc, les vices peuvent impunément tourmenter la piété! Ainsi donc le crime ravit les récompenses dues à la vertu! vois dans cette chaste demeure cette troupe de jeunes vierges; vois le chœur de servantes dévouées à ta foi. C'est ici que, soumises aux lois d'une pudeur inviolable, elles t'invoquent quand commence le jour, et t'invoquent encore quand il finit.... C'est ici qu'après tant d'orages la grâce nous a guidés par sa flamme céleste; mais la colère du sort nous y poursuit et nous environne de périls; c'est dans le port même que nous sommes en butte aux fureurs de la tempête. La paix, Seigneur! nous implorons tous la paix : fais-nous trouver après tant d'infortunes la paix et la lumière : c'est toi qui as fait traverser à Israël les flots entr'ouverts pour son passage; que ce soit toi, Seigneur, qui nous fasses trouver dans ce port notre véritable salut ! Vois ces forêts et ces vallons qui jusqu'à nous étaient restés déserts, vois ces cavernes affreuses qui retentissent maintenant de tes louanges. C'est ici que la grâce a conduit ton peuple chéri; fais que le courroux des enfers ne nous en bannisse jamais !

1. Pièce de vers ou pièce de théâtre, on ne sait.
2. Louis Racine, *Mémoires sur la vie de son père*.

je trouve dans ces *Brouillons* de Racine publiés par M. de La Rochefoucauld. « Il y a sans doute, comme Racine le disait plus tard, en recevant à l'Académie française M. l'abbé Colbert, fils du ministre, et qui entrait à l'Académie à vingt-quatre ans : il y a sans doute une philosophie qui se paye de termes barbares et de frivoles questions que l'on est accoutumé d'entendre dans les écoles; » mais il y a aussi une philosophie qui se plaît a enseigner « les solides vérités, les plus beaux secrets de la nature, les plus importants principes de la métaphysique... » « Non, monsieur, vous ne vous êtes point borné à suivre une route ordinaire; vous ne vous êtes point contenté de l'écorce de la philosophie; vous en avez approfondi tous les secrets; vous avez rassemblé ce que les anciens et les modernes avoient de solide et d'ingénieux; vous avez parcouru tous les siècles pour nous en rapporter les découvertes. L'oserai-je dire ? Vous avez fait connoître dans les écoles Aristote même, dont on n'y voit souvent que le fantôme. [1] »

Racine nous explique ici, vingt ans après son cours de logique du collége d'Harcourt, d'une part la philosophie qu'il n'aimait pas, et d'autre part la philosophie qu'il cherchait en vain quand il était écolier, et dont il esquisse le programme dans son discours. A prendre ses notes de jeunesse, on voit que dans la philosophie la morale est la partie qu'il aime le plus. C'est celle en effet où le poëte dramatique devait trouver de quoi nourrir et développer son génie. La logique n'a rien à faire avec la tragédie, qui ne se pique pas de mettre en scène des logiciens, mais des hommes passionnés, c'est-à-dire des personnages capables de bien et de mal. *Passio neque virtus est neque vitium,* dit une des citations ou des notes de ses brouillons. [2] La passion n'est ni la vertu ni le vice : elle peut aboutir à l'une comme à l'autre, et c'est là ce qui rend l'homme dramatique.

---

1. Discours de Racine, directeur de l'Académie française, à la réception de l'abbé Colbert, 30 octobre 1678.
2. La Rochefoucauld-Liancourt, *Études littéraires et morales,* p. 56.

Quand Racine sortit de philosophie, il fut incertain pendant quelques années, ne sachant quelle carrière il suivrait. Son goût le poussait vers la littérature ; mais sa famille et ses amis de Port-Royal l'en détournaient également. On voulait qu'il étudiât le droit, parce que sa famille, ayant à La Ferté-Milon, depuis plusieurs générations déjà, des charges quasi-judiciaires et quasi-financières du duché de Valois, il pouvait espérer entrer dans quelqu'une de ces charges, et c'était pour lui, disait-on, un bel avenir. Mais le futur auteur des *Plaideurs* n'avait aucun goût pour le droit et pour la judicature. Ne pouvant pas vaincre sa répugnance de ce côté, on chercha à le faire entrer dans ce que nous appellerions aujourd'hui les affaires, et son cousin germain, M. Vitart, qui était à cette époque intendant des familles de Luynes et de Chevreuse alors réunies, le fit travailler avec lui. Ces intendances de grandes familles ont été aussi dans l'ancienne monarchie un des degrés de l'agrandissement de la bourgeoisie. Colbert a commencé par être intendant du cardinal Mazarin. Racine, en apprenant les affaires et la comptabilité du temps sous son cousin Vitart, pouvait plus tard revenir vers le contrôle du grenier à sel de ses aïeux paternels, ou au commissariat des eaux et forêts de son aïeul maternel. Il suivait les traces modestes et sûres de sa famille. Il échappait surtout aux dangers de la vie littéraire, dont les incertitudes et les tentations effrayaient également ceux qui dans sa famille souhaitaient qu'il fît fortune, et ceux qui à Port-Royal voulaient qu'il fît son salut.

Le cousin Vitart, intendant des Luynes et des Chevreuse, était un excellent homme qui aimait beaucoup Racine, et que Racine a toujours beaucoup aimé. C'était plus qu'un simple intendant. Son emploi lui avait créé des relations littéraires ; il connaissait M. Chapelain et M. Perrault, qui avaient alors, Chapelain surtout, le premier rang dans la littérature. Voyant le goût que son cousin avait pour les lettres, et sachant aussi par le monde qu'il voyait à Paris que la carrière littéraire n'était pas, pour ceux qui y réussissaient, si contraire à la fortune d'un jeune homme qu'on le croyait à La Ferté-Milon, il ne s'opposa pas à ce que son cousin cultivât les lettres, en même temps qu'il l'employait dans les affaires qu'il gérait. Peut-être espérait-il que Racine ne serait poëte et auteur que pendant quelques années de jeunesse. Mais le goût de l'administration ne venait point à Racine; et quand il était au château de Chevreuse, à six lieues de Paris, occupé à surveiller les travaux et à payer les ouvriers, il se croyait exilé et captif, et datait de Babylone les lettres qu'il écrivait à ses amis. Voyez cette lettre écrite à M. l'abbé Levasseur.

« A Babylone, ce 27 janvier 1661.

« Tout éloigné que je suis de Paris, je ne laisse pas de savoir tout ce qui s'y passe. Je sais l'état qu'on y fait de moi, et en quelle posture je suis près de vous et des autres. Je sais que M. l'avocat [1] me voulut venir voir hier, et que M. l'abbé ne voulut pas seulement ouïr cette proposition. En effet, vous étiez en trop belle compagnie pour la quitter, et ce n'est pas votre humeur de quitter les dames pour aller voir des prisonniers. Monsieur, Dieu vous garde jamais de l'être ! Je jure par toutes les divinités qui président aux prisons (je crois qu'il n'y en a point d'autres que la justice, ou Thémis en termes de poëtes); je jure donc par Thémis, que je n'aurai jamais le moindre mouvement de pitié pour vous, et que je me changerai en pierre, comme Niobé, pour être aussi dur pour vous que vous l'avez été pour moi; au lieu que M. l'avocat ne sera pas plutôt dans un des plus noirs cachots de la Bastille (car un homme de sa conséquence ne sauroit jamais être prisonnier que d'État), il n'y sera pas plutôt, en vérité, que j'irai m'enfermer avec lui, et croyez que ma reconnoissance ira de pair avec mon ressentiment.

« Vous vous attendez peut-être que je m'en vais vous dire

---

1. L'avocat Levasseur, frère de l'abbé.

que je m'ennuie beaucoup à Babylone, et que je vous dois réciter les lamentations que Jérémie y a autrefois composées. Mais je ne veux pas vous faire pitié, puisque vous n'en avez pas déjà eu pour moi. Je veux vous braver, au contraire, et vous montrer que je passe fort bien mon temps. Je vais au cabaret deux ou trois fois le jour.[1] Je commande à des maçons, à des vitriers et à des menuisiers, qui m'obéissent assez exactement, et me demandent de quoi boire. Je suis dans la chambre d'un duc et pair : voilà pour ce qui regarde le faste ; car, dans un quartier comme celui-ci, où il n'y a que des gueux, c'est grandeur que d'aller au cabaret. Tout le monde n'y peut aller.

« J'ai des divertissements plus solides, quoiqu'ils paroissent moins. Je goûte tous les plaisirs de la vie solitaire. Je suis tout seul, et je n'entends pas le moindre bruit. Il est vrai que le vent en fait beaucoup, et même jusqu'à faire trembler la maison. Mais il y a un poëte qui dit :

> O quam jucundum est recubantem audire susurros
> Ventorum, et somnos, imbre juvante, sequi ![2]

Ainsi, si je voulois, je tirerois ce vent à mon avantage; mais

---

1. C'étoit l'usage d'aller alors au cabaret, comme on va aujourd'hui au café. (L. R.)

2. « Qu'il est doux d'entendre de son lit le murmure des vents, et de s'endormir au bruit de la pluie ! » Si Racine a voulu citer Tibulle, il a défiguré le premier vers, et déplacé le second. Voici le passage de Tibulle.

> Quam juvat immites ventos audire cubantem,
> Et dominam tenero detinuisse sinu ;
> Aut, gelidas hibernus aquas quum fuderit Auster,
> Securum somnos, imbre juvante, sequi!
> (TIBUL., lib. I, eleg. 1.)

« Qu'il est doux, lorsqu'on est couché, d'entendre mugir au loin les vents impitoyables, et de serrer alors sa maîtresse contre son sein ! Qu'il est doux, quand l'Auster verse des torrents dans la plaine, de s'endormir en sûreté au bruit de la pluie qui tombe ! » Racine a cité sans doute quelque poëte moderne et peu connu, qui a imité platement et corrigé froidement Tibulle. (G.)

je vous assure qu'il m'empêche de dormir toute la nuit, et je crois que le poëte vouloit parler de ces zéphyrs flatteurs,

> Che debattendo l' ali
> Lusingano il sonno de' mortali. [1]

Je lis des vers, je tâche d'en faire. Je lis les aventures de l'Arioste.... Voilà comme je passe mon temps à Babylone. Je ne vous prie plus d'y venir après cela. Il me sembl͏̈ vous devez assez vous hâter pour prendre des divertissements de cette nature. Nous irons au cabaret ensemble : on vous prendra pour un commissaire, comme on me prend pour u sergent, et nous ferons trembler tout le quartier. Faites donc ce que vous voudrez; au moins ne faites rien par pitié, car je ne vous en demande pas le moins du monde. Pour M. l'avocat, c'est une autre affaire; je lui écrirai par le premier messager, car voilà les maçons qui arrivent, et je suis obligé d'aller voir à ce qu'ils doivent faire. Je vous prie cependant de remercier M. l'avocat, et de faire votre profit des reproches que je vous fais. »

Comme Racine n'avait de vocation ni pour la judicature ni pour l'administration, on pensa qu'il avait peut-être une vocation ecclésiastique, et on songea à lui obtenir quelque bénéfice. Un bénéfice était un revenu ecclésiastique qui était conféré à un clerc pour en jouir sous condition d'accomplir certains offices ou certaines fonctions religieuses. Point de bénéfice sans office, telle était la maxime absolue du droit canonique. Racine avait un oncle maternel qui était chanoine régulier de Sainte-Geneviève et qui avait été général de son ordre. Il était homme d'esprit, actif, un peu remuant; il se fit des ennemis pendant son généralat, et quand son pouvoir expira, on l'envoya à Uzès avec le titre et les fonctions de chanoine de la cathédrale, de grand vicaire, d'official; et enfin un bénéfice, le prieuré de Saint-Maximin, fut joint à son cano-

1. « Qui, en battant des ailes, enchantent le sommeil des mortels. » (G.)

nicat; tout cela pour le consoler de son exil. Le père Sconin, c'était le nom de cet oncle, aimait beaucoup Racine et ne demandait pas mieux que de lui céder son prieuré de Saint-Maximin. En cherchant à faire de Racine un abbé bénéficier, sa famille se prêtait jusqu'à un certain point au goût qu'il avait pour la carrière des lettres. L'état d'abbé s'accordait fort bien à cette époque avec la littérature, et même avec la littérature profane ou mondaine. Godeau, évêque de Vence et de Grasse, Fléchier, plus tard évêque de Nîmes, avaient commencé par être des abbés plus ou moins mondains; ils étaient surtout des poëtes et des beaux esprits, auxquels la vocation religieuse était venue peu à peu avec les fonctions épiscopales. C'était là l'avenir, moitié littéraire et moitié ecclésiastique, que la famille de Racine voulait lui ménager. Il fallait pour cela qu'il se fît théologien; c'était une étude à faire; il s'y décida sans empressement et sans répugnance; mais il fallait de plus qu'il se fît moine, car le prieuré de Saint-Maximin était un bénéfice régulier, qui ne pouvait, par conséquent, être conféré qu'à un membre du clergé régulier. Si le bénéfice eût été séculier, il aurait fallu que Racine fît partie du clergé séculier, c'est-à-dire fût prêtre : grands obstacles pour Racine, qui n'avait la vocation ni de prêtre ni de moine. On pouvait, il est vrai, obtenir des dispenses ou des ajournements; mais ce n'était pas la seule difficulté. L'évêque d'Uzès avait ses protégés, et il ne paraissait pas disposé, si le père Sconin se démettait de son prieuré, à le conférer à Racine. Ajoutez à cela que le revenu du prieuré était médiocre; enfin, nous voyons dans une des lettres inédites publiées par M. l'abbé de La Roque que, dans la famille même de Racine, cette affaire du bénéfice de l'oncle Sconin avait excité des mécontentements et des jalousies, soit que, parmi ses parents, il y en eût qui prétendissent au prieuré de Saint-Maximin, soit qu'ils craignissent que Racine, pendant son séjour à Uzès, ne s'acquît trop les bonnes grâces d'un oncle qui passait pour riche, et qu'il ne devînt son héritier exclusif.

« Quant à ce que vous me mandez, écrit Racine à sa sœur le 3 janvier 1662, que ma cousine Parmentier est encore malade, je vous puis assurer que j'y prends grande part, et qu'elle me touche toujours d'aussi près qu'elle a fait. Je suis marri que mon cousin son frère ait rompu avec moi comme il a fait à cause de mon voyage, et je vois bien qu'il n'est pas aussi bon ami que je le suis envers lui. Quand il seroit venu ici au lieu de moi, je ne lui en aurois pas voulu mal pour cela. Il ne sait pas les raisons qui m'ont obligé d'y venir. Cependant je sais assez que lui et mon oncle Duchesne [1] ont fait bien du bruit pour cela, à cause que j'y étois venu sans lui, comme si cela dépendoit de moi. Quoi qu'il en soit, je suis marri d'être mal dans son esprit. Mais je ne lui en ai pas donné de sujet. Il est vrai que je ne lui ai pas écrit depuis ma maladie, parce qu'étant encore à Paris, je ne pouvois presque écrire à personne, et depuis que je suis ici, je n'ai pas su par quelle voie lui écrire, aussi bien qu'à d'autres personnes qui peut-être m'en voudront mal. Je vous dis tout cela parce qu'il n'y a rien que je haïsse tant que d'être mal avec une personne comme lui, avec qui j'ai toujours été si bien. Si l'occasion s'en présente et qu'il vous parle de moi, dites-lui ces raisons, s'il vous plaît, et faites mes baisemains à ma cousine sa sœur; je vous en prie de tout mon cœur. Vous savez combien je l'ai toujours honorée, et je l'honore toujours de même.

« Après tout, il ne faut pas s'étonner si mon oncle Sconin ne s'est pas employé pour le faire venir, parce que vous savez bien la manière dont mon oncle Duchesne a vécu avec lui. Mais je n'en veux pas parler davantage. Ne montrez point ma lettre, et mandez-moi toutes choses comme elles se passent. »

---

1. Cet oncle Duchesne devait avoir épousé une Sconin, c'est-à-dire une des sœurs de la mère de Racine, et le cousin et la cousine Parmentier devaient être fils aussi d'une Sconin. M. l'abbé de La Roque dit dans une note que M. Sconin, le grand-père maternel de Racine, avait eu plusieurs filles, outre Mme Racine et Mme Vitart.

Nous verrons de quelle manière, rebuté par ces tracasseries de famille, par la mauvaise volonté de l'évêque d'Uzès, et surtout se sentant peu de vocation pour l'état ecclésiastique, Racine, quoique fort bien traité par son oncle, renonça à la poursuite de son bénéfice, quitta Uzès, nous savons comment, à la fin de l'été de 1662, et revint à Paris, décidé à suivre ses goûts littéraires. J'ai voulu dire d'abord tout ce qui se rapportait à la famille et aux études de Racine. Voyons maintenant ses premières poésies à Paris, avant son voyage d'Uzès, et son séjour même à Uzès, plus important qu'on ne le croit ordinairement pour le développement de l'esprit de Racine.

IV.

PREMIÈRES POÉSIES DE RACINE. — LA NYMPHE DE LA SEINE. VOYAGE ET SÉJOUR A UZÈS.

Nous prendrons pour guide dans cette partie les lettres de Racine lui-même et les mémoires de son fils.

La Nymphe de la Seine, ode pour le mariage du roi en 1660, n'est pas la première pièce de vers que Racine ait faite pour le public, ou plutôt pour le monde, car jusque-là ses vers comme ses pensées et ses sentiments s'étaient renfermés dans l'enceinte de Port-Royal. Nous le voyons, au commencement de 1660, à peine sorti de philosophie, fort occupé, dans les lettres de sa première jeunesse, d'un sonnet adressé au cardinal Mazarin sur la paix des Pyrénées, signée au mois de novembre 1659. Ces lettres sont adressées à l'abbé Levasseur, un des amis de collége de Racine, et qui était parent de M. Vitart. Cet abbé Levasseur, sur lequel j'ai en vain cherché des renseignements dans les auteurs de ce temps, était bien un camarade de collége, spirituel assurément, mais sans façon, fort mondain et aimant le plaisir, malgré son titre d'abbé. Cette correspondance dura de 1660 à 1663, sans qu'on sache pourquoi elle s'est interrompue. Les lettres n'ont-elles plus été conservées? L'abbé Levasseur, qui semble avoir d'abord été l'introducteur de Racine dans le monde, et pas toujours dans le bon, a-t-il repris des habitudes plus réservées et plus conformes à son état, à mesure que Racine se laissait plus aller à sa vie de plaisirs et de théâtre? Cette indifférence qui succède peu à peu à ce qu'on a pris pour de l'amitié, cette séparation sans rupture et sans regrets, sont des traits de la camaraderie de collége. Les bonnes amitiés sont celles qui se font dans la jeunesse, et qui, à mesure qu'elles durent, imposent des devoirs qu'il faut observer : mais elles se font par choix et non par les hasards de la camaraderie. Quoi qu'il en soit du genre d'amitié qu'avaient l'un pour l'autre Racine et l'abbé Levasseur, leur correspondance, dont nous n'avons que les lettres de Racine de 1660 jusqu'à la fin de 1663, a pour nous un grand intérêt, parce qu'elle nous montre les commencements littéraires du jeune poëte. Elles ont aussi un mérite justement remarqué par l'abbé d'Olivet dans son éloge de Racine : elles sont écrites avec une grâce et une élégance naturelles qui étaient rares encore dans les lettres de ce temps. La phrase y est vive et courte. C'est une prose nouvelle qui commence, sans que l'auteur le sache ou le veuille; il est nouveau sans être novateur. Cette liberté et cette originalité de style est plus remarquable à cette époque dans la prose que dans les vers de Racine. En vers, il n'est pas encore maître de son style; dans sa prose, il est déjà lui-même, et cela, quand il avait à peine vingt ans.

Nous n'avons pas le sonnet de Racine au cardinal Mazarin; mais nous avons, dans la première lettre de Racine à l'abbé Levasseur, l'histoire de son enfantement. Elle est curieuse et montre combien, dès le commencement, Racine avait l'habitude de travailler ses ouvrages.

A M. L'ABBÉ LEVASSEUR, A PARIS.

« Ce jeudi au matin, 1660.

« Je vous envoie mon sonnet, c'est-à-dire un nouveau sonnet; car je l'ai tellement changé hier au soir, que vous le méconnoîtrez. Mais je crois que vous ne l'en approuverez pas moins. En effet, ce qui le rend méconnoissable est ce qui vous le doit rendre plus agréable, puisque je ne l'ai si défiguré que pour le rendre plus beau et plus conforme aux règles que vous me prescrivîtes hier, qui sont les règles mêmes du sonnet. Vous trouviez étrange que la fin fût une suite si différente du commencement. Cela me choquoit de même que vous; car les poëtes ont cela des hypocrites, qu'ils défendent toujours ce qu'ils font, mais que leur conscience ne les laisse jamais en repos: j'en étois de même. J'avois fort bien reconnu ce défaut, quoique je fisse tout mon possible pour montrer que ce n'en étoit pas un ; mais la force de vos raisons, étant ajoutée à celle de ma conscience, a achevé de me convaincre. Je me suis rangé à la raison, et j'y ai aussi rangé mon sonnet. J'en ai changé la pointe, ce qui est le plus considérable dans ces ouvrages. J'ai fait comme un nouveau sonnet; et, quoique si dissemblable à mon premier, j'aurois pourtant de la peine à le désavouer. Ma conscience ne me reproche plus rien, et j'en prends un assez bon augure. Je souhaite qu'il vous satisfasse de même; je vous l'envoie dans cette espérance. Si vous le jugez digne de la vue de mademoiselle Lucrèce,[1] je serai

---

1. Je retrouve le nom de Mlle Lucrèce avec celui de beaucoup d'autres demoiselles dans la sixième lettre à l'abbé Levasseur, et ces demoiselles sont tout simplement de très-honnêtes bourgeoises et femmes mariées de la famille de l'abbé Levasseur et de la famille Vitart. Dans le XVIIe siècle on appeloit encore mademoiselle toutes les femmes bourgeoises, à moins que le mari ne possédât une charge ou n'exerçât une profession réputée noble. L'abbé de Marolles dit même dans ses curieux mémoires qu'il n'y avait autrefois « que les femmes des chevaliers qui fussent appelées madame, et

heureux, et je ne le croirai pas indigne de celle de Son Éminence. Retournez aux champs le plus tard que vous pourrez. Vous voyez le bien que cause votre présence. »

Le sonnet de Racine lui attira beaucoup de réprimandes de ses amis et de ses maîtres de Port-Royal, et cela pour deux raisons, je crois : d'abord ses amis de Port-Royal voyaient avec peine qu'il se livrât à ses goûts pour la littérature mondaine. De plus, il faut bien le dire, le cardinal Mazarin n'était ni très-aimé ni très-estimé à Port-Royal; et je n'en fais pas un reproche à Port-Royal. Cette sainte maison était devenue le refuge de quelques-uns des héros et des héroïnes de la Fronde. Je ne me plains ni ne m'étonne qu'à travers leur résignation et leur piété, ces réfugiés et leurs amis eussent cru pouvoir conserver leur fidélité politique. En faisant des vers pour le cardinal, Racine semblait passer du même coup aux mondains en général, et à des mondains particulièrement opposés à Port-Royal.

Ces réprimandes pieuses n'arrêtèrent point Racine sur la pente où il était décidé à se laisser aller. Il continuait à faire des vers, allait au théâtre avec l'abbé Levasseur et ses amis, admirait fort l'Opéra ou les *machines* (c'était le nom qu'on donnait alors à l'Opéra, récemment introduit en France par le cardinal Mazarin[1]), voyait les comédiens du théâtre du Marais, et je crois même, d'après une lettre à l'abbé Levasseur, qu'il

---

si un prince n'avoit pas encore obtenu cette qualité avec toutes les cérémonies, sa femme n'étoit appelée que mademoiselle, de quelque naissance qu'elle fût, sinon qu'elle fût fille de France. C'est ainsi que Charlotte de Bourgogne, femme de Jean, sire d'Albret, et qu'Isabeau de La Tour, veuve du comte Guillaume de Bretagne, n'étoient appelées que mademoiselle de leur vivant. » (*Mémoires de Marolles*, t. II, p. 89.) Marolles finit en disant que « la vente infinie des charges et des offices fait que le titre de madame se répandra partout de plus en plus. » L'usage cependant conserva encore le titre de mademoiselle aux simples bourgeoises jusqu'au commencement du xviiie siècle.

1. « Je n'ai pu passer tantôt chez vous, comme je vous avois promis, à cause du mauvais temps. Ainsi je vous écris ce billet, afin de vous faire souvenir de la proposition que M. l'avocat vous fit hier d'aller *aux machines*. Je vous prie de me mander le jour que vous irez. M. Vitart se laissera peut-être débaucher pour y aller avec nous; ainsi, si ma compagnie vous

leur avait déjà présenté quelque pièce de théâtre, tragédie ou comédie. Citons d'abord cette lettre ; nous ferons ensuite quelques observations.

A L'ABBÉ LEVASSEUR, A CROSNE.

« A Paris, ce dimanche au soir, 5 septembre 1660.

« Je vous envoie, monsieur, une lettre que Laroque[1] vous écrit, qui vous apprendra assez l'état où sont nos affaires, et combien il seroit nécessaire que vous ne fussiez pas si éloigné de nous. Cette lettre vous surprendra peut-être, mais elle nous devoit surprendre bien davantage, nous qui avons été témoins de la première réception qu'il a faite à la pièce. Il la trouvoit tout admirable, et il n'y avoit pas un vers dont il ne parût être charmé. Il la demanda après, pour en considérer le sujet plus à loisir ; et voilà le jugement qu'il vous en envoie, car je vous regarde comme le principal conducteur de cette affaire. Je ne sais pas à quel dessein Laroque montre ce changement.

est indifférente, la sienne ne vous le sera pas peut-être. »(Lettres de Racine, mars 1660.)

Ces machines de l'Opéra avaient grand succès et grande vogue, témoin ce sonnet du président Maynard au cardinal Mazarin sur les machines de la comédie italienne.

> Jules, nos curieux ne peuvent concevoir
> Les subits changements de la nouvelle scène.
> Sans effort et sans temps, l'art qui la fait mouvoir
> Fait d'un gouffre un parterre et d'un mont une plaine.
> Il change un antre obscur en un ciel azuré ;
> Où les poissons nageoient on voit naître des roses ;
> Quel siècle fabuleux a jamais admiré
> En si peu de moments tant de métamorphoses ?
> Ces diverses beautés sont les charmes des yeux ;
> Elles ont puissamment touché nos demi-dieux,
> Et le peuple surpris s'en est fait idolâtre.
> Mais si par tes conseils tu ramènes la paix,
> Et que cette déesse honore le théâtre,
> Fais qu'il demeure ferme et ne change jamais !

(*Recueil de poésies chrétiennes et diverses*, t. II, p. 145.)

1. Laroque, comédien du Marais, orateur de la troupe, et qui décidait souverainement du mérite des pièces que les auteurs venaient présenter à ce théâtre.

M. Vitart en donne plusieurs raisons ; il ne désespère de rien. Mais, pour moi, j'ai bien peur que les comédiens n'aiment à présent que le galimatias, pourvu qu'il vienne du grand auteur ;[1] car je vous laisse à juger de la vérité de ce qu'il dit sur les vers de l'*Amasie.* »

A voir le ton piqué de la lettre, la pièce que refusait Laroque était de Racine. J'avais même pensé un instant que cette pièce refusée était évidemment cette tragédie de *Théagène et Chariclée*, qu'on prétend que Racine offrit plus tard à Molière pour son théâtre du Palais-Royal ; mais la fin de la lettre, et surtout la suite de la correspondance, montrent qu'il s'agit ici d'une autre pièce, tragédie ou comédie, dont nous avons le nom, et qui était peut-être le premier essai dramatique de Racine. Elle s'appelait *Amasie*. Laroque en critiquait les vers, et Racine en appelait de ce jugement à celui de l'abbé Levasseur comme à un jugement plus éclairé. Ainsi ce désappointement commun à tant de jeunes poëtes de voir leurs pièces admises avec enthousiasme à la première lecture, et refusées après délibération, n'a pas manqué non plus à la jeunesse de Racine.

A côté de la tragédie ou de la comédie refusée, Racine faisait son ode *A la Nymphe de la Seine* sur le mariage du roi, et il priait son cousin Vitart de la montrer à M. Chapelain. Il envoie aussi son ode à l'abbé Levasseur, et le prie de lui adresser bien vite ses observations. Il lui rend un compte charmant de ses perplexités sur son ode et sur les changements qu'il y a faits pour suivre les conseils de M. Chapelain et de M. Perrault ; il y a même, quand il parle de ses deux critiques, une petite pointe de raillerie qui promet pour l'avenir.

---

1. Quel est le grand auteur? Serait-ce Corneille? Les contemporains d'un goût délicat avaient déjà lieu de reprocher à Corneille de tomber quelquefois dans le galimatias. *OEdipe* est de 1659. Je crois cependant plutôt que c'est Quinault. C'était le temps de la vogue et de la fécondité de Quinault. *Amalasonte* est de 1657 ; — le *Feint Alcibiade*. de 1658 ; — le *Fantôme amoureux*, de 1659 ; — *Stratonice*. de 1660.

« Septembre 1660.

« L'ode a été montrée à M. Chapelain ; il a marqué quelques changements à faire ; je les ai faits, et j'étois très-embarrassé pour savoir si ces changements n'étoient point eux-mêmes à changer. Je ne savois à qui m'adresser. M. Vitart est rarement capable de donner son attention à quelque chose. M. l'avocat n'en donne pas beaucoup non plus à ces sortes de choses. Il aime mieux ne voir jamais une pièce, quelque belle qu'elle soit, que de la voir une seconde fois ; si bien que j'étois près de consulter, comme Malherbe, une vieille servante, si je ne m'étois aperçu qu'elle est janséniste comme son maître,[1] et qu'elle pourroit me déceler ; ce qui seroit ma ruine entière, vu que je reçois encore tous les jours lettres sur lettres, ou, pour mieux dire, excommunications sur excommunications, à cause de mon triste sonnet. Ainsi j'ai été obligé de m'en rapporter à moi seul de la bonté de mes vers. Voyez combien votre présence m'auroit fait de bien ; mais puisqu'il n'y a plus de remède, il faut que je vous rende compte de ce qui s'est passé. Je ne sais si vous vous y intéressez, mais je suis si accoutumé à vous faire part de mes fortunes, bonnes ou mauvaises, que je vous punirois moins que moi-même en vous les taisant.

« M. Chapelain a donc reçu l'ode avec la plus grande bonté du monde : tout malade qu'il étoit, il l'a retenue trois jours, et a fait des remarques par écrit, que j'ai fort bien suivies. M. Vitart n'a jamais été si aise qu'après cette visite ; il me pensa confondre de reproches, à cause que je me plaignois de la longueur de M. Chapelain. Je voudrois que vous eussiez vu la

---

1. Le duc de Luynes (Louis-Charles-Albert) : il s'étoit fait bâtir une maison tout près du monastère de Port-Royal des Champs, où il se proposoit de finir ses jours. Racine, ainsi que son cousin Vitart, logeoit à l'hôtel de Luynes à Paris. — Cet endroit fait connoître combien il craignoit de déplaire à Port-Royal, où l'on ne vouloit pas qu'il fît des vers. (L. R.)

chaleur et l'éloquence avec laquelle il me querella. Cela soit dit en passant.

« Au sortir de chez M. Chapelain, il alla voir M. Perrault,[1] contre notre dessein, comme vous le savez. Il ne s'en put empêcher, et je n'en suis pas marri à présent. M. Perrault lui dit aussi de fort bonnes choses qu'il mit par écrit, et que j'ai encore toutes suivies, à une ou deux près où je ne suivrois pas Apollon lui-même. C'est la comparaison de Vénus et de Mars, qu'il récuse à cause que Vénus est une prostituée. Mais vous savez que, quand les poëtes parlent des dieux, ils les traitent en divinités, et par conséquent comme des êtres parfaits, n'ayant même jamais parlé de leurs crimes comme s'ils eussent été des crimes; car aucun ne s'est avisé de reprocher à Jupiter et à Vénus leurs adultères; et si cela étoit, il ne faudroit plus introduire les dieux dans la poésie, vu qu'à regarder leurs actions, il n'y en a pas un qui ne méritât d'être brûlé, si on leur faisoit bonne justice.

« Mais, en un mot, j'ai pour moi Malherbe, qui a comparé la reine Marie à Vénus dans quatre vers aussi beaux qu'ils me sont avantageux, puisqu'il y parle des amours de Vénus :

> Telle n'est point la Cythérée
> Quand, d'un nouveau feu s'allumant,
> Elle sort pompeuse et parée
> Pour la conquête d'un amant.

Voilà ce qui regarde leur censure : je ne vous dirai rien de leur approbation, sinon que M. Perrault a dit que l'ode valoit dix fois la comédie,[2] et voici les paroles de M. Chapelain, que je vous rapporterai comme le texte de l'Évangile, sans y rien changer. Mais aussi *c'est M. Chapelain*, comme disoit à chaque mot M. Vitart. « L'ode est fort belle, fort poétique, et il y a

---

1. Charles Perrault.
2. Qu'est-ce que cette comédie? Racine avait donc fait quelque comédie que M. Vitart avait montrée aussi à M. Perrault? Retrouverions-nous ici l'*Amasie*, à laquelle nous savons déjà que M. Vitart prenait intérêt, puisqu'il n'en désespérait pas encore après le refus de Laroque?

« beaucoup de stances qui ne peuvent être mieux. Si l'on
« repasse le peu d'endroits que j'ai marqués, on en fera une
« fort belle pièce. » Il a tant pressé M. Vitart de lui en
nommer l'auteur, que M. Vitart veut à toute force me mener
chez lui. Il veut qu'il me voie. Cette vue nuira bien sans doute
à l'estime qu'il a pu concevoir de moi.

« Ce qu'il y a eu de plus considérable à changer, ç'a été
une stance entière, qui est celle des Tritons. Il s'est trouvé
que les Tritons n'avoient jamais logé dans les fleuves, mais
seulement dans la mer. Je les ai souhaités bien des fois noyés
tous tant qu'ils sont, pour la peine qu'ils m'ont donnée. J'ai
donc refait une autre stance. »

Chapelain, qui était alors regardé comme le grand juge de
la littérature, ne se borna pas à faire ôter au jeune poëte les
tritons qu'il avait mis dans sa stance ; il le prit en amitié. Racine
avait déjà ce don de plaire et de bien écouter qui le fit plus
tard si bien réussir à la cour. Chapelain parla donc de lui à
Colbert, et avec tant d'estime pour son talent, que Colbert
envoya 100 louis à Racine de la part du roi, et lui accorda une
pension de 600 livres comme homme de lettres. Cette clairvoyance bienveillante de Chapelain à encourager celui qui
devait faire de si beaux vers doit racheter quelque peu sa
mémoire du malheur d'en avoir fait beaucoup de mauvais.

La famille de La Ferté-Milon dut être étonnée de voir Racine
honoré des libéralités du roi et ayant déjà gagné une pension
de 600 livres ; mais sa vie mondaine, ses relations avec le
théâtre et surtout le peu de déférence qu'il témoignait à ses
maîtres et à ses amis de Port-Royal, tout cela continuait à
inquiéter sa famille. Racine devait plus tard redevenir pour
Port-Royal un disciple respectueux et reconnaissant ; à ce
moment, il semblait encore un écolier échappé d'hier, et qui
profite tant qu'il peut de sa liberté. Sa correspondance
témoigne d'une vie dissipée et frivole. Je sais bien que les
lettres que nous avons de lui à ce moment de sa vie sont
celles qu'il adressait à l'abbé Levasseur, et qu'il s'accommodait

sans doute aux goûts de son correspondant; mais je crois qu'il n'y mettait pas d'efforts. Dans les lettres à son ami, qui prenait les eaux à Bourbon en 1661, ce ton de gaieté mondaine et railleuse éclate à chaque instant. A Bourbon, l'abbé Levasseur était devenu amoureux d'une demoiselle de quatorze ans, et il avait fait pour elle des vers qu'il avait envoyés à Racine. Celui-ci lui conte d'abord en plaisantant les terreurs de Mlle Vitart, quand elle apprit que l'abbé allait prendre les eaux, et la jalousie que cette terreur inspire à M. Vitart, son mari.

« Mais je fais réflexion, continue-t-il, que je ne vous parle point de votre poésie. J'ai tort, je l'avoue, et je devrois considérer qu'étant devenu poëte, vous êtes devenu sans doute impatient. C'est une qualité inséparable des poëtes, aussi bien que des amoureux, qui veulent qu'on laisse toutes choses pour ne leur parler que de leur passion et de leurs ouvrages. Je ne vous parlerai point de votre amour : un homme aussi délicat que vous ne sauroit manquer d'avoir fait un beau choix, et je suis persuadé que la belle mignonne de quatorze ans mérite les adorations de tous tant que nous sommes, puisque vous l'avez jugée digne des vôtres jusqu'à devenir poëte pour elle. Cela me confirme de plus en plus que l'Amour est celui de tous les dieux qui sait mieux le chemin du Parnasse. . .

« Vos vers ne sont pas seulement amoureux; la justesse y est tout entière. Néanmoins, si j'ose vous dire mon sentiment sur deux ou trois mots, celui de *radieux* est un peu trop antique pour un homme tout frais sorti du Parnasse : j'aurois tâché de mettre *impérieux* ou quelque autre mot. . . . .

« Vous m'accuserez peut-être de trop d'inhumanité de traiter si rudement les fils aînés de votre muse et de votre amour : je ne veux pas dire les fils uniques; la muse et l'amour n'en demeureront pas là; mais au moins cela vous doit faire voir réciproquement que je n'ai rien de caché pour vous, et que ce n'est point par flatterie que je vous loue, puisque je prends la liberté de vous censurer. *Scito eum pessime dicere, qui lauda-*

bitur maxime.[1] En effet, quand une chose ne vaut rien, c'est alors qu'on la loue démesurément, et qu'on n'y trouve rien à redire, parce que tout y est également à blâmer. »

Dans une autre lettre du 3 juin 1661, il revient encore sur cet amour de l'abbé Levasseur à Bourbon-l'Archambault, sans être embarrassé le moins du monde de plaisanter un abbé sur ce sujet, et sans craindre non plus de l'embarrasser. Il mêle à ces plaisanteries quelques vers badins dans le genre de La Fontaine, avec lequel il était déjà lié : la femme de La Fontaine était une Héricart de La Ferté-Milon. L'ancien imitateur de M. de Sacy et de M. Arnauld d'Andilly, imitant aujourd'hui La Fontaine! cela montre par une preuve de plus combien Racine à ce moment s'éloignait chaque jour davantage des exemples et des inspirations de Port-Royal.

« Avouez, monsieur, que vous êtes pris, et que vous laisserez votre pauvre cœur à Bourbon. Je vois bien que ces eaux ont la même force que ces fameuses eaux de Bayes; c'est un lac célèbre en Italie, quand il ne le seroit que par les louanges d'Horace et des autres poëtes latins. On y alloit en ce temps, et peut-être y va-t-on encore, comme vos semblables vont à Bourbon et à Forges. Ces eaux sont chaudes comme les vôtres, et il y a un auteur qui en rapporte une plaisante raison. Je voudrois, pour votre satisfaction, que cet auteur fût ou italien ou espagnol; mais la destinée a voulu encore que celui-ci fût latin. Il parle donc du lac de Bayes; et voici ce qu'il en dit à peu près :

> C'est là qu'avec le dieu d'amour
> Vénus se promenoit un jour.
> Enfin, se trouvant un peu lasse,
> Elle s'assit sur le gazon,
> Et voulut aussitôt faire seoir Cupidon;
> Mais ce mauvais petit garçon,
> Qui ne peut se tenir en place,
> Lui répondit : Çà, Votre Grâce,

---

[1] « Sachez que l'orateur que vous entendrez le plus louer sera celui qui parle le plus mal. » (G.)

> Je ne suis point las comme vous.
> Vénus, se mettant en courroux,
> Lui dit : Petit fripon, vous aurez sur la joue.
> Tout en faisant un peu la moue
> Il fallut bien qu'il filât doux,
> Et vint s'asseoir à ses genoux.
> Cependant tous ses petits frères,
> Les amours qu'on nomme vulgaires,
> Peuple qu'on ne sauroit nombrer,
> Passoient le temps à folâtrer.

« Ce seroit le perdre à crédit que m'amuser à vous faire le détail de tous leurs jeux : vous vous imaginez bien quels peuvent être les passe-temps d'une troupe d'enfants qui sont abandonnés à leurs caprices.

> Vous jugez bien aussi que les Jeux et les Ris,
> Dont Vénus fait ses favoris,
> Et qui gouvernent son empire,
> Ne manquoient pas de jouer et de rire.... »

L'échec d'*Amasie* n'avait pas découragé Racine de suivre la carrière dramatique. Il prit un nouveau sujet, *les Amours d'Ovide*; il en fit d'abord le plan, selon l'habitude qu'il a gardée pour toutes ses tragédies. Son fils nous dit en effet qu'il commençait toujours par écrire son plan en prose; et il ajoute que quand il avait fait ce plan, il croyait sa tragédie faite, n'ayant plus qu'à la mettre en vers. Je doute fort, malgré cette tradition, que l'expression ne fût pour Racine qu'une œuvre si peu importante, et que l'invention fût tout pour lui. En même temps qu'il traite un nouveau sujet, il songe aussi à un nouveau théâtre, l'hôtel de Bourgogne, et il prend pour sa pièce les conseils de Mlle de Beauchâteau, une des comédiennes de ce théâtre; il lui écrit même, dit-il, « qu'elle est la seconde Julie d'Ovide. » La comparaison flattait sans doute Mlle de Beauchâteau, parce qu'elle la rapprochait de la fille d'un empereur, et qu'elle s'inquiétait peu des autres ressemblances. Racine entretient l'abbé Levasseur de sa nouvelle pièce :

A L'ABBÉ LEVASSEUR, A BOURBON.

« Juin 1661

« ... Quant à cet enfant dont vous me demandez des nouvelles, et que vous voudriez déjà entendre parler en beau langage, songez donc que j'ai voulu, avant tout, pourvoir à son établissement ; que j'ai fait un beau plan de tout ce qu'il doit faire, et que, ses actions étant bien réglées, il lui sera aisé après cela de dire de belles choses... Pour parler plus humainement (car ce langage sent un peu trop le poëte), j'ai fait, refait, et mis enfin dans sa perfection tout mon dessein. J'y ai fait entrer tout ce que m'avoit marqué Mlle de Beauchâteau... Avec cela, j'ai lu et marqué tous les ouvrages de mon héros, et j'ai commencé même quelques vers. Voilà l'état où en est cette affaire. Au reste, je regrette si peu le temps que j'ai employé pour ce dessein, que je n'y aurois pas plaint encore quinze autres jours. M. Vitart, qui considère cette entreprise du même œil que celle de l'année passée, croit que le premier acte est fait pour le moins, et m'accuse d'être réservé avec lui ; mais je crois que vous me serez plus juste. Il reçut hier une nouvelle qui lui est bien plus sensible que cette affaire, comme elle le doit être en effet, et comme elle me l'est à moi-même. C'est qu'il a appris que mon cousin, son frère, est à Hesdin, frais et gaillard, portant le mousquet dans cette garnison aussi gaiement que le peut faire Laprairie ou Laverdure... Je vais dès cette après-dînée en féliciter madame notre sainte tante,[1] qui se croyoit incapable

---

1. Mme Vitart, mère de M. Vitart, était sœur de la mère de Racine. Elle avait été mariée à Nicolas Vitart, contrôleur au grenier à sel de La Ferté-Milon. On sait qu'ils avaient donné retraite chez eux, en 1638, aux deux frères Le Maistre. Quand ceux-ci retournèrent à Port-Royal, M. et Mme Vitart, qui s'étaient attachés à eux, ne voulurent plus s'en séparer. M. Vitart quitta tous ses emplois, et se dévoua au service de Port-Royal, comme agent et receveur de la maison. Il y mourut en 1641. Sa veuve resta

d'aucune joie depuis la perte de son saint père.[1] ... En effet, il n'est plus dessus le trône de Saint-Augustin; et il a évité, par une sage retraite, le déplaisir de recevoir une lettre de cachet, par laquelle on l'envoyoit à Quimper.[2] Le siége n'a pas été vacant bien longtemps. La cour, sans avoir consulté le Saint-Esprit, à ce qu'ils disent, y a élévé M. Bail, sous-pénitencier... Vous le connoissez sans doute, et peut-être est-il de vos amis. Tout le consistoire a fait schisme à la création de ce nouveau pape, et ils se sont retirés de côté et d'autre, ne laissant pas de se gouverner toujours par les monitoires de M. Singlin, qui n'est plus considéré que comme un antipape. *Percutiam pastorem, et dispergentur oves gregis*.[3] Cette prophétie n'a jamais été plus parfaitement accomplie, et de tout ce grand nombre de solitaires à peine reste-t-il M. Guays et maître Maurice.[4] »

Ce n'est pas sans chagrin, je l'avoue, que j'ai cité la fin de cette lettre. De quel ton leste et moqueur il parle de sa tante, Mme Vitart, et du chagrin que vont lui causer les désordres d'un de ses fils! Comme il raille surtout les persécutés de Port-Royal, M. Singlin, ce saint et austère directeur de tant

---

à Paris, où elle exerçait la profession de sage-femme. Elle avait deux fils et trois filles toutes mariées. L'aînée, Marie Vitart, femme de Louis Ellies du Pin, fut mère du savant abbé du Pin. Ainsi ce docteur était cousin issu de germain de Racine.

1. Antoine Singlin, directeur de Port-Royal-des-Champs.

2. Mme Vitart donna retraite à Singlin et à Le Maistre de Sacy, dans une petite maison du faubourg Saint-Marceau, appartenante à un jeune avocat nommé Antoine de Sacy, qui avoit épousé Nicole-Magdeleine Vitart, la plus jeune de ses filles. Ce jeune homme mourut trois mois après, et sa veuve se retira à Port-Royal. Mme Vitart continua de garder les deux prêtres dans la même maison. Singlin mourut dans cette retraite, le 17 avril 1664. Peu après, Le Maistre de Sacy fut forcé d'en chercher une autre, parce que les espions étoient sur ses traces; et, le 14 mai 1666, il fut arrêté et enfermé à la Bastille. (*Mémoires de Fontaine*.)

3. « Je frapperai le pasteur, et les brebis du troupeau seront dispersées. » (S. MATTH., chap. XXVI, v. 31.)

4. M. Guays était le pourvoyeur de Port-Royal, le maître d'hôtel, et maître Maurice était le cuisinier. Racine n'épargne rien.

de pieuses consciences, les solitaires forcés de fuir de leur asile et de se cacher pour éviter la Bastille, où ils sont jetés aussitôt qu'ils sont découverts ! Les excommunications que lui avaient attirées de la part de ses parents et de ses amis de Port-Royal son sonnet au cardinal Mazarin et ses amitiés de théâtre lui avaient-elles donc inspiré tant de dépit, qu'il oubliât ce qu'il devait à cette tante, dont il disait plus tard, écrivant à sa sœur la perte qu'ils venaient de faire de leur grand'mère paternelle : « Vous devez espérer beaucoup d'assistance de la personne de ma chère tante Vitart; elle vous aime beaucoup; elle nous servira de mère à l'un et à l'autre.[1] »

Il n'y a pas, au surplus, une seule de ces vivacités inconvenantes de sa jeunesse qu'il n'ait expiée plus tard par des témoignages de repentir et de respect. A vingt ans, Racine, emporté par le monde, raille M. Singlin de n'être plus assis sur le « trône de Saint-Augustin, » et il trouve plaisant que la cour impose aux religieuses de Port-Royal un confesseur qu'elles ne veulent pas, M. Bail, qui est un ami de l'abbé Levasseur. Il applique avec ironie aux solitaires de Port-Royal, forcés de fuir, un verset de l'Évangile sur la dispersion du troupeau. Voyez comme plus tard l'historien de Port-Royal parle des hommes et des événements qui excitent aujourd'hui sa gaieté : « Il y avoit déjà plusieurs années que M. Singlin étoit confesseur de Port-Royal de Paris, et ses sermons y attiroient quantité de monde bien moins par la politesse du langage que par les grandes et solides vérités qu'il prêchoit... Mais le talent où il excelloit le plus, c'étoit dans la conduite des âmes; son bon sens, joint à une piété et à une charité extraordinaires, imprimoit un tel respect, que, bien qu'il n'eût pas la même étendue de génie que M. Arnauld, non-seulement les religieuses, mais M. Arnauld lui-même, M. Pascal, M. Le Maistre et tous les autres esprits si sublimes avoient pour lui une docilité d'enfant, et se condui-

---

1. *Lettres inédites,* publiées par l'abbé de La Roque, p. 274.

soient en toutes choses par ses avis.¹ » Et plus loin, parlant de l'éloignement de M. Singlin, quelles graves et touchantes paroles, toutes réservées qu'elles sont ! « Il y avoit plus de vingt ans que la mère Angélique se confessoit à M. Singlin, et l'on peut dire qu'après Dieu elle avoit remis en lui toute l'espérance de son salut. On peut juger combien il lui fut sensible d'être privée de ses lumières et de ses consolations, dans un temps où elles étoient si nécessaires, surtout sentant approcher l'heure de sa mort.² » Grande leçon, si je ne me trompe, que nous donnent ces changements de langage dans Racine, de vingt à cinquante ans. Quand nous sommes jeunes, n'attaquons jamais les honnêtes gens, même par la raillerie ; nous ne savons pas si nous ne serons pas bientôt, grâce à Dieu, ramenés à eux. Le rire peut avoir quelques-unes des minutes de notre jeunesse ; mais il ne faut pas qu'il gâte d'avance les heures de notre vie.

Quant aux *Amours d'Ovide,* qui sont le sujet principal de cette malheureuse lettre de Racine, je n'en veux rien dire, sinon pour faire deux courtes remarques : la première sur le soin que prend Racine, voulant traiter les amours d'Ovide, de noter tous les ouvrages de son auteur qui se rapportent à son sujet, et il nous montre par là l'attention laborieuse qu'il donnait à tous ses travaux dès sa jeunesse. Je dois ensuite remarquer le goût du bel esprit qu'avait Racine dès le commencement, et dont il s'est corrigé par l'étude des Grecs et les conseils de Boileau. Ovide est, dans la littérature latine, le maître du bel esprit ; il est ingénieux, élégant, gracieux, et tout cela avec un certain raffinement et une certaine abondance qui en font un Italien parmi les Latins. Il a de l'esprit comme Pétrarque, et il va même, comme lui, jusqu'à la pointe. Il est badin, aimable et un peu libertin comme l'Arioste. Je ne suis donc pas étonné que Racine dans sa jeunesse, et avant Boi-

---

1. *Histoire de Port-Royal,* 1ʳᵉ partie.
2. *Ibid.,* 2ᵉ partie.

leau, penchât vers Ovide;[1] il aimait aussi beaucoup la littérature italienne, qu'il cite sans cesse dans ses premières lettres.[2]

Racine, vers la fin de 1661, était presque en train de devenir un mondain qui touche au désordre, et un bel esprit qui vise à l'agrément. Heureusement que, pressé par les conseils de sa famille, il quitta Paris et alla passer un an à Uzès auprès de son oncle Sconin. Il y allait dans l'espoir d'obtenir un bénéfice qui le mît à même de vivre doucement, comme faisait son ami l'abbé Levasseur. Il n'y trouva pas le bénéfice qu'il atten-

---

1. Vers ce temps, *Ovide et ses amours* étaient fort à la mode; je trouve en 1663 une comédie des *Amours d'Ovide* par Gilbert, poëte dramatique, qui avait déjà fait beaucoup de tragédies et de tragi-comédies. Il avait fait entre autres une tragédie de *Phèdre* en 1647, sous le titre d'*Hippolyte ou le garçon insensible*, et nous en dirons un mot à propos de la *Phèdre* de Racine. J'ai lu sa comédie des *Amours d'Ovide*. Il y a quelques vers assez jolis, imités naturellement d'Ovide, que Gilbert avait peut-être aussi « lu et marqué » comme avait fait Racine. Ainsi Hyacinthe, amant de Céphise, se plaint qu'Ovide fasse la cour à Céphise : Eh bien, lui répond Ovide, faites la cour à Corinne, ma maîtresse, je ne vous en empêche pas.

HYACINTHE.
Je n'aime que Céphise, et je lui suis fidèle ;
Mais mon amour est grand ; il est né dès longtemps.
OVIDE.
J'aime autant en un jour qu'un autre aime en dix ans.
(Acte Ier, scène Ire.)

Nous sommes dans l'île de Chypre, un jour de grande fête, dans laquelle on doit donner une couronne au meilleur amant. Ovide plaide pour les amants volages et Hyacinthe pour les constants. Voici quelques vers du plaidoyer d'Ovide :

Il faut dans les désirs imiter la nature
Qui ne peint pas les champs d'une même peinture,
Et par ses changements et ses diversités
Fait briller à nos yeux différentes beautés.
Chaque dame a ses dons et remplit bien sa place ;
L'une a la majesté, l'autre a la bonne grâce ;
L'une a tous les traits beaux, l'autre un teint délicat ;
L'une a de l'agrément, l'autre beaucoup d'éclat;
Enfin le ciel a fait pour charmer tout le monde
La belle, l'agréable, et la brune et la blonde.
(Acte IV, scène v.)

2. J'ai vu à Hyères, dans la bibliothèque de M. Denys, ancien député, un Pétrarque où Racine avait noté et traduit quelques expressions.

dait ; mais il s'y retrouva lui-même, et il était temps. Ce n'est pas de nos jours seulement que l'éloignement de Paris est bon à certains moments de la jeunesse. Cela a toujours été de même. Paris, au XVIIe siècle, était certes moins grand que de nos jours, mais il n'était pas meilleur. A Uzès, loin du monde et de sa frivolité énervante, Racine s'ennuya d'abord; mais il travailla, revint aux Grecs, lut Virgile plus qu'Ovide; il ne retrouva pas encore sa foi de Port-Royal, mais il retrouva le goût du beau qu'il allait perdre peut-être pour le goût du joli. Uzès fut pour lui, non pas une retraite pieuse, mais une retraite littéraire.

Nous pouvons suivre, dans la correspondance de Racine, l'histoire de son voyage et de son séjour à Uzès, et la première chose qui frappera sans doute les lecteurs de nos jours, habitués aux récits de voyages des *touristes* modernes, est la singulière différence qui existe entre les sentiments de Racine en route vers le Midi et ceux des pèlerins actuels de la curiosité et de la mode. Quelle simplicité, et j'allais volontiers dire quel prosaïsme dans celui qui sera le grand poëte du XVIIe siècle! Quel terre-à-terre dans le jeune homme aimable, gracieux et disposé au plaisir, que nous connaissons déjà! Les poëtes du XVIe et du XVIIe siècle voyageaient un peu moins que ceux de nos jours, mais beaucoup plus qu'on ne le croit en général; seulement ils parlaient fort peu de leurs voyages. Un voyage était pour eux une affaire, et non un goût et un plaisir. On descendait la vallée du Rhône sans s'extasier sur le Rhône; on disait seulement un mot, comme fait Mme de Sévigné, sur ce *diable de Rhône,* et ce mot suffisait au pittoresque du temps. On traversait les Alpes pour aller en Italie sans s'émerveiller sur les Alpes, ou sans tressaillir, et quand on voyait les lacs lombards, on ne se récriait pas sur leur charme singulier. On traversait de même la Méditerranée avec ou sans le mal de mer, sans se laisser séduire par la beauté de la vieille mer italienne ou grecque. Le matelot aime la mer comme son métier, sans y mettre d'émotion ni d'enthousiasme, ou sans l'exprimer ; le laboureur estime plus la fertilité de la campagne que la beauté du paysage. Le voyage, pour le voyageur du xvi⁰ ou du xvii⁰ siècle, était aussi un métier ou un devoir qu'il faisait en conscience, de son mieux, le plus vite ou le plus commodément qu'il pouvait, mais sans se plaire ou sans s'émouvoir aux aspects et aux accidents de la route, à moins que ces accidents ou ces plaisirs ne vinssent des hommes.

Ce dernier trait est un des plus caractéristiques des voyageurs du xvi⁰ et du xvii⁰ siècle ; ils s'occupent plus des hommes que des choses ; ils s'entretiennent peu avec la nature dont nous avons fait de nos jours notre perpétuelle interlocutrice, et à qui nous disons ou nous faisons dire plus ou moins de balivernes sentimentales. Est-ce à dire que les hommes de ce temps-là avaient moins d'imagination que nous ? Ils en avaient autant pour le moins ; ils s'en servaient d'une façon différente. Ils étudiaient beaucoup l'homme en eux-mêmes et dans les autres ; ils créaient des personnages ; ils peignaient des portraits ; mais ils ne paraissaient pas croire que les lieux où vivaient leurs personnages ou les originaux de leurs portraits pussent avoir beaucoup d'action sur eux. L'homme différait pour eux par son caractère plus que par son pays. La nature morale, telle qu'ils l'inventaient ou telle qu'ils la peignaient, dépendait très-peu de la nature matérielle.

Citons brièvement quelques traits des courtes descriptions que Racine fait de son séjour à Uzès. Il est aisé de voir que le pittoresque ne l'attire pas beaucoup, et que le climat du Midi, qui émerveille et ravit les septentrionaux de notre siècle, suggère à peine à Racine quelques simples remarques ; il est plus frappé des hommes que des choses. « En ce pays, dit-il à M. Vitart son cousin, dans la première lettre qu'il lui écrit d'Uzès, les civilités sont encore plus en usage qu'en Italie. Je suis épouvanté tous les jours de voir des villageois, pieds nus ou ensabotés (ce mot doit bien passer, puisque *encapuchonné* a passé), qui font des révérences comme s'ils avoient appris à danser toute leur vie.

Outre cela, ils causent des mieux, et pour moi, j'espère que l'air du pays va me raffiner de moitié ; car je vous assure qu'on y est fin et délié plus qu'en aucun lieu du monde. Tous les arbres sont encore aussi verts qu'au mois de juin, et aujourd'hui que je suis sorti à la campagne, je vous proteste que la chaleur m'a tout à fait incommodé ; jugez ce que ce peut être en été.[1] »

Va-t-il faire un petit voyage à Nîmes, il se plaint surtout des mauvais chemins, parle peu des lieux, admire pourtant les arènes qui sont œuvres des hommes et des anciens, et pour lesquelles par conséquent il a les yeux ouverts ; mais il est surtout sensible aux beaux visages de femmes qu'il aperçoit.

« J'ai été à Nîmes, écrit-il à l'abbé Levasseur le 24 novembre 1661, et il faut que je vous en entretienne. Le chemin d'ici à Nîmes est plus diabolique mille fois que celui des Diables à Nevers, et la rue d'Enfer, et tels autres chemins réprouvés ; mais la ville est assurément aussi belle et aussi *polide,* comme on dit ici, qu'il y en ait dans le royaume. Il n'y a point de divertissements qui ne s'y trouvent :

> Suoni, canti, vestir, giuochi, vivande,
> Quanto può cor pensar, può chieder bocca.[2]

« J'allai voir le feu de joie qu'un homme de ma connoissance avoit entrepris. Les jésuites avoient fourni les devises, qui ne valoient rien du tout : ôtez cela, tout alloit bien. Mais je n'y ai pas pris assez bien garde pour vous en faire le détail ; j'étois détourné par d'autres spectacles : il y avoit tout autour de moi des visages qu'on voyoit à la lueur des fusées, et dont vous auriez bien eu autant de peine à vous défendre que j'en avois. Il n'y en avoit pas une à qui vous n'eussiez bien voulu dire ce compliment d'un galant du temps de Néron : *Ne fastidias hominem peregrinum inter cultores tuos admittere : invenies religiosum, si te adorari permiseris.*[3] Mais pour moi, je n'avois garde

---

1. 15 novembre 1661.
2. « La musique, les chants, la toilette, les jeux, les festins, autant que l'esprit peut en imaginer, que la bouche peut en demander. » (G.)
3. « Ne dédaignez pas les hommages d'un étranger : vous le trouverez

d'y penser ; je ne les regardois pas même en sûreté ; j'étois en la compagnie d'un révérend père de ce chapitre, qui n'aimoit point fort à rire :

> E parea più ch' alcun fosse mai stato
> Di conscienza scrupulosa e eschiva.[1]

Il falloit être sage avec lui, ou du moins le faire. Voilà ce que vous auriez trouvé de beau dans Nîmes ; mais j'y trouvai encore d'autres choses qui me plurent fort, surtout les arènes.

« C'est un grand amphithéâtre un peu ovale, tout bâti de prodigieuses pierres, longues de deux toises, qui se tiennent là, depuis plus de seize cents ans, sans mortier et par leur seule pesanteur. Il est tout ouvert en dehors par de grandes arcades, et en dedans ce ne sont autour que de grands siéges où tout le peuple s'asseyoit pour voir les combats des bêtes et des gladiateurs. Mais c'est assez vous parler de Nîmes et de ses raretés ; peut-être même trouverez-vous que j'en ai trop dit. Mais de quoi voulez-vous que je vous entretienne? De vous dire qu'il fait ici le plus beau temps du monde, vous ne vous en mettez guère en peine ; de vous dire qu'on doit cette semaine créer des consuls ou *conses*, comme on dit, cela vous touche fort peu. Cependant c'est une belle chose de voir le compère cardeur et le menuisier Caillard avec la robe rouge, comme un président, donner des arrêts, et aller les premiers à l'offrande. Vous ne voyez pas cela à Paris. »

Dans cette lettre, visiblement accommodée au goût de l'abbé Levasseur, je ne veux remarquer que cette phrase : « De quoi voulez-vous que je vous entretienne? De vous dire qu'il fait ici le plus beau temps du monde, *vous ne vous en mettez guère en peine.* » Voilà la vraie devise des hommes du monde en ce temps-là. La beauté du ciel, l'éclat du soleil, le paysage, les

---

prêt à vous rendre un culte religieux, si vous lui permettez de vous adorer. » (Pétrone.) (G.)

1. « Et paroissoit, plus que qui que ce fût, d'une conscience scrupuleuse et timorée. » (G.)

belles vues, la nature enfin, tout ce qui nous fait pâmer d'aise, n'est rien pour eux. La conversation, la lecture, l'esprit, les vers et les propos de société sont tout et leur font oublier le reste.

On pourrait croire cependant que Racine, à mesure qu'il séjournait plus à Uzès et qu'il se dépouillait de ses goûts et de ses habitudes de Paris, sentait mieux le charme du climat méridional : voyez cette lettre et ces vers écrits à M. Vitart le 17 janvier 1662.

« Les plus beaux jours que vous donne le printemps ne valent pas ceux que l'hiver nous laisse ici, et jamais le mois de mai ne vous paroît si agréable que l'est pour nous le mois de janvier.

> Le soleil est toujours riant,
> Depuis qu'il part de l'orient
> Pour venir éclairer le monde,
> Jusqu'à ce que son char soit descendu dans l'onde.
> La vapeur des brouillards ne voile point les cieux ;
> Tous les matins, un vent officieux
> En écarte toutes les nues :
> Ainsi nos jours ne sont jamais couverts ;
> Et dans le plus fort des hivers,
> Nos campagnes sont revêtues
> De fleurs et d'arbres toujours verts.
>
> Les ruisseaux respectent leurs rives,
> Et leurs naiades fugitives,
> Sans sortir de leur lit natal,
> Errent paisiblement, et ne sont point captives
> Sous une prison de cristal.
> Tous nos oiseaux chantent à l'ordinaire ;
> Leurs gosiers n'étant point glacés,
> Et n'étant pas forcés
> De se cacher ou de se taire,
> Ils font l'amour en liberté
> L'hiver comme l'été.
>
> Enfin, lorsque la nuit a déployé ses voiles,
> La lune, au visage changeant,
> Paroît sur un trône d'argent,
> Et tient cercle avec les étoiles.
> Le ciel est toujours clair tant que dure son cours,
> Et nous avons des nuits plus belles que vos jours. »

Après cette lettre, Racine n'est-il point converti aux charmes du ciel méridional? Sa conversion résiste même à trois jours de pluie, qui sont venus avant qu'il ne finît sa lettre commencée le 17 janvier et achevée seulement le 24. Il reste fidèle à ce goût du ciel d'Uzès, même quand il écrit à l'abbé Levasseur, son correspondant le plus mondain et le plus indifférent aux charmes des lieux. Il lui dit que, dès le mois de janvier, ils voient à Uzès

> Schietti arboscelli e verdi fronde acerbe,
> Amorose e pallide viole. [1]

« On m'a assuré même qu'il y avoit un jardin tout plein de roses, mais de roses toutes fleuries, à une lieue d'ici, et cela ne passe pas même pour une rareté.[2] »

Que le ciel du Midi ait fini par trouver grâce devant Racine, surtout quand il en jouit l'hiver, je le crois d'après les citations que je viens de faire; mais la conversion n'alla pas jusqu'à goûter le paysage méridional, autre découverte qu'ont faite dans leur imagination les gens du Nord de notre temps. Quant à moi, j'ai du goût, comme mes contemporains, pour le paysage méridional; mais je dois reconnaître qu'entre la description que fait d'Uzès un auteur de notre temps et celle qu'en fait Racine dans une lettre à La Fontaine, et qui est la première qu'il écrit d'Uzès,[3] entre les deux tableaux il y a une grande et curieuse différence, à faire croire que les deux auteurs ne parlent pas des mêmes lieux. « Le versant méridional où la maison est bâtie,[4] dit l'auteur moderne, est couvert d'un bois d'oliviers, d'aliziers, de chênes verts, de frênes, qui alors faisaient partie du parc de l'évêque d'Uzès. Il n'est rien de plus pittoresque à voir que ces masses de verdure, du

---

1. « Des arbustes déjà verts, des feuilles naissantes, d'amoureuses pâles violettes. » (G.)
2. 3 février 1662.
3. 11 novembre 1661.
4. Celle qu'habitait Racine.

milieu desquelles s'élèvent des têtes de rochers tapissés de lierres. Quelques balcons en ruine se montrent çà et là dans le fourré avec leurs vases de pierre renversés sur les mousses et leur galerie toute rompue par des figuiers sauvages qui poussent effrontément entre les élégants piliers. La base circulaire de la montagne touche aux prairies du vallon, où serpente vers le sud la rivière d'Aure, cette eau romaine qui se jetait dans l'aqueduc d'Agrippa, et allait rafraîchir et vivifier la ville de Nîmes. A l'ouest, se dressent encore tout armées de mâchicoulis et de meurtrières les trois tours ducales des seigneurs d'Uzès, tandis que, du côté du nord, un hardi minaret sarrasin, devenu clocher catholique de cathédrale, élève dans le ciel sa légère colonne toute brodée de galeries.[1] »

Voilà assurément un paysage fait pour des yeux tout modernes, et qui ressemble, tout vrai qu'il est, j'en suis sûr, à je ne sais combien de vignettes d'albums. Voyons celui de Racine.

« Pour la situation d'Uzès, vous saurez qu'elle est sur une montagne fort haute, et cette montagne n'est qu'un rocher continuel : si bien qu'en quelque temps qu'il fasse on peut aller à pied sec tout autour de la ville. Les campagnes qui l'environnent sont toutes couvertes d'oliviers qui portent les plus belles olives du monde, mais bien trompeuses pourtant; car j'y ai été attrapé moi-même. Je voulus en cueillir quelques-unes au premier olivier que je rencontrai, et je les mis dans ma bouche avec le plus grand appétit qu'on puisse avoir; mais Dieu me préserve de sentir jamais une amertume pareille à celle que je sentis ! J'en eus la bouche toute perdue plus de quatre heures durant.[2] »

Dans l'auteur du xviie siècle, quelle description courte, nette,

---

1. J'emprunte cette description, faite par M. Jules de Saint-Félix dans la *Revue de Paris* du 31 mai 1840, à l'ouvrage de mon confrère M. Sainte-Beuve sur Port-Royal dans son sixième livre, chapitres x et xi sur Racine. M. Sainte-Beuve a fait avec une finesse et une moquerie charmantes une comparaison très-piquante entre cette description et celle que fait Racine de la moisson qu'il voit faire de sa fenêtre dans la plaine d'Uzès.
2. Lettre à La Fontaine, 11 novembre 1661.

point coloriée ni enluminée ! et comme elle tourne vite au conte par sa mésaventure ! Toujours l'homme au lieu des choses. Dans l'auteur du XIXe siècle, un tableau pittoresque et vu, comme le dit très-spirituellement M. Sainte-Beuve, non pas à l'œil nu, mais depuis l'invention des lunettes de couleur.

J'ai voulu montrer comment Racine avait goûté le Midi, et dans quelle mesure; mais puisqu'il s'agit d'un temps et d'un poëte qui s'occupe plus d'étudier et de peindre l'homme que d'admirer la nature extérieure, je dois surtout montrer comment Racine a employé le séjour d'Uzès, comment il s'y est formé par l'étude et par la retraite, comment enfin, sans cette fuite de Paris et sans ce séjour grave et solitaire à Uzès, Racine n'aurait peut-être été qu'un poëte aimable et frivole. Il y a dans le jardin public d'Uzès, qui est un reste du parc des évêques d'Uzès, un pavillon qui s'appelle le pavillon de Racine, et où la tradition locale prétend que le poëte a composé les *Frères ennemis*. Racine a composé les *Frères ennemis* à Paris ; il parle dans ses lettres de 1663 à l'abbé Levasseur d'un acte des *Frères ennemis* qu'il lui envoie. Mais s'il n'a pas rapporté d'Uzès une tragédie, il en a rapporté un poëte ami du travail et de l'étude et un homme qui, sans être encore devenu inaccessible aux tentations, s'est déjà corrigé de beaucoup de travers de jeunesse. Uzès peut donc se glorifier de Racine : l'année qu'il y a passée a été utile à son génie et à son caractère. C'est ce travail de Racine sur lui-même que je veux montrer par quelques citations.

Au premier coup d'œil, les lettres que Racine écrit d'Uzès à ses amis, celles surtout qu'il écrit à l'abbé Levasseur, ne semblent pas témoigner de beaucoup de résipiscence morale. Il semble surtout s'étudier à faire des lettres agréables, y mêlant de temps en temps de petits vers bien tournés; tout cela dans le genre léger. Le Voyage de Chapelle et de Bachaumont date de 1656 ; il n'avait peut-être pas été publié dès cette année ; mais il courait dans le monde, et Racine pouvait le connaître. Il avait plus près de lui un autre exemple de ce genre de correspondance, mêlée de prose et de vers, dans les lettres de La Fontaine au surintendant Fouquet sur l'entrée de la reine à Paris, le 26 août 1660, et à Maucroix sur la fête donnée à Vaux le 22 août 1661. Il est impossible que, lié d'amitié et presque de parenté comme il l'était avec La Fontaine, Racine n'ait pas connu ces lettres, et il est naturel qu'il ait cherché à les imiter. Sa première lettre d'Uzès, adressée à La Fontaine, est tout à fait dans ce goût. Ce n'est donc pas dans ces lettres faites pour l'amusement de ses correspondants, et que ceux-ci communiquaient sans doute à leurs amis de Paris, comme c'était l'usage alors pour les lettres, et comme Racine le faisait lui-même pour celles de l'abbé Levasseur,[1] ce n'est pas dans cette correspondance, moitié mondaine et moitié littéraire, qu'on peut trouver, sinon çà et là, des renseignements sur les études et les travaux de Racine, et surtout sur la réforme morale qui se faisait en lui; il faut les chercher dans les lettres qu'il écrivait à sa famille et surtout à M. Vitart, son cousin germain, qui lui avait quelque peu servi de guide, mais de guide camarade, et qui avait pris le système de la douceur plutôt que celui de la sévérité. Comme M. Vitart aimait la littérature, Racine donne aux lettres qu'il lui écrit un tour littéraire; mais il y mêle des aveux sur sa conduite passée, des résolutions sur sa conduite à venir, et je dois remarquer qu'à mesure que son séjour à Uzès dure plus longtemps, ses bonnes dispositions sont plus manifestes. L'étude et le travail aident beaucoup à sa réforme.

1. « Après tout, si vous saviez la manière dont je reçois vos lettres, vous verriez qu'elles ne sont pas profanées pour tomber entre mes mains; car, outre que je les reçois avec toute la vénération que méritent les belles choses, c'est qu'elles ne me demeurent pas longtemps, et elles ont le vice dont vous accusez les miennes injustement, qui est de courir les rues, et vous diriez qu'en venant en Languedoc elles se veulent accommoder à l'air du pays; elles se communiquent à tout le monde, et ne craignent point la médisance : aussi savent-elles bien qu'elles en sont à couvert; chacun les veut voir, et on ne les lit pas tant pour apprendre des nouvelles que pour voir la façon dont vous savez les débiter. » Lettre à l'abbé Levasseur, 26 décembre 1661.

« Je passe tout le temps avec mon oncle, avec saint Thomas et Virgile, écrit-il le 24 janvier 1662 ; je fais force extraits de théologie, et quelques-uns de poésie : voilà comme je passe le temps, et je ne m'ennuie pas, surtout quand j'ai reçu quelque lettre de vous ; elle me sert de compagnie pendant deux jours. »

Cella continuata dulcescit, dit l'*Imitation,* la cellule continuée s'adoucit. Racine l'éprouvait ; Uzès était pour lui une sorte de cellule qu'il prenait en gré, à mesure qu'il y restait davantage. Dans ses lettres même à l'abbé Levasseur, il lui échappe des aveux et des résolutions de sagesse qui décèlent en lui le nouvel homme : « Je m'étudie maintenant, écrit-il le 30 avril 1662, à vivre un peu plus raisonnablement, et à ne me pas laisser emporter à toutes sortes d'objets ; » et quoiqu'il commence déjà à cette époque à désespérer d'obtenir le bénéfice qu'il est venu chercher à Uzès, « je suis résolu cependant, dit-il dans la même lettre, de mener toujours le même train de vie, et d'y demeurer jusqu'à ce que mon cousin[1] m'en retire pour quelque meilleure espérance. Je gagnerai cela du moins que j'étudierai davantage, et que j'apprendrai à me contraindre, ce que je ne savois point du tout. » Un homme qui « vit un peu plus raisonnablement, qui ne se laisse plus emporter à toutes sortes d'objets, qui étudie tranquillement à Uzès, qui y reste volontiers pour cela, et qui y apprend la science qu'il ne savoit pas, celle de savoir se contraindre, » voilà le nouvel homme qui commence à percer dans Racine. Qu'on ne croie pas, d'ailleurs, que cette contrainte qu'apprend Racine touche le moins du monde à la fausse dévotion. Il souffre d'être obligé de paraître à Uzès plus dévot qu'il ne l'est ; il ne veut pas du moins sur ce point tromper par ses lettres les pieuses et saintes femmes de sa famille. La contrainte qu'il apprend est seulement cette discipline morale que tout homme doit s'imposer.

« Je tâcherai d'écrire cette après-dînée à ma tante Vitart

---

1. M. Vitart, l'intendant des maisons de Luynes et de Chevreuse.

et à ma tante la religieuse,[1] écrit-il le 16 mai 1662, puisque vous vous en plaignez. Vous devez pourtant m'excuser si je ne l'ai pas fait, et elles aussi; car que puis-je leur mander? C'est bien assez de faire ici l'hypocrite, sans le faire encore à Paris par lettres; car j'appelle hypocrisie d'écrire des lettres où il ne faut parler que de dévotion, et ne faire autre chose que se recommander aux prières. Ce n'est pas que je n'en aie bon besoin; mais je voudrois qu'on en fît pour moi sans être obligé d'en tant demander. Si Dieu veut que je sois prieur, j'en ferai pour les autres autant qu'on en aura fait pour moi.[2] »

On voit aussi par quelques mots de cette lettre à M. Vitart quels avaient été ses torts de conduite à Paris, et même les dettes qu'il y avait laissées. « Je ne vous renouvelle point mes protestations d'être honnête homme et d'être reconnoissant, dit-il; vous avez assez de bonté pour n'en douter plus. J'écris à M. Piolin, et je l'assure que sa dette lui est infaillible; mais qu'il me donne quelque temps pour la satisfaire; je l'entends néanmoins à raison d'une pistole par mois. Voici le mémoire de mes livres que vous avez eu la bonté de me demander. » Il y avait donc parmi ses dettes des dettes de livres; cela excuse un peu les autres. A Uzès il avait aussi des livres, mais peu: « et ce ne sont pas, disait-il à l'abbé Levasseur,[3] des livres à conter fleurettes. Ce sont des sommes de théologie latine, méditations espagnoles, histoires italiennes, Pères grecs, et pas un françois. » De tous ses créanciers de Paris, le plus gros, mais en même temps le plus indulgent, était son cousin Vitart; c'est surtout pour s'acquitter envers lui que Racine s'attachait à la poursuite du bénéfice que son oncle ne pouvait pas lui donner, à cause des mille et une difficultés qui renaissaient sans cesse dans ces collations de biens ecclésiastiques.

1. La mère Agnès de Sainte-Thècle Racine, qui fut abbesse de Port-Royal en 1689.
2. Lettre à son cousin Vitart, 16 mai 1662.
3. 4 juillet 1662.

Ainsi Racine écrivait à M. Vitart dans sa dernière lettre d'Uzès, au commencement d'août 1662 :

« Je ne saurois écrire à d'autres qu'à vous aujourd'hui ; j'ai l'esprit embarrassé ; je ne suis en état que de parler procès, ce qui scandaliseroit ceux à qui j'ai coutume d'écrire : tout le monde n'a pas la patience que vous avez pour souffrir mes folies, outre que mon oncle est au lit, et que je suis fort assidu auprès de lui. Il est tout à fait bon, et je crois que c'est le seul de sa communauté qui ait l'âme tendre et généreuse. Je souhaite qu'il fasse quelque chose pour moi. Je puis cependant vous protester que je ne suis pas ardent pour les bénéfices : je n'en souhaite que pour vous payer quelque méchante partie de tout ce que je vous dois. »

Ces difficultés et le dégoût qu'il prenait de la vie ecclésiastique décourageaient de plus en plus Racine de sa poursuite. Que faire, et quelle conduite tenir, s'il allait devenir abbé bénéficier soit à Uzès, soit en Anjou? car il s'agissait aussi d'un bénéfice à obtenir en Anjou, à défaut de celui d'Uzès; celui-là dépendait d'un autre oncle Sconin, dom Cosme, qui vivait à La Ferté-Milon, homme brouillon, égoïste et assez mal disposé pour Racine. L'oncle d'Uzès était son bon génie; mais il était aux prises avec ses moines et ne pouvait pas ce qu'il voulait. Quant à l'oncle dom Cosme, « je crois, dit Racine,[1] que cet homme-là est né pour ruiner toutes mes affaires. » Il était malheureux de ne pas réussir ; il eût été plus malheureux encore peut-être s'il eût réussi, et s'il lui avait fallu vivre avec des moines comme ceux d'Uzès. « Nos moines sont plus sots que pas un, et, qui plus est, des sots ignorants ; car ils n'étudient point du tout. Aussi je ne les vois jamais, et j'ai conçu une certaine horreur pour cette vie fainéante de moine, que je ne pourrai pas bien dissimuler.[2] »

A Uzès, Racine lisait et étudiait beaucoup; mais il n'y com-

1. Lettre du 13 juin 1662.
2. Lettre à M. Vitart, 30 mai 1662.

posa rien, excepté *les Bains de Vénus*, petite pièce de poésie qui ne nous a pas été conservée.

« Je cherche quelque sujet de théâtre, et je serois assez disposé à y travailler, écrit-il à l'abbé Levasseur le 25 juillet 1662; mais j'ai trop de sujet d'être mélancolique en ce pays-ci, et il faut avoir l'esprit plus libre que je ne l'ai. Aussi bien je n'aurois pas ici une personne comme vous, à qui je pusse tout montrer, à mesure que j'aurois fait quelque chose ; et, s'il faut un passage latin pour vous mieux exprimer cela, je n'en saurois trouver un plus propre que celui-ci : *Nihil mihi nunc scito tam deesse quam hominem eum, quocum omnia quæ me cura aliqua afficiunt, una communicem; qui me amet, qui sapiat, quocum ego colloquar, nihil fingam, nihil dissimulem, nihil obtegam.... non homo, sed littus, atque aer et solitudo mera. Tu autem qui sæpissime curam et angorem animi mei sermone et consilio levasti tuo, qui mihi in rebus omnibus conscius et omnium meorum sermonum et consiliorum particeps esse soles, ubinam es?*[1] Quand Cicéron eût été à Uzès, et que vous eussiez été en la place d'Atticus, son ami, eût-il pu parler autrement ? »

Il n'est pas découragé de la carrière des lettres ; il n'est découragé que d'Uzès. Il n'allait pas dans le monde, quoiqu'on l'en priât fort, et vivait avec ses livres, préférant les morts aux vivants. « On me vient voir ici fort souvent, écrit-il à M. Vitart le 16 mai 1662, et on tâche de me débaucher pour me mener en compagnie. Quoique j'aie la conscience fort tendre de ce côté-là, et que je n'aime pas à refuser, je me tiens pourtant sur la négative, et je ne sors point. Mon oncle m'en sait fort bon gré, et je m'en console avec mes livres. Comme on sait que

---

1. « Sache bien que rien ne me manque tant en ce moment qu'un homme à qui je communique tout ce qui me cause quelque souci, qui m'aime, qui réfléchisse pour moi, avec qui je m'entretienne sans rien feindre, rien dissimuler, rien cacher. Je n'ai personne ; je n'ai que le rivage de la mer, le ciel et la plus déserte solitude. Et toi, qui si souvent as su par ton entretien soulager mes soucis et les inquiétudes de mon esprit ; qui, dans toutes les circonstances, as été le confident et le confesseur de toutes mes paroles et de tous mes desseins, où es-tu ? »

je m'y plais, il y a bien des gens dans la ville qui m'en apportent tous les jours. Les uns m'en donnent de grecs, les autres d'espagnols et de toutes les langues. Pour la composition, je ne puis m'y mettre. *Sic enim sum complexus otium, ut ab eo divelli non queam. Itaque aut libris me delecto quorum habeo festivam copiam, aut te cogito. A scribendo prorsus abhorret animus.*[1] Cicéron mandoit cela à Atticus ; mais j'ai une raison particulière de ne point composer, qui est que je suis trop embarrassé du mauvais succès de mes affaires, et cette inquiétude sèche toutes les pensées de vers ou de galanterie que je pourrois avoir. »

A la fin de l'été 1662, Racine, désespérant tout à fait d'avoir son bénéfice, et s'en consolant aisément, quitta Uzès et revint à Paris. A en juger par quelques mots du petit nombre de lettres que nous avons de lui depuis ce retour, il reprit son logement à l'hôtel de Luynes et sans doute aussi son emploi chez M. Vitart, son cousin germain, qui fut la providence de sa jeunesse.[2]

Je me suis arrêté assez longtemps sur le séjour de Racine à Uzès, parce que l'année qu'il y passa, et dont la plupart de ses historiens ne parlent que comme d'une année de contrariété et d'ennui, me semble au contraire une année de retraite et d'étude, très-favorable au développement du génie et du caractère de Racine. Ses lettres pendant ce séjour témoignent du changement qui s'est fait alors dans son esprit ; elles deviennent plus sérieuses et plus solides, sans cesser d'être moins faciles et moins agréables, à mesure qu'il vit plus dans sa solitude d'Uzès. Dans les premières, il vise surtout à plaire et cite

---

1. « Je me suis si bien attaché au repos, que je ne peux plus m'en arracher. Aussi je me plais à lire, ayant une grande abondance de livres, ou je pense à toi ; mais mon esprit a horreur d'écrire. » *Lettres de Cicéron à Atticus.*

2. Lettre à l'abbé Levasseur, décembre 1663. « Le mauvais temps m'a empêché de sortir depuis quatre jours... ainsi ne vous attendez pas d'apprendre de moi aucune nouvelle, sinon de ce qui s'est passé dans l'étendue de l'hôtel de Luynes. »

souvent les poëtes italiens ; dans les dernières, il cite surtout Cicéron. On voit qu'il a repris ses études classiques. M. Aimé Martin, dans les notes qu'il a mises aux mémoires de Louis Racine sur la vie de son père, dit « qu'on croit que ce fut pendant son séjour à Uzès qu'il éprouva les premiers traits de cette passion dont il fut dans la suite un si habile peintre. » Je ne sais pas quelles furent les premières amours de Racine ; je croirais volontiers que, comme saint Augustin, il a beaucoup aimé à aimer, avant d'aimer : *Nondum amabam, sed amare amabam*. Il avait l'âme très-tendre, et il n'avait pas dans sa jeunesse des mœurs très-sévères. Cela le disposait donc aux tentations, mais ce n'est pas à Uzès qu'il a commencé à sentir l'amour ; il dit au contraire dans plusieurs lettres qu'il s'en est tout à fait préservé.

« Croyez, écrit-il à l'abbé Levasseur le 30 avril 1662, que, si j'avois reçu quelque blessure en ce pays, je vous la découvrirois naïvement, et je ne pourrois pas même m'en empêcher. Vous savez que les blessures du cœur demandent toujours quelque confident à qui l'on puisse s'en plaindre ; et, si j'en avois une de cette nature, je ne m'en plaindrois jamais qu'à vous : mais, Dieu merci, je suis libre encore ; et, si je quittois ce pays, je reporterois mon cœur aussi sain et aussi entier que je l'ai apporté. »

V.

RETOUR A PARIS.
PREMIERS PROTECTEURS DE RACINE A LA COUR.
MOLIÈRE ET LE COMTE DE SAINT-AIGNAN.
LES FRÈRES ENNEMIS.

C'est vers la fin d'août 1662 ou au commencement de septembre que Racine revint d'Uzès à Paris, et c'est au commencement de 1664 qu'il fit jouer *les Frères ennemis*. Nous avons peu de lettres de lui datées de cette époque, et celles que nous avons nous donnent peu de détails sur sa vie pendant l'année 1663. Cette année cependant a eu son importance dans la vie de Racine, car c'est alors qu'il se lie avec Molière et avec Boileau, et qu'il entre résolûment dans la carrière des lettres, renonçant à poursuivre ces bénéfices ecclésiastiques toujours promis et jamais obtenus.

La tradition rapporte qu'il avait fait une tragédie de *Théogène et Chariclée,* en souvenir du goût extrême qu'il avait eu à Port-Royal pour le roman grec de ce nom. Racine ne parle de cette tragédie de sa jeunesse ni dans ses lettres d'Uzès, ni dans ses lettres de 1663. L'avait-il déjà jugée et condamnée lui-même? Cependant il la présenta, dit-on, à Molière, qui l'encouragea à faire des tragédies, mais qui trouva la pièce faible, et lui indiqua le sujet des *Frères ennemis.*

Racine parle plusieurs fois des *Frères ennemis* dans ses lettres à l'abbé Levasseur : « Pour ce qui regarde les *Frères,* ils ne sont pas si avancés qu'à l'ordinaire, écrit-il à l'abbé Levasseur au mois de novembre 1663 ; le quatrième acte étoit fait dès samedi ; mais malheureusement je ne goûtois point, ni les autres non plus, toutes ces épées tirées : aussi, il a fallu les faire rengaîner, et pour cela ôter plus de deux cents vers, ce qui est mal aisé; » et ailleurs :[1] « J'ai tantôt achevé ce que vous savez, et j'espère que j'aurai fait dimanche ou lundi. J'y ai mis des stances qui me satisfont assez. En voilà la première, car je n'ai guère de meilleures choses à vous écrire :

> Cruelle ambition, dont la noire malice
> Conduit tant de monde au trépas,
> Et qui, feignant d'ouvrir le trône sous nos pas,
> Ne nous ouvres qu'un précipice,
> Que tu causes d'égarements !
> Qu'en d'étranges malheurs tu plonges tes amants !
> Que leurs chutes sont déplorables !
> Mais que tu fais périr d'innocents avec eux,
> Et que tu fais de misérables
> En faisant un ambitieux !

« C'est un lieu commun qui vient bien à mon sujet ; mais

---

1. Lettre de novembre 1663.

ne le montrez à personne, je vous en prie, parce que si on l'avoit vu, on s'en pourroit souvenir, et on en seroit moins surpris quand on le récitera. »

Dans une autre lettre :[1] « Je n'ai fait que retoucher continuellement au cinquième acte, et il n'est tout achevé que d'hier. J'ai réduit toutes les stances à cinq, et j'ai ôté celle de l'ambition, qui me servira peut-être ailleurs. On promet depuis hier *la Thébaïde* à l'hôtel;[2] mais ils ne la promettent qu'après trois autres pièces. »

En 1663, la liaison de Racine avec Molière semble déjà assez familière et plus étroite qu'avec Boileau. Molière, directeur du théâtre du Palais-Royal, auteur et comédien accrédité à la cour, était pour Racine, qui commençait à écrire des tragédies, un personnage important,[3] et on voit qu'il cherche les occasions de le voir et de lui plaire. Ainsi allant à la cour pour saluer le comte de Saint-Aignan, qui avait lu son *Ode à la Renommée,* et qui avait demandé à le voir, Racine ne le trouva pas au lever du roi, « mais, dit-il, j'y ai trouvé Molière, à qui le roi a donné assez de louanges, et j'en ai été bien aise pour lui; il a été bien aise aussi que j'y fusse présent.[4] » Ail-

---

1. Décembre 1663.
2. L'hôtel de Bourgogne. On voit que Racine avait d'abord l'intention de donner *la Thébaïde* à ce théâtre. Celui du Palais-Royal, dont Molière était le directeur, n'avait encore joué que des comédies, et *la Thébaïde* est la première tragédie qui y ait été donnée.
3. Je trouve dans les vers de Benserade faits pour le ballet des *Muses* (1663) un témoignage de la vogue que Molière avait à la cour :
Troisième entrée, *Molière et sa troupe.*

POUR MOLIÈRE.

Le célèbre Molière est dans un grand éclat ;
Son mérite est connu de Paris jusqu'à Rome.
Il est avantageux partout d'être honnête homme ;
Mais il est dangereux avec lui d'être un fat.

Le mot d'honnête homme est pris ici dans son sens du milieu du xviie siècle, et veut dire homme d'esprit et bien élevé : fat est pris dans le sens de sot et ridicule. Je dois surtout remarquer que Benserade ne faisait ses devises que pour les hommes qui avaient de l'importance à la cour.
4. Lettre de novembre 1663.

leurs il regrette de n'avoir pas vu Molière depuis huit jours ; il entretient soigneusement son ami l'abbé Levasseur de tout ce qui a rapport à Molière. « Montfleury, dit-il, a fait une requête contre Molière et l'a donnée au roi. Il l'accuse d'avoir épousé la fille et d'avoir autrefois vécu avec la mère. Mais Montfleury n'est point écouté à la cour. [1] » Racine commence donc dès ce moment a aller à la cour ; il a une pension du roi ; il a fait son *Ode à la Renommée,* à la gloire du roi ; il a pour protecteurs le comte de Saint-Aignan et surtout Colbert ; on pense à lui pour la petite Académie qui se tient chez Colbert et qui devient plus tard l'Académie des inscriptions et belles-lettres ;[2] il est donc en train de faveur et de succès ; cependant il n'a pas encore la vocation de courtisan, qu'il aura si bien plus tard : « Vous voyez, dit-il à l'abbé Levasseur en finissant une lettre où il lui donne des nouvelles de la cour, que je suis à demi courtisan ; mais c'est à mon gré un métier assez ennuyeux ;[3] » métier ennuyeux en effet quand on le commence, impossible à quitter quand on l'a pratiqué quelque temps.

Je n'ai pas l'intention de raconter la vie de tous les personnages que je rencontrerai dans la vie de Racine. Je finirais par faire un dictionnaire biographique du siècle de Louis XIV. Je demande pourtant la permission de dire quelques mots du comte de Saint-Aignan, qui fut à la cour le premier protecteur de Racine. Ces détails serviront aussi à montrer combien la cour était, à cette époque, occupée des choses de l'esprit, et combien cet empressement de la société encourageait naturellement la littérature.

Le comte de Saint-Aignan, né en 1610, avait été un des plus fidèles serviteurs de la royauté pendant la Fronde. Il fut nommé duc et pair en 1663, pendant cette année où

---

1. Lettre de décembre 1663.
2. « Pour mon affaire de chez M. de Bourzeis, elle est fort honnête et bien avancée, mais on m'a surtout recommandé le secret, et je vous le recommande. » (Lettre de décembre 1663).
3. *Ibid.*

nous le voyons devenir un des protecteurs de Racine, et il fut nommé presque en même temps membre de l'Académie française. Il méritait le titre de duc par les services qu'il avait rendus à la royauté pendant la Fronde, et le titre d'académicien par son goût pour les lettres et pour les hommes de lettres. Il faisait aussi des vers, qui n'étaient ni meilleurs ni plus mauvais que ceux que faisaient la plupart des poëtes du temps, et il eut le mérite de montrer, en protégeant Racine, qu'il aimait qu'on en fît de meilleurs. L'abbé d'Olivet, dans son histoire de l'Académie française et dans sa notice sur le comte de Saint-Aignan, dit qu'il s'occupe surtout de « l'homme de lettres. » C'est à ce titre aussi surtout que je parle de lui, quoique en même temps je doive tenir compte de ses dignités, puisqu'il a employé son crédit à la cour à soutenir les lettres.

Il était en correspondance de vers familiers avec Scarron dès 1650, et il lui adressait une épître où il lui dit de croire que,

> Manteaux de ducs, bâtons fleurdelisés,
> Rubans d'azur par aucuns tant prisés,
> Faveurs de rois, commandements d'armées,
> Gouvernements, places des mieux fermées,
> Lambris dorés, grands festins, vins exquis,
> . . . .
> Jeux, chasses, bals, ballets, lice, carrière,
> Bon feu l'hiver, l'été belle rivière,
> Tous ces honneurs et ces plaisirs si doux
> Me sont moins chers que d'être aimé de vous.[1]

Non-seulement ces vers sont bien tournés ; mais ils ont un ton de politesse, et j'allais presque dire d'égalité amicale, qui ne sent pas du tout le protecteur écrivant au protégé. On savait du reste qu'on faisait plaisir au comte de Saint-Aignan en lui parlant de son goût pour la poésie et pour les poëtes. Dans le ballet de la *Naissance de Vénus*,[2] Benserade adressait les vers suivants au duc de Saint-Aignan, qui représentait Orphée :

---

1. OEuvres complètes de Scarron, t. VII, p. 95.
2. 1665.

> Du désir de la gloire ayant l'âme échauffée,
> Et toujours aspirant à différent trophée,
> Vous descendez parfois dans le sacré vallon ;
> Vous y chantez vous-même, et la lyre d'Orphée
> N'en doit guères de reste à celle d'Apollon.
> Tant votre main savante en exprime un doux son.[1]

M. le duc de Saint-Aignan était grand lecteur des romans du temps et des romans de chevalerie ; il était aussi grand amateur de la mythologie, qui était alors en vogue.[2] C'était lui qui dirigeait les fêtes du roi ; il y remplissait un rôle, comme les autres seigneurs de la cour. Le roi lui-même dansait dans tous les ballets empruntés à la mythologie ou à la chevalerie. C'est le duc de Saint-Aignan, par exemple, qui fut chargé de diriger à Versailles, en 1664, les fêtes de l'*île enchantée*, dont l'idée fut prise dans le *Roland furieux* de l'Arioste. Le roi y représentait le plus brillant des paladins de l'île où résidait l'enchanteresse Alcine ; les courtisans y avaient les autres rôles, le duc de Saint-Aignan, celui de *Guidon le Sauvage*. Benserade, qui ne manquait pas de confondre dans les vers qu'il faisait pour les ballets « le caractère des personnes qui dansoient avec le caractère des personnages qu'ils représentoient, » disait du duc de Saint-Aignan, ayant le nom et le costume de *Guidon le Sauvage* :

> Les combats que j'ai faits en l'île dangereuse,
> Quand de tant de guerriers je demeurai vainqueur,
>   Suivis d'une épreuve amoureuse
> Ont signalé ma force aussi bien que mon cœur.[3]
> . . . .

Le duc de Saint-Aignan ne passait donc pas seulement pour un homme de guerre très-brave et qui avait fait ses preuves

---

1. BENSERADE, t. II, p. 355.
2. Voyez l'histoire des Dieux par Desmarets (1648), dédiée à la régente Anne d'Autriche. Dans cette histoire, les dieux de la fable agissent et parlent comme font, dans le *Cyrus* et dans la *Clélie*, les personnages de l'histoire ancienne et de l'histoire romaine.
3. BENSERADE, t. II, p. 319.

dans les guerres d'Allemagne et dans la guerre de la Fronde, blessé plusieurs fois et ayant au visage une glorieuse cicatrice qui l'honorait sans le défigurer; il était de plus renommé dans tous les exercices de force et d'adresse, habile aux armes, cavalier élégant et hardi, grand chasseur, bon danseur, bien venu des dames, aimant qu'on parlât de ses succès, et ayant gardé ces qualités fort longtemps, malgré la venue des ans. Un jour, attaqué par quatre voleurs, il se défendit si bien avec un pistolet à trois coups qu'il tua deux de ses assaillants, blessa le troisième, et mit en fuite le dernier. Un de ses amis lui envoya après cette aventure, qui eut grand éclat, un mousqueton à sept coups, avec cette ballade faite par Montplaisir.[1]

> Parmi les bois et la gaie[2] verdure,
> On va cherchant souvent mainte aventure,
> Ainsi que vous, tant gentil chevalier,
> Lorsque seulet vous alliez vous ébattre;
> Quatre assassins venant vous épier,
> Vous avez fait, dit-on, le diable à quatre.
>
> En coucher deux roides morts sur la dure,
> Arrêter l'un d'une grande blessure,
> Et mettre encore en fuite le dernier;
> Quoique blessé, comme un démon se battre,
> Damp chevalier, on ne peut le nier,
> C'est assez bien faire le diable à quatre.

Mme Deshoulières,[3] qu'on appelait la dixième muse, et qui était seulement la muse des petits vers à la fois galants et innocents, a célébré aussi l'aventure du duc de Saint-Aignan, et elle parle dans sa ballade de ses autres exploits, sans en être embarrassée, quoique femme.[4] C'était le ton du temps, et c'était

---

1. Le marquis de Montplaisir, d'une ancienne maison de Bretagne, poëte du monde, mort vers 1671.
2. Prononciation vieille ou normande; l'*e* muet se prononce.
3. Née en 1633 ou 1634, morte en 1694.
4.   Vous pourfendez vous seul quatre assassins,
   Vous réparez les torts et les injures:
   Feriez encor plus d'amoureux larcins

le caractère connu de l'homme. M. le duc de Saint-Aignan s'était remarié à soixante et dix ans, et avait eu deux fils. Cela était compté aussi parmi les prouesses du paladin, qui était le nom qu'on avait donné au duc de Saint-Aignan, et il faisait tout pour le mériter.

J'ai cité ces éloges poétiques et chevaleresques du duc de Saint-Aignan, et je l'ai fait avec plaisir, croyant que nous devons rendre hommage au premier protecteur de Racine à la cour ; j'ai voulu voir aussi cependant ce qu'en disaient les mémoires et les correspondances du temps. C'est là que sont les médisances, c'est là qu'est la contre-partie des éloges officiels. Saint-Simon, le grand médisant du siècle, ne dit rien du duc de Saint-Aignan ; ce silence est presque un éloge. Mme de Sévigné, qui connaissait et aimait M. de Saint-Aignan, mêle à peine quelques malices aux louanges sincères qu'elle lui donne, et c'est grand bonheur pour un ami de se tirer à si bon marché des mains d'un ami. Elle rit un peu par exemple du plaisir que M. le duc de Saint-Aignan avait eu à marier sa fille sans dot,[1] et elle sourit aussi un peu en racontant la mort de la duchesse de Saint-Aignan. « Son mari est revenu du Havre en poste sur les vieilles ailes de son vieil amour ; il arriva comme elle expiroit, il lui baisa la main, fit des cris, poussa des sanglots ; il va nous donner d'une Sierra Morena dans sa retraite et dans son deuil.[2] » En peignant la bruyante

> Que jouvenceaux à blonde chevelure.
> Ce que jadis fit le beau ténébreux
> Près de vos faits n'est que badinerie.
> D'encombriers vous sortez sans féerie :
> Oncques ne fut plus véritable preux.
>
> . . . .
> Vous bravez tout : malgré des ans nombreux
> Qui volontiers empêchent qu'on ne rie,
> Avez d'un fils augmenté votre hoirie.
> Oncques ne fut plus véritable preux.

1. *Lettres de Mme de Sévigné*, t. V, p. 293, édit. Montmerqué. M. de Montmerqué attribue cette lettre à M. de Grignan.
2. *Lettres de Mme de Sévigné*, t. VI, p. 122.

douleur du *paladin* qu'elle compare à don Quichotte allant faire dans la Sierra Morena une pénitence imitée d'Amadis, Mᵐᵉ de Sévigné veut-elle laisser entendre que cette douleur sera vive, mais courte, et prévoit-elle déjà que M. de Saint-Aignan se remarierait, quoiqu'à soixante et dix ans, et se remarierait vite, étant pressé? Quoi qu'il en soit, la duchesse de Saint-Aignan était morte le 22 janvier 1680, et dès le 17 février 1680, Bussy écrivait : « On remarie déjà mon ami (le duc de Saint-Aignan) à la princesse Marianne, à la comtesse de Guiche, à Mᵐᵉ de Maintenon, à Mᵐᵉ de Vaissac, et moi, je le marie avec une femme de chambre de sa femme dont il y a quinze ans qu'il est amoureux.[1] » En effet, le duc de Saint-Aignan épousa secrètement, le 9 juillet 1680, Françoise Goré de Rancé, qui était attachée à la duchesse de Saint-Aignan sous le nom de demoiselle de Lanci. Elle était née noble. Le mariage ne fut déclaré qu'un an après. Pendant toute cette année de délai, nous voyons par une lettre de Mᵐᵉ de Scudéry,[2] une des correspondantes ordinaires de Bussy, que le monde continuait dans ses propos à remarier le duc de Saint-Aignan, tant il paraissait impossible qu'il restât longtemps veuf. « Ce qui fait, monsieur, que la plupart de nos veuves et de nos demoiselles font des avances à notre ami le duc de Saint-Aignan, c'est que, lorsqu'il s'agit de s'établir et d'avoir un rang, on ne trouve rien de honteux pour y parvenir. Notre ami dit qu'il est jeune; elles ne le croyent pas; elles croyent seulement qu'il est duc, et c'est assez pour elles. Pour moi, je crois qu'il ne se mariera que par inclination, et qu'un mérite connu le touchera plus qu'une grande beauté. C'est en vérité un galant homme; l'on pourroit mener une

---

1. *Lettres de Bussy*, t. VI, p. 97.
2. Il faut distinguer Mˡˡᵉ de Scudéry, l'auteur du *Cyrus* et de la *Clélie*, de Mᵐᵉ de Scudéry. Celle-ci était la femme de Scudéry, l'auteur dramatique, et elle était par conséquent la belle-sœur de la grande romancière. Elle perdit son mari, étant elle-même encore jeune, resta veuve, vécut dans le monde, où elle était considérée et avait la réputation d'une personne fort spirituelle. Il y a d'elle un recueil de lettres intéressantes et bien écrites.

vie fort douce avec lui; le bien ne le touche point; il ne sera question que de lui plaire. » M. le duc de Saint-Aignan n'était donc point seulement chevaleresque, il était aussi tant soit peu romanesque, et dans le sens élevé du mot. Quelques moqueurs étaient disposés à rire de cet amour d'un vieillard de soixante et dix ans pour une camériste de sa femme, amour qui fut un danger et une tentation pendant quinze ans, et dont le bon duc, une fois sa femme morte, se hâta de faire un devoir; mais, en dépit des moqueurs, chacun honorait sa sincérité et sa loyauté de cœur, toute prompte qu'elle se montrait.

Quand il mourut en 1687 à près de quatre-vingts ans, après avoir eu trois enfants de sa seconde femme, l'éloge que firent de lui Mme de Sévigné et Bussy-Rabutin suffit à l'honneur de sa mémoire et achève son image. « Vous avez perdu votre bon et fidèle ami M. le duc de Saint-Aignan, écrit Mme de Sévigné à Bussy-Rabutin, le 17 juin 1687. Sept ou huit jours de fièvre l'ont emporté; et l'on peut dire qu'il est mort bien jeune, quoiqu'il eut, à ce qu'on dit, quatre-vingts ans. Il n'a senti ni dans l'esprit, ni dans l'humeur, ni dans le corps les tristes incommodités de la vieillesse. Il a toujours servi le roi à genoux avec cette disposition[1] que les gens de quatre-vingts ans n'ont jamais. Il a eu des enfants depuis deux ans. Enfin tout a été prodige en lui. Dieu veuille le récompenser de ce qu'il a fait pour l'honneur et la gloire du monde ! J'ai senti vivement cette mort par rapport à vous. Il vous a aimé fidèlement; vous étiez son frère d'armes, et la chevalerie vous unissoit. Il vous a rendu des services que nul autre courtisan n'auroit osé ni voulu vous rendre. Il a fait profession d'une amitié qui n'a point eu d'exemple depuis longtemps. Il avoit un air et une manière qui paroient la cour. Quand la mode viendroit de faire des parallèles dans les oraisons funèbres,[2] je

---

1. De dispos, agile.
2. Trait dirigé contre l'oraison funèbre du prince de Condé par Bossuet. Ce discours, tout admirable qu'il est, avait peu réussi dans le monde, et surtout le parallèle entre Condé et Turenne.

n'en souffrirai jamais dans la sienne; car il étoit assurément unique en son espèce et un grand original sans copie. » La réponse de Bussy-Rabutin, cet esprit vaniteux, malveillant et malheureux, n'est pas moins émue et moins touchante que la lettre de Mme de Sévigné, et tout ce qu'il raconte du duc de Saint-Aignan nous le fait aimer et respecter plus que tous les éloges poétiques que j'ai cités sur lui. C'était vraiment un cœur chevaleresque, non pas seulement pour sa bravoure à la guerre, son adresse et sa force dans les tournois, ses façons auprès des dames, mais surtout pour sa fidélité envers ses amis, pour son culte de l'honneur, et cela au milieu de la cour; *grand original*, en vérité, sans modèle et sans copie, selon le mot de Mme de Sévigné. « Il y a trente ans, dit Bussy,[1] que nous nous rassemblâmes à la cour, lui premier gentilhomme de la chambre du roi et maître de camp général de la cavalerie. Ce fut dès ce temps-là que mon ami, me trouvant persécuté de mauvais offices auprès du roi, commença à déclarer à Sa Majesté qu'il étoit mon ancien ami, et qu'il lui répondoit non-seulement de ma fidélité à son service, mais de mon respect infini pour sa personne. Un jour qu'on apporta au roi un sonnet horrible contre lui, en présence des ministres, Le Tellier dit que ce pouvoit bien être moi qui l'eût fait. Le roi répondit : Cela ne peut pas être, Saint-Aignan m'a répondu de Bussy; et au sortir de là, Sa Majesté redit à mon ami cette conversation.

. . . .

« Pendant les treize mois que je fus en prison, il ne se passa point de semaines que Saint-Aignan ne dît quelque chose au roi sur mon sujet, et souvent avec une hardiesse pardonnable seulement à l'amitié qu'il avoit pour moi... — Je ne vous dis pas les tournois qu'il a soutenus pour me défendre contre tout le monde, les premiers jours que je fus arrêté, et entre autres contre d'Humières qui lui parut le plus acharné. Mon ami lui dit : Cela est bien vilain de parler contre un homme qui

---

[1]. Lettre du 20 juin 1687.

est en prison, avec qui vous viviez bien avant qu'il y entrât, et dont vous avez épousé la nièce; je suis assuré que vous ne parleriez pas comme vous faites s'il étoit en liberté; mais ne croyez pas, parce qu'il est arrêté, que tout vous soit permis. Je suis ici pour faire taire ceux qui ne l'aiment pas. d'Humières fila doux et lui répondit qu'il prenoit les choses d'un autre sens qu'il ne les avoit dites. Saint-Aignan lui répliqua qu'il entendoit le françois aussi bien que lui, et le quitta... — Voilà l'ami que j'ai perdu, madame. Jugez s'il y a un homme plus à plaindre que moi ni un homme plus à estimer que lui. Car enfin, avec tout le mérite qu'il avoit à mon égard, il avoit de l'esprit, un courage extraordinaire, et un cœur comme le devroient avoir les rois... Adieu, ma chère cousine; je ne croyois pas pouvoir vous aimer plus que je ne fais; cependant la mort de mon pauvre ami m'a laissé vide une partie de mon cœur, que je ne saurois remplir que de vous; les amis qu'on perd nous rattachent encore plus à ceux qui nous restent.[1] » Cet attendrissement de Bussy, c'est-à-dire d'un des hommes qui ne savent plaindre que leurs malheurs, cette émotion où il y a encore beaucoup de chagrin égoïste, mais où il y a pourtant un vrai sentiment de douleur, d'estime et de reconnaissance, est un des traits qui font le plus d'honneur à M. le duc de Saint-Aignan. Il ne fallait pas une âme d'un petit mérite pour avoir inspiré ces bons sentiments à Bussy.

Pendant que Racine, en 1663, trouvait dans le comte de Saint-Aignan un protecteur puissant et honorable, il lui arrivait un autre bonheur, et plus grand; il se liait avec Boileau. De tous les événements de la jeunesse de Racine, cette liaison est certes l'événement qui lui a été le plus utile, et cependant c'est celui dont il parle le moins dans ses lettres en 1663. Racine dut à l'abbé Levasseur de connaître Boileau. L'abbé Levasseur avait son abbaye à Crosnes, et c'était là que le père de Boileau avait

1. Voir cette lettre dans la *Correspondance de Mme de Sévigné*, t. VII, p. 456.

sa maison de campagne. L'abbé Levasseur avait fait lire au jeune satirique l'*Ode à la Renommée,* et celui-ci, qui devait plus tard enseigner à Racine l'art de faire difficilement les vers faciles, c'est-à-dire l'art de ne point s'abandonner à une facilité vulgaire, avait fait sur cette ode des remarques que l'abbé Levasseur avait communiquées à Racine, qui lui répondit :[1] « Je suis fort obligé à l'auteur des remarques, et je l'estime infiniment. Je ne sais s'il ne me sera point permis quelque jour de le connoître. » On sourit involontairement en lisant ces lignes froides et polies, quand on songe à la place que l'amitié de Boileau et de Racine a tenue dans leur vie, et à l'influence heureuse que le goût sévère de Boileau a eue sur le génie de Racine. Si je voulais marquer nettement cette influence, je prendrais le style des *Frères ennemis* et celui d'*Andromaque,* 1664 et 1667 : voilà Racine avant Boileau et Racine après Boileau ; non que je veuille attribuer à Boileau tous les progrès de Racine, de vingt-trois à vingt-six ans. Racine ne devait qu'à sa nature le don de l'émotion tragique, l'invention des caractères, la vérité des sentiments et même la grâce de son langage ; mais il devait à son ami la précision et la fermeté nouvelle de son style.

J'ai voulu, dans l'étude que je viens de faire des commencements de la vie de Racine, montrer comment en lui le poëte et l'homme surtout s'étaient peu à peu formés. Voilà pourquoi j'ai rassemblé le plus de renseignements et de détails que j'ai pu sur sa jeunesse et sur ses premiers ouvrages. Arrivé en 1664, je m'arrête devant ses deux premières tragédies, les *Frères ennemis* et *Alexandre.* La vie de Racine est désormais surtout dans ses ouvrages. Je mêlerai donc à l'avenir le récit des événements de sa vie à l'étude que je dois faire de ses pièces, voulant toujours montrer l'homme à côté du poëte.

1. Décembre 1663.

LA THÉBAIDE

ou

LES FRÈRES ENNEMIS

TRAGÉDIE

Représentée pour la première fois le 20 juin 1664.

A MONSEIGNEUR

LE DUC DE SAINT-AIGNAN

PAIR DE FRANCE.

Monseigneur,

Je vous présente un ouvrage qui n'a peut-être rien de considérable que l'honneur de vous avoir plu. Mais véritablement cet honneur est quelque chose de si grand pour moi, que, quand ma pièce ne m'auroit produit que cet avantage, je pourrois dire que son succès auroit passé mes espérances. Et que pouvois-je espérer de plus glorieux que l'approbation d'une personne qui sait donner aux choses un juste prix, et qui est lui-même l'admiration de tout le monde? Aussi, Monseigneur, si *la Thébaïde* a reçu quelques applaudissements, c'est sans doute qu'on n'a pas osé démentir le jugement que vous avez donné en sa faveur; et il semble que vous lui ayez communiqué ce don de plaire qui accompagne toutes vos actions. J'espère qu'étant dépouillée des ornements du théâtre, vous ne laisserez pas de la regarder encore favorablement. Si cela est, quelques ennemis qu'elle puisse avoir, je n'appréhende rien pour elle, puisqu'elle sera assurée d'un protecteur que le nombre des ennemis n'a pas accoutumé d'ébranler. On sait, Monseigneur, que, si vous avez une parfaite connoissance des belles choses, vous n'entreprenez pas les grandes avec un courage moins élevé, et que vous avez réuni en vous ces deux excellentes qualités qui ont fait séparément tant de grands hommes. Mais je dois craindre que mes louanges ne vous soient aussi importunes que les vôtres m'ont été avantageuses : aussi bien, je ne vous dirois que des choses qui sont connues de tout le monde, et que vous seul voulez ignorer.

Il suffit que vous me permettiez de vous dire, avec un profond respect, que je suis, Monseigneur, votre très-humble et très-obéissant serviteur,[1]

RACINE.

---

1. Geoffroy, dans son Commentaire, dit que Racine dans cette épître prodigue, selon l'usage, des louanges outrées. Sans doute il loue beaucoup le duc de Saint-Aignan ; mais je dois remarquer la grâce et le bon ton du langage, bien supérieur au ton des épîtres ordinaires. Je lisais dernièrement une dédicace de Boileau à M. de Guilleragues, en lui envoyant la cinquième épître :

> Esprit né pour la cour et maître en l'art de plaire,
> Guilleragues, qui sais et parler et te taire.

L'épître est de 1674, et la dédicace, jointe à l'exemplaire que Boileau adressait à M. de Guilleragues, est du même temps, c'est-à-dire dix ans après celle de Racine au duc de Saint-Aignan. Quelle différence ! La dédicace de Boileau est lourde, guindée, pleine de louanges emphatiques et tout à fait conforme au style consacré des anciennes dédicaces.* Boileau écrivait mieux en vers qu'en prose. Racine, en 1664 encore, écrivait mieux en prose qu'en vers. Il avait déjà la vivacité et la grâce qu'allait prendre notre langue.

* Cette dédicace inédite de Boileau est dans la riche et belle bibliothèque de M. Didot.

PRÉFACE.[1]

Le lecteur me permettra de lui demander un peu plus d'indulgence pour cette pièce que pour les autres qui la suivent ; j'étois fort jeune, quand je la fis. Quelques vers que j'avois faits alors tombèrent par hasard entre les mains de quelques personnes d'esprit ; elles m'excitèrent à faire une tragédie, et me proposèrent le sujet de *la Thébaïde*. Ce sujet avoit été autrefois traité par Rotrou, sous le nom d'*Antigone;* mais il faisoit mourir les deux frères dès le commencement de son troisième acte. Le reste étoit en quelque sorte le commencement d'une autre tragédie, où l'on entroit dans des intérêts tout nouveaux ; et il avoit réuni en une seule pièce deux actions différentes, dont l'une sert de matière aux *Phéniciennes* d'Euripide, et l'autre à l'*Antigone* de Sophocle. Je compris que cette duplicité d'action avoit pu nuire à sa pièce, qui d'ailleurs étoit remplie de quantité de beaux endroits. Je dressai à peu près mon plan sur *les Phéniciennes* d'Euripide[2] ; car, pour *la Thébaïde* qui est dans Sénèque, je suis un peu de l'opinion d'Heinsius, et je tiens, comme lui, que non-seulement ce n'est point une tragédie de Sénèque, mais que c'est plutôt l'ouvrage d'un déclamateur, qui ne savoit ce que c'étoit que tragédie.

1. Cette préface a paru pour la première fois dans les éditions qui comprenaient toutes les pièces de Racine.
2. Racine se trompait lui-même ; car il a suivi Rotrou beaucoup plus qu'Euripide. (G.)

PRÉFACE.

La catastrophe de ma pièce est peut-être un peu trop sanglante; en effet, il n'y paroît presque pas un acteur qui ne meure à la fin : mais aussi c'est *la Thébaïde,* c'est-à-dire le sujet le plus tragique de l'antiquité.

L'amour, qui a d'ordinaire tant de part dans les tragédies, n'en a presque point ici; et je doute que je lui en donnasse davantage, si c'étoit à recommencer ; car il faudroit, ou que l'un des deux frères fût amoureux, ou tous les deux ensemble. Et quelle apparence de leur donner d'autres intérêts que ceux de cette fameuse haine qui les occupoit tout entiers? Ou bien il faut jeter l'amour sur un des seconds personnages, comme j'ai fait; et alors cette passion, qui devient comme étrangère au sujet, ne peut produire que de médiocres effets. En un mot, je suis persuadé que les tendresses ou les jalousies des amants ne sauroient trouver que fort peu de place parmi les incestes, les parricides, et toutes les autres horreurs qui composent l'histoire d'OEdipe et de sa malheureuse famille.

LA THÉBAIDE

ou

LES FRÈRES ENNEMIS

PERSONNAGES.

ÉTÉOCLE, roi de Thèbes.
POLYNICE, frère d'Étéocle.
JOCASTE,[1] mère de ces deux princes et d'Antigone.
ANTIGONE, sœur d'Étéocle et de Polynice.
CRÉON, oncle des princes et de la princesse.
HÉMON, fils de Créon, amant d'Antigone.
OLYMPE, confidente de Jocaste.
ATTALE, confidente de Créon.
Un Soldat de l'armée de Polynice.
Gardes.

La scène est à Thèbes, dans une salle du palais.

---

1. Dans les premières éditions on lit Iocaste. Racine a depuis changé cette orthographe; mais il l'a laissée subsister dans le seul vers de la pièce où Jocaste soit nommée, à la fin de la dernière scène. (L. R.)

Nous n'avons pas conservé toutes les notes des commentateurs qui nous ont précédé. Le texte dans chaque page aurait fini par disparaître sous les notes. Nous en avons pourtant gardé quelques-unes, en y ajoutant même parfois quelques observations. Ces notes sont distinguées par des initiales :

    L. R. Louis Racine.
    L. B. Luneau de Bois-Germain.
    L.   Laharpe.
    G.   Geoffroy.
    A. M. Aimé-Martin.

Celles qui ne sont marquées d'aucune initiale nous appartiennent.

LA THÉBAIDE

OU

LES FRÈRES ENNEMIS

ACTE PREMIER.

SCÈNE PREMIÈRE.

JOCASTE, OLYMPE.

JOCASTE.

Ils sont sortis, Olympe? Ah, mortelles douleurs!
Qu'un moment de repos me va coûter de pleurs!
Mes yeux depuis six mois étoient ouverts aux larmes,
Et le sommeil les ferme en de telles alarmes!
Puisse plutôt la mort les fermer pour jamais,
Et m'empêcher de voir le plus noir des forfaits!
Mais en sont-ils aux mains?

OLYMPE.

Du haut de la muraille
Je les ai vus déjà tous rangés en bataille;
J'ai vu déjà le fer briller de toutes parts;
Et pour vous avertir j'ai quitté les remparts.

J'ai vu, le fer en main, Étéocle lui-même;
Il marche des premiers; et, d'une ardeur extrême,
Il montre aux plus hardis à braver le danger.

JOCASTE.

N'en doutons plus, Olympe, ils se vont égorger.
Que l'on coure avertir et hâter la princesse;[1]
Je l'attends. Juste ciel, soutenez ma foiblesse.
Il faut courir, Olympe, après ces inhumains;*
Il les faut séparer, ou mourir par leurs mains.
Nous voici donc, hélas! à ce jour détestable
Dont la seule frayeur me rendoit misérable.
Ni prières ni pleurs ne m'ont de rien servi;
Et le courroux du sort vouloit être assouvi.
O toi, soleil, ô toi qui rends le jour au monde,**
Que ne l'as-tu laissé dans une nuit profonde!
A de si noirs forfaits prêtes-tu tes rayons,
Et peux-tu sans horreur voir ce que nous voyons?
Mais ces monstres, hélas! ne t'épouvantent guères:
La race de Laïus les a rendus vulgaires;***
Tu peux voir sans frayeur les crimes de mes fils,
Après ceux que le père et la mère ont commis.
Tu ne t'étonnes pas si mes fils sont perfides,

1. Dans les premières éditions on lisait :

Que l'on aille au plus vite avertir la princesse. (G.)

* VAR. *Il faut, il faut courir après ces inhumains.*
** VAR. *Qui que tu sois, ô toi qui rends le jour au monde.*
*** VAR. *Le seul sang de Laïus les a rendus vulgaires.*

Louis Racine dit que *vulgaires* pour *communs* est une mauvaise expression. Je crois que c'est tout le contraire : que *communs* serait plat, et que *vulgaires* est élégant, par la place où il est, et comme épithète de *monstres*. Des monstres *communs* semblent répugner à la pensée et à l'oreille; mais des monstres *rendus vulgaires*, *devenus vulgaires*, cela s'entend très-bien. (L.)

S'ils sont tous deux méchants, et s'ils sont parricides :
Tu sais qu'ils sont sortis d'un sang incestueux,
Et tu t'étonnerois s'ils étoient vertueux.[1]

SCÈNE II.

JOCASTE, ANTIGONE, OLYMPE.

JOCASTE.
Ma fille, avez-vous su l'excès de nos misères?
ANTIGONE.
Oui, madame, on m'a dit la fureur de mes frères.
JOCASTE.
Allons, chère Antigone, et courons de ce pas
Arrêter, s'il se peut, leurs parricides bras.
Allons leur faire voir ce qu'ils ont de plus tendre;
Voyons si contre nous ils pourront se défendre,
Ou s'ils oseront bien, dans leur noire fureur,
Répandre notre sang pour attaquer le leur.
ANTIGONE.
Madame, c'en est fait, voici le roi lui-même.

SCÈNE III.

JOCASTE, ÉTÉOCLE, ANTIGONE, OLYMPE.

JOCASTE.
Olympe, soutiens-moi; ma douleur est extrême.
ÉTÉOCLE.
Madame, qu'avez-vous? et quel trouble...

---

[1]. Racine a retranché les quatre vers suivants :

> Ce sang, en leur donnant la lumière céleste,
> Leur donna pour le crime une pente funeste;
> Et leurs cœurs, infectés de ce fatal poison,
> S'ouvrirent à la haine avant qu'à la raison.

JOCASTE.

Ah! mon fils!
Quelles traces de sang vois-je sur vos habits?*
Est-ce du sang d'un frère? ou n'est-ce point du vôtre?**

ÉTÉOCLE.

Non, madame, ce n'est ni de l'un ni de l'autre.[1]
Dans son camp jusqu'ici Polynice arrêté,
Pour combattre, à mes yeux ne s'est point présenté.
D'Argiens seulement une troupe hardie
M'a voulu de nos murs disputer la sortie :
J'ai fait mordre la poudre à ces audacieux,
Et leur sang est celui qui paroît à vos yeux.

JOCASTE.

Mais que prétendiez-vous? et quelle ardeur soudaine
Vous a fait tout à coup descendre dans la plaine?***

ÉTÉOCLE.

Madame, il étoit temps que j'en usasse ainsi,
Et je perdois ma gloire à demeurer ici.[2]

---

* Var.   ÉTÉOCLE.
   Madame, qu'avez-vous? et quel mal si caché..
          JOCASTE.
   Ah! mon fils, de quel sang êtes-vous là taché?

** Var. Est-ce de votre frère, ou n'est-ce point du vôtre?

1. *Ni de l'un ni de l'autre* n'est ni élégant ni harmonieux. Les quatre vers qui suivent sont bien tournés; ils sont fort différents de ceux qui se rouvaient dans les premières éditions :

   Polynice à mes yeux ne s'est point présenté,
   Et l'on s'est peu battu d'un et d'autre côté;
   Seulement quelques Grecs, *d'un insolent courage*,
   M'ayant osé d'abord disputer le passage,
   J'ai fait mordre la poudre, etc. (G.)

*** Var. *Mais pourquoi donc sortir avecque votre armée?*
   Quel est ce mouvement qui m'a tant alarmée?

2. Racine a retranché les huit vers suivants :

   Je n'ai que trop langui derrière une muraille;
   Je brûlois de me voir en un champ de bataille.
   Lorsque l'on peut paroître au milieu des hasards,

Le peuple, à qui la faim se faisoit déjà craindre,
De mon peu de vigueur commençoit à se plaindre,
Me reprochant déjà qu'il m'avoit couronné,
Et que j'occupois mal le rang qu'il m'a donné.
Il le faut satisfaire; et, quoi qu'il en arrive,
Thèbes dès aujourd'hui ne sera plus captive :
Je veux, en n'y laissant aucun de mes soldats,
Qu'elle soit seulement juge de nos combats.
J'ai des forces assez pour tenir la campagne;
Et si quelque bonheur nos armes accompagne,
L'insolent Polynice et ses fiers alliés
Laisseront Thèbes libre, ou mourront à mes pieds.*

JOCASTE.

Vous pourriez d'un tel sang, ô ciel! souiller vos armes?¹
La couronne pour vous a-t-elle tant de charmes?
Si par un parricide il la falloit gagner,
Ah, mon fils! à ce prix voudriez-vous régner?

> Un grand cœur est honteux de garder les remparts.
> J'étois las d'endurer que le fier Polynice
> Me reprochât tout haut cet indigne *exercice*,
> Et criât aux Thébains, *afin de les gagner*,
> Que je laissois aux fers ceux qui me font régner.ᵃ
> Le peuple, etc.

* Vᴀʀ. *L'insolent Polynice et ses Grecs orgueilleux*
Laisseront Thèbes libre, ou mourront à mes yeux.

1. Dans les premières éditions, la réponse de Jocaste commençait par ces vers, retranchés depuis :

> Vous préserve le ciel d'une telle victoire!
> Thèbes ne veut point voir une action si noire.
> Laissez là son salut, et n'y songez jamais;
> La guerre vaut bien mieux que cette affreuse paix.
> *Dure-t-elle* à jamais cette cruelle guerre,
> Dont le flambeau fatal désole cette terre!
> Prolongez nos malheurs, *augmentez-les toujours*,
> Plutôt qu'un si grand crime en arrête le cours.
> Vous-même d'un tel sang souilleriez-vous vos armes?
> La couronne, etc.

ᵃ Vᴀʀ. *Que je laissois périr ceux qui me font régner.*

Mais il ne tient qu'à vous, si l'honneur vous anime,
De nous donner la paix sans le secours d'un crime,
Et, de votre courroux triomphant aujourd'hui,
Contenter votre frère, et régner avec lui.

ÉTÉOCLE.

Appelez-vous régner partager ma couronne,
Et céder lâchement ce que mon droit me donne?*

JOCASTE.

Vous le savez, mon fils, la justice et le sang**
Lui donnent, comme à vous, sa part à ce haut rang :
OEdipe, en achevant sa triste destinée,
Ordonna que chacun régneroit son année ;
Et, n'ayant qu'un État à mettre sous vos lois,
Voulut que tour à tour vous fussiez tous deux rois.***
A ces conditions vous daignâtes souscrire.
Le sort vous appela le premier à l'empire,
Vous montâtes au trône ; il n'en fut point jaloux,
Et vous ne voulez pas qu'il y monte après vous !

ÉTÉOCLE

Non, madame, à l'empire il ne doit plus prétendre ;[1]

* Var. *Vous pouvez vous montrer généreux tout à fait,*
Contenter votre frère et régner en effet.
ÉTÉOCLE.
Appelez-vous régner lui céder ma couronne,
Quand le sang et le peuple à la fois me la donne !

** Var. *Vous savez bien, mon fils, que le choix et le sang, etc.*

*** Var. *Il voulut que tous deux vous en fussiez les rois.*

1. Racine a fait ici des changements et des retranchements considérables. Dans les premières éditions, Étéocle répondait :

> Il est vrai, je promis ce que voulut mon père :
> Pour un trône est-il rien qu'on refuse de faire?
> On promet tout, madame, afin d'y parvenir ;
> Mais on ne songe après qu'à s'y bien maintenir.
> J'étois alors sujet et dans l'obéissance,
> Et je tiens aujourd'hui la suprême puissance.
> Ce que je fis alors ne m'est plus une loi ;

ACTE I, SCÈNE III.

Thèbes à cet arrêt n'a point voulu se rendre,
Et, lorsque sur le trône il s'est voulu placer,
C'est elle, et non pas moi, qui l'en a su chasser.
Thèbes doit-elle moins redouter sa puissance,
Après avoir six mois senti sa violence?
Voudroit-elle obéir à ce prince inhumain,
Qui vient d'armer contre elle et le fer et la faim?
Prendroit-elle pour roi l'esclave de Mycène,
Qui pour tous les Thébains n'a plus que de la haine,
Qui s'est au roi d'Argos indignement soumis,
Et que l'hymen attache à nos fiers ennemis?
Lorsque le roi d'Argos l'a choisi pour son gendre,
Il[1] espéroit par lui de voir Thèbes en cendre.
L'amour eut peu de part à cet hymen honteux,
Et la seule fureur en alluma les feux.
Thèbes m'a couronné pour éviter ses chaînes;
Elle s'attend par moi de voir finir ses peines :
Il la faut accuser si je manque de foi ;
Et je suis son captif, je ne suis pas son roi.[2]

> Le devoir d'un sujet n'est pas celui d'un roi :
> D'abord que sur sa tête il reçoit la couronne,
> Un roi *sort à l'instant de sa propre personne;*
> L'intérêt du public doit devenir le sien;
> Il doit tout à l'État, et ne se doit plus rien.
> JOCASTE.
> Au moins doit-il, mon fils, quelque chose à sa gloire,
> Dont le soin ne doit pas sortir de sa mémoire;
> Et quand ce nouveau rang l'affranchiroit des lois,
> Au moins doit-il tenir sa parole à des rois.
> ÉTÉOCLE.
> Polynice à ce titre auroit tort de prétendre :
> Thèbes sous son pouvoir n'a point voulu se rendre ;
> Et lorsque, etc.

1. Selon la grammaire, *il* se rapporte au roi d'Argos; selon le sens, à Polynice.
2. Mêmes raisonnements dans l'*Antigone* de Rotrou :

> Sur le désir des miens mon trône se soutient.
> Je lui cédois l'État, mais l'État me retient.
> J'étois prêt à quitter le sceptre qu'on lui nie ;

JOCASTE.

Dites, dites plutôt, cœur ingrat et farouche,
Qu'auprès du diadème il n'est rien qui vous touche.
Mais je me trompe encor : ce rang ne vous plaît pas,
Et le crime tout seul a pour vous des appas.
Hé bien! puisque à ce point vous en êtes avide,
Je vous offre à commettre un double parricide :
Versez le sang d'un frère; et, si c'est peu du sien,
Je vous invite encore à répandre le mien.
Vous n'aurez plus alors d'ennemis à soumettre,
D'obstacle à surmonter, ni de crime à commettre ;
Et n'ayant plus au trône un fâcheux concurrent,
De tous les criminels vous serez le plus grand.[1]

ÉTÉOCLE.

Hé bien, madame, hé bien, il vous faut satisfaire :
Il faut sortir du trône et couronner mon frère ;
Il faut, pour seconder votre injuste projet,
De son roi que j'étois, devenir son sujet ;
Et, pour vous élever au comble de la joie,
Il faut à sa fureur que je me livre en proie :
Il faut par mon trépas...

JOCASTE.

Ah ciel! quelle rigueur!

>Le peuple aime mon règne et craint sa tyrannie ;
>Je le possède aussi moins que je ne le sers :
>Les honneurs qu'il me rend sont d'honorables fers.
>(*Antigone*, acte I, scène III.)

1. Racine semble avoir voulu, dans plusieurs endroits du rôle de Jocaste, imiter la Sabine de Corneille; et le plus souvent il n'en rappelle que les défauts. Par exemple, Jocaste invite sérieusement son fils à la tuer. Sabine de même, entre son mari et son frère, dit :

>Qu'un de vous deux me tue, et que l'autre me venge.
>(*Horace*, acte II, scène VI.)

Ce n'est pas ainsi que parle la nature. (G.

ACTE I, SCÈNE III.

Que vous pénétrez mal dans le fond de mon cœur!
Je ne demande pas que vous quittiez l'empire :
Régnez toujours, mon fils, c'est ce que je désire.
Mais si tant de malheurs vous touchent de pitié,
Si pour moi votre cœur garde quelque amitié,
Et si vous prenez soin de votre gloire même,
Associez un frère à cet honneur suprême :
Ce n'est qu'un vain éclat qu'il recevra de vous;
Votre règne en sera plus puissant et plus doux.
Les peuples, admirant cette vertu sublime,
Voudront toujours pour prince un roi si magnanime;
Et cet illustre effort, loin d'affoiblir vos droits,
Vous rendra le plus juste et le plus grand des rois:
Ou, s'il faut que mes vœux vous trouvent inflexible,
Si la paix à ce prix vous paroît impossible,
Et si le diadème a pour vous tant d'attraits,*
Au moins consolez-moi de quelque heure de paix.
Accordez cette grâce aux larmes d'une mère,**
Et cependant, mon fils, j'irai voir votre frère.
La pitié dans son âme aura peut-être lieu,
Ou du moins pour jamais j'irai lui dire adieu.
Dès ce même moment permettez que je sorte :
J'irai jusqu'à sa tente, et j'irai sans escorte;
Par mes justes soupirs j'espère l'émouvoir.***

ÉTÉOCLE.

Madame, sans sortir, vous le pouvez revoir;****
Et si cette entrevue a pour vous tant de charmes,
Il ne tiendra qu'à lui de suspendre nos armes.

---

* Var. *Et que le diadème ait pour vous tant d'attraits.*
** Var. *Accordez quelque trêve à ma douleur amère.*
*** Var. *Dans cette occasion rien ne peut l'émouvoir.*
**** Var. *Madame, sans sortir, vous le pouvez bien voir.*

Vous pouvez dès cette heure accomplir vos souhaits,
Et le faire venir jusque dans ce palais.
J'irai plus loin encore : et pour faire connoître*
Qu'il a tort en effet de me nommer un traître,
Et que je ne suis pas un tyran odieux,
Que l'on fasse parler et le peuple et les dieux.
Si le peuple y consent, je lui cède ma place;
Mais qu'il se rende enfin, si le peuple le chasse.[1]
Je ne force personne; et j'engage ma foi
De laisser aux Thébains à se choisir un roi.

SCÈNE IV.

JOCASTE, ÉTÉOCLE, ANTIGONE, CRÉON, OLYMPE.

CRÉON, au roi.

Seigneur, votre sortie a mis tout en alarmes;
Thèbes, qui croit vous perdre, est déjà toute en larmes;
L'épouvante et l'horreur règnent de toutes parts,
Et le peuple effrayé tremble sur ses remparts.

ÉTÉOCLE.

Cette vaine frayeur sera bientôt calmée.
Madame, je m'en vais retrouver mon armée;
Cependant vous pouvez accomplir vos souhaits,
Faire entrer Polynice, et lui parler de paix.
Créon, la reine ici commande en mon absence;
Disposez tout le monde à son obéissance;

---

* VAR. *Je ferai plus encore : et pour faire connoître*, etc.

1. Ces deux vers étaient ainsi arrangés dans les premières éditions :
    Si le peuple le veut, je lui cède ma place ;
    Mais qu'il se rende *aussi si* le peuple le chasse.

ACTE I, SCÈNE IV.

Laissez, pour recevoir et pour donner ses lois,
Votre fils Ménécée, et j'en ai fait le choix.
Comme il a de l'honneur autant que de courage,
Ce choix aux ennemis ôtera tout ombrage,
Et sa vertu suffit pour les rendre assurés.

(A Créon.)

Commandez-lui, madame. Et vous, vous me suivrez.

CRÉON.

Quoi, seigneur...

ÉTÉOCLE.

Oui, Créon, la chose est résolue.

CRÉON.

Et vous quittez ainsi la puissance absolue?

ÉTÉOCLE.

Que je la quitte ou non, ne vous tourmentez pas;
Faites ce que j'ordonne, et venez sur mes pas.

SCÈNE V.

JOCASTE, ANTIGONE, CRÉON, OLYMPE.

CRÉON.

Qu'avez-vous fait, madame? et par quelle conduite
Forcez-vous un vainqueur à prendre ainsi la fuite?
Ce conseil va tout perdre.

JOCASTE.

Il va tout conserver;
Et par ce seul conseil Thèbes se peut sauver.

CRÉON.

Eh quoi, madame, eh quoi! dans l'état où nous sommes,
Lorsqu'avec un renfort de plus de six mille hommes,
La fortune promet toute chose aux Thébains,
Le roi se laisse ôter la victoire des mains!

JOCASTE.

La victoire, Créon, n'est pas toujours si belle;
La honte et les remords vont souvent après elle.
Quand deux frères armés vont s'égorger entre eux,
Ne les pas séparer, c'est les perdre tous deux.
Peut-on faire au vainqueur une injure plus noire,
Que lui laisser gagner une telle victoire?

CRÉON.

Leur courroux est trop grand...

JOCASTE.

Il peut être adouci.

CRÉON.

Tous deux veulent régner.

JOCASTE.

Ils régneront aussi.

CRÉON.

On ne partage point la grandeur souveraine :
Et ce n'est pas un bien qu'on quitte et qu'on reprenne.

JOCASTE.

L'intérêt de l'Etat leur servira de loi.

CRÉON.

L'intérêt de l'État est de n'avoir qu'un roi,
Qui, d'un ordre constant gouvernant ses provinces,
Accoutume à ses lois et le peuple et les princes.
Ce règne interrompu de deux rois différents,
En lui donnant deux rois, lui donne deux tyrans.
Par un ordre, souvent l'un à l'autre contraire,[1]
Un frère détruiroit ce qu'auroit fait un frère :

---

1. Il y a dans le *Pompée* de Corneille la même politique (acte 1er, scène II) :

> ... C'est ne régner pas qu'être deux à régner ;
> Un roi qui s'y résout est mauvais politique :
> Il détruit son pouvoir, quand il le communique.

Vous les verriez toujours former quelque attentat,
Et changer tous les ans la face de l'État.
Ce terme limité, que l'on veut leur prescrire,
Accroît leur violence en bornant leur empire.
Tous deux feront gémir les peuples tour à tour :
Pareils à ces torrents qui ne durent qu'un jour,
Plus leur cours est borné, plus ils font de ravage,
Et d'horribles dégâts signalent leur passage.

JOCASTE.

On les verroit plutôt, par de nobles projets,
Se disputer tous deux l'amour de leurs sujets.
Mais avouez, Créon, que toute votre peine
C'est de voir que la paix rend votre attente vaine;
Qu'elle assure à mes fils le trône où vous tendez,
Et va rompre le piége où vous les attendez.*
Comme, après leur trépas, le droit de la naissance**
Fait tomber en vos mains la suprême puissance,
Le sang qui vous unit aux deux princes mes fils
Vous fait trouver en eux vos plus grands ennemis;¹
Et votre ambition, qui tend à leur fortune,
Vous donne pour tous deux une haine commune.
Vous inspirez au roi vos conseils dangereux,
Et vous en servez un pour les perdre tous deux.

CRÉON.

Je ne me repais point de pareilles chimères :

* VAR. *Et qu'en vous éloignant du trône où vous tendez,*
Elle rend pour jamais vos desseins avortés.
** VAR. *Comme, après mes enfants, le droit de la naissance,* etc.

1. C'est Étéocle, dans l'*Antigone* de Rotrou (acte II, scène IV), qui exprime ces soupçons :

> Votre intérêt, Créon, vous meut plus que ma gloire...
> Vous savez qu'après nous le sceptre des Thébains,
> Par ordre et droit de sang, doit tomber en vos mains.

Mes respects pour le roi sont ardents et sincères ;
Et mon ambition est de le maintenir
Au trône où vous croyez que je veux parvenir.
Le soin de sa grandeur est le seul qui m'anime ;
Je hais ses ennemis, et c'est là tout mon crime :
Je ne m'en cache point. Mais, à ce que je voi,
Chacun n'est pas ici criminel comme moi.
JOCASTE.
Je suis mère, Créon ; et si j'aime son frère,
La personne du roi ne m'en est pas moins chère.*
De lâches courtisans peuvent bien le haïr :
Mais une mère enfin ne peut pas se trahir.
ANTIGONE.
Vos intérêts ici sont conformes aux nôtres,
Les ennemis du roi ne sont pas tous les vôtres ;
Créon, vous êtes père, et, dans ces ennemis,
Peut-être songez-vous que vous avez un fils.
On sait de quelle ardeur Hémon sert Polynice.
CRÉON.
Oui, je le sais, madame, et je lui fais justice :
Je le dois, en effet, distinguer du commun,
Mais c'est pour le haïr encor plus que pas un :
Et je souhaiterois, dans ma juste colère,
Que chacun le haït comme le hait son père.
ANTIGONE.
Après tout ce qu'a fait la valeur de son bras,
Tout le monde en ce point ne vous ressemble pas.
CRÉON.
Je le vois bien, madame, et c'est ce qui m'afflige ;

* VAR. *Tant que pour ennemi le roi n'aura qu'un frère,*
Sa personne, Créon, me sera toujours chère.

Mais je sais bien à quoi sa révolte m'oblige;
Et tous ces beaux exploits qui le font admirer,
C'est ce qui me le fait justement abhorrer.
La honte suit toujours le parti des rebelles :
Leurs grandes actions sont les plus criminelles;
Ils signalent leur crime en signalant leur bras,
Et la gloire n'est point où les rois ne sont pas.
ANTIGONE.
Écoutez un peu mieux la voix de la nature.
CRÉON.
Plus l'offenseur m'est cher, plus je ressens l'injure.
ANTIGONE.
Mais un père à ce point doit-il être emporté?
Vous avez trop de haine.
CRÉON.
              Et vous trop de bonté.
C'est trop parler, madame, en faveur d'un rebelle.
ANTIGONE.
L'innocence vaut bien que l'on parle pour elle.
CRÉON.
Je sais ce qui le rend innocent à vos yeux.
ANTIGONE.
Et je sais quel sujet vous le rend odieux.
CRÉON.
L'amour a d'autres yeux que le commun des hommes.
JOCASTE.
Vous abusez, Créon, de l'état où nous sommes;
Tout vous semble permis; mais craignez mon courroux;
Vos libertés enfin retomberoient sur vous.
ANTIGONE.
L'intérêt du public agit peu sur son âme,
Et l'amour du pays nous cache une autre flamme.

Je le sais; mais, Créon, j'en abhorre le cours,
Et vous ferez bien mieux de la cacher toujours.

CRÉON.

Je le ferai, madame; et je veux par avance
Vous épargner encor jusques à ma présence.
Aussi bien mes respects redoublent vos mépris;
Et je vais faire place à ce bienheureux fils.
Le roi m'appelle ailleurs, il faut que j'obéisse*.
Adieu. Faites venir Hémon et Polynice.

JOCASTE.

N'en doute pas, méchant, ils vont venir tous deux;
Tous deux ils préviendront tes desseins malheureux.

SCÈNE VI.

JOCASTE, ANTIGONE, OLYMPE.

ANTIGONE.

Le perfide! A quel point son insolence monte!

JOCASTE.

Ses superbes discours tourneront à sa honte.
Bientôt, si nos désirs sont exaucés des cieux,
La paix nous vengera de cet ambitieux.
Mais il faut se hâter, chaque heure nous est chère:
Appelons promptement Hémon et votre frère;**
Je suis, pour ce dessein, prête à leur accorder
Toutes les sûretés qu'ils pourront demander.
Et toi, si mes malheurs ont lassé ta justice,
Ciel, dispose à la paix le cœur de Polynice,

* VAR. *Vous savez que le roi m'appelle à son service.*
** VAR. *Appelons au plus vite Hémon et votre frère.*

Seconde mes soupirs, donne force à mes pleurs,
Et comme il faut, enfin, fais parler mes douleurs.

ANTIGONE, seule.[1]

Et si tu prends pitié d'une flamme innocente,
O ciel, en ramenant Hémon à son amante,
Ramène-le fidèle, et permets en ce jour
Qu'en retrouvant l'amant je retrouve l'amour!

---

1. Dans les premières éditions, on lit :

ANTIGONE, demeurant un peu après sa mère.

ACTE DEUXIÈME.

SCÈNE PREMIÈRE.

ANTIGONE, HÉMON.

HÉMON.

Quoi! vous me refusez votre aimable présence,*
Après un an entier de supplice et d'absence!
Ne m'avez-vous, madame, appelé près de vous
Que pour m'ôter si tôt un bien qui m'est si doux?

ANTIGONE.

Et voulez-vous si tôt que j'abandonne un frère?
Ne dois-je pas au temple accompagner ma mère?
Et dois-je préférer, au gré de vos souhaits,
Le soin de votre amour à celui de la paix?

HÉMON.

Madame, à mon bonheur c'est chercher trop d'obstacles;
Ils iront bien, sans nous, consulter les oracles.
Permettez que mon cœur, en voyant vos beaux yeux,
De l'état de son sort interroge ses dieux.
Puis-je leur demander, sans être téméraire,
S'ils ont toujours pour moi leur douceur ordinaire?
Souffrent-ils sans courroux mon ardente amitié?

---

* Var. *Hé quoi! vous me plaignez votre aimable présence, etc.*

Et du mal qu'ils ont fait ont-ils quelque pitié?
Durant le triste cours d'une absence cruelle,
Avez-vous souhaité que je fusse fidèle?
Songiez-vous que la mort menaçoit, loin de vous,
Un amant qui ne doit mourir qu'à vos genoux?
Ah! d'un si bel objet quand une âme est blessée,
Quand un cœur jusqu'à vous élève sa pensée,
Qu'il est doux d'adorer tant de divins appas!
Mais aussi que l'on souffre en ne les voyant pas!
Un moment, loin de vous, me duroit une année:
J'aurois fini cent fois ma triste destinée,
Si je n'eusse songé jusques à mon retour
Que mon éloignement vous prouvoit mon amour,
Et que le souvenir de mon obéissance
Pourroit en ma faveur parler en mon absence;
Et que, pensant à moi, vous penseriez aussi
Qu'il faut aimer beaucoup pour obéir ainsi.

ANTIGONE.

Oui, je l'avois bien cru qu'une âme si fidèle *
Trouveroit dans l'absence une peine cruelle;
Et, si mes sentiments se doivent découvrir,
Je souhaitois, Hémon, qu'elle vous fît souffrir,
Et qu'étant loin de moi, quelque ombre d'amertume
Vous fît trouver les jours plus longs que de coutume.
Mais ne vous plaignez pas: mon cœur chargé d'ennui
Ne vous souhaitoit rien qu'il n'éprouvât en lui,
Surtout depuis le temps que dure cette guerre,
Et que de gens armés vous couvrez cette terre.
O dieux! à quels tourments mon cœur s'est vu soumis,

* Var. *Oui, je prévoyois bien qu'une âme si fidèle, etc.*

Voyant des deux côtés ses plus tendres amis![1]
Mille objets de douleur déchiroient mes entrailles;
J'en voyois et dehors et dedans nos murailles;
Chaque assaut à mon cœur livroit mille combats,
Et mille fois le jour je souffrois le trépas.

HÉMON.

Mais enfin, qu'ai-je fait, en ce malheur extrême,
Que ne m'ait ordonné ma princesse elle-même?
J'ai suivi Polynice, et vous l'avez voulu;
Vous me l'avez prescrit par un ordre absolu.
Je lui vouai dès lors une amitié sincère;
Je quittai mon pays, j'abandonnai mon père;
Sur moi, par ce départ, j'attirai son courroux;
Et, pour tout dire enfin, je m'éloignai de vous.

ANTIGONE.

Je m'en souviens, Hémon, et je vous fais justice :
C'est moi que vous serviez en servant Polynice;
Il m'étoit cher alors comme il l'est aujourd'hui,
Et je prenois pour moi ce qu'on faisoit pour lui.
Nous nous aimions tous deux dès la plus tendre enfance,
Et j'avois sur son cœur une entière puissance;
Je trouvois à lui plaire une extrême douceur,

---

1. On lit dans les premières éditions les huit vers suivants, que Racine a retranchés :

>   Lorsqu'on se sent pressé d'une main inconnue,
>   On la craint sans réserve, on hait sans retenue.
>   Dans tous ses mouvements le cœur n'est pas contraint,
>   Et se sent soulagé de haïr ce qu'il craint;
>   Mais, voyant attaquer mon pays et mon frère,
>   La main qui l'attaquoit ne m'étoit pas moins chère;
>   Mon cœur qui ne voyoit que mes frères et vous,
>   Ne haïssoit personne, et je vous craignois tous.
>   Mille objets, etc.

Et les chagrins du frère étoient ceux de la sœur.[1]
Ah! si j'avois encor sur lui le même empire,
Il aimeroit la paix, pour qui mon cœur soupire :
Notre commun malheur en seroit adouci :
Je le verrois, Hémon; vous me verriez aussi !

HÉMON.

De cette affreuse guerre il abhorre l'image.
Je l'ai vu soupirer de douleur et de rage,
Lorsque, pour remonter au trône paternel,
On le força de prendre un chemin si cruel.
Espérons que le ciel, touché de nos misères,
Achèvera bientôt de réunir les frères :
Puisse-t-il rétablir l'amitié dans leur cœur,
Et conserver l'amour dans celui de la sœur!

ANTIGONE.

Hélas! ne doutez point que ce dernier ouvrage
Ne lui soit plus aisé que de calmer leur rage.
Je les connois tous deux, et je répondrois bien
Que leur cœur, cher Hémon, est plus dur que le mien.
Mais les dieux quelquefois font de plus grands miracles.

---

1. Racine a fait après ce vers une coupure considérable. Antigone disait, dans les premières éditions :

> Je le chéris toujours, encore qu'il m'oublie.
> HÉMON.
> Non, non, son amitié ne s'est point affoiblie :
> Il vous chérit encor; mais ses yeux ont appris
> Que mon amour pour vous est bien d'un autre prix.
> Quoique son amitié surpasse l'ordinaire,
> Il voit combien l'amant l'emporte sur le frère,
> Et qu'auprès de l'amour dont je ressens l'ardeur
> La plus forte amitié n'est au plus que tiédeur.
> ANTIGONE.
> Mais enfin, si sur lui j'avois le moindre empire,
> Il aimeroit la paix, etc.

SCÈNE II.

ANTIGONE, HÉMON, OLYMPE.

ANTIGONE.

Hé bien, apprendrons-nous ce qu'ont dit les oracles ?
Que faut-il faire ?

OLYMPE.

Hélas !

ANTIGONE.

Quoi ? qu'en a-t-on appris ?
Est-ce la guerre, Olympe ?

OLYMPE.

Ah ! c'est encore pis !

HÉMON.

Quel est donc ce grand mal que leur courroux annonce ?

OLYMPE.

Prince, pour en juger, écoutez leur réponse :
 « Thébains, pour n'avoir plus de guerres,
 « Il faut, par un ordre fatal,
 « Que le dernier du sang royal
 « Par son trépas ensanglante vos terres. »

ANTIGONE.

O dieux, que vous a fait ce sang infortuné ?
Et pourquoi tout entier l'avez-vous condamné ?
N'êtes-vous pas contents de la mort de mon père ?
Tout notre sang doit-il sentir votre colère ?*

HÉMON.

Madame, cet arrêt ne vous regarde pas ;

---

* VAR. *Tout notre sang doit-il subir votre colère ?*

Votre vertu vous met à couvert du trépas :
Les dieux savent trop bien connoître l'innocence.
ANTIGONE.
Et ce n'est pas pour moi que je crains leur vengeance.[1]
Mon innocence, Hémon, seroit un foible appui;
Fille d'OEdipe, il faut que je meure pour lui.
Je l'attends, cette mort, et je l'attends sans plainte;
Et, s'il faut avouer le sujet de ma crainte,
C'est pour vous que je crains, oui, cher Hémon, pour vous.
De ce sang malheureux vous sortez comme nous,
Et je ne vois que trop que le courroux céleste
Vous rendra, comme à nous, cet honneur bien funeste,
Et fera regretter aux princes des Thébains
De n'être pas sortis du dernier des humains.
HÉMON.
Peut-on se repentir d'un si grand avantage?
Un si noble trépas flatte trop mon courage;
Et du sang de ses rois il est beau d'être issu,
Dût-on rendre ce sang sitôt qu'on l'a reçu.
ANTIGONE.
Hé quoi! si parmi nous on a fait quelque offense,
Le ciel doit-il sur vous en prendre la vengeance?
Et n'est-ce pas assez du père et des enfants,
Sans qu'il aille plus loin chercher des innocents?
C'est à nous à payer pour les crimes des nôtres :
Punissez-nous, grands dieux; mais épargnez les autres.
Mon père, cher Hémon, vous va perdre aujourd'hui;
Et je vous perds peut-être encore plus que lui.

---

1. La conjonction *et* commence cette réponse d'Antigone d'une manière bizarre; cependant elle se trouve dans toutes les éditions. (G.) Racine a employé *et* dans le sens du mot *aussi*. C'est un latinisme; *aussi* n'est-ce pas *pour moi que je crains leur vengeance; c'est pour vous que je crains.*

Le ciel punit sur vous et sur votre famille
Et les crimes du père et l'amour de la fille ;
Et ce funeste amour vous nuit encore plus
Que les crimes d'OEdipe et le sang de Laïus.
HÉMON.
Quoi ! mon amour, madame ? Et qu'a-t-il de funeste ?
Est-ce un crime qu'aimer une beauté céleste ?
Et puisque sans colère il est reçu de vous,
En quoi peut-il du ciel mériter le courroux ?
Vous seule en mes soupirs êtes intéressée,
C'est à vous à juger s'ils vous ont offensée :
Tels que seront pour eux vos arrêts tout-puissants,
Ils seront criminels, ou seront innocents.[1]
Que le ciel à son gré de ma perte dispose,
J'en chérirai toujours et l'une et l'autre cause,

---

1. Racine, après ce vers, avait placé ceux-ci, qu'on ne trouve que dans les premières éditions :

> Aussi, quand jusqu'à vous j'osai porter ma flamme,
> Vos yeux seuls imprimoient la terreur dans mon âme ;
> Et je craignois bien plus d'offenser vos appas,
> Que le courroux des dieux que je n'offensois pas.
> #### ANTIGONE.
> Autant que votre amour votre erreur est extrême :
> Et vous les offensiez beaucoup plus que moi-même.
> Quelque rigueur pour vous qui parût en mes yeux,
> Hélas ! ils approuvoient ce qui fâchoit les dieux.
> Oui, ces dieux, ennemis de toute ma famille,
> Aussi bien que le père en détestoient la fille.
> Vous aimâtes, Hémon, l'objet de leur courroux,
> Et leur haine pour moi s'étendit jusqu'à vous.
> C'est là de vos malheurs le funeste principe ;
> Fuyez, Hémon, fuyez de la fille d'OEdipe.
> Tâchez de n'aimer plus, pour plaire aux immortels,
> Et la fille et la sœur de tant de criminels.
> Le crime en sa famille...
> #### HÉMON.
> Ah ! madame, leur crime
> Ne fait que relever votre vertu sublime,
> Puisque, par un effort dont les dieux sont jaloux,
> Vous brillez d'un éclat qui ne vient que de vous.
> Que le ciel, etc.

Glorieux de mourir pour le sang de mes rois,
Et plus heureux encor de mourir sous vos lois.[1]
Aussi bien que ferois-je en ce commun naufrage?
Pourrois-je me résoudre à vivre davantage?
En vain les dieux voudroient différer mon trépas,
Mon désespoir feroit ce qu'ils ne feroient pas.
Mais peut-être, après tout, notre frayeur est vaine;*
Attendons... Mais voici Polynice et la reine.

SCÈNE III.

JOCASTE, POLYNICE, ANTIGONE, HÉMON.

POLYNICE.

Madame, au nom des dieux, cessez de m'arrêter :
Je vois bien que la paix ne peut s'exécuter.
J'espérois que du ciel la justice infinie
Voudroit se déclarer contre la tyrannie,
Et que, lassé de voir répandre tant de sang,
Il rendroit à chacun son légitime rang ;
Mais puisque ouvertement il tient pour l'injustice,
Et que des criminels il se rend le complice,
Dois-je encore espérer qu'un peuple révolté,
Quand le ciel est injuste, écoute l'équité ?
Dois-je prendre pour juge une troupe insolente,
D'un fier usurpateur ministre violente,

---

1. Les quatre vers suivants ont été retranchés par Racine :

> Plût aux dieux seulement que votre amant fidèle
> Pût avoir de leur haine une cause nouvelle,
> Et que, pour vous aimer, méritant leur courroux,
> Il pût mourir encor pour être aimé de vous!
> Aussi bien, etc.

* VAR. *Mais peut-être, en ce point, notre frayeur est vaine.*

Qui sert mon ennemi par un lâche intérêt,
Et qu'il anime encor, tout éloigné qu'il est?
La raison n'agit point sur une populace.
De ce peuple déjà j'ai ressenti l'audace ;
Et, loin de me reprendre après m'avoir chassé,
Il croit voir un tyran dans un prince offensé.
Comme sur lui l'honneur n'eut jamais de puissance,
Il croit que tout le monde aspire à la vengeance :
De ses inimitiés rien n'arrête le cours ;
Quand il hait une fois, il veut haïr toujours.

JOCASTE.

Mais s'il est vrai, mon fils, que ce peuple vous craigne,
Et que tous les Thébains redoutent votre règne,
Pourquoi par tant de sang cherchez-vous à régner
Sur ce peuple endurci que rien ne peut gagner?

POLYNICE.

Est-ce au peuple, madame, à se choisir un maître?
Sitôt qu'il hait un roi, doit-on cesser de l'être?
Sa haine ou son amour, sont-ce les premiers droits
Qui font monter au trône ou descendre les rois?
Que le peuple à son gré nous craigne ou nous chérisse,
Le sang nous met au trône, et non pas son caprice ;
Ce que le sang lui donne, il le doit accepter ;
Et s'il n'aime son prince, il le doit respecter.

JOCASTE.

Vous serez un tyran haï de vos provinces.

POLYNICE.

Ce nom ne convient pas aux légitimes princes ;
De ce titre odieux mes droits me sont garants :
La haine des sujets ne fait pas les tyrans.
Appelez de ce nom Étéocle lui-même.

JOCASTE.

Il est aimé de tous.

POLYNICE.

C'est un tyran qu'on aime,
Qui par cent lâchetés tâche à se maintenir
Au rang où par la force il a su parvenir ;
Et son orgueil le rend, par un effet contraire,
Esclave de son peuple et tyran de son frère.
Pour commander tout seul il veut bien obéir,
Et se fait mépriser pour me faire haïr.
Ce n'est pas sans sujet qu'on me préfère un traître :
Le peuple aime un esclave, et craint d'avoir un maître.
Mais je croirois trahir la majesté des rois,
Si je faisois le peuple arbitre de mes droits.

JOCASTE.

Ainsi donc la discorde a pour vous tant de charmes?
Vous lassez-vous déjà d'avoir posé les armes?
Ne cesserons-nous point, après tant de malheurs,
Vous, de verser du sang; moi, de verser des pleurs?
N'accorderez-vous rien aux larmes d'une mère?
Ma fille, s'il se peut, retenez votre frère :
Le cruel pour vous seul avoit de l'amitié.

ANTIGONE.

Ah ! si pour vous son âme est sourde à la pitié,
Que pourrois-je espérer d'une amitié passée,
Qu'un long éloignement n'a que trop effacée?
A peine en sa mémoire ai-je encor quelque rang ;[1]
Il n'aime, il ne se plaît qu'à répandre du sang.*

---

1. On a un rang dans le cœur de quelqu'un, et on a place dans sa mémoire. (L.)

* VAR. *Et son cœur n'aime plus qu'à répandre du sang.*

Ne cherchez plus en lui ce prince magnanime,
Ce prince qui montroit tant d'horreur pour le crime,
Dont l'âme généreuse avoit tant de douceur,
Qui respectoit sa mère et chérissoit sa sœur :
La nature pour lui n'est plus qu'une chimère ;
Il méconnoît sa sœur, il méprise sa mère ;
Et l'ingrat, en l'état où son orgueil l'a mis,
Nous croit des étrangers, ou bien des ennemis.[1]

POLYNICE.

N'imputez point ce crime à mon âme affligée :
Dites plutôt, ma sœur, que vous êtes changée ;
Dites que de mon rang l'injuste usurpateur*
M'a su ravir encor l'amitié de ma sœur.[2]
Je vous connois toujours, et suis toujours le même.[3]

1. Racine a supprimé ces quatre vers :

>   Il revient ; mais, hélas ! c'est pour notre supplice.
>   Je ne vois point mon frère en voyant Polynice :
>   En vain il se présente à mes yeux éperdus :
>   Je ne le connois point, il ne me connoît plus.

* VAR. *Dites que de mon rang le lâche usurpateur.*

2. Après ce vers, on lit, dans l'édition de 1664 :

>   De votre changement ce traître est le complice.
>   Parce qu'il me déteste, il veut qu'on me haïsse :
>   Aussi, sans imiter votre exemple aujourd'hui,
>   Votre haine ne fait que m'aigrir contre lui.
>   Je vous connois, etc.

3. Dans les vers d'Antigone retranchés par Racine, il y avait :

>   Je ne le connois point, il ne me connoît plus.

Le vers de Polynice :

>   Je vous connois toujours, et suis toujours le même,

était la réponse au vers d'Antigone. La suppression du premier donne au second quelque chose de gauche et d'incomplet. Le tort des deux vers était d'imiter de trop près, sans les égaler, les deux vers de Corneille :

HORACE.
Albe vous a nommé, je ne vous connois plus.
CURIACE.
Je vous connois encore, et c'est ce qui me tue.

ACTE II. SCÈNE III

ANTIGONE.

Est-ce m'aimer, cruel, autant que je vous aime,
Que d'être inexorable à mes tristes soupirs,
Et m'exposer encore à tant de déplaisirs?

POLYNICE.

Mais vous-même, ma sœur, est-ce aimer votre frère,
Que de lui faire ici cette injuste prière,[1]
Et me vouloir ravir le sceptre de la main?
Dieux! qu'est-ce qu'Étéocle a de plus inhumain?*
C'est trop favoriser un tyran qui m'outrage.

ANTIGONE.

Non, non, vos intérêts me touchent davantage.
Ne croyez pas mes pleurs perfides à ce point :
Avec vos ennemis ils ne conspirent point.
Cette paix que je veux me seroit un supplice,
S'il en devoit coûter le sceptre à Polynice;
Et l'unique faveur, mon frère, où je prétends,
C'est qu'il me soit permis de vous voir plus longtemps.
Seulement quelques jours souffrez que l'on vous voie;
Et donnez-nous le temps de chercher quelque voie
Qui puisse vous remettre au rang de vos aïeux,
Sans que vous répandiez un sang si précieux.
Pouvez-vous refuser cette grâce légère
Aux larmes d'une sœur, aux soupirs d'une mère?

---

1. On lit dans plusieurs éditions :

> Que de lui faire enfin cette injuste prière.

Nous avons cru devoir suivre l'édition de 1697, dont le sens est préférable. La rigueur grammaticale exigerait que la particule *de* fût répétée au vers suivant. La même faute se trouve deux vers plus haut. C'est encore un latinisme. Cette irrégularité grammaticale se rencontre fréquemment dans les auteurs du xviie siècle.

* Var. *Dieux! qu'est-ce qu'Étéocle a de moins inhumain?*

280   LA THÉBAIDE.

JOCASTE.

Mais quelle crainte encor vous peut inquiéter?
Pourquoi si promptement voulez-vous nous quitter?
Quoi! ce jour tout entier n'est-il pas de la trêve?*
Dès qu'elle a commencé, faut-il qu'elle s'achève?
Vous voyez qu'Étéocle a mis les armes bas;
Il veut que je vous voie, et vous ne voulez pas.

ANTIGONE.

Oui, mon frère, il n'est pas comme vous inflexible.
Aux larmes de sa mère il a paru sensible;
Nos pleurs ont désarmé sa colère aujourd'hui.
Vous l'appelez cruel, vous l'êtes plus que lui.**

HÉMON.

Seigneur, rien ne vous presse; et vous pouvez sans peine
Laisser agir encor la princesse et la reine;
Accordez tout ce jour à leur pressant désir;
Voyons si leur dessein ne pourra réussir.
Ne donnez pas la joie au prince votre frère
De dire que, sans vous, la paix se pouvoit faire.
Vous aurez satisfait une mère, une sœur,
Et vous aurez surtout satisfait votre honneur.
Mais que veut ce soldat? son âme est tout émue!

SCÈNE IV.

JOCASTE, POLYNICE, ANTIGONE, HÉMON,
un Soldat.

LE SOLDAT, à Polynice.

Seigneur, on est aux mains, et la trêve est rompue:
Créon et les Thébains, par ordre de leur roi,

* Var. *Ce jour-ci tout entier n'est-il pas de la trêve?*
** Var. *Vous l'appelez tyran, vous l'êtes plus que lui.*

Attaquent votre armée, et violent leur foi.
Le brave Hippomédon s'efforce, en votre absence,
De soutenir leur choc de toute sa puissance.
Par son ordre, seigneur, je viens vous avertir.

POLYNICE.

Ah, les traîtres! Allons, Hémon, il faut sortir.
(A la reine.)
Madame, vous voyez comme il tient sa parole :
Mais il veut le combat, il m'attaque; et j'y vole.

JOCASTE.

Polynice! mon fils!... Mais il ne m'entend plus :
Aussi bien que mes pleurs, mes cris sont superflus.
Chère Antigone, allez, courez à ce barbare :
Du moins, allez prier Hémon qu'il les sépare.
La force m'abandonne, et je n'y puis courir :*
Tout ce que je puis faire, hélas! c'est de mourir.

* VAR. *Le courage me manque, et je n'y puis courir.*

ACTE TROISIÈME.

SCÈNE PREMIÈRE.

JOCASTE, OLYMPE.

JOCASTE.

Olympe, va-t'en voir ce funeste spectacle;
Va voir si leur fureur n'a point trouvé d'obstacle,
Si rien n'a pu toucher l'un ou l'autre parti.
On dit qu'à ce dessein Ménécée est sorti.

OLYMPE.

Je ne sais quel dessein animoit son courage :
Une héroïque ardeur brilloit sur son visage;
Mais vous devez, madame, espérer jusqu'au bout.

JOCASTE.

Va tout voir, chère Olympe, et viens me dire tout;
Éclaircis promptement ma triste inquiétude.

OLYMPE.

Mais vous dois-je laisser en cette solitude?

JOCASTE.

Va : je veux être seule en l'état où je suis,
Si toutefois on peut l'être avec tant d'ennuis!

SCÈNE II.

JOCASTE.

Dureront-ils toujours ces ennuis si funestes?
N'épuiseront-ils point les vengeances célestes?
Me feront-ils souffrir tant de cruels trépas,
Sans jamais au tombeau précipiter mes pas?
O ciel, que tes rigueurs seroient peu redoutables,
Si la foudre d'abord accabloit les coupables!
Et que tes châtiments paroissent infinis,
Quand tu laisses la vie à ceux que tu punis!
Tu ne l'ignores pas, depuis le jour infâme
Où de mon propre fils je me trouvai la femme,
Le moindre des tourments que mon cœur a soufferts
Égale tous les maux que l'on souffre aux enfers.
Et toutefois, ô dieux, un crime involontaire
Devoit-il attirer toute votre colère?
Le connoissois-je, hélas! ce fils infortuné?
Vous-mêmes dans mes bras vous l'avez amené.*
C'est vous dont la rigueur m'ouvrit ce précipice.
Voilà de ces grands dieux la suprême justice!
Jusques au bord du crime ils conduisent nos pas,
Ils nous le font commettre, et ne l'excusent pas!
Prennent-ils donc plaisir à faire des coupables,
Afin d'en faire, après, d'illustres misérables?[1]

* VAR. *Lorsque dedans mes bras vous l'avez amené?*

1. Ces vers sur la fatalité rappellent, sans les égaler, les vers que Corneille, dans son *OEdipe*, joué en 1659, cinq ans avant *les Frères ennemis*, met dans la bouche de Thésée:

> Quoi! la nécessité des vertus et des vices
> D'un astre impérieux doit suivre les caprices;

Et ne peuvent-ils point, quand ils sont en courroux,
Chercher des criminels à qui le crime est doux?

SCÈNE III.

JOCASTE, ANTIGONE.

JOCASTE.

Hé bien ! en est-ce fait? L'un ou l'autre perfide
Vient-il d'exécuter son noble parricide? [1]
Parlez, parlez, ma fille.

ANTIGONE.

Ah, madame ! en effet
L'oracle est accompli, le ciel est satisfait.

> Et l'homme sur soi-même a si peu de crédit,
> Qu'il devient scélérat quand Delphes l'a prédit!
> L'âme est donc tout esclave ! une loi souveraine
> Vers le bien ou le mal incessamment l'entraîne!
> (OEdipe, acte III, scène v.)

L'*OEdipe* de Voltaire (1718) se plaint aussi de l'ascendant de la fatalité, et ses sentiments sont les mêmes que ceux de Jocaste.

> Le voilà donc rempli, cet oracle exécrable!
> Et je me vois enfin, par un mélange affreux,
> Inceste, parricide, et pourtant vertueux.
> Misérable vertu, nom terrible et funeste,
> Toi par qui j'ai réglé des jours que je déteste,
> A mon noir ascendant tu n'as pu résister.....
> Un dieu plus fort que toi m'entraînait vers le crime ;
> Sous mes pas fugitifs il creusait un abîme;
> Et j'étais malgré moi, dans mon aveuglement,
> D'un pouvoir inconnu l'esclave et l'instrument.
> Voilà tous mes forfaits ; je n'en connais point d'autres.
> Impitoyables dieux, mes crimes sont les vôtres;
> Et vous m'en punissez !
> (OEdipe, acte V, scène IV.)

1. Après ce vers, on trouve ceux-ci, dans l'édition de 1664 :

> D'un triomphe si beau vient-il de s'honorer?
> Qui des deux dois-je plaindre, et qui dois-je abhorrer?
> Ou n'ont-ils point tous deux, en mourant sur la place,
> Confirmé, par leur sang, la céleste menace?
> Parlez, parlez, etc.

ACTE III, SCÈNE III.

JOCASTE.

Quoi! mes deux fils sont morts?

ANTIGONE.

Un autre sang, madame,
Rend la paix à l'État et le calme à votre âme ;
Un sang digne des rois dont il est découlé,
Un héros pour l'État s'est lui-même immolé.*
Je courois pour fléchir Hémon et Polynice ;**
Ils étoient déjà loin, avant que je sortisse :
Ils ne m'entendoient plus, et mes cris douloureux ***
Vainement par leur nom les rappeloient tous deux.
Ils ont tous deux volé vers le champ de bataille ;
Et moi, je suis montée au haut de la muraille,
D'où le peuple étonné regardoit, comme moi,
L'approche d'un combat qui le glaçoit d'effroi.
A cet instant fatal, le dernier de nos princes,
L'honneur de notre sang, l'espoir de nos provinces,
Ménécée, en un mot, digne frère d'Hémon,
Et trop indigne aussi d'être fils de Créon,
De l'amour du pays montrant son âme atteinte,
Au milieu des deux camps s'est avancé sans crainte ;
Et se faisant ouïr des Grecs et des Thébains :
« Arrêtez, a-t-il dit, arrêtez, inhumains ! »
Ces mots impérieux n'ont point trouvé d'obstacle :
Les soldats, étonnés de ce nouveau spectacle,
De leur noire fureur ont suspendu le cours ;
Et ce prince aussitôt poursuivant son discours :

* VAR. *Pour l'État et pour nous s'est lui-même immolé.*

** VAR. *Je sortois pour fléchir Hémon et Polynice.*

*** VAR. *Je leur criois d'attendre et d'arrêter leurs pas ;*
Mais, loin de s'arrêter, ils ne m'entendoient pas.
Ils ont couru tous deux vers le champ de bataille.

« Apprenez, a-t-il dit, l'arrêt des destinées,
« Par qui vous allez voir vos misères bornées.
« Je suis le dernier sang de vos rois descendu,
« Qui par l'ordre des dieux doit être répandu.
« Recevez donc ce sang que ma main va répandre ;
« Et recevez la paix où vous n'osiez prétendre. »
Il se tait, et se frappe en achevant ces mots ;
Et les Thébains, voyant expirer ce héros,
Comme si leur salut devenoit leur supplice,
Regardent en tremblant ce noble sacrifice.
J'ai vu le triste Hémon abandonner son rang
Pour venir embrasser ce frère tout en sang.
Créon, à son exemple, a jeté bas les armes,
Et vers ce fils mourant est venu tout en larmes ;
Et l'un et l'autre camp, les voyant retirés,
Ont quitté le combat, et se sont séparés.
Et moi, le cœur tremblant, et l'âme tout émue,
D'un si funeste objet j'ai détourné la vue,
De ce prince admirant l'héroïque fureur.

JOCASTE.

Comme vous je l'admire, et j'en frémis d'horreur.
Est-il possible, ô dieux, qu'après ce grand miracle
Le repos des Thébains trouve encor quelque obstacle ?
Cet illustre trépas ne peut-il vous calmer,
Puisque même mes fils s'en laissent désarmer ?
La refuserez-vous, cette noble victime ?
Si la vertu vous touche autant que fait le crime,
Si vous donnez les prix comme vous punissez,
Quels crimes par ce sang ne seront effacés ?

ANTIGONE.

Oui, oui, cette vertu sera récompensée ;
Les dieux sont trop payés du sang de Ménécée ;

ACTE III, SCENE III.

Et le sang d'un héros, auprès des immortels,
Vaut seul plus que celui de mille criminels.¹

JOCASTE.

Connoissez mieux du ciel la vengeance fatale :
Toujours à ma douleur il met quelque intervalle ;
Mais, hélas ! quand sa main semble me secourir,
C'est alors qu'il s'apprête à me faire périr.
Il a mis, cette nuit, quelque fin à mes larmes,*
Afin qu'à mon réveil je visse tout en armes.
S'il me flatte aussitôt de quelque espoir de paix,
Un oracle cruel me l'ôte pour jamais.
Il m'amène mon fils ; il veut que je le voie ;
Mais, hélas! combien cher me vend-il cette joie ! **
Ce fils est insensible et ne m'écoute pas ;
Et soudain il me l'ôte, et l'engage aux combats.
Ainsi, toujours cruel, et toujours en colère,
Il feint de s'apaiser, et devient plus sévère ;
Il n'interrompt ses coups que pour les redoubler,
Et retire son bras pour me mieux accabler.

ANTIGONE.

Madame, espérons tout de ce dernier miracle.

JOCASTE.

La haine de mes fils est un trop grand obstacle.***

1. Après ces vers, Racine a supprimé les quatre suivants :

> Ce sont eux dont la main suspend la barbarie
> De deux camps animés d'une égale furie ;
> Et si de tant de sang ils n'étoient point lassés,
> A leur bouillante rage ils les auroient laissés.

* VAR. *Il a mis, cette nuit, quelque trêve à mes larmes.*

** VAR. *Mais combien chèrement me vend-il cette joie !*

*** VAR. *En vain tous les mortels s'épuiseroient le flanc,*
Ils se veulent baigner dedans leur propre sang.
Tous deux voulant régner, il faut que l'un périsse :
L'un a pour lui le peuple, et l'autre la justice.

Polynice endurci n'écoute que ses droits;
Du peuple et de Créon l'autre écoute la voix,
Oui, du lâche Créon! Cette âme intéressée
Nous ravit tout le fruit du sang de Ménécée;*
En vain pour nous sauver ce grand prince se perd,
Le père nous nuit plus que le fils ne nous sert.
De deux jeunes héros cet infidèle père...

ANTIGONE.

Ah! le voici, madame, avec le roi mon frère.

SCÈNE IV.

JOCASTE, ÉTÉOCLE, ANTIGONE, CRÉON.

JOCASTE.

Mon fils, c'est donc ainsi que l'on garde sa foi?

ÉTÉOCLE.

Madame, ce combat n'est point venu de moi,
Mais de quelques soldats, tant d'Argos que des nôtres,**
Qui, s'étant querellés les uns avec les autres,
Ont insensiblement tout le corps ébranlé,
Et fait un grand combat d'un simple démêlé.
La bataille sans doute alloit être cruelle,
Et son événement vidoit notre querelle,
Quand du fils de Créon l'héroïque trépas ***
De tous les combattants a retenu le bras.****
Ce prince, le dernier de la race royale,

---

* VAR. *Nous ôte tout le fruit du sang de Ménécée.*
** VAR. *Mais de quelques soldats, tant des Grecs que des nôtres.*
*** VAR. *Quand du fils de Créon le funeste trépas.*
**** VAR. *Des Thébains et des Grecs a retenu le bras.*

S'est appliqué des dieux la réponse fatale ;
Et lui-même à la mort il s'est précipité,
De l'amour du pays noblement transporté.

JOCASTE.

Ah! si le seul amour qu'il eut pour sa patrie
Le rendit insensible aux douceurs de la vie,
Mon fils, ce même amour ne peut-il seulement
De votre ambition vaincre l'emportement?
Un exemple si beau vous invite à le suivre.
Il ne faudra cesser de régner ni de vivre :
Vous pouvez, en cédant un peu de votre rang,
Faire plus qu'il n'a fait en versant tout son sang ;
Il ne faut que cesser de haïr votre frère :
Vous ferez beaucoup plus que sa mort n'a su faire.
O dieux! aimer un frère, est-ce un plus grand effort
Que de haïr la vie et courir à la mort?
Et doit-il être enfin plus facile en un autre
De répandre son sang, qu'en vous d'aimer le vôtre?

ÉTÉOCLE.

Son illustre vertu me charme comme vous :
Et d'un si beau trépas je suis même jaloux.
Et toutefois, madame, il faut que je vous die
Qu'un trône est plus pénible à quitter que la vie :
La gloire bien souvent nous porte à la haïr ;
Mais peu de souverains font gloire d'obéir.
Les dieux vouloient son sang ; et ce prince, sans crime,
Ne pouvoit à l'État refuser sa victime ;
Mais ce même pays qui demandoit son sang
Demande que je règne et m'attache à mon rang.
Jusqu'à ce qu'il m'en ôte, il faut que j'y demeure :
Il n'a qu'à prononcer, j'obéirai sur l'heure ;

19

Et Thèbes me verra, pour apaiser son sort,
Et descendre du trône, et courir à la mort.

CRÉON.

Ah ! Ménécée est mort, le ciel n'en veut point d'autre :
Laissez couler son sang sans y mêler le vôtre ; *
Et, puisqu'il l'a versé pour nous donner la paix,
Accordez-la, seigneur, à nos justes souhaits.

ÉTÉOCLE.

Hé quoi ! même Créon pour la paix se déclare ?

CRÉON.

Pour avoir trop aimé cette guerre barbare,
Vous voyez les malheurs où le ciel m'a plongé :
Mon fils est mort, seigneur.

ÉTÉOCLE.

Il faut qu'il soit vengé.

CRÉON.

Sur qui me vengerois-je en ce malheur extrême ?

ÉTÉOCLE.

Vos ennemis, Créon, sont ceux de Thèbes même ;
Vengez-la, vengez-vous.

CRÉON.

Ah ! dans ses ennemis
Je trouve votre frère, et je trouve mon fils !
Dois-je verser mon sang, ou répandre le vôtre ?
Et dois-je perdre un fils, pour en venger un autre ?
Seigneur, mon sang m'est cher, le vôtre m'est sacré ;
Serai-je sacrilége, ou bien dénaturé ?
Souillerai-je ma main d'un sang que je révère ?
Serai-je parricide, afin d'être bon père ?
Un si cruel secours ne me peut soulager,

---

* VAR. *Faites servir son sang, sans y joindre le vôtre.*

Et ce seroit me perdre au lieu de me venger.
Tout le soulagement où ma douleur aspire,
C'est qu'au moins mes malheurs servent à votre empire.
Je me consolerai, si ce fils que je plains
Assure par sa mort le repos des Thébains.
Le ciel promet la paix au sang de Ménécée ;
Achevez-la, seigneur, mon fils l'a commencée ;
Accordez-lui ce prix qu'il en a prétendu ;
Et que son sang en vain ne soit pas répandu.

JOCASTE.

Non, puisqu'à nos malheurs vous devenez sensible,
Au sang de Ménécée il n'est rien d'impossible.
Que Thèbes se rassure après ce grand effort :
Puisqu'il change votre âme, il changera son sort.
La paix dès ce moment n'est plus désespérée :
Puisque Créon la veut, je la tiens assurée.
Bientôt ces cœurs de fer se verront adoucis :
Le vainqueur de Créon peut bien vaincre mes fils.

(A Étéocle.)

Qu'un si grand changement vous désarme et vous touche ;
Quittez, mon fils, quittez cette haine farouche ;
Soulagez une mère, et consolez Créon ;
Rendez-moi Polynice, et lui rendez Hémon.

ÉTÉOCLE.

Mais enfin c'est vouloir que je m'impose un maître.
Vous ne l'ignorez pas, Polynice veut l'être ;
Il demande surtout le pouvoir souverain,
Et ne veut revenir que le sceptre à la main.*

---

* Var. *Et ne reviendra pas que le sceptre à la main.*

SCÈNE V.

JOCASTE, ÉTÉOCLE, ANTIGONE, CRÉON, ATTALE.

ATTALE, à Étéocle.

Polynice, seigneur, demande une entrevue;
C'est ce que d'un héraut nous apprend la venue.
Il vous offre, seigneur, ou de venir ici,
Ou d'attendre en son camp.

CRÉON.

Peut-être qu'adouci
Il songe à terminer une guerre si lente,*
Et son ambition n'est plus si violente.
Par ce dernier combat il apprend aujourd'hui
Que vous êtes au moins aussi puissant que lui.
Les Grecs mêmes sont las de servir sa colère;
Et j'ai su, depuis peu, que le roi son beau-père,
Préférant à la guerre un solide repos,
Se réserve Mycène, et le fait roi d'Argos.
Tout courageux qu'il est, sans doute il ne souhaite
Que de faire en effet une honnête retraite.
Puisqu'il s'offre à vous voir, croyez qu'il veut la paix.
Ce jour la doit conclure, ou la rompre à jamais.
Tâchez dans ce dessein de l'affermir vous-même;
Et lui promettez tout, hormis le diadème.

ÉTÉOCLE.

Hormis le diadème il ne demande rien.

---

* VAR. *On ne dit pas pourquoi; mais il s'engage aussi*
De vous attendre au camp ou de venir ici.
CRÉON.
Sans doute qu'il est las d'une guerre si lente, etc.

JOCASTE.

Mais voyez-le du moins.

CRÉON.

Oui, puisqu'il le veut bien :
Vous ferez plus tout seul que nous ne saurions faire ;
Et le sang reprendra son empire ordinaire.

ÉTÉOCLE.

Allons donc le chercher.

JOCASTE.

Mon fils, au nom des dieux,
Attendez-le plutôt, voyez-le dans ces lieux.*

ÉTÉOCLE.

Hé bien! madame, hé bien! qu'il vienne, et qu'on lui donne
Toutes les sûretés qu'il faut pour sa personne!
Allons.

ANTIGONE.

Ah! si ce jour rend la paix aux Thébains,
Elle sera, Créon, l'ouvrage de vos mains.

SCÈNE VI.

CRÉON, ATTALE.

CRÉON.

L'intérêt des Thébains n'est pas ce qui vous touche,
Dédaigneuse princesse ; et cette âme farouche,
Qui semble me flatter après tant de mépris,
Songe moins à la paix qu'au retour de mon fils.
Mais nous verrons bientôt si la fière Antigone
Aussi bien que mon cœur dédaignera le trône ;

---

* VAR. *Attendez-le plutôt, et voyez-le en ces lieux.*

Nous verrons, quand les dieux m'auront fait votre roi,
Si ce fils bienheureux l'emportera sur moi.

ATTALE.

Et qui n'admireroit un changement si rare?
Créon même, Créon pour la paix se déclare! *

CRÉON.

Tu crois donc que la paix est l'objet de mes soins?

ATTALE.

Oui, je le crois, seigneur, quand j'y pensois le moins:
Et voyant qu'en effet ce beau soin vous anime,
J'admire à tous moments cet effort magnanime
Qui vous fait mettre enfin votre haine au tombeau.
Ménécée, en mourant, n'a rien fait de plus beau.
Et qui peut immoler sa haine à sa patrie
Lui pourroit bien aussi sacrifier sa vie.

CRÉON.

Ah! sans doute, qui peut d'un généreux effort
Aimer son ennemi peut bien aimer la mort.[1]
Quoi! je négligerois le soin de ma vengeance,
Et de mon ennemi je prendrois la défense!
De la mort de mon fils Polynice est l'auteur,
Et moi je deviendrois son lâche protecteur!
Quand je renoncerois à cette haine extrême,
Pourrois-je bien cesser d'aimer le diadème?
Non, non : tu me verras d'une constante ardeur
Haïr mes ennemis, et chérir ma grandeur.

* VAR. *De voir que ce grand cœur à la paix se déclare?*

1. Dans quelques éditions, après ces deux vers, on trouve ceux-ci :

> Et j'abandonnerois avec bien moins de peine
> *Le soin de mon salut* que celui de ma haine.
> J'assurerois ma gloire en courant au trépas.
> Mais on la perd, Attale, en ne se vengeant pas.
> Quoi! je négligerois, etc.

ACTE III, SCÈNE VI.

Le trône fit toujours mes ardeurs les plus chères :
Je rougis d'obéir où régnèrent mes pères ;
Je brûle de me voir au rang de mes aïeux,*
Et je l'envisageai dès que j'ouvris les yeux.
Surtout depuis deux ans ce noble soin m'inspire ;
Je ne fais point de pas qui ne tende à l'empire :
Des princes, mes neveux, j'entretiens la fureur,
Et mon ambition autorise la leur.
D'Étéocle d'abord j'appuyai l'injustice ;
Je lui fis refuser le trône à Polynice.**
Tu sais que je pensois dès lors à m'y placer ;
Et je l'y mis, Attale, afin de l'en chasser.***

ATTALE.

Mais, seigneur, si la guerre eut pour vous tant de charmes,
D'où vient que de leurs mains vous arrachez les armes ?
Et puisque leur discorde est l'objet de vos vœux,
Pourquoi, par vos conseils, vont-ils se voir tous deux ?****

CRÉON.

Plus qu'à mes ennemis la guerre m'est mortelle,
Et le courroux du ciel me la rend trop cruelle :
Il s'arme contre moi de mon propre dessein ;
Il se sert de mon bras pour me percer le sein.
La guerre s'allumoit, lorsque, pour mon supplice,
Hémon m'abandonna pour servir Polynice ;*****
Les deux frères pour moi devinrent ennemis ;
Et je devins, Attale, ennemi de mon fils.
Enfin, ce même jour, je fais rompre la trêve,

---

* VAR. *Tout mon sang me conduit au rang de mes aïeux.*
** VAR. *Je lui fis refuser l'empire à Polynice.*
*** VAR. *Et je le mis au trône, afin de l'en chasser.*
**** VAR. *Pourquoi, par vos conseils, s'embrassent-ils tous deux ?*
***** VAR. *Hémon m'abandonna pour suivre Polynice.*

J'excite le soldat, tout le camp se soulève,
On se bat; et voilà qu'un fils désespéré
Meurt, et rompt un combat que j'ai tant préparé.
Mais il me reste un fils; et je sens que je l'aime,
Tout rebelle qu'il est, et tout mon rival même.
Sans le perdre, je veux perdre mes ennemis;
Il m'en coûteroit trop, s'il m'en coûtoit deux fils.
Des deux princes, d'ailleurs, la haine est trop puissante;
Ne crois pas qu'à la paix jamais elle consente.
Moi-même je saurai si bien l'envenimer,
Qu'ils périront tous deux plutôt que de s'aimer.
Les autres ennemis n'ont que de courtes haines;
Mais quand de la nature on a brisé les chaînes,
Cher Attale, il n'est rien qui puisse réunir
Ceux que des nœuds si forts n'ont pas su retenir :
L'on hait avec excès lorsque l'on hait un frère.
Mais leur éloignement ralentit leur colère :
Quelque haine qu'on ait contre un fier ennemi,*
Quand il est loin de nous, on la perd à demi.
Ne t'étonne donc plus si je veux qu'ils se voient :
Je veux qu'en se voyant leurs fureurs se déploient :
Que, rappelant leur haine, au lieu de la chasser,
Ils s'étouffent, Attale, en voulant s'embrasser.[1]

* Var. *Quelque haine qu'on ait pour un fier ennemi*, etc.

1. C'est là le germe de ce vers excellent que Racine mit depuis dans la bouche de Néron :

J'embrasse mon rival, mais c'est pour l'étouffer. (G.

Racine n'a point inventé cette antithèse; elle était fort à la mode dans les poëtes du temps. En 1636, Duryer, dans son *Clarigène*, disait :

Tu ramènes mes maux en pensant les chasser,
Et m'étouffes, enfin, quand tu crois m'embrasser.
(*Clarigène*, p. 74.)

ATTALE.

Vous n'avez plus, seigneur, à craindre que vous-même,
On porte ses remords avec le diadème.

CRÉON.

Quand on est sur le trône, on a bien d'autres soins;
Et les remords sont ceux qui nous pèsent le moins.
Du plaisir de régner une âme possédée
De tout le temps passé détourne son idée;
Et de tout autre objet un esprit éloigné
Croit n'avoir point vécu tant qu'il n'a point régné.
Mais allons : le remords n'est pas ce qui me touche,
Et je n'ai plus un cœur que le crime effarouche :
Tous les premiers forfaits coûtent quelques efforts;
Mais, Attale, on commet les seconds sans remords.

ACTE QUATRIÈME.

SCÈNE PREMIÈRE.

ÉTÉOCLE, CRÉON.

ÉTÉOCLE.
Oui, Créon, c'est ici qu'il doit bientôt se rendre,
Et tous deux en ce lieu nous le pouvons attendre.
Nous verrons ce qu'il veut, mais je répondrois bien
Que par cette entrevue on n'avancera rien.
Je connois Polynice et son humeur altière; *
Je sais bien que sa haine est encor tout entière;
Je ne crois pas qu'on puisse en arrêter le cours;
Et, pour moi, je sens bien que je le hais toujours.
CRÉON.
Mais s'il vous cède enfin la grandeur souveraine,
Vous devez, ce me semble, apaiser votre haine.
ÉTÉOCLE.
Je ne sais si mon cœur s'apaisera jamais :
Ce n'est pas son orgueil, c'est lui seul que je hais.
Nous avons l'un et l'autre une haine obstinée;
Elle n'est pas, Créon, l'ouvrage d'une année;
Elle est née avec nous; et sa noire fureur,
Aussitôt que la vie, entra dans notre cœur.
Nous étions ennemis dès la plus tendre enfance:

* Var. *Je sais que Polynice est une humeur altière.*

Que dis-je? nous l'étions avant notre naissance.*
Triste et fatal effet d'un sang incestueux !
Pendant qu'un même sein nous renfermoit tous deux,
Dans les flancs de ma mère une guerre intestine
De nos divisions lui marqua l'origine.
Elles ont, tu le sais, paru dans le berceau,
Et nous suivront peut-être encor dans le tombeau.
On diroit que le ciel, par un arrêt funeste,
Voulut de nos parents punir ainsi l'inceste ; **
Et que dans notre sang il voulut mettre au jour
Tout ce qu'ont de plus noir et la haine et l'amour.
Et maintenant, Créon, que j'attends sa venue,
Ne crois pas que pour lui ma haine diminue ;
Plus il approche, et plus il me semble odieux ; ***
Et sans doute il faudra qu'elle éclate à ses yeux.
J'aurois même regret qu'il me quittât l'empire :
Il faut, il faut qu'il fuie, et non qu'il se retire.
Je ne veux point, Créon, le haïr à moitié ;
Et je crains son courroux moins que son amitié.
Je veux, pour donner cours à mon ardente haine,
Que sa fureur au moins autorise la mienne ;
Et puisque enfin mon cœur ne sauroit se trahir,
Je veux qu'il me déteste, afin de le haïr.
Tu verras que sa rage est encore la même,
Et que toujours son cœur aspire au diadème ;
Qu'il m'abhorre toujours, et veut toujours régner ;
Et qu'on peut bien le vaincre, et non pas le gagner.

    * VAR. *Et déjà nous l'étions avecque violence :*
         Nous le sommes au trône aussi bien qu'au berceau,
         Et le serons peut-être encor dans le tombeau.
         On diroit que le ciel, etc.
    ** VAR. *Voulut de nos parents venger ainsi l'inceste.*
    *** VAR. *Plus il approche, et plus il allume ses feux.*

CRÉON.

Domptez-le donc, seigneur, s'il demeure inflexible.
Quelque fier qu'il puisse être, il n'est pas invincible;
Et puisque la raison ne peut rien sur son cœur,
Éprouvez ce que peut un bras toujours vainqueur.
Oui, quoique dans la paix je trouvasse des charmes,
Je serai le premier à reprendre les armes;
Et si je demandois qu'on en rompît le cours,
Je demande encor plus que vous régniez toujours.
Que la guerre s'enflamme et jamais ne finisse,
S'il faut avec la paix recevoir Polynice.[1]
Qu'on ne nous vienne plus vanter un bien si doux:
La guerre et ses horreurs nous plaisent avec vous.
Tout le peuple thébain vous parle par ma bouche,
Ne le soumettez pas à ce prince farouche :
Si la paix se peut faire, il la veut comme moi:
Surtout, si vous l'aimez, conservez-lui son roi.
Cependant écoutez le prince, votre frère,
Et, s'il se peut, seigneur, cachez votre colère:
Peignez... Mais quelqu'un vient.

1. Après ce vers, on lit, dans les premières éditions :

La paix est trop cruelle *avecque* Polynice :
Sa présence aigriroit ses *charmes les plus doux;*
Et la guerre, seigneur, nous plaît *avecque* vous,
La rage d'un tyran est une affreuse guerre :
Tout ce qui lui déplaît, il *le porte par terre,*
Du plus beau de leur sang il prive les États,
Et ses moindres rigueurs sont d'horribles combats.
Tout le peuple, etc.

SCÈNE II.

ÉTÉOCLE, CRÉON, ATTALE.

ÉTÉOCLE.

Sont-ils bien près d'ici?
Vont-ils venir, Attale?

ATTALE.

Oui, seigneur, les voici.
Ils ont trouvé d'abord la princesse et la reine,
Et bientôt ils seront dans la chambre prochaine.

ÉTÉOCLE.

Qu'ils entrent. Cette approche excite mon courroux.
Qu'on hait un ennemi quand il est près de nous!

CRÉON.

(A part.)
Ah, le voici! Fortune, achève mon ouvrage,
Et livre-les tous deux aux transports de leur rage!

SCÈNE III.

JOCASTE, ÉTÉOCLE, POLYNICE, ANTIGONE, CRÉON, HÉMON.

JOCASTE.

Me voici donc tantôt au comble de mes vœux,
Puisque déjà le ciel vous rassemble tous deux.
Vous revoyez un frère, après deux ans d'absence,
Dans ce même palais où vous prîtes naissance;
Et moi, par un bonheur où je n'osois penser,

L'un et l'autre à la fois je vous puis embrasser.
Commencez donc, mes fils, cette union si chère ;
Et que chacun de vous reconnoisse son frère :
Tous deux dans votre frère envisagez vos traits ;
Mais, pour en mieux juger, voyez-les de plus près ;
Surtout que le sang parle et fasse son office.
Approchez, Étéocle ; avancez, Polynice...
Hé quoi ! loin d'approcher, vous reculez tous deux !
D'où vient ce sombre accueil et ces regards fâcheux ?
N'est-ce point que chacun, d'une âme irrésolue,
Pour saluer son frère attend qu'il le salue ;
Et qu'affectant l'honneur de céder le dernier,
L'un ni l'autre ne veut s'embrasser le premier ?
Étrange ambition qui n'aspire qu'au crime,
Où le plus furieux passe pour magnanime !
Le vainqueur doit rougir en ce combat honteux ;
Et les premiers vaincus sont les plus généreux.
Voyons donc qui des deux aura plus de courage,
Qui voudra le premier triompher de sa rage...
Quoi ! vous n'en faites rien ! C'est à vous d'avancer ;
Et, venant de si loin, vous devez commencer :
Commencez, Polynice, embrassez votre frère ;
Et montrez...

ÉTÉOCLE.

Hé, madame ! à quoi bon ce mystère ?
Tous ces embrassements ne sont guère à propos :
Qu'il parle, qu'il s'explique, et nous laisse en repos.

POLYNICE.

Quoi ! faut-il davantage expliquer mes pensées ?
On les peut découvrir par les choses passées :
La guerre, les combats, tant de sang répandu,
Tout cela dit assez que le trône m'est dû.

ÉTÉOCLE.

Et ces mêmes combats, et cette même guerre,
Ce sang qui tant de fois a fait rougir la terre,
Tout cela dit assez que le trône est à moi ;
Et, tant que je respire, il ne peut être à toi.

POLYNICE.

Tu sais qu'injustement tu remplis cette place.

ÉTÉOCLE.

L'injustice me plaît, pourvu que je t'en chasse.

POLYNICE.

Si tu n'en veux sortir, tu pourras en tomber.

ÉTÉOCLE.

Si je tombe, avec moi tu pourras succomber.

JOCASTE.

O dieux ! que je me vois cruellement déçue !
N'avois-je tant pressé cette fatale vue
Que pour les désunir encor plus que jamais ?
Ah ! mes fils ! est-ce là comme on parle de paix ?
Quittez, au nom des dieux, ces tragiques pensées :
Ne renouvelez point vos discordes passées :
Vous n'êtes pas ici dans un champ inhumain.
Est-ce moi qui vous mets les armes à la main ?
Considérez ces lieux où vous prîtes naissance ;
Leur aspect sur vos cœurs n'a-t-il point de puissance ?
C'est ici que tous deux vous reçûtes le jour ;
Tout ne vous parle ici que de paix et d'amour :
Ces princes, votre sœur, tout condamne vos haines ;
Enfin moi, qui pour vous pris toujours tant de peines,
Qui, pour vous réunir, immolerois... Hélas !
Ils détournent la tête, et ne m'écoutent pas !
Tous deux, pour s'attendrir, ils on l'âme trop dure ;

Ils ne connoissent plus la voix de la nature![1]

(A Polynice.)

Et vous que je croyois plus doux et plus soumis...

POLYNICE.

Je ne veux rien de lui que ce qu'il m'a promis :
Il ne sauroit régner sans se rendre parjure.

JOCASTE.

Une extrême justice est souvent une injure.[2]
Le trône vous est dû, je n'en saurois douter;
Mais vous le renversez en voulant y monter.
Ne vous lassez-vous point de cette affreuse guerre?
Voulez-vous sans pitié désoler cette terre,
Détruire cet empire afin de le gagner?
Est-ce donc sur des morts que vous voulez régner? *
Thèbes avec raison craint le règne d'un prince
Qui de fleuves de sang inonde sa province :
Voudroit-elle obéir à votre injuste loi?
Vous êtes son tyran avant qu'être son roi.
Dieux! si devenant grand souvent on devient pire,
Si la vertu se perd quand on gagne l'empire,
Lorsque vous régnerez, que serez-vous, hélas!
Si vous êtes cruel quand vous ne régnez pas?

POLYNICE.

Ah! si je suis cruel, on me force de l'être;

---

1. Après ce vers, on lit, dans les premières éditions, les quatre suivants :

>   La fière ambition qui règne dans leur cœur
>   N'écoute de conseils que ceux de la fureur ;
>   Leur sang même infecté de sa funeste haleine,
>   Ou ne leur parle plus, ou leur parle de haine.
>   Et vous, etc.

2. Voltaire, dans son *OEdipe*, a emprunté ce vers, mais en le perfectionnant :

>   Une extrême justice est une extrême injure.

* VAR. *Est-ce dessus des morts que vous voulez régner?*

ACTE IV, SCÈNE III.

Et de mes actions je ne suis pas le maître.
J'ai honte des horreurs où je me vois contraint;*
Et c'est injustement que le peuple me craint.
Mais il faut en effet soulager ma patrie;
De ses gémissements mon âme est attendrie.
Trop de sang innocent se verse tous les jours;
Il faut de ses malheurs que j'arrête le cours;
Et, sans faire gémir ni Thèbes ni la Grèce,
A l'auteur de mes maux il faut que je m'adresse :
Il suffit aujourd'hui de son sang ou du mien.

JOCASTE.

Du sang de votre frère?

POLYNICE.

Oui, madame, du sien.
Il faut finir ainsi cette guerre inhumaine.

(A Étéocle.)

Oui, cruel, et c'est là le dessein qui m'amène.
Moi-même à ce combat j'ai voulu t'appeler;
A tout autre qu'à toi je craignois d'en parler;
Tout autre auroit voulu condamner ma pensée,
Et personne en ces lieux ne te l'eût annoncée.
Je te l'annonce donc. C'est à toi de prouver
Si ce que tu ravis tu le sais conserver.
Montre-toi digne enfin d'une si belle proie.

ÉTÉOCLE.

J'accepte ton dessein, et l'accepte avec joie :
Créon sait là-dessus quel étoit mon désir :

---

* VAR. *Si je suis violent, c'est que je suis contraint;*
Et c'est injustement que le peuple me craint.
Je ne me connois plus en ce malheur extrême;
En m'arrachant au trône, on m'arrache à moi-même;
Tant que j'en suis dehors, je ne suis plus à moi.
Pour être vertueux, il faut que je sois roi.

J'eusse accepté le trône avec moins de plaisir.
Je te crois maintenant digne du diadème,
Je te le vais porter au bout de ce fer même.*
JOCASTE.
Hâtez-vous donc, cruels, de me percer le sein;
Et commencez par moi votre horrible dessein.
Ne considérez point que je suis votre mère,
Considérez en moi celle de votre frère.
Si de votre ennemi vous recherchez le sang,
Recherchez-en la source en ce malheureux flanc :
Je suis de tous les deux la commune ennemie,
Puisque votre ennemi reçut de moi la vie;
Cet ennemi, sans moi, ne verroit pas le jour.
S'il meurt, ne faut-il pas que je meure à mon tour?
N'en doutez point, sa mort me doit être commune;
Il faut en donner deux, ou n'en donner pas une;
Et, sans être ni doux ni cruels à demi,
Il faut me perdre, ou bien sauver votre ennemi.
Si la vertu vous plaît, si l'honneur vous anime,
Barbares, rougissez de commettre un tel crime;
Ou si le crime, enfin, vous plaît tant à chacun,
Barbares, rougissez de n'en commettre qu'un.
Aussi bien, ce n'est point que l'amour vous retienne,**
Si vous sauvez ma vie en poursuivant la sienne :
Vous vous garderiez bien, cruels, de m'épargner,
Si je vous empêchois un moment de régner.
Polynice, est-ce ainsi que l'on traite une mère?
POLYNICE.
J'épargne mon pays.

---

* Var. *Et te le vais porter au bout de ce fer même.*
** Var. *Aussi bien, ce n'est point que l'amitié vous tienne.*

JOCASTE.

Et vous tuez un frère !

POLYNICE.

Je punis un méchant.

JOCASTE.

Et sa mort, aujourd'hui,
Vous rendra plus coupable et plus méchant que lui.

POLYNICE.

Faut-il que de ma main je couronne ce traître,
Et que de cour en cour j'aille chercher un maître ;
Qu'errant et vagabond je quitte mes États,
Pour observer des lois qu'il ne respecte pas ?
De ses propres forfaits serai-je la victime ?
Le diadème est-il le partage du crime ?
Quel droit ou quel devoir n'a-t-il point violé ?
Et cependant il règne, et je suis exilé !

JOCASTE.*

Mais si le roi d'Argos vous cède une couronne...

---

* Var.
JOCASTE.
Un exil innocent vaut mieux qu'une couronne
Que le crime noircit, que le parjure donne ;
Votre bannissement vous rendra glorieux,
Et le trône, mon fils, vous rendroit odieux.
Si vous n'y montez pas, c'est le crime d'un autre ;
Mais, si vous y montez, ce sera par le vôtre.
Conservez votre gloire.

ANTIGONE.
Ah, mon frère ! en effet,
Pouvez-vous concevoir cet horrible forfait ?
Ainsi donc tout à coup l'honneur vous abandonne ?
O dieux ! est-il si doux de porter la couronne ?
Et pour le seul plaisir d'en être revêtu,
Peut-on se dépouiller de toute sa vertu ?
Si la vertu jamais eût régné dans votre âme,
En feriez-vous au trône un sacrifice infâme ?

POLYNICE.

Dois-je chercher ailleurs ce que le sang me donne?
En m'alliant chez lui n'aurai-je rien porté?
Et tiendrai-je mon rang de sa seule bonté?
D'un trône qui m'est dû faut-il que l'on me chasse,
Et d'un prince étranger que je brigue la place?
Non, non : sans m'abaisser à lui faire la cour,
Je veux devoir le sceptre à qui je dois le jour.

JOCASTE.*

Qu'on le tienne, mon fils, d'un beau-père ou d'un père,
La main de tous les deux vous sera toujours chère.

POLYNICE.

Non, non, la différence est trop grande pour moi :
L'un me feroit esclave, et l'autre me fait roi.
Quoi! ma grandeur seroit l'ouvrage d'une femme!
D'un éclat si honteux je rougirois dans l'âme.
Le trône, sans l'amour, me seroit donc fermé?
Je ne régnerois pas, si l'on ne m'eût aimé?
Je veux m'ouvrir le trône, ou jamais n'y paroître;
Et quand j'y monterai, j'y veux monter en maître;
Que le peuple à moi seul soit forcé d'obéir,

*Quand on l'ose immoler, on la connoît bien peu :
Et la victime, hélas! vaut bien plus que le dieu.*
HÉMON.
*Seigneur, sans vous livrer à ce malheur extrême,
Le ciel à vos désirs offre le diadème.
Vous pouvez, sans répandre une goutte de sang,
Dès que vous le voudrez, monter à ce haut rang,
Puisque le roi d'Argos vous cède une couronne.*

* VAR.   HÉMON.
*Qu'on le tienne, seigneur, d'un beau-père ou d'un père,
La main de tous les deux vous sera toujours chère.*
POLYNICE.
Hémon, la différence est trop grande pour moi.

Et qu'il me soit permis de m'en faire haïr.[1]
Enfin, de ma grandeur je veux être l'arbitre,
N'être point roi, madame, ou l'être à juste titre ;*
Que le sang me couronne, ou, s'il ne suffit pas,
Je veux à mon secours n'appeler que mon bras.

JOCASTE.

Faites plus, tenez tout de votre grand courage ;
Que votre bras tout seul fasse votre partage ;
Et, dédaignant les pas des autres souverains,
Soyez, soyez, mon fils, l'ouvrage de vos mains.
Par d'illustres exploits couronnez-vous vous-même,
Qu'un superbe laurier soit votre diadème ;
Régnez et triomphez, et joignez à la fois
La gloire des héros à la pourpre des rois.
Quoi ! votre ambition seroit-elle bornée
A régner tour à tour l'espace d'une année ?
Cherchez à ce grand cœur que rien ne peut dompter
Quelque trône où vous seul ayez droit de monter.[2]
Mille sceptres nouveaux s'offrent à votre épée,
Sans que d'un sang si cher nous la voyions trempée.

---

1. Garnier, dans *Antigone* (p. 409, éd. de Rouen, 1618), fait dire à Polynice :

> Ne me chaut (importe) de me voir de mes peuples haï,
> Moyennant que je sois et craint et obéy.
> (Acte II.)

* VAR. *Être roi, cher Hémon, et l'être à juste titre.*

2. Racine a imité de l'*Antigone*, de Garnier, cette proposition d'aller conquérir un trône hors de la Grèce :

> JOCASTE, à Polynice.
> Si vous avez désir d'être suprême prince,
> D'avoir sous votre main sujette une province,
> Et que ne puissiez vivre exempt de royauté ;
> Laissez là votre frère et sa déloyauté.
> Cherchez nouveau parti...

Vos triomphes pour moi n'auront rien que de doux,
Et votre frère même ira vaincre avec vous.

POLYNICE.

Vous voulez que mon cœur, flatté de ces chimères,
Laisse un usurpateur au trône de mes pères ?[1]

JOCASTE.

Si vous lui souhaitez en effet tant de mal,
Élevez-le vous-même à ce trône fatal.
Ce trône fut toujours un dangereux abîme ;
La foudre l'environne aussi bien que le crime :
Votre père et les rois qui vous ont devancés,
Sitôt qu'ils y montoient, s'en sont vus renversés.

POLYNICE.

Quand je devrois au ciel rencontrer le tonnerre,
J'y monterois plutôt que de ramper à terre.
Mon cœur, jaloux du sort de ces grands malheureux,
Veut s'élever, madame, et tomber avec eux.

. . . .
Donnez en la Lycie et aux champs syriens...
. . . .
Là vaudra beaucoup mieux vos forces employer,
Pour un sceptre nouveau, que de nous guerroyer ;
Vous y pourrez, sans crime, acquerre un diadème...
(*Antigone*, p. 407-408, édit. de Rouen, 1618.)

1. Toute cette scène est imitée de Garnier.

POLYNICE.
Et que pour le loyer de sa fraude impudente,
Il tienne le royaume, et que moi je m'absente !
Jamais, jamais, madame ! Il faut qu'il soit puni
De m'avoir traistrement de ma terre banni !
JOCASTE.
Celui est bien puni qui à Thèbes commande ;
Nul n'y a maistrisé sans adversité grande.
Depuis Cadme, nombrez ; vous n'en verrez aucun
Qui n'ait été battu de ce malheur commun.
POLYNICE.
Il n'y a tel malheur que perdre son empire.
JOCASTE.
Qui fait guerre à son frère est encore en un pire.

ÉTÉOCLE.

Je saurai t'épargner une chute si vaine.

POLYNICE.

Ah! ta chute, crois-moi, précédera la mienne! *

JOCASTE.

Mon fils, son règne plaît.

POLYNICE.

Mais il m'est odieux.

JOCASTE.

Il a pour lui le peuple.

POLYNICE.

Et j'ai pour moi les dieux.

ÉTÉOCLE.

Les dieux de ce haut rang te vouloient interdire,
Puisqu'ils m'ont élevé le premier à l'empire :
Ils ne savoient que trop, lorsqu'ils firent ce choix,
Qu'on veut régner toujours quand on règne une fois.
Jamais dessus le trône on ne vit plus d'un maître ;
Il n'en peut tenir deux, quelque grand qu'il puisse être :
L'un des deux, tôt ou tard, se verroit renversé ;
Et d'un autre soi-même on y seroit pressé.
Jugez donc, par l'horreur que ce méchant me donne,**
Si je puis avec lui partager la couronne.

POLYNICE.

Et moi je ne veux plus, tant tu m'es odieux,
Partager avec toi la lumière des cieux.

JOCASTE.

Allez donc, j'y consens, allez perdre la vie ;
— A ce cruel combat tous deux je vous convie ;

---

* Var. *Ah! ta chute bientôt précédera la mienne!*
** Var. *Jugez donc, par l'horreur que ce méchant nous donne.*

Puisque tous mes efforts ne sauroient vous changer,
Que tardez-vous? allez vous perdre et me venger.
Surpassez, s'il se peut, les crimes de vos pères :
Montrez, en vous tuant, comme vous êtes frères :
Le plus grand des forfaits vous a donné le jour,
Il faut qu'un crime égal vous l'arrache à son tour.
Je ne condamne plus la fureur qui vous presse ;
Je n'ai plus pour mon sang ni pitié ni tendresse :
Votre exemple m'apprend à ne le plus chérir ;
Et moi je vais, cruels, vous apprendre à mourir.

ANTIGONE.

Madame... O ciel! que vois-je? Hélas! rien ne les touche![1]

HÉMON.

Rien ne peut ébranler leur constance farouche.

ANTIGONE.

Princes...

ÉTÉOCLE.

Pour ce combat choisissons quelque lieu.

POLYNICE.

Courons. Adieu, ma sœur.

ÉTÉOCLE.

Adieu, princesse, adieu.

ANTIGONE.

Mes frères, arrêtez! Gardes, qu'on les retienne ;
Joignez, unissez tous vos douleurs à la mienne.*
C'est leur être cruel que de les respecter.

---

1. Dans les éditions de 1676 et de 1687, on lit :

CRÉON.
Heureux emportement !
ANTIGONE.
Hélas! rien ne les touche.

' VAR. *Et n'obéissez pas à leur rage inhumaine.*

HÉMON.

Madame, il n'est plus rien qui les puisse arrêter.

ANTIGONE.

Ah! généreux Hémon, c'est vous seul que j'implore :
Si la vertu vous plaît, si vous m'aimez encore,
Et qu'on puisse arrêter leurs parricides mains,
Hélas! pour me sauver, sauvez ces inhumains.

ACTE CINQUIÈME.

SCÈNE PREMIÈRE.

ANTIGONE.

A quoi te résous-tu, princesse infortunée?
    Ta mère vient de mourir dans tes bras;
        Ne saurois-tu suivre ses pas,
Et finir, en mourant, ta triste destinée?
A de nouveaux malheurs te veux-tu réserver?
Tes frères sont aux mains, rien ne les peut sauver
        De leurs cruelles armes.
Leur exemple t'anime à te percer le flanc;
        Et toi seule verses des larmes,
        Tous les autres versent du sang.

Quelle est de mes malheurs l'extrémité mortelle?
        Où ma douleur doit-elle recourir?
        Dois-je vivre? dois-je mourir?
Un amant me retient, une mère m'appelle;
Dans la nuit du tombeau je la vois qui m'attend;
Ce que veut la raison, l'amour me le défend
        Et m'en ôte l'envie.
Que je vois de sujets d'abandonner le jour!
        Mais, hélas! qu'on tient à la vie,
        Quand on tient si fort à l'amour!

ACTE V, SCÈNE I.

Oui, tu retiens, amour, mon âme fugitive ;
　Je reconnois la voix de mon vainqueur :
　　L'espérance est morte en mon cœur,
Et cependant tu vis, et tu veux que je vive ;
Tu dis que mon amant me suivroit au tombeau,
Que je dois de mes jours conserver le flambeau
　　　Pour sauver ce que j'aime.
Hémon, vois le pouvoir que l'amour a sur moi :
　　Je ne vivrois pas pour moi-même,
　　Et je veux bien vivre pour toi.

Si jamais tu doutas de ma flamme fidèle...
Mais voici du combat la funeste nouvelle

SCÈNE II.

ANTIGONE, OLYMPE.

ANTIGONE.

Hé bien, ma chère Olympe, as-tu vu ce forfait ?

OLYMPE.

J'y suis courue en vain, c'en étoit déjà fait.
Du haut de nos remparts j'ai vu descendre en larmes
Le peuple qui couroit et qui crioit aux armes ;
Et pour vous dire enfin d'où venoit sa terreur,
Le roi n'est plus, madame, et son frère est vainqueur.
On parle aussi d'Hémon : l'on dit que son courage
S'est efforcé longtemps de suspendre leur rage,
Mais que tous ses efforts ont été superflus.
C'est ce que j'ai compris de mille bruits confus.

ANTIGONE.

Ah ! je n'en doute pas, Hémon est magnanime ;

Son grand cœur eut toujours trop d'horreur pour le crime :
Je l'avois conjuré d'empêcher ce forfait ;
Et s'il l'avoit pu faire, Olympe, il l'auroit fait.
Mais, hélas ! leur fureur ne pouvoit se contraindre ;
Dans des ruisseaux de sang elle vouloit s'éteindre.
Princes dénaturés, vous voilà satisfaits :
La mort seule entre vous pouvoit mettre la paix.
Le trône pour vous deux avoit trop peu de place ;
Il falloit entre vous mettre un plus grand espace,
Et que le ciel vous mît, pour finir vos discords,
L'un parmi les vivants, l'autre parmi les morts.
Infortunés tous deux, dignes qu'on vous déplore !
Moins malheureux pourtant que je ne suis encore,
Puisque, de tous les maux qui sont tombés sur vous,
Vous n'en sentez aucun, et que je les sens tous ![1]

OLYMPE.

Mais pour vous ce malheur est un moindre supplice
Que si la mort vous eût enlevé Polynice.
Ce prince étoit l'objet qui faisoit tous vos soins :
Les intérêts du roi vous touchoient beaucoup moins.

ANTIGONE.

Il est vrai, je l'aimois d'une amitié sincère :
Je l'aimois beaucoup plus que je n'aimois son frère ;

---

1. Les vers suivants ont été retranchés :

> Quand on est au tombeau, tous nos tourments s'apaisent ;
> Quand on est furieux, tous nos crimes nous plaisent ;
> Des plus cruels malheurs le trépas vient à bout :
> La fureur ne sent rien, mais la douleur sent tout.
> Cette vive douleur, dont je suis la victime,
> Ressent la mort de l'un, et de l'autre le crime ;
> Le sort de tous les deux me déchire le cœur !
> Et, plaignant le vaincu, je pleure le vainqueur.
> A ce cruel vainqueur quel accueil dois-je faire ?
> S'il est mon frère, Olympe, il a tué mon frère :
> La nature est confuse et se tait aujourd'hui ;
> Elle n'ose parler pour lui, ni contre lui.

ACTE V, SCÈNE II.

Et ce qui lui donnoit tant de part dans mes vœux,*
Il étoit vertueux, Olympe, et malheureux.
Mais, hélas! ce n'est plus ce cœur si magnanime,
Et c'est un criminel qu'a couronné son crime :
Son frère plus que lui commence à me toucher;
Devenant malheureux, il m'est devenu cher.

OLYMPE.

Créon vient.

ANTIGONE.

Il est triste; et j'en connais la cause !
Au courroux du vainqueur la mort du roi l'expose.
C'est de tous nos malheurs l'auteur pernicieux.

SCÈNE III.

ANTIGONE, CRÉON, OLYMPE, ATTALE,
Gardes.

CRÉON.

Madame, qu'ai-je appris en entrant dans ces lieux?
Est-il vrai que la reine...

ANTIGONE.

Oui, Créon, elle est morte.

CRÉON.

O dieux ! puis-je savoir de quelle étrange sorte
Ses jours infortunés ont éteint leur flambeau?

OLYMPE.

Elle-même, seigneur, s'est ouvert le tombeau;
Et s'étant d'un poignard en un moment saisie,
Elle en a terminé ses malheurs et sa vie.

---

* Var. *Et ce qui le rendoit agréable à mes yeux.*

ANTIGONE.
Elle a su prévenir la perte de son fils.
CRÉON.
Ah, madame! il est vrai que les dieux ennemis...
ANTIGONE.
N'imputez qu'à vous seul la mort du roi mon frère,
Et n'en accusez point la céleste colère.
A ce combat fatal vous seul l'avez conduit :
Il a cru vos conseils; sa mort en est le fruit.
Ainsi de leurs flatteurs les rois sont les victimes ;
Vous avancez leur perte en approuvant leurs crimes;
De la chute des rois vous êtes les auteurs ;
Mais les rois, en tombant, entraînent leurs flatteurs.
Vous le voyez, Créon : sa disgrâce mortelle
Vous est funeste autant qu'elle nous est cruelle ;
Le ciel, en le perdant, s'en est vengé sur vous,
Et vous avez peut-être à pleurer comme nous.
CRÉON.
Madame, je l'avoue; et les destins contraires
Me font pleurer deux fils, si vous pleurez deux frères.
ANTIGONE.
Mes frères et vos fils! dieux! que veut ce discours?
Quelque autre qu'Étéocle a-t-il fini ses jours ?
CRÉON.
Mais ne savez-vous pas cette sanglante histoire?
ANTIGONE.
J'ai su que Polynice a gagné la victoire,
Et qu'Hémon a voulu les séparer en vain.
CRÉON.
Madame, ce combat est bien plus inhumain.
Vous ignorez encor mes pertes et les vôtres;
Mais, hélas! apprenez les unes et les autres.

LES FRÈRES ENNEMIS.

ANTIGONE.

Rigoureuse Fortune, achève ton courroux !
Ah ! sans doute, voici le dernier de tes coups !

CRÉON.

Vous avez vu, madame, avec quelle furie
Les deux princes sortoient pour s'arracher la vie ;
Que d'une ardeur égale ils fuyoient de ces lieux,*
Et que jamais leurs cœurs ne s'accordèrent mieux.
La soif de se baigner dans le sang de leur frère
Faisoit ce que jamais le sang n'avoit su faire :
Par l'excès de leur haine ils sembloient réunis ;
Et, prêts à s'égorger, ils paroissoient amis.
Ils ont choisi d'abord, pour leur champ de bataille,
Un lieu près des deux camps, au pied de la muraille.
C'est là que, reprenant leur première fureur,
Ils commencent enfin ce combat plein d'horreur.
D'un geste menaçant, d'un œil brûlant de rage,
Dans le sein l'un de l'autre ils cherchent un passage : [1]
Et, la seule fureur précipitant leurs bras,
Tous deux semblent courir au-devant du trépas.
Mon fils, qui de douleur en soupiroit dans l'âme,
Et qui se souvenoit de vos ordres, madame,
Se jette au milieu d'eux, et méprise pour vous
Leurs ordres absolus qui nous arrêtoient tous :**
Il leur retient le bras, les repousse, les prie,

---

* VAR. *Que d'une égale ardeur ils y couroient tous deux.*

1. Voltaire a pris ces deux vers presque tout entiers, mais pourtant en corrigeant le premier hémistiche.

> D'un bras déterminé, d'un œil brûlant de rage,
> Dans le sein l'un de l'autre ils cherchent un passage.
> (*Henriade.*) (L.)

** VAR. *Leurs ordres absolus qui nous retenoient tous.*

Et pour les séparer s'expose à leur furie.
Mais il s'efforce en vain d'en arrêter le cours ;
Et ces deux furieux se rapprochent toujours.
Il tient ferme pourtant, et ne perd point courage,
De mille coups mortels il détourne l'orage,
Jusqu'à ce que du roi le fer trop rigoureux,
Soit qu'il cherchât son frère, ou ce fils malheureux,
Le renverse à ses pieds prêt à rendre la vie.
ANTIGONE.
Et la douleur encor ne me l'a pas ravie !
CRÉON.
J'y cours, je le relève, et le prends dans mes bras ;
Et me reconnoissant : « Je meurs, dit-il tout bas,
« Trop heureux d'expirer pour ma belle princesse.
« En vain à mon secours votre amitié s'empresse ;
« C'est à ces furieux que vous devez courir :
« Séparez-les, mon père, et me laissez mourir. »
Il expire à ces mots. Ce barbare spectacle
A leur noire fureur n'apporte point d'obstacle ;
Seulement Polynice en paraît affligé :
« Attends, Hémon, dit-il, tu vas être vengé. »
En effet, sa douleur renouvelle sa rage,
Et bientôt le combat tourne à son avantage.
Le roi, frappé d'un coup qui lui perce le flanc,
Lui cède la victoire, et tombe dans son sang.
Les deux camps aussitôt s'abandonnent en proie,
Le nôtre à la douleur, et les Grecs à la joie ;
Et le peuple, alarmé du trépas de son roi,
Sur le haut de ses tours témoigne son effroi.
Polynice, tout fier du succès de son crime,
Regarde avec plaisir expirer sa victime ;
Dans le sang de son frère il semble se baigner :

« Et tu meurs, lui dit-il, et moi je vais régner.
« Regarde dans mes mains l'empire et la victoire;
« Va rougir aux enfers de l'excès de ma gloire;
« Et pour mourir encore avec plus de regret,
« Traître, songe en mourant que tu meurs mon sujet. »
En achevant ces mots, d'une démarche fière
Il s'approche du roi couché sur la poussière,
Et pour le désarmer il avance le bras.
Le roi, qui semble mort, observe tous ses pas ;
Il le voit, il l'attend, et son âme irritée
Pour quelque grand dessein semble s'être arrêtée.
L'ardeur de se venger flatte encor ses désirs,
Et retarde le cours de ses derniers soupirs.
Prêt à rendre la vie, il en cache le reste,
Et sa mort au vainqueur est un piége funeste :
Et dans l'instant fatal que ce frère inhumain
Lui veut ôter le fer qu'il tenoit à la main,
Il lui perce le cœur; et son âme ravie,
En achevant ce coup, abandonne la vie.
Polynice frappé pousse un cri dans les airs,
Et son âme en courroux s'enfuit dans les enfers.[1]
Tout mort qu'il est, madame, il garde sa colère,
Et l'on diroit qu'encore il menace son frère :
Son visage, où la mort a répandu ses traits,
Demeure plus terrible et plus fier que jamais.

ANTIGONE.

Fatale ambition, aveuglement funeste !
D'un oracle cruel suite trop manifeste !

---

1. Traduction aussi heureuse que littérale de ce vers par lequel Virgile achève le tableau de la mort de Turnus, et termine l'Énéide :

Vitaque cum gemitu fugit indignata sub umbras.
Æneid., lib. XII. (G.)

De tout le sang royal il ne reste que nous ;
Et plût aux dieux, Créon, qu'il ne restât que vous,
Et que mon désespoir, prévenant leur colère,
Eût suivi de plus près le trépas de ma mère!
CRÉON.
Il est vrai que des dieux le courroux embrasé
Pour nous faire périr semble s'être épuisé ;
Car enfin sa rigueur, vous le voyez, madame,
Ne m'accable pas moins qu'elle afflige votre âme.
En m'arrachant mes fils...
ANTIGONE.
Ah! vous régnez, Créon :
Et le trône aisément vous console d'Hémon.
Mais laissez-moi, de grâce, un peu de solitude,
Et ne contraignez point ma triste inquiétude ;
Aussi bien mes chagrins passeroient jusqu'à vous.
Vous trouverez ailleurs des entretiens plus doux ;
Le trône vous attend, le peuple vous appelle ;
Goûtez tout le plaisir d'une grandeur nouvelle.
Adieu. Nous ne faisons tous deux que nous gêner.
Je veux pleurer, Créon, et vous voulez régner.
CRÉON, arrêtant Antigone.
Ah, madame! régnez, et montez sur le trône :
Ce haut rang n'appartient qu'à l'illustre Antigone.
ANTIGONE.
Il me tarde déjà que vous ne l'occupiez.
La couronne est à vous.
CRÉON.
Je la mets à vos pieds.
ANTIGONE.
Je la refuserois de la main des dieux même ;
Et vous osez, Créon, m'offrir le diadème!

CRÉON.
Je sais que ce haut rang n'a rien de glorieux
Qui ne cède à l'honneur de l'offrir à vos yeux.
D'un si noble destin je me connois indigne :
Mais si l'on peut prétendre à cette gloire insigne,
Si par d'illustres faits on la peut mériter,
Que faut-il faire enfin, madame?

ANTIGONE.

M'imiter.

CRÉON.
Que ne ferois-je point pour une telle grâce !
Ordonnez seulement ce qu'il faut que je fasse :
Je suis prêt...

ANTIGONE, en s'en allant.

Nous verrons.

CRÉON, la suivant.

J'attends vos lois ici.

ANTIGONE, en s'en allant.

Attendez.

SCÈNE IV.

CRÉON, ATTALE, GARDES.

ATTALE.
Son courroux seroit-il adouci?
Croyez-vous la fléchir?

CRÉON.

Oui, oui, mon cher Attale;
Il n'est point de fortune à mon bonheur égale,
Et tu vas voir en moi, dans ce jour fortuné,
L'ambitieux au trône, et l'amant couronné.
Je demandois au ciel la princesse et le trône;

Il me donne le sceptre et m'accorde Antigone.
Pour couronner ma tête et ma flamme en ce jour,
Il arme en ma faveur et la haine et l'amour ;
Il allume pour moi deux passions contraires ;
Il attendrit la sœur, il endurcit les frères ;
Il aigrit leur courroux, il fléchit sa rigueur,
Et m'ouvre en même temps et leur trône et son cœur.

ATTALE.

Il est vrai, vous avez toute chose prospère,
Et vous seriez heureux si vous n'étiez point père.
L'ambition, l'amour, n'ont rien à désirer ;
Mais, seigneur, la nature a beaucoup à pleurer :
En perdant vos deux fils...

CRÉON.

Oui, leur perte m'afflige :
Je sais ce que de moi le rang de père exige ;
Je l'étois ; mais surtout j'étois né pour régner ;
Et je perds beaucoup moins que je ne crois gagner.
Le nom de père, Attale, est un titre vulgaire :
C'est un don que le ciel ne nous refuse guère :
Un bonheur si commun n'a pour moi rien de doux ;
Ce n'est pas un bonheur, s'il ne fait des jaloux.
Mais le trône est un bien dont le ciel est avare ;
Du reste des mortels ce haut rang nous sépare
Bien peu sont honorés d'un don si précieux :
La terre a moins de rois que le ciel n'a de dieux.
D'ailleurs tu sais qu'Hémon adoroit la princesse,
Et qu'elle eut pour ce prince une extrême tendresse ;
S'il vivoit, son amour au mien seroit fatal.
En me privant d'un fils, le ciel m'ôte un rival.
Ne me parle donc plus que de sujets de joie,
Souffre qu'à mes transports je m'abandonne en proie :

Et, sans me rappeler des ombres des enfers,
Dis-moi ce que je gagne, et non ce que je perds :
Parle-moi de régner, parle-moi d'Antigone ;
J'aurai bientôt son cœur, et j'ai déjà le trône.
Tout ce qui s'est passé n'est qu'un songe pour moi :
J'étois père et sujet, je suis amant et roi.
La princesse et le trône ont pour moi tant de charmes,
Que... Mais Olympe vient.

ATTALE.

Dieux ! elle est tout en larmes.

SCÈNE V.

CRÉON, OLYMPE, ATTALE, GARDES.

OLYMPE.

Qu'attendez-vous, seigneur ? La princesse n'est plus.

CRÉON.

Elle n'est plus, Olympe !

OLYMPE.

Ah ! regrets superflus !
Elle n'a fait qu'entrer dans la chambre prochaine,
Et du même poignard dont est morte la reine,
Sans que je pusse voir son funeste dessein,
Cette fière princesse a percé son beau sein :
Elle s'en est, seigneur, mortellement frappée ;
Et dans son sang, hélas ! elle est soudain tombée.
Jugez à cet objet ce que j'ai dû sentir.
Mais sa belle âme enfin, toute prête à sortir :
« Cher Hémon, c'est à toi que je me sacrifie, »
Dit-elle ; et ce moment a terminé sa vie.
J'ai senti son beau corps tout froid entre mes bras ;

Et j'ai cru que mon âme alloit suivre ses pas.
Heureuse mille fois, si ma douleur mortelle
Dans la nuit du tombeau m'eût plongée avec elle!

(Elle s'en va.)

SCÈNE VI.

CRÉON, ATTALE, GARDES.

CRÉON.

Ainsi donc vous fuyez un amant odieux,
Et vous-même, cruelle, éteignez vos beaux yeux!*
Vous fermez pour jamais ces beaux yeux que j'adore;
Et, pour ne me point voir, vous les fermez encore![1]
Quoique Hémon vous fût cher, vous courez au trépas
Bien plus pour m'éviter que pour suivre ses pas!
Mais dussiez-vous encor m'être aussi rigoureuse,
Ma présence aux enfers vous fût-elle odieuse,
Dût après le trépas vivre votre courroux,
Inhumaine, je vais y descendre après vous.
Vous y verrez toujours l'objet de votre haine,
Et toujours mes soupirs vous rediront ma peine,
Ou pour vous adoucir, ou pour vous tourmenter;
Et vous ne pourrez plus mourir pour m'éviter.
Mourons donc...

ATTALE, lui arrachant son épée.

Ah, seigneur! quelle cruelle envie!

---

* VAR. *Et vous mourez ainsi, beau sujet de mes feux.*

1. Cette phrase n'est pas claire. Créon ne dit pas qu'Antigone ferme encore une fois ses beaux yeux, puisqu'elle les a déjà *fermés pour jamais;* il veut dire : *et encore c'est pour ne me point voir que vous fermez vos yeux.* Les deux vers suivants expliquent cette énigme.

CRÉON.

Ah ! c'est m'assassiner que me sauver la vie !
Amour, rage, transports, venez à mon secours,
Venez, et terminez mes détestables jours !
De ces cruels amis trompez tous les obstacles !
Toi, justifie, ô ciel, la foi de tes oracles !
Je suis le dernier sang du malheureux Laïus :
Perdez-moi, dieux cruels, ou vous serez déçus.
Reprenez, reprenez cet empire funeste ;
Vous m'ôtez Antigone, ôtez-moi tout le reste :
Le trône et vos présents excitent mon courroux ;
Un coup de foudre est tout ce que je veux de vous.
Ne le refusez pas à mes vœux, à mes crimes ;*
Ajoutez mon supplice à tant d'autres victimes.
Mais en vain je vous presse, et mes propres forfaits
Me font déjà sentir tous les maux que j'ai faits.
Polynice, Étéocle, Iocaste, Antigone,
Mes fils que j'ai perdus pour m'élever au trône,
Tant d'autres malheureux dont j'ai causé les maux,
Font déjà dans mon cœur l'office des bourreaux.
Arrêtez... Mon trépas va venger votre perte ;
La foudre va tomber, la terre est entr'ouverte ;
Je ressens à la fois mille tourments divers,
Et je m'en vais chercher du repos aux enfers.

(Il tombe entre les mains des gardes.)

* Var. *Accordez-le à mes vœux, accordez-le à mes crimes...*

FIN DE LA THÉBAIDE.

EXAMEN CRITIQUE

DE LA THÉBAIDE.

PREMIÈRE PARTIE.

Je partage l'examen critique que je veux faire de la tragédie des *Frères ennemis* en deux parties distinctes. Dans la première, j'examine le sujet des *Frères ennemis*, tel qu'il a été traité dans le théâtre grec et latin par Eschyle, Euripide et Sénèque. Dans la seconde, j'examine de plus près la pièce de Racine, que je compare avec les pièces de ses devanciers en France, Garnier et Rotrou, et je résume les diverses critiques qu'on en a faites ou qu'on en peut faire.

Les Sept Chefs d'Eschyle, qui a représenté, le premier, sur le théâtre les malheurs de la famille d'Œdipe, sont un poëme épique et lyrique plutôt qu'une tragédie. L'hymne y enveloppe et cache le drame; le chœur, comme au temps de Thespis, y est encore le principal personnage.

Voyons rapidement quels sont les sentiments, et je dirais volontiers les aventures de ce chœur qu'Eschyle semble préférer à Étéocle, à Polynice, à Antigone enfin, qui, selon nos idées modernes, devraient avoir le premier rang. Il est formé des jeunes filles qui se sont réfugiées dans la citadelle ou l'acropole. C'est là que, courant éperdues des remparts aux autels, tantôt elles regardent l'ennemi qui s'approche, tantôt elles implorent les dieux protecteurs de Thèbes. D'abord elles ne voient qu'un nuage de poussière qui s'élève dans la plaine et marche vers la ville; mais cette poussière est un message de terreur qu'elles comprennent, hélas! tout muet qu'il est.[1] Bientôt c'est le bruit sourd et profond du pas des hommes et du trot des chevaux. Elles l'entendent : il est pareil au murmure des eaux qui roulent en torrents du haut de la montagne. Puis, c'est le cri de la guerre. Écoutez! ce cri, précurseur des ennemis, franchit le rempart et s'élance jusque dans la citadelle. Voyez, voyez l'éclair des boucliers d'acier qui luit à travers la poussière !

« O dieux et déesses, protégez-nous ! nous embrassons vos statues en suppliantes. Sauvez-nous !

« Les boucliers heurtent les boucliers ; les lances s'entrechoquent et se brisent. Défendez-nous, dieux et déesses ! défendez de la servitude et de l'injure les vierges qui vous implorent.

« Le flot des guerriers ravisseurs mugit autour de nous. O Diane! ô vierge déesse ! prends ton arc, lance tes flèches redoutables, protége-nous.

« Écoutez : les chars roulent autour de la ville, les essieux crient et sifflent, l'air frémit et s'échauffe sous le vol des flèches. Que deviendrons-nous?

« O dieux, ne livrez pas la ville à l'ennemi étranger ! dieux, écoutez les prières des vierges suppliantes ! montrez que vous aimez cette ville qui vous honore.[2] »

Ce chœur de jeunes filles et leurs supplications, voilà à la fois le principal personnage et la principale action de la pièce. Et ne croyez pas que ce personnage et cette action n'intéressassent pas vivement les Grecs : ils retrouvaient dans les alarmes et dans les aventures de ce chœur le tableau des

1. *Les Sept Chefs devant Thèbes*, v. 82.
2. *Ibid.*, v. 109 à 180.

vicissitudes de la guerre, vicissitudes plus cruelles et plus dures dans l'antiquité que dans les temps modernes. L'esclavage dans l'antiquité aggravait la guerre : les vaincus devenaient des esclaves. Comment donc les jeunes filles thébaines n'invoqueraient-elles pas les dieux pour échapper à l'esclavage et au déshonneur? et comment les Athéniens, à leur tour, en voyant les alarmes du chœur, ne songeraient-ils pas à leurs femmes, à leurs filles, qui seraient esclaves aussi, si Athènes était vaincue? Comment ne s'encourageraient-ils pas à défendre leur patrie et leur famille? car l'ennemi menace aussi Athènes, et quel ennemi ! les barbares terrassés, il y a un an à peine, à Marathon,[1] préparent leur vengeance. Déjà on raconte dans Athènes Xerxès et son million de soldats, ses innombrables vaisseaux, le Bosphore passé sur un pont, la Thrace soumise et tributaire. « O dieux de la patrie ! s'écriait le chœur sur la scène, défendez la ville qui vous est chère. — Dieux et déesses d'Athènes, disaient aussi les spectateurs athéniens, et toi surtout, Minerve, vierge déesse, défends ta ville, ton temple et tes autels ! » Dans le chœur, les alarmes et les supplications d'une ville assiégée; dans le public, les émotions d'une ville qui bientôt aussi sera assiégée. Quel drame plus capable d'exciter l'intérêt? quel public plus fait pour le ressentir? La scène et le théâtre se rapprochaient et se confondaient dans le même sentiment. Il n'y avait pas, ici, des acteurs jouant un rôle, là, un public venu pour s'amuser d'une représentation. Les acteurs, le public, le poëte dramatique, tous citoyens de la ville, tous menacés des mêmes périls; les uns acteurs, mais pour un jour; les autres spectateurs, pour un jour aussi, et tous, demain, quand la guerre les appellera, prêts à porter les armes et à mourir pour la patrie, tous s'entretenaient, par la voix du chœur, de leurs idées et de leurs sentiments les plus nobles et les plus chers. Le théâtre devenait une sorte d'agora et de forum; le drame devenait une harangue; le

---

1. Voyez l'ouvrage de M. Patin sur les tragiques grecs, t 1, p. 198.

poëte était l'orateur, et, comme un orateur habile, Eschyle, à l'aide de ses personnages, excitait tour à tour divers sentiments, tantôt la pitié pour les jeunes filles réservées à la servitude, tantôt la colère contre l'ennemi, et tantôt aussi la fermeté qui soutient les citoyens d'une ville assiégée, et qui même, au besoin, gourmande les alarmes des femmes.

Écoutez, en effet, comment Étéocle gourmande ce chœur de jeunes filles épouvantées : « Pourquoi quitter vos foyers domestiques ? pourquoi vous prosterner aux autels des dieux et faire retentir la ville de vos gémissements ? ces cris et ces alarmes affaiblissent le courage des guerriers.

LE CHOEUR.

« Pardonnez-nous, ô roi ! nous sommes venues sacrifier aux dieux, afin qu'ils nous protégent.

ÉTÉOCLE.

« Au jour de la guerre, c'est aux hommes qu'il convient de faire aux dieux les sacrifices qui leur sont dus. Les femmes doivent rester cachées dans leurs maisons.

LE CHOEUR.

« Nous avons entendu le bruit du combat, et nous nous sommes réfugiées dans cette citadelle, entre les autels des dieux.

ÉTÉOCLE.

« Gardez-vous, si vous voyez apporter ici des morts ou des blessés, de les accueillir par des gémissements. Mars aime à se repaître du sang des guerriers.[1] »

Voilà par quelles paroles énergiques et guerrières le poëte, je me trompe, l'orateur excitait le courage de ses concitoyens. Aussi Eschyle, dans les *Grenouilles* d'Aristophane, se vante-t-il contre Euripide d'avoir fait de ses concitoyens des hommes généreux et braves, des hommes de quatre coudées, toujours prêts à servir l'État. « Et comment donc as-tu fait cela ? répond ironiquement Euripide. — J'ai fait une pièce toute pleine de

---

1. *Les Sept Chefs devant Thèbes*, v. 182 à 245, *passim*.

Mars, *les Sept Chefs devant Thèbes*. Nul spectateur n'en sortait qu'avec la fureur de la guerre dans le sein. »

Mais la haine des deux frères, mais Jocaste et Antigone, mais les malheurs de la famille d'OEdipe, n'en est-il donc pas question? Chose bizarre et qui déconcerte toutes les idées que nous nous faisons de la tragédie : les malheurs et les alarmes de Thèbes assiégée intéressent Eschyle et les Athéniens plus que la haine d'Étéocle et de Polynice, ou la piété fraternelle d'Antigone. Ce qui nous semble le sujet, et ce qui le sera plus tard dans Euripide, n'est dans Eschyle qu'un épisode. Dans Eschyle, Étéocle hait son frère; mais cette haine, toute profonde et tout implacable qu'elle est, ne se montre qu'un instant et comme un sentiment qui ne doit pas longtemps remplir la scène. Étéocle a écouté le récit presque épique que le messager lui a fait des chefs de l'armée ennemie, de leurs armes, de leurs devises, de leurs menaces, et il a lui-même décrit les guerriers qu'il opposait à chacun des guerriers ennemis. A chaque nom qu'il a désigné, le chœur, l'interrompant, a prié les dieux de favoriser le guerrier qui va défendre la patrie. Le messager n'a encore désigné que six chefs ennemis qui doivent chacun attaquer six portes de Thèbes, et Étéocle n'a nommé encore que six chefs pour leur résister. Il reste une septième porte. « Quel est l'ennemi qui l'attaquera? — C'est votre frère, » dit le messager. Étéocle qui, par une sorte d'instinct haineux, n'avait point choisi de poste, Étéocle alors déclare que c'est à lui de combattre son frère : « Chef contre chef, ennemi contre ennemi, frère contre frère, c'est à moi qu'il appartient de combattre. Apportez-moi ma lance, mon bouclier, mon casque![1] » Voilà enfin cette haine et ce combat qui doivent occuper la scène. Mais ici, chose étrange pour nous, ce n'est pas Jocaste et Antigone qui essayent d'arrêter Étéocle; non : c'est encore le chœur qui, effrayé du fratricide qui se prépare, élève la voix au nom de l'humanité

---

1. *Les Sept Chefs devant Thèbes*, v. 674.

et s'oppose à cet affreux combat : « O fils d'Œdipe! le sang qui coule entre les Thébains peut s'expier ; mais le meurtre de deux frères l'un par l'autre est un forfait que rien n'efface.[1] »

Ainsi, même à ce moment et quand le drame est commencé, c'est encore le chœur qui a le rôle principal, c'est le chœur qui remplace Jocaste et Antigone, la mère et la sœur. Il est le centre de l'action ; et lorsque, malgré ses prières et ses malédictions, s'est accompli entre les deux frères le fatal combat, c'est encore au chœur que le messager vient raconter la mort de Polynice et d'Étéocle. Antigone et Ismène alors, dans un dialogue vif et touchant,[2] se lamentent, il est vrai, sur le sort

---

1. *Les Sept Chefs devant Thèbes*, v. 679.
2. M. Delavigne a traduit avec une élégante précision les lamentations d'Antigone et d'Ismène sur les corps de leurs frères :

ANTIGONE.
Éclatez, mes sanglots !
ISMÈNE.
Coulez, coulez, mes pleurs !
ANTIGONE.
Tu frappes et péris.
ISMÈNE.
En immolant tu meurs.
ANTIGONE.
Son glaive te renverse.
ISMÈNE.
Et sous ton glaive il tombe.
ANTIGONE.
Même âge.
ISMÈNE.
Même sang.
ANTIGONE.
Et bientôt même tombe.
O frères malheureux !
ISMÈNE.
Plus misérables sœurs !
ANTIGONE.
Éclatez, mes sanglots !
ISMÈNE.
Coulez, coulez, mes pleurs !
ANTIGONE.
Mes yeux se couvrent de ténèbres ;
Mon cœur succombe à ses tourments.
ISMÈNE.
Ma voix, lasse de cris funèbres,
S'éteint en sourds gémissements.

de leurs frères; mais le chœur encore s'unit aux lamentations des deux sœurs et les domine pour les contenir, en rappelant la puissance des dieux, souverains dispensateurs du bien et du mal, et la malédiction paternelle qui pesait sur la tête des fils ingrats. Nous n'entendons pas seulement les gémissements de la douleur domestique; il y a une pensée plus haute qui se mêle à ces lamentations particulières, la pensée de la justice; et jusqu'aux derniers moments, les sentiments généraux prévalent sur les sentiments particuliers, l'hymne l'emporte sur le dialogue, et le chœur sur les personnages.

Dans le théâtre moderne, le peuple ou la foule n'a point de

ANTIGONE.
Quoi! périr d'une main si chère!
ISMÈNE.
Quoi! percer le cœur de son frère!
ANTIGONE.
Tous deux vainqueurs!
ISMÈNE.
Vaincus tous deux!
ANTIGONE.
O récit qui me désespère!
ISMÈNE.
O spectacle encor plus affreux!
ANTIGONE.
Où les ensevelir?
ISMÈNE.
A côté de leur père :
Il fut infortuné comme eux.
ANTIGONE.
O mon cher Polynice!
ISMÈNE.
Étéocle, ô mon frère!
ENSEMBLE :
Et nous plus misérables sœurs!
ANTIGONE.
Éclatez, mes sanglots!
ISMÈNE.
Coulez, coulez, mes pleurs!

Cette belle traduction n'a pour moi qu'un défaut : M. Delavigne a oublié le chœur qui, dans Eschyle, interrompt de temps en temps les plaintes des deux sœurs; et cet oubli est significatif. Entraîné par les habitudes de la tragédie moderne, M. Delavigne a cru que ces deux sœurs, pleurant leurs frères morts, étaient les personnages principaux d'Eschyle.

rôle, et, lorsque par hasard on veut l'y introduire, il intéresse peu. Voyez, dans les drames qui ont pour sujet une conspiration ou une révolution, le peu d'intérêt qu'excitent les conspirateurs ou les révolutionnaires. Le théâtre moderne ne sait traiter que les passions des individus : il est embarrassé quand il veut représenter les passions ou les sentiments de la foule. Shakspeare, dans son *Coriolan* et dans la révolte de Jacques Cade,[1] a essayé de représenter le peuple ; il l'a représenté dans ce qu'il a de confus et de discordant : ce sont des cris qui s'élèvent çà et là, ce sont des injures qui succèdent à des flatteries, ce sont les vicissitudes tumultueuses d'une assemblée populaire. Mais, dans Shakspeare même, ces sentiments divers sont exprimés par des personnages particuliers qui se prêtent au mouvement du dialogue et qui l'animent. L'art de donner une voix commune et distincte à la fois aux grandes émotions de la foule, à la colère, à la douleur ou au péril, cet art admirable semble perdu avec le chœur antique et depuis Eschyle. Là seulement, grâce à ce personnage collectif, la diversité s'accordait avec l'unité, et la confusion était ramenée à l'ordre ; là seulement le peuple avait une voix profonde et forte comme celle d'une foule, expressive et ferme comme celle d'un homme.

Le changement qui s'est fait dans la tragédie, l'ascendant que le dialogue a fini par prendre sur l'hymne, et les personnages sur le chœur, ne sont nulle part plus visibles que lorsqu'on passe des *Sept Chefs* d'Eschyle aux *Phéniciennes* d'Euripide.

Euripide n'a pas voulu se priver du tableau que fait Eschyle de Thèbes assiégée par l'armée ennemie ; mais il ne prend pas pour témoin et pour interprète de ce spectacle un chœur nombreux et alarmé ; il prend un des personnages qui tiennent le plus de place dans le drame, Antigone ; et ce sont les sentiments d'Antigone et son hésitation à faire des vœux pour les Thébains ou pour les Argiens, puisqu'elle a un frère dans l'un et

---

1. *Henri VI,* IIe partie.

dans l'autre camp, qui font l'intérêt de la scène. Les émotions individuelles de la sœur remplacent les émotions générales du chœur.

Avant de nous montrer dans Antigone le personnage tragique, la sœur dévouée et généreuse, Euripide, qui prête volontiers à ses personnages une simplicité et une naïveté un peu artificielles, nous montre d'abord la jeune fille qui se récrie de terreur et d'admiration à l'aspect de la plaine étincelante d'armes et de soldats.

« O divine fille de Latone, Hécate, toute la plaine étincelle comme une masse d'airain.[1] »

Cependant, à travers la curiosité timide de la jeune fille qui, pour voir l'armée ennemie, est montée, à l'aide d'une échelle, sur le toit de la maison, paraît aussi la tendresse de la sœur. Antigone cherche surtout à apercevoir son frère Polynice; c'est lui que ses yeux essayent de découvrir dans la plaine, et, dès qu'elle l'a vu : « Ah! que ne puis-je, s'écrie-t-elle, telle qu'un nuage emporté par le vent, fendre l'air de ma course rapide, voler auprès de mon frère et serrer dans mes bras ce malheureux exilé! Ah! qu'il est beau sous ses armes d'or! il resplendit comme les rayons du soleil levant.[2] »

Ce cri de tendresse fraternelle indique à la fois quel sera le caractère d'Antigone, et quel sera aussi le caractère de la tragédie d'Euripide. Nulle part, en effet, Euripide n'a exprimé plus vivement la force et la grandeur de ces affections de famille qui tempèrent, par un contraste touchant, l'horreur des haines fraternelles. Il n'y a pas de frères qui se haïssent plus énergiquement qu'Étéocle et Polynice; mais, en retour, il n'y a pas de sœur plus tendre et plus dévouée qu'Antigone; il n'y a pas non plus de mère plus touchante en son amour que Jocaste. Voyez, quand Polynice vient dans Thèbes pour avoir une entrevue avec son frère, quelle joie ressentent Jocaste et

1. Traduction de M. Artaud, t. I, p. 205, 1842.
2. *Ibid.*, p. 208.

Antigone en revoyant ce fils, ce frère si longtemps absent :
« O mon fils! dit Jocaste, enfin, après tant de jours si longs, je te revois! Entoure de tes bras le sein de ta mère; que mes lèvres pressent tes joues, et que tes cheveux noirs ombragent mon sein! Tu es donc enfin rendu à ta mère, contre tout espoir et contre toute attente! Que pourrai-je te dire? Comment mes mains caressantes, mes paroles émues et cette folle joie qui me fait bondir auprès de toi, exprimeront-elles mon bonheur perdu que je retrouve enfin.[1] »

Alors s'engage entre le fils et la mère un dialogue plein de la simplicité touchante des affections de la famille, plein aussi des idées particulièrement chères aux Grecs : je veux dire l'amour de la patrie et l'horreur de la terre étrangère. Les paroles ne se pressent pas confusément sur leurs lèvres, comme cela se voit parfois dans les drames modernes, où les interjections remplacent volontiers les sentiments. Polynice exprime d'abord l'émotion qu'il ressent en revoyant, « après tant d'années, ce palais, ces autels des dieux, ces gymnases où il fut élevé. » Puis viennent les questions d'une longue absence : — Que fait son père? que font ses deux sœurs? gémissent-elles de l'exil de leur frère? Hélas! tout est triste et gémit dans le palais d'Œdipe, Œdipe sur ses malheurs, Antigone et Ismène sur la haine qui divise leurs frères, Jocaste sur sa destinée, puisque c'est à elle que se rattachent toutes les horreurs de sa famille. Cependant, parmi tous les maux de cette race, il en est un dont Jocaste n'a point encore d'idée, et qui l'effraye d'autant plus : c'est le mal de l'exil, c'est celui qu'a ressenti son fils Polynice. Elle connaît tous les autres malheurs, et elle les a soufferts; mais l'exil! voilà le malheur qui étonne et qui inquiète Jocaste : « Mon fils, lui dit-elle en hésitant, perdre sa patrie, est-ce un grand mal? — Oui, bien grand, ma mère, répond l'exilé, et plus grand à l'épreuve qu'on ne peut l'exprimer.

---

1. Traduction de M. Artaud, t. I, p. 213.

JOCASTE.

« En quoi consiste-t-il ? Que souffrent les exilés ?

POLYNICE.

« Une souffrance horrible : ils n'ont plus la liberté de parler.

JOCASTE.

« Ne pouvoir dire ce que l'on pense, c'est la condition d'un esclave...

POLYNICE.

« L'intérêt nous condamne à cette servitude contre nature.

JOCASTE.

« L'espérance, dit-on, nourrit l'exilé.

POLYNICE.

« Son œil souriant fait des promesses ; mais elle les fait attendre...

JOCASTE.

« La patrie, je le vois, est chère à tous les cœurs.

POLYNICE.

« Plus chère que tu ne pourrais l'exprimer.[1] »

Dialogue touchant, mais vraiment grec et vraiment antique. Voilà cet amour de la patrie qui n'est jamais plus grand que dans les citoyens des petites républiques ! Voyez l'exilé de Florence, le Dante, et comme lui est dure la montée de l'escalier étranger. Pour le Grec comme pour le Florentin, pour les membres de ces petits et brillants États du monde ancien et du moyen âge, l'amour de la patrie a une force et une douceur toutes particulières. Dans les sociétés modernes, où nous sommes un peu cosmopolites, grâce au nivellement des mœurs et des idées chaque jour plus sensible en Europe, les héros tragiques sont toujours prêts à répéter l'adage : « Que l'homme de cœur trouve sa patrie partout : *Omne solum forti patria est.* » Et même, si j'en crois quelques-uns, le riche qui peut trans-

1. Traduction de M. Artaud, t. I, p. 214 à 217.

porter sa fortune dans son portefeuille trouve aussi sa patrie partout. Mais le Grec, habitué aux travaux et aux plaisirs de la vie publique, qui, chez les anciens, tenaient une si grande place, se trouvait oisif et impuissant dès qu'il était exilé. L'agora, la tribune, les autels publics, tous ces appareils de la patrie et de la liberté, si chers au citoyen, parce qu'ils l'entretiennent de sa force et de sa puissance, irritaient les chagrins de l'exilé, parce qu'il les sentait muets pour lui. Qui pouvait-il y invoquer? Les dieux? ce n'étaient point ses dieux indigètes. Les lois? il ne les avait pas confirmées par son suffrage. Les souvenirs et les monuments? ce n'étaient point ceux de ses ancêtres. Que faire donc, sinon apprendre la nécessité de se taire et de se contraindre? Dans l'antiquité, n'être plus citoyen, c'était à peine être homme, c'était, comme le dit Jocaste, devenir esclave.

L'entretien entre Polynice et sa mère indique quel était sur les Grecs l'ascendant de la patrie, et combien d'idées saintes, généreuses et douces se rattachaient à ce mot. L'entrevue entre les deux frères le montre encore mieux. Dans cette entrevue, en effet, Polynice a pour lui la justice et la pitié : il est exilé et malheureux, il a longtemps souffert, sa mère et sa sœur Antigone reconnaissent ses droits; mais il porte les armes contre sa patrie. Cette faute efface tous ses droits. Étéocle est injuste, violent, parjure; mais il défend sa patrie. Ce mérite couvre ses injustices, et c'est par là qu'il l'emporte sur son frère. En vain Polynice invoque les autels des dieux de ses pères : « Tu veux les renverser! s'écrie Étéocle.

POLYNICE.

« Dieux, écoutez-moi!

ÉTÉOCLE.

« Quel dieu t'écoutera, toi qui t'armes contre ta patrie!

POLYNICE.

« O temples des dieux aux blancs coursiers!

ÉTÉOCLE.

« Ils te détestent.

POLYNICE.

« On me chasse de ma patrie.

ÉTÉOCLE.

« N'es-tu pas venu pour en chasser les citoyens?

POLYNICE.

« Et par une injuste violence, grands dieux!

ÉTÉOCLE.

« C'est à Mycènes, et non ici, que tu dois invoquer les dieux.

POLYNICE.

« Tu es un impie.

ÉTÉOCLE.

« Mais je ne suis pas comme toi ennemi de ma patrie.

POLYNICE.

« Toi qui me chasses et me dépouilles!

ÉTÉOCLE.

« Et de plus, je te tuerai.

POLYNICE.

« O mon père! entends-tu ce que je souffre?

ÉTÉOCLE.

« Oui, car il sait ce que tu fais.

POLYNICE.

« Et toi, ma mère?

ÉTÉOCLE.

« Il ne t'est pas permis de nommer ta mère.

POLYNICE.

« O ma patrie!

ÉTÉOCLE.

« Pars de ce pays.

POLYNICE.

« J'en partirai; mais que du moins je puisse voir mon père!

ÉTÉOCLE.

« Tu ne l'obtiendras pas.

POLYNICE.

« Mes jeunes sœurs.

ÉTÉOCLE.

« Tu ne les verras plus.

POLYNICE.

« O mes sœurs !

ÉTÉOCLE.

« Pourquoi les appelles-tu, toi leur plus grand ennemi ?[1] »

C'est donc en vain que cet exilé atteste les dieux de sa patrie ; que ce fils demande à voir son père ; que ce frère veut embrasser ses sœurs : un mot, toujours le même, un mot inflexible et inexorable, un mot vraiment antique et vraiment grec, le repousse obstinément : il est l'ennemi de sa patrie !

Lorsqu'on passe des *Phéniciennes* d'Euripide à la *Thébaïde* de Sénèque, tout change. Ce sont encore les mêmes noms ; mais ce ne sont plus, pour ainsi dire, les mêmes personnages, tant est grande la métamorphose ! Il n'est pas, en effet, un seul caractère que Sénèque n'ait reçu des mains d'Euripide, simple et grave, naturel et grand, et dont il n'ait fait un déclamateur sentencieux. La première métamorphose, et la plus curieuse, est celle d'Œdipe. Dans Euripide, Œdipe est caché au fond du palais, enseveli dans ses chagrins et dans ses remords ; il est comme le génie fatal et mystérieux de sa famille et de sa patrie ; il ne paraît pas, mais c'est à lui que tout se rapporte, c'est de lui qu'émanent toutes les douleurs de Jocaste et d'Antigone, toutes les fureurs de Polynice et d'Étéocle ; c'est de lui que tout le monde s'entretient à voix basse et avec une sorte de terreur. Cependant, quand ses fils se sont massacrés l'un l'autre, quand Jocaste s'est tuée sur le corps de ses enfants, Œdipe, aux cris d'Antigone restée

---

1. Traduction de M. Artaud, t. I, p. 226 et 227.

seule entre tant de morts, Œdipe sort de sa retraite ; il arrive sur la scène aveugle et chancelant, il demande à sa fille quel est le nouveau crime ou le nouveau malheur qui cause ses lamentations. Alors Antigone lui raconte la mort de ses frères, la mort de Jocaste ; en même temps Créon lui déclare qu'il faut qu'il abandonne Thèbes : « Pars ! Ce que je te dis n'est pas pour t'outrager, et je ne suis pas ton ennemi ; mais je crains que ton mauvais génie n'attire encore quelque calamité sur cette contrée.[1] » Œdipe, avec ses yeux sanglants et aveugles, Œdipe exilé excite en nous une profonde pitié, qui s'accroît encore et qui s'élève à l'aide de l'admiration que va nous inspirer le dévouement d'Antigone. Elle pourrait régner à Thèbes avec Hémon, fils de Créon ; mais elle aime mieux l'exil et le malheur avec Œdipe, qu'un trône à Thèbes avec l'idée de son père mourant abandonné. « Eh quoi ! dit-elle, je prendrais un époux, et je te laisserais seul dans l'exil, mon père !

OEDIPE.

« Reste, et sois heureuse ; pour moi, je saurai supporter mes maux.

ANTIGONE.

« Eh qui prendra soin de toi, privé que tu es de la vue ?[2] »

Elle suivra donc son père. Qu'il ne lui parle pas des humiliations que rencontre la fille d'un pauvre aveugle : elle voit la gloire où le monde voit la honte. Ils s'apprêtent à partir, le père soutenu et guidé par sa fille ; mais, avant de partir, le vieillard demande à toucher une dernière fois les cadavres de sa femme et de ses enfants : « Ma fille, guide-moi, que je touche le corps de ta mère.

ANTIGONE.

« La voilà ; porte ta main sur ces restes chéris.

OEDIPE.

« O ma mère ! ô mon épouse infortunée !

---

1. Traduction de M. Artaud, t. I, p. 263.
2. *Ibid.*, p. 268.

ANTIGONE.

« Digne objet de pitié, tous les maux ont à la fois fondu sur elle.

OEDIPE.

« Où est le corps d'Étéocle et celui de Polynice ?

ANTIGONE.

« Les voici étendus à côté l'un de l'autre.

OEDIPE.

« Pose ma main tremblante sur leurs visages glacés.

ANTIGONE.

« Tiens, touche de tes mains les corps de tes enfants.

OEDIPE.

« Chers et malheureux fils d'un trop malheureux père ![1] »

Quel spectacle! ce vieillard aveugle cherchant à tâtons les corps de sa femme et de ses enfants, ces mains paternelles touchant une dernière fois le visage glacé de ses fils. Ah! il les a maudits vivants : un dieu le poussait;[2] mais leur mort a désarmé la malédiction paternelle ou plutôt a dissipé la fureur insensée qui l'égarait. Maintenant que le sort d'OEdipe est accompli, maintenant que l'exil qu'il va subir est la dernière épreuve que lui avait prédite Apollon, il pardonne à ses fils, il les pleure, il les bénit dans leur mort que les dieux seuls ont voulue, et qu'un père n'eût jamais souhaitée. Tout s'explique maintenant, parce que tout approche de la fin suprême. L'OEdipe parricide et incestueux, l'OEdipe qui de ses mains sanglantes s'est arraché les yeux, qui a maudit ses fils et qui remplissait Thèbes de ses cris funèbres, ce n'était pas OEdipe lui-même, c'était l'instrument et la victime des

---

1. Traduction de M. Artaud, p. 269.
2. « Allons, je ne suis pas naturellement assez insensé pour avoir exercé une telle fureur contre la vie de mes fils, si un dieu ne m'y avait poussé. » (*Ibid.*, p. 264.)

dieux. Le véritable OEdipe ne se retrouve qu'entre les cadavres de sa femme, de ses deux fils, et le pieux dévouement de sa fille ; qu'au moment où il se met en route pour aller trouver son tombeau, car il sait où les dieux ont marqué sa sépulture. Qu'il parte donc, qu'il aille toucher ce but prédit à sa vie ; qu'il parte calme et purifié par les approches de la mort, digne de pitié par les bons sentiments qu'il a retrouvés aux bords de la tombe, digne de pitié surtout, puisqu'il inspire à sa fille une si sainte affection, et que, quoi qu'il ait fait, le père d'Antigone est sacré à nos yeux.

Voilà l'OEdipe d'Euripide, voilà comment le poëte grec achève et tempère le tableau qu'il a fait des malheurs d'OEdipe et de la haine de ses fils. Le parricide, l'inceste, les meurtres fraternels, toutes les vieilles horreurs de la race de Laïus s'éloignent et disparaissent : nous ne voyons plus qu'un vieillard aveugle, soutenu et consolé par sa fille; les vertus de la famille l'emportent sur les crimes de la fatalité.

Combien est différent l'OEdipe de Sénèque ! L'OEdipe grec ne parle de ses malheurs ou de ses crimes qu'avec une sorte de terreur, et les renvoie aux dieux. L'OEdipe romain les prend hardiment à son compte; il semble s'en enorgueillir et s'en faire un affreux privilége. Lorsqu'un envoyé de Thèbes le supplie d'empêcher ses fils de s'entre-tuer, « Qui? moi! » s'écrie-t-il en homme qui se complaît dans l'horreur de sa destinée plutôt qu'il ne s'en afflige, « il y a des crimes à commettre, et je les empêcherais! il y a du sang à verser, le sang le plus cher, et je l'empêcherais ! non ! mes crimes excitent l'émulation de mes enfants : ils me suivent dans la carrière ; je reconnais mon sang, je les approuve et je es exhorte à ne pas dégénérer de leur père...[1] » Et, comme Antigone insiste pour qu'il se fasse l'arbitre de la paix entre Polynice et Étéocle,

---

1. Ego ille sum, qui scelera committi vetem
Et abstinere sanguine a caro manus
Doceam? . . . .
(SÉNÈQUE, *Thébaïde*, v. 328.)

OEdipe alors, se livrant à tout l'emportement de la douleur et surtout de la déclamation, « La paix ! s'écrie-t-il, moi ramener la paix entre mes fils ! Oh ! mon cœur est gonflé de colère, ma douleur est immense, elle bouillonne dans mon sein, et je sens que je désire quelque chose de plus terrible encore que les coups du destin et la fureur de mes fils. Ce n'est pas assez de la guerre civile : que le frère s'élance contre son frère ! C'est trop peu encore : pour que le crime s'accomplisse d'une manière digne de moi, digne de ma couche nuptiale, donnez-moi des armes, donnez ! je ne suis encore que parricide... Mais non, je n'irai pas ; je ne veux plus sortir de cette sombre forêt, je veux rester caché dans les flancs de cet antre ténébreux.[1] »

Que d'antithèses ! que d'hyperboles ! et, dans les dernières paroles, quel entassement prétentieux des fureurs de l'homme et des horreurs de la nature ! Ç'a été, je le sais bien, pendant quelque temps, un des procédés de la littérature moderne, d'établir je ne sais quelle symétrie entre l'homme et la nature, entre la sombre obscurité des forêts solitaires et les forfaits du méchant. Tout scélérat avait sa caverne, sa nuit et son orage; point de crimes quand le jour était pur, quand la lune était douce et sereine; la fureur des passions attendait, pour éclater, la fureur des tempêtes. Ce procédé était, comme on voit, renouvelé de Sénèque, qui ne se contente pas des malheurs de l'OEdipe antique, mais qui fait un OEdipe à sa guise, prétentieux, affecté, déclamateur, commentant et paraphrasant ses crimes, mettant ses infortunes en scène, et songeant même aux décorations, puisqu'il va se cacher d'une façon pittoresque au fond d'un antre environné de forêts.[2]

La Jocaste de Sénèque n'est pas moins sentencieuse et moins déclamatoire que son OEdipe, et, par malheur, c'est la

---

1. Sénèque, *Thébaïde*, vers 350 et suiv.
2. Je dois remarquer que, depuis quelque temps, le scélérat de caverne a fait place, dans la littérature, au galérien du grand monde et à l'assassin de bonne compagnie. Le contraste est substitué à la symétrie; mais le procédé n'en est pas moins mécanique.

Jocaste de Sénèque que Garnier, Rotrou et Racine ont imitée, au lieu de celle d'Euripide.[1]

Ce n'est pas, en effet, dans Euripide, mais dans Sénèque, que Racine a trouvé le conseil que Jocaste donne à Polynice d'aller, en véritable chevalier errant, conquérir un royaume en Asie, au lieu de s'obstiner à vouloir régner dans Thèbes :

> Quoi ! votre ambition seroit-elle bornée
> A régner tour à tour l'espace d'une année?
> Cherchez à ce grand cœur, que rien ne peut dompter,
> Quelque trône où vous seul ayez droit de monter.
> Mille sceptres nouveaux s'offrent à votre épée,
> Sans que d'un sang si cher nous la voyions trempée.
> Vos triomphes pour moi n'auront rien que de doux,
> Et votre frère même ira vaincre avec vous.[2]

Ce n'est pas dans Euripide non plus, mais dans Sénèque, que Jocaste, voulant consoler Polynice qui s'indigne à l'idée que son frère ne sera point puni de son parjure, lui dit gravement : « Ne crains rien, il ne sera que trop puni : il régnera.[3] » Et Racine, paraphrasant cette pensée qu'il eût craint de traduire, parce qu'en 1664, en face de Louis XIV, il n'était ni poli de regarder la royauté comme une punition, ni surtout facile de le faire croire, Racine fait dire à Jocaste, parlant à Polynice de son frère :

> Si vous lui souhaitez, en effet, tant de mal,
> Élevez-le vous-même à ce trône fatal.

---

1. Dans l'entrevue des deux frères, la Jocaste du vieux Garnier sait trouver quelques paroles touchantes :

> C'est à vous de quitter les armes le premier,

dit-elle à Étéocle ;

> Laissez-les, je vous prie, pour un petit espace,
> Afin que Polynice à mon aise j'embrasse.
> Après son long exil, c'est mon accueil premier,
> Hélas ! et j'ai grand'peur que ce soit le dernier.
> Désarmez-vous, enfants ! est-ce chose séante
> Que vous tenir armés, votre mère présente?

2. *Les Frères ennemis*, acte IV, scène III.

3. Ne metue; pœnas et quidem solvet graves :
Regnabit.
(SÉNÈQUE, *Thébaïde*, v. 645.)

> Ce trône fut toujours un dangereux abime;
> La foudre l'environne aussi bien que le crime.
> Votre père et les rois qui vous ont devancés,
> Sitôt qu'ils y montoient, s'en sont vus renversés.[1]

Le mot de Sénèque est d'un républicain d'école; les vers de Racine sentent un peu la chaire chrétienne, qui regarde les grandeurs de ce monde comme des piéges et des dangers. Mais quelle que soit la couleur différente que le poëte de la cour de Néron et le poëte de la cour de Louis XIV aient donnée à leur pensée, la pensée est la même, et Racine imite évidemment, dans sa tragédie, le déclamateur qu'il critique dans sa préface.[2]

Parmi les poëtes qui ont traité le sujet de la *Thébaïde*, je n'ai point jusqu'ici parlé d'Alfieri.

Je sais gré à Alfieri d'avoir voulu imiter Euripide; mais il est singulier que les poëtes qui ont voulu imiter Euripide aient, dans l'exécution, oublié leur projet. *Les Frères ennemis* de Racine ne ressemblent pas aux *Phéniciennes* d'Euripide; et *Polynice* d'Alfieri n'y ressemble pas davantage. Alfieri a voulu, comme Euripide, que nous pussions nous intéresser à Polynice, et il fait dire par Jocaste et par Antigone que Polynice a de meilleurs sentiments que son frère; mais ces bons sentiments, Alfieri a négligé de les développer. Le poëte grec, dans l'entrevue entre Jocaste et Polynice, nous montre combien Polynice a ressenti les maux de l'exil; et, dans la scène entre les deux frères, lorsque Polynice est chassé par Étéocle, nous l'entendons demander au moins la faveur de voir ses sœurs et son vieux père. Ce n'est donc pas seulement sur parole que nous croyons aux bons sentiments du Polynice d'Euripide : nous les

---

1. *Les Frères ennemis*, acte IV, scène III.
2. Racine prétend, dans la préface des *Frères ennemis*, qu'il a dressé son plan sur les *Phéniciennes* d'Euripide : « Car, dit-il, pour la *Thébaïde* qui est dans Sénèque, je suis un peu dans l'opinion d'Heinsius, et je tiens comme lui que non-seulement ce n'est point une tragédie de Sénèque, mais que c'est plutôt l'ouvrage d'un déclamateur qui ne savoit ce que c'étoit que tragédie. »

voyons éclater. Dans Alfieri, rien de pareil : Polynice est aussi violent dans sa haine que l'est son frère; il se défie même, comme le Polynice de Sénèque, de sa mère et de sa sœur : « Vous-mêmes, dit-il, qui semblez m'aimer, qui sait si vous m'êtes fidèles ou perfides? qui sait si vous n'avez pas la pensée de me trahir? Vous êtes ma mère, et vous, vous êtes ma sœur; mais qu'importe? ces noms, partout sacrés, à Thèbes sont suspects.[1] » Ce n'est qu'à la dernière scène, lorsque Étéocle mourant est ramené dans son palais avec Polynice blessé, mais vainqueur, ce n'est qu'à ce moment qu'éclatent, presque avec excès, les bons sentiments de Polynice. Il déteste sa victoire, il se jette aux genoux de son frère mourant, il veut mourir avec lui afin de l'accompagner chez les morts, afin d'être encore son sujet; il lui demande seulement de lui pardonner. La mère et la sœur s'unissent aux prières de Polynice et supplient Étéocle de ne pas mourir sans avoir pardonné : « Mon fils, dit Jocaste, ne refuse pas à ton frère le suprême embrassement qu'il implore de toi. Tu n'as que bien peu de temps encore à toi; honore-le par ta clémence. » Étéocle alors, se soulevant avec effort sur son lit, « Vous le voulez, ma mère, dit-il : viens donc, mon frère, viens dans les bras de ton frère mourant, du frère que tu as tué; viens, et, dans ce dernier embrassement, reçois de moi..... la mort que je te gardais. (*Il le poignarde.*)

JOCASTE.

« O trahison ! ô crime !

ANTIGONE.

« Ah ! mon frère !

ÉTÉOCLE.

« Je suis vengé, je meurs, et je te hais.

POLYNICE.

« Le châtiment est égal au crime. Je meurs, et je te pardonne. »

1. Alfieri, *Polynice.*

Alfieri emprunte d'Euripide l'idée de faire de Polynice un personnage moins cruel et moins dur qu'Étéocle ; mais cette idée, il a oublié, redisons-le, de la développer pendant le cours de sa tragédie, et au dénoûment il l'a exagérée : car son Polynice devient une sorte de repentant et de martyr chrétien, tandis qu'Étéocle, au lieu de rester ce qu'il est dans Euripide, un guerrier farouche et dur, devient, dans Alfieri, un traître et un assassin, le poëte italien ayant exagéré du même coup le mal et le bien, la haine dans Étéocle, le repentir dans Polynice. Euripide, dans l'agonie des deux frères, semble avoir voulu établir une sorte de rapprochement et d'harmonie entre leurs dernières pensées : ils font l'un et l'autre de pieux et tendres adieux à leur mère et à leur sœur, Polynice avec quelques paroles entrecoupées par la mort, Étéocle avec ses yeux mouillés de larmes pour exprimer sa tendresse. Ils meurent ainsi dans la même affection, et dans une affection pieuse et douce. Voilà l'art grec, qui aime à adoucir les contrastes et à sauver les dissonances. Alfieri, au contraire, choisit à dessein les derniers moments de ses deux héros pour pousser jusqu'à l'excès l'antipathie de leurs sentiments; fidèle en cela au procédé de l'art moderne, qui cherche volontiers les disparates et les oppositions.

DEUXIÈME PARTIE.

Racine dit, dans sa préface des *Frères ennemis* : « L'amour, qui d'ordinaire a tant de part dans les tragédies, n'en a presque point ici; et je doute que je lui en donnasse davantage si c'étoit à recommencer; car il faudroit, ou que l'un des deux frères fût amoureux, ou tous les deux ensemble. Et quelle apparence de leur donner d'autres intérêts que ceux de cette fameuse haine qui les occupoit tout entiers? Ou bien, il faut jeter l'amour sur un des seconds personnages, comme j'ai fait, et alors cette passion, qui devient comme étrangère au sujet, ne peut produire que de médiocres effets. En un mot, je suis persuadé que les tendresses ou les jalousies des amants ne sauroient trouver que fort peu de place parmi les incestes, les parricides et toutes les autres horreurs qui composent l'histoire d'Œdipe et de sa malheureuse famille! »

Voilà d'excellents principes; mais on est fort étonné, quand on lit les *Frères ennemis*, de voir combien Racine s'y est peu conformé, et quelle place il a donnée « aux tendresses et aux jalousies des amants parmi les incestes, les parricides et toutes les autres horreurs qui composent l'histoire d'Œdipe et de sa malheureuse famille. » Il a fait d'Hémon l'amant d'Antigone; là du moins il avait pour excuse l'exemple de Sophocle, quoique l'amour d'Hémon pour Antigone, dans la pièce de Sophocle, tout vif et touchant qu'il est, tienne certainement moins de place que dans les *Frères ennemis*. Mais il a fait aussi de Créon l'amant d'Antigone et, par conséquent, le rival de son fils Hémon. Antigone et Hémon sont d'honnêtes jeunes gens auxquels on peut s'intéresser, parce qu'ils s'aiment, et que ces jeunes amours plaisent toujours; ils ont seulement le tort de parler de leur amour dans le jargon des précieuses : « O ciel, dit Antigone,

Ramène Hémon fidèle, et permets en ce jour
Qu'en retrouvant l'amant je retrouve l'amour.[1]

Mais Créon, qui est un scélérat hypocrite, et qui n'aspire qu'à monter sur le trône de Thèbes, en poussant les deux fils d'Œdipe à la mort, pourquoi s'avise-t-il d'aimer, et quel intérêt pouvons-nous prendre à son amour pour Antigone? Cet amour est-il vraisemblable? Que Créon qui, pendant toute la pièce, est le docteur de la politique machiavélique, fort à la mode alors dans la littérature et au théâtre, que Créon s'applaudisse d'avoir perdu ses deux neveux Étéocle et Polynice, tués l'un par l'autre, sa sœur Jocaste qui s'est donné la mort, ses

1. Acte Ier, scène vi.

deux fils Hémon et Ménécée; et qu'il se trouve heureux de monter enfin au trône sur leurs cadavres, soit! Ce sera le caractère de l'ambitieux ou plutôt du scélérat. Mais qu'à ce moment même il soupire pour Antigone, qu'il lui offre de partager ce trône ensanglanté, qu'il lui dise, en style de roman :

> Je sais que ce haut rang n'a rien de glorieux
> Qui ne cède à l'honneur de l'offrir à vos yeux;

que, resté seul avec son confident Attale, il s'abandonne à la joie de son amour et à l'effusion des plus détestables sentiments :

> Oui, oui, mon cher Attale,
> Il n'est point de fortune à mon bonheur égale,
> Et tu vas voir en moi, dans ce jour fortuné,
> L'ambitieux au trône et l'amant couronné.
> Je demandois au ciel la princesse et le trône;
> Il me donne le sceptre et m'accorde Antigone.
> Pour couronner ma tête et ma flamme en ce jour,
> Il arme en ma faveur et la haine et l'amour;
> Il allume pour moi deux passions contraires;
> Il attendrit la sœur, il endurcit les frères,
> Il aigrit leur courroux, il fléchit sa rigueur,
> Et m'ouvre en même temps et leur trône et son cœur;[1]

certes, un pareil amour dans un pareil homme ne peut pas même produire les médiocres effets dont parle Racine dans sa préface : ce n'est qu'un contre-sens moral qui répugne aux spectateurs, et il fallait que la mode de mettre partout l'amour fût bien puissante pour que Racine ait cru pouvoir faire Créon amoureux d'Antigone. Je ne sais qui a dit que les femmes sont toujours tentées de trouver impolis les hommes qui ne leur font pas la cour du premier coup qu'ils les voient. Cette règle était devenue de mise dans les romans et les tragédies.

J'ai à me reprocher peut-être d'avoir trop insisté sur les sacrifices que Racine faisait au mauvais goût du temps. Il n'est pas extraordinaire que le jeune poëte ait cru voir le beau où

1. Acte V, scène IV.

tout le monde le voyait, et qu'il ait commencé par imiter les défauts de ses devanciers et de ses contemporains. Personne n'a, dès ses commencements, tout le génie qu'il aura. Corneille lui-même n'a pas fait le *Cid* du premier coup, et Racine n'est arrivé à *Andromaque* qu'après les *Frères ennemis* et *Alexandre*. Mais, dès les *Frères ennemis*, on pouvait, d'après quelques scènes, prévoir une nouvelle manière de concevoir les passions et une nouvelle manière aussi de les exprimer, plus de vérité dans l'émotion dramatique, plus de justesse et de grâce dans le style. C'est surtout dans les rôles de Jocaste et d'Antigone qu'éclatent ces qualités. Il y a sans doute dans Jocaste bien des sentiments empruntés à la rhétorique; mais il y a aussi des traits simples et vifs de tendresse maternelle. Voyez quand Étéocle arrive :

       Ah! mon fils!

s'écrie-t-elle,

> Quelles taches de sang vois-je sur vos habits?
> Est-ce du sang d'un frère, ou n'est-ce point du vôtre?

Lorsque Antigone exprime à Hémon sa tendresse de sœur pour Polynice, qui avait été élevé avec elle, le poëte trouve une grâce et une élégance naturelles qui font pressentir le style d'*Andromaque :*

> C'est moi que vous serviez en servant Polynice;
> Il m'étoit cher alors comme il l'est aujourd'hui,
> Et je prenois pour moi ce qu'on faisoit pour lui.
> Nous nous aimions tous deux dès la plus tendre enfance,
> Et j'avois sur son cœur une entière puissance.
> Je trouvois à lui plaire une extrême douceur,
> Et les chagrins du frère étoient ceux de la sœur.
> Ah! si j'avois encor sur lui le même empire,
> Il aimeroit la paix, pour qui mon cœur soupire;
> Notre commun malheur en seroit adouci;
> Je le verrois, Hémon; vous me verriez aussi.[1]

Ce dernier vers si simple, et qui, à travers la tendresse

---

1. Acte II, scène 1re.

qu'elle a pour son frère, laisse si bien paraître l'amour qu'elle a pour Hémon, ce mot charmant :

> Vous me verriez aussi,

est tout à fait de l'école d'*Andromaque*.

La haine que les deux frères ressentent l'un pour l'autre n'est pas moins bien exprimée que l'amour maternel de Jocaste et la tendresse fraternelle d'Antigone :

> Nous avons l'un et l'autre une haine obstinée ;
> Elle n'est pas, Créon, l'ouvrage d'une année ;
> Elle est née avec nous, et la noire fureur,
> Aussitôt que la vie, entra dans notre cœur.
> Nous étions ennemis dès la plus tendre enfance.
> Que dis-je? nous l'étions avant notre naissance.
> Triste et fatal effet d'un sang incestueux !
> Pendant qu'un même sein nous renfermoit tous deux,
> Dans les flancs de ma mère une guerre intestine
> De nos divisions lui marqua l'origine ;
> Elles ont, tu le sais, paru dans le berceau
> Et nous suivront peut-être encor dans le tombeau.[1]

Voilà le vrai style de la tragédie ; et, à côté de ces vers qui expriment si noblement l'origine légendaire de la haine des frères ennemis, écoutez, quand Étéocle sent approcher Polynice, ce cri féroce :

> Qu'on hait un ennemi quand il est près de nous !

Racine ne trouvera rien de plus fort et de plus tragique, même dans *Britannicus*.

Une tradition rapportée par les frères Parfaict,[2] adoptée par Voltaire et par tous les éditeurs de Racine, veut que ce soit Molière qui ait donné à Racine le sujet des *Frères ennemis*. Autour de cette tradition sont venues se grouper je ne sais combien d'anecdotes plus ou moins vraisemblables.

---

1. Acte IV, scène 1re.
2. *Histoire du Théâtre français*, t. IX, p. 304.

Un éditeur de Racine[1] dit que plusieurs personnes ont entendu raconter à Montesquieu un fait qui passait pour constant à Bordeaux : c'est que Molière, n'étant encore que comédien de campagne, avait fait représenter dans cette ville une tragédie de sa façon, intitulée la *Thébaïde,* dont le peu de succès l'avait dégoûté de faire des tragédies. Molière aurait donné à Racine le sujet de cette *Thébaïde* malencontreuse.

Grimarest[2] raconte comment Molière, voulant rivaliser avec les comédiens de l'hôtel de Bourgogne, cherchait une tragédie nouvelle à faire jouer sur son théâtre. « Il se souvint alors qu'un an auparavant un jeune homme lui avoit apporté une pièce intitulée *Théagène et Chariclée,* qui, à la vérité, ne valoit rien, mais qui lui avoit fait voir que ce jeune homme, en travaillant, pouvoit devenir un excellent auteur. Il ne l'avoit point rebuté, et lui avoit dit de venir le retrouver dans six mois. Pendant ce temps-là, Molière avoit fait le dessein des *Frères ennemis;* mais le jeune homme n'avoit point encore paru, et lorsque Molière en eut besoin, il ne savoit où le prendre. Il dit à ses comédiens de le lui déterrer, à quelque prix que ce fût. Ils le trouvèrent. Molière lui donna son projet, et le pria de lui en apporter un acte par semaine, s'il étoit possible. Le jeune auteur, ardent et de bonne volonté, répondit à l'empressement de Molière; mais celui-ci remarqua qu'il avoit pris presque tout son travail dans la *Thébaïde* de Rotrou. On lui fit entendre que l'on n'avoit point d'honneur à remplir son travail de celui d'autrui; que la pièce de Rotrou étoit assez récente (1638) pour être encore dans la mémoire des spectateurs. Mais comme le temps pressoit, Molière lui aida à changer ce qu'il avoit pillé, et à achever la pièce, qui fut prête dans le temps. »

L'histoire est amusante; mais elle est pleine d'invraisemblances et d'erreurs qu'il est aisé de prouver. Achevons pourtant de citer les détails qui s'y sont ajoutés de côté et d'autre.

1. Germain Garnier, 1807.
2. Dans sa *Vie de Molière.*

La Grange-Chancel, l'auteur des *Philippiques,* raconte, dans la curieuse préface de son théâtre, que Racine, qui, sur la recommandation de la princesse de Conti, une des filles légitimées de Louis XIV, voulait bien lui donner des conseils, lui parlait toujours avec beaucoup d'éloges de Rotrou, et qu'il n'avait pas dédaigné de s'en approprier souvent des lambeaux. « J'avois ouï dire à ses amis particuliers que, lorsqu'il fit sa *Thébaïde,* dont Molière lui avoit donné le plan, il n'avoit presque rien changé à deux récits admirables qui sont dans l'*Antigone* de Rotrou, soit qu'il crût ne pouvoir mieux faire que de retirer deux si beaux morceaux de la poussière où ils étoient ensevelis, soit que, Molière ne lui ayant donné que six semaines pour achever cette pièce, il ne lui fût pas possible de faire autrement. Mais l'ayant fait imprimer quelque temps après qu'elle eut été représentée, il la mit en l'état que nous la voyons aujourd'hui. »

On voit, d'après ces divers détails, que la tradition de Molière donnant à Racine le sujet des *Frères ennemis* était bien établie à la fin du XVIIe siècle et au commencement du XVIIIe. Montrons maintenant en quelques mots que cette tradition, fondée seulement sur les relations de Racine, encore tout jeune, avec Molière déjà accrédité à la cour comme auteur et comme directeur de théâtre, est tout à fait fausse dans le fond comme dans les détails.

Molière n'a pas fait de *Thébaïde;* il a pu seulement jouer à Bordeaux l'*Antigone* de Rotrou, de 1638 : le sujet était à la mode, puisque Garnier, en 1580, l'avait déjà traité avec succès. Il a pu aussi, sur ces souvenirs de théâtre, s'entretenir de la *Thébaïde* ou des *Frères ennemis* avec Racine.

Molière n'a pas davantage fait le plan des *Frères ennemis* et commandé la pièce à Racine, lui donnant six semaines pour la faire. Nous savons par les lettres de Racine à l'abbé Levasseur qu'il travaillait aux *Frères ennemis* en 1663, qu'il retouchait sans cesse sa tragédie, et qu'elle devait d'abord être jouée à l'hôtel de Bourgogne, et non pas au théâtre de Molière. Je ne veux pas revenir sur la correspondance de Racine avec l'abbé Levasseur,[1] mais il n'y a pas de pièce dont il explique et raconte mieux la composition et les changements. Dans tout cela il n'y a pas un mot du plan donné par Molière et du temps convenu pour faire la pièce. On sent un auteur entièrement libre dans son travail, qui cause librement avec ses amis, et qui ne se plaint pas un instant d'être pressé par un directeur de théâtre. Le seul service que Molière ait rendu à Racine, c'est de jouer sa pièce plus vite que ne l'aurait fait l'hôtel de Bourgogne, puisque, d'après Racine lui-même, il y avait encore trois tragédies à jouer avant la sienne à l'hôtel de Bourgogne. Ce retard impatienta le jeune poëte, et Molière servit son impatience ou s'en servit en prenant la pièce à son théâtre. Bientôt Racine, qui songeait toujours aux bons acteurs tragiques de l'hôtel de Bourgogne, la leur rendit, et ils la jouèrent. De là un peu de refroidissement dans l'amitié de Molière et de Racine; mais le procédé même de Racine, désobligeant pour Molière, témoigne combien Racine était et se croyait maître de disposer librement de sa pièce.

Restent les récits de Rotrou, que Racine, dit La Grange-Chancel, s'était appropriés, et qu'il n'a changés qu'au moment où la tragédie fut imprimée. Ce conte, qu'on a rattaché à la légende de Molière commandant les *Frères ennemis* à Racine, ne prouve qu'une chose, l'estime de Racine pour Rotrou. Comme il faisait grand cas de son talent, on a dit d'abord qu'il l'avait imité, ce qui est vrai; et, allant plus loin, qu'il l'avait copié. Laissant de côté ce prétendu plagiat de Racine, voyons ce qu'il a vraiment imité de Rotrou.

L'introduction est la même, et je ne sais si celle de Rotrou n'a pas plus de vivacité que celle de Racine. Jocaste, dans Racine, s'écrie en entrant sur le théâtre :

> Ils sont sortis, Olympe! Ah! mortelles douleurs!
> Qu'un moment de repos me va coûter de pleurs!

---

1. Voir le cinquième chapitre de la vie de Racine.

Dans Rotrou, le mouvement est le même, avec plus d'émotion peut-être et d'amertume :

> JOCASTE.
> Qu'ils ont bien à propos usé de mon sommeil !
> Ils n'ont pas appelé ma voix à leur conseil ;
> Et lorsqu'ils ont voulu tenter cette sortie,
> On a bien su garder que j'en fusse avertie.

Il y a, dans l'entrevue des deux frères ennemis de Racine, un mouvement de Jocaste qui est naturel et tragique :

> Approchez, Étéocle ; approchez, Polynice.
> Eh quoi ! loin d'approcher, vous reculez tous deux !
> D'où vient ce sombre accueil et ces regards fâcheux ?

Même mouvement dans Rotrou, et plus dramatique encore par l'expression douloureuse de cette mère, qui assiste à l'explosion de la haine de ses fils au lieu d'assister, comme elle l'espérait, à leur réconciliation :

> Eh ! quel est cet abord ?

dit-elle,
> Qu'il est peu gracieux !
> Pourquoi sur votre frère attachez-vous les yeux ?
> Je vous couvrirai tout, et pour vous faire outrage,
> Il faudroit que par moi son fer se fît passage.[a]
> Chassez de votre esprit ce défiant souci,
> Si ce n'est que ma foi vous soit suspecte aussi.[2]

---

1. Rotrou imitait lui-même le vieux Garnier.

> Approchez, mon enfant,

dit Jocaste,
> Que votre main nerveuse
> Renferme en son fourreau cette épée odieuse.
> . . . .
> . . . . Et pourquoi doutez-vous ?
> Et votre ardent regard élancez à tous coups
> Dessus votre germain ? Craignez-vous qu'il remue,
> Et qu'en vous embrassant traistrement il vous tue ?
> Non, non, ne craignez point ; n'en ayez pas de peur !
> Je vous défendrai bien de son glaive trompeur,
> Vous targuant* de mon corps, lequel faudra qu'il perce,
> Devant que l'inhumain jusqu'au vôtre traverse.

2. GARNIER, *Antigone*, acte II, p. 402, édit. de Rouen, 1618.

[a] Couvrant.

Rotrou sait, non-seulement trouver ces sentiments simples et vrais qui conviennent aux situations dramatiques, il sait aussi, et c'est là la marque du vrai talent, les exprimer, les développer, les redoubler sans les exagérer, et de cette façon les imprimer vivement dans l'âme du spectateur ou du lecteur. Ainsi, quand, sur la prière de sa mère, Étéocle a quitté son épée :

> Mais votre défiance à la fin doit cesser,

dit Jocaste à Polynice.

> Le voilà désarmé; puis-je vous embrasser?

Ces derniers mots si simples : *Puis-je vous embrasser?* sont vraiment admirables, parce qu'ils expriment vivement l'amertume de l'amour maternel en présence de ces deux fils irrités l'un contre l'autre, et que leur mère ne peut même pas embrasser, tant ils craignent d'être surpris et assaillis l'un par l'autre !

Si nous voulons comparer l'expression que les deux poëtes, Rotrou et Racine, donnent aux sentiments de colère et de défi qui remplissent cette scène de l'entrevue, il est curieux de voir comment Racine ne fait souvent que paraphraser les vers de Rotrou et l'égale à peine :

> Faut-il,

dit Polynice dans Racine,

> Que de ma main je couronne ce traître,
> Et que de cour en cour j'aille chercher un maître?
> Qu'errant et vagabond je quitte mes États
> Pour observer des lois qu'il ne respecte pas?
> De ses propres forfaits serai-je la victime?
> Le diadème est-il le partage du crime?
> Quel droit ou quel devoir n'a-t-il pas violé?
> Et cependant il règne, et je suis exilé!

Ces vers sont beaux; ceux de Rotrou ne le sont pas moins; ils ont même quelque chose de la langue de Corneille.

> Ne vous semble-t-il point que la gloire d'un prince
> Soit d'errer vagabond de province en province?
> Chassé de mes pays, de mes biens, de ma cour,
> De mon partage encor dois-je point de retour?
> Que pourrois-je avoir pis, si j'étois le parjure,
> Si j'avois violé les droits de la nature?
> Il faut qu'un traître règne, et que je sois banni!
> Il sera le coupable, et je serai puni!
> Non, non, le droit ordonne, en première maxime,
> Le prix à l'innocent et le supplice au crime.[1]

Nous dirons tout à l'heure les différences qu'il est juste de signaler entre l'*Antigone* de Rotrou et les *Frères ennemis* de Racine, différences qui nous expliquent pourquoi le jeune poëte n'a pas craint de traiter le même sujet que son devancier. Continuons, en attendant, à noter les ressemblances entre les deux pièces.

Étéocle et Polynice ont, dans Racine et dans Rotrou, le même contraste de caractère. Polynice s'est aigri dans le malheur et dans l'exil. Étéocle a l'assurance d'un usurpateur heureux; le peuple de Thèbes a souffert qu'il détrônât et qu'il chassât son frère; il est donc disposé à s'en rapporter au jugement du peuple, et il aime à parler des obligations qui l'attachent à ses sujets; il est prêt même, dit-il, à céder la couronne à son frère, si le peuple le veut.

> Que l'on fasse parler et le peuple et les dieux!
> Si le peuple y consent, je lui cède ma place;
> Mais qu'il se rende enfin, si le peuple le chasse.
> Je ne force personne, et j'engage ma foi
> De laisser aux Thébains à se choisir un roi.[2]

Polynice a moins de confiance au vote universel du peuple. Il sait que le peuple est favorable aux faits accomplis. Aussi quand Jocaste, sa mère, lui dit que le peuple a prononcé pour Étéocle en supportant son pouvoir :

> Est-ce au peuple, madame, à se choisir un maître?

---

1. Acte II, scène IV.
2. *Les frères ennemis*, acte Ier, scène III.

répond-il en prétendant qui croit à sa légitimité, et surtout en partisan décidé des doctrines politiques de la France au xviie siècle.

>   Sitôt qu'il hait un roi, doit-on cesser de l'être?
>   Sa haine ou son amour, sont-ce les premiers droits
>   Qui font monter au trône ou descendre les rois?
>   Que le peuple à son gré nous craigne ou nous chérisse,
>   Le sang nous met au trône, et non pas son caprice :
>   Ce que le sang lui donne, il le doit accepter,
>   Et, s'il n'aime son prince, il le doit respecter.[1]

Curieuse controverse politique entre la légitimité des dynasties et la souveraineté du peuple, représentées par ces deux frères ennemis, à qui le poëte a prêté les doctrines politiques de 1660, comme il a prêté aussi à ses amoureux le langage des romans du temps.

Cette différence de caractères, cette lutte de doctrines est dans Rotrou. L'Étéocle de Rotrou défend aussi, dit-il, les droits du peuple en défendant les siens :

>   Sur le désir des miens mon trône se soutient;
>   Je lui cédois l'État (à Polynice), mais l'État me retient.
>   J'étois prêt à quitter le sceptre qu'on lui nie;
>   Le peuple aime mon règne et craint sa tyrannie.
>   Je le possède aussi moins que je ne le sers;
>   Les honneurs qu'il me rend sont d'honorables fers.[2]

Prince détrôné, Polynice n'a point ces manières populaires si chères aux usurpateurs heureux. Étéocle a gagné les cœurs, dit Jocaste.

>   POLYNICE.
>   Et moi, moins populaire,
>   Je tiens indifférent d'être craint ou de plaire.
>   Qui règne aimé des siens en est moins absolu;
>   Cet amour rompt souvent ce qu'il a résolu.
>   Plus est permis aux rois à qui plus on s'oppose.
>   Une lâche douceur au mépris les expose.

1. Acte II, scène III.
2. *Antigone*, acte 1er, scène III.

Le peuple trop aisé les lie en les aimant;
Il faut pour être aimé régner trop mollement.[1]

Voyons enfin ces fameux récits de Rotrou qui, restés, dit-on, dans la mémoire du public, avaient imposé tant de respect à Racine, qu'il se les était appropriés, désespérant de les égaler. Il est évident pour quiconque lit, les uns après les autres, les récits de Racine et ceux de Rotrou, que Racine, dans ces récits, comme pour le reste de la pièce, a voulu paraphraser Rotrou; mais, puisque Racine s'occupait à paraphraser les récits de son devancier, il ne songeait assurément pas à se les approprier.

Dans Rotrou, le premier récit est celui de la mort de Ménécée.

ANTIGONE.
Je voyois de la tour le choc des deux armées,
L'une et l'autre au combat âprement animées,
Alors que Ménécée arrivant en ce lieu:
« Adieu, m'a-t-il crié, chère Antigone, adieu;
Le ciel se lasse enfin de nous être contraire;
Jouis d'un long repos dans les bras de mon frère. »
Moi qui me voyois seule et qui ne savois pas
Le généreux dessein qui portoit là ses pas,
Pour la fuite déjà j'avois tourné la vue,
Quand lui, la face ouverte et nullement émue,
Hardi, s'étant planté sur le bord de la tour,
Et voyant sans frayeur les bas lieux d'alentour,
A regardé le camp, et d'une voix profonde
A fait tourner vers lui les yeux de tout le monde :
« Arrêtez, a-t-il dit d'un ton impérieux;
Arrêtez, je l'ordonne, et de la part des dieux;
Arrêtez ! » Cette voix est à peine entendue
Que la main aux soldats demeure suspendue;
Chacun reste interdit, l'œil et le bras levé;
Le coup demeure en l'air et n'est point achevé.
Là, le jeune héros pousse une voix moins forte,
Et d'un accent égal leur parle en cette sorte :
« Thèbes, goûte la paix que je vais t'acheter;
Mon sang en est le fruit; je viens te l'apporter;
Repousse loin de toi cet orage de guerre,
Qu'excite un insolent sur sa natale terre;

---

1. *Antigone,* acte II, scène IV.

Possède en paix tes champs, tes temples, tes maisons;
. . . .
La promesse des dieux doit ce prix à ma mort. »
Il tire après ces mots une brillante épée,
Et se l'étant au sein jusqu'aux gardes trempée,
S'élance de la tour, le fer encore en main :
Noble victime aux dieux pour le peuple thébain.[1]

Si le mérite des récits est de représenter vivement les choses et d'en frapper, pour ainsi dire, les yeux des spectateurs, le récit de Rotrou, quoique la langue ait çà et là vieilli, est vraiment beau et animé. Le récit de Racine est d'un style plus correct et qui se sent des progrès de la langue, mais il est certainement moins vif et moins frappant.

ANTIGONE.
.... Je suis montée au haut de la muraille,
D'où le peuple étonné regardoit, comme moi,
L'approche d'un combat qui le glaçoit d'effroi.
A cet instant fatal le dernier de nos princes,
L'honneur de notre sang, l'espoir de nos provinces,
Ménécée en un mot, digne frère d'Hémon,
Et trop indigne[2] aussi d'être fils de Créon,
De l'amour du pays montrant son âme atteinte,
Au milieu des deux camps s'est avancé sans crainte,
Et se faisant ouïr des Grecs et des Thébains,
« Arrêtez, a-t-il dit, arrêtez, inhumains ! »
Ces mots impérieux n'ont point trouvé d'obstacle.
Les soldats, étonnés de ce nouveau spectacle,
De leur noire fureur ont suspendu le cours;
Et ce prince aussitôt, poursuivant son discours :
« Apprenez, a-t-il dit, l'arrêt des destinées
Par qui vous allez voir vos misères bornées.
Je suis le dernier sang de vos rois descendu
Qui par l'ordre des dieux doit être répandu.
Recevez donc ce sang que ma main va répandre,
Et recevez la paix où vous n'osiez prétendre. »
Il se tait, et se frappe en achevant ces mots,
Et les Thébains, voyant expirer ce héros,
Comme si leur salut devenoit leur supplice,
Regardent en tremblant ce noble sacrifice.[3]

---

1. Acte Ier, scène III.
2. Le mot *indigne* ne se prend plus que dans son sens défavorable.
3. Acte III, scène III.

Dans le récit de Racine l'imitation est visible, et l'infériorité est manifeste; mais le jeune poëte reprend ses avantages sur son devancier dans le second récit, celui du combat et de la mort des deux frères. Là, il est évidemment supérieur à Rotrou. Je ne citerai que quelques traits de ce récit, ceux où les deux poëtes se rapprochent le plus. Dans Rotrou, Hémon raconte à Antigone comment Étéocle et Polynice se sont rencontrés sur le champ de bataille :

> Pareils à deux lions et plus cruels encore,
> Du geste chacun d'eux l'un l'autre se dévore;
> Avant qu'en être aux mains, ils combattent des yeux,
> Et se lancent d'abord cent regards furieux.[1]

Le commencement du récit de Racine n'est pas moins vif et moins énergique :

> Vous avez vu, madame,

dit Créon à Antigone,

> Avec quelle furie
> Les deux princes sortoient pour s'arracher la vie;
> Que d'une égale ardeur ils fuyoient de ces lieux,
> Et que jamais leurs cœurs ne s'accordèrent mieux.
> La soif de se baigner dans le sang de leur frère
> Faisoit ce que jamais le sang n'avoit pu faire;
> Par l'excès de leur haine ils sembloient réunis,
> Et, prêts à s'égorger, ils paroissoient amis.

Voilà de beaux vers et qui font pressentir le Racine de *Britannicus* et de *Mithridate,* des vers à la fois élégants et tragiques.

Dans Rotrou, la description du combat se sent un peu de l'art du duelliste, et l'escrime s'entrevoit à travers la haine.

> Là commence l'approche, et l'ardeur qui les presse
> Pratique aux premiers coups quelque art et quelque adresse.
> Ils passent sans effet et d'une et d'autre part.
> Mais bientôt la fureur l'emporte dessus l'art;
> Chacun voulant porter, et chacun voulant rendre,
> Quitte pour attaquer le soin de se défendre,

---

1. Acte III, scène II.

> Et tous deux, tout danger à leur rage soumis,[1]
> S'exposent aussi nus que s'ils étoient amis.
> Mais après que, pareils de force et de courage,
> Ils ont gardé longtemps un égal avantage,
> De Polynice enfin le sort guide le bras ;
> Il pousse un coup mortel qui porte l'autre à bas.

Ici la supériorité de Racine va devenir manifeste ; au lieu de ces assauts de salles d'armes, nous voyons le combat de deux ennemis acharnés.

> C'est là que, reprenant leur première fureur,
> Ils commencent enfin ce combat plein d'horreur.
> D'un geste menaçant, d'un œil brûlant de rage,
> Dans le sein l'un de l'autre ils cherchent un passage ;
> Et, la seule fureur précipitant leurs pas,
> Tous deux semblent courir au-devant du trépas.

La défaite d'Étéocle et le dernier coup qu'il garde à son frère sont, dans les deux poëtes, racontés de la même manière, avec les mêmes détails et les mêmes sentiments. L'expression seule diffère, et c'est là qu'est la supériorité de Racine. Écoutons les vers de Rotrou.

> Le roi tombe, et son sang coule sur la poussière :
> Mais en sa chute encor sa haine se maintient.
> . . . .
> Il semble que du sens il ait perdu l'usage ;
> Il le réserve tout pour un dernier effort
> Et sait tromper encor dans les bras de la mort.
> . . . .
> Polynice, ravi d'une fausse victoire,
> Levant les mains au ciel, s'écrie à haute voix :
> « Soyez bénis, o dieux, justes juges des rois !
> Thèbes, dessus ma tête apporte la couronne ;
> Elle est mienne, et le sang par deux fois me la donne.[2] »

Vers équivoque, mais terrible, où la double signification du mot sang se cache dans l'horreur qu'inspire cette haine fraternelle. On sait comment Polynice, au moment où il s'approche d'Étéocle pour lui ôter son épée, est frappé par lui et tombe

---

1. Latinisme : postponentes periculum odio. — Préférant la haine au danger.
2. Acte III, scène II.

mourant auprès de son frère mourant. Les paroles que le vieux poëte prête à Polynice sont d'une énergie de haine incroyable, et peut-être excessive, mais qui, selon la tradition, faisait grand effet au théâtre. On dit même que dans ces derniers temps (1864) les comédiens français, ayant repris les *Frères ennemis* pour célébrer l'anniversaire de la naissance de Racine, furent tentés d'intercaler les vers de Rotrou dans le récit de Racine. C'eût été une bigarrure intolérable à laquelle leur bon goût les fit bientôt renoncer.

> Attends-moi, traître, attends, je vais suivre tes pas,

dit Polynice mourant,

> Et, plus ton ennemi que je ne fus en guerre,
> Te porter chez les morts une immortelle guerre;
> Là nos âmes feront ce qu'ici font nos corps :
> Nous nous battons vivants, et nous nous battrons morts.

Dans Racine, rien de ces exagérations déclamatoires; il a déjà le secret de l'énergie sans excès.

> Le roi, frappé d'un coup qui lui perce le flanc,
> Lui cède la victoire et tombe dans son sang.
> Les deux camps aussitôt s'abandonnent en proie,
> Le nôtre à la douleur, et les Grecs à la joie,
> Et le peuple, alarmé du trépas de son roi,
> Sur le haut de ses tours témoigne son effroi.
> Polynice, tout fier du succès de son crime,
> Regarde avec plaisir expirer sa victime;
> Dans le sang de son frère il voudroit se baigner :
> « Et tu meurs, lui dit-il, et moi je vais régner.
> Regarde dans mes mains l'empire et la victoire;
> Va rougir aux enfers de l'excès de ma gloire,
> Et, pour mourir encore avec plus de regret,
> Traître, songe en mourant que tu meurs mon sujet. [1] »

---

1. Ces derniers traits sont, comme tout le reste, imités de Rotrou, et Rotrou les avait imités de Stace.

> Dum moriens hic sceptra tenentem
> Linquat, et hunc secum portet minor umbra dolorem.
> (*Thébaïde*, liv. XI.)

> Et s'il peut en mourant emporter avec soi
> Le regret de savoir que je survive roi.
> (ROTROU, *Antigone*, acte III, scène II.)

On s'est souvent demandé pourquoi Racine, qui estimait beaucoup Rotrou en général, et l'*Antigone* en particulier, puisqu'il l'a si souvent imitée, a eu l'idée de refaire une *Thébaïde* après celle de Rotrou? Deux raisons, d'une part les progrès de la langue, de l'autre la différence de plan et de composition entre les *Frères ennemis* et *Antigone,* expliquent ou excusent l'entreprise du jeune poëte.

Quand on prend la langue du théâtre français, de dix ans en dix ans, depuis le commencement du xviie siècle jusqu'à *Andromaque*. en 1667, on est frappé de la singulière différence du style à chaque période. La langue du vieil Hardy, qui est encore celle de Ronsard, est diffuse, incorrecte, obscure; celle de Mairet a déjà l'allure plus libre et plus aisée; vient celle de Corneille et de ses contemporains, de Rotrou par exemple, puis celle de Quinault qui sert de transition et d'acheminement à la langue de Racine. Avec Racine le travail de la langue est achevé; son mérite est désormais de se maintenir; son danger, de décliner. A travers ces vicissitudes rapides et décisives, les ouvrages au théâtre vieillissaient vite, et le public goûtait volontiers les mêmes sujets de pièces renouvelés par une expression plus jeune et plus vivante. Nous ne concevons pas bien de nos jours ce besoin de changer tous les quinze ou vingt ans la langue du théâtre pour la mettre d'accord avec celle du public. Chez nous le style varie selon les auteurs; mais notre langue est à peu près la même que celle de la fin du xviie siècle et du xviiie siècle. Les variations de pensées et de sentiments sont grandes et fréquentes; celles de langage sont rares. Quand on connaît cette variabilité de la langue du théâtre pendant la première moitié du xviie siècle, on comprend mieux comment Racine a pu être tenté de refaire dans les *Frères ennemis* l'*Antigone* de Rotrou, et d'exprimer d'une façon plus correcte et plus élégante les mêmes sentiments et les mêmes situations que son devancier. Je ne prétends pas que Racine ait eu précisément l'intention de traduire en meilleur langage la tragédie de Rotrou; mais c'était l'usage dans notre ancien théâtre de refaire sans aucun scrupule les mêmes sujets; c'est cet usage que Racine a suivi.

La différence de plan et de composition entre l'*Antigone* et les *Frères ennemis* explique encore mieux l'entreprise de Racine. Rotrou dans sa pièce a mis trois pièces grecques, les *Sept Chefs devant Thèbes* d'Eschyle, l'*Antigone* de Sophocle, les *Phéniciennes* d'Euripide, en y mêlant de plus l'imitation de Sénèque et de Stace. De là, dans sa tragédie, une double action évidente et deux tragédies attachées, pour ainsi dire, l'une à l'autre. La mort d'Étéocle et de Polynice est dans Rotrou le prologue et l'introduction de la tragédie d'*Antigone* condamnée par Créon à être ensevelie vivante pour avoir, malgré la loi, donné la sépulture à Polynice. Mais, entre ces deux intérêts tragiques, le spectateur reste incertain. Il oublie l'un, quand il passe à l'autre. Racine a évité cette faute. Il a fort bien compris, comme Euripide dans les *Phéniciennes,* que la haine des deux frères et leur meurtre mutuel étaient un sujet suffisant de tragédie. Il a donc soigneusement écarté de son plan tout ce qui était étranger à l'action unique qu'il voulait représenter. C'est là sa supériorité sur Rotrou. Cette clarté de plan, cette marche simple et régulière, qui se retrouvent dans toutes les tragédies de Racine, étaient, dès les *Frères ennemis,* un de ses mérites distinctifs.

Je suis même persuadé que Racine, s'il avait repris plus tard le sujet des *Frères ennemis,* aurait supprimé l'épisode du dévouement de Ménécée, qui n'amène aucune situation nouvelle, aucun effet tragique. Dans Euripide, ce dévouement tient plus de place, sans avoir non plus aucun effet sur l'action. Mais le dévouement de Ménécée faisait partie de la légende d'Œdipe, et les traditions mythologiques et héroïques avaient chez les Grecs beaucoup d'importance. Elles plaisaient au peuple qu'elles entretenaient de son ancienne histoire, telle qu'il aimait à se l'entendre raconter, moitié fable et moitié vérité. Peu importait donc aux Grecs que le dévouement de

Ménécée servît ou ne servît pas à l'action tragique des *Phéniciennes*. Il ne fallait pas mutiler la légende sous prétexte de mieux ordonner la tragédie. Pour Racine la chose était toute différente. Le public de l'hôtel de Bourgogne ne connaissait guère le dévouement de Ménécée et s'en souciait peu. Racine pouvait donc le supprimer sans inconvénient. L'autorité d'Euripide et surtout celle de Rotrou le décidèrent à conserver cet épisode. Il est curieux, à ce propos, de voir l'idée que Racine s'en faisait, quand dans sa jeunesse il lisait et annotait les *Phéniciennes* d'Euripide. Nous avons les remarques qu'il mettait à la marge de son exemplaire de l'auteur grec.[1] Arrivant à la scène où Tirésias exige au nom des dieux le dévouement de Ménécée, il écrit en marge :

« Causes trop recherchées pour faire mourir Ménécée. — Ce peu de nécessité rend froide une action très-belle. » Plus loin, quand Ménécée, décidé à sacrifier sa vie pour sauver son pays, trompe son père qui voulait l'empêcher de mourir, Racine écrit encore : « Cette action de Ménécée est trop grande pour être faite comme en passant. Cela devroit être préparé avec bien plus d'éclat. »

Ces notes marginales, évidemment antérieures aux *Frères ennemis*, prouvent, selon moi, que Racine n'a pas relu les *Phéniciennes* pour faire sa tragédie ; car il n'a rien imité dans sa pièce de ce qu'il admire dans ses notes, ni rien évité de ce qu'il critique. Ainsi, pour ne parler que de l'épisode de Ménécée, il trouve, dans ses notes, qu'Euripide n'a pas donné assez de place au dévouement du héros et *n'a pas assez préparé une action* de ce genre, *qui est trop grande pour être faite comme en passant*. De là, dit-il, la *froideur* de cette action, *toute belle qu'elle est*. Qui ne croirait, d'après ces réflexions, que Racine, faisant une tragédie des *Frères ennemis*, va donner à l'épisode

---

1. Voir la *Nouvelle revue encyclopédique*, octobre 1846, p. 274. Notes inédites de Racine sur les tragiques grecs, recueillies en 1841 par M. Ravaissan, sur un exemplaire d'Euripide de 1602, édition de Paul Étienne, appartenant à la bibliothèque de Toulouse.

de Ménécée la place qu'il regrette qu'Euripide ne lui ait pas donnée? Malheureusement, l'auteur des *Frères ennemis* avait oublié l'annotateur des *Phéniciennes*, et le sacrifice héroïque de Ménécée est dans sa tragédie le sujet seulement d'un récit assez froid qui se rattache à peine à l'action principale.

Autre preuve que Racine dans les *Frères ennemis* se souciait beaucoup moins d'imiter les *Phéniciennes* qu'il avait tant admirées dans sa jeunesse, que de se rapprocher du goût de son temps : dans la dernière scène des *Phéniciennes*, Créon, devenu roi de Thèbes, chasse OEdipe dont la présence, dit-il, porte malheur au pays. Racine met en marge de cette scène : « Créon est méchant inutilement, lui qui ne l'est point dans le reste de la pièce. » Rapprochons de cette réflexion le rôle que Racine prête à Créon dans les *Frères ennemis*. Non-seulement il en fait un méchant homme qui se félicite de la mort de toute sa famille, puisque, grâce à toutes ces morts, il devient roi; mais il tient école de méchanceté; il met de la fatuité dans sa scélératesse, et ses maximes sont plus abominables encore que ses actions. Ne cherchons donc pas l'auteur des *Frères ennemis* dans l'annotateur d'Euripide. L'annotateur est un jeune homme épris de la simplicité et de la grandeur des poëtes grecs; l'auteur des *Frères ennemis* vise au théâtre, au succès, et caresse le goût du jour. Ce sont dans le même homme deux personnes très-différentes.

FIN DE L'EXAMEN CRITIQUE DE LA THÉBAIDE.

ALEXANDRE LE GRAND

1665

NOTICE PRÉLIMINAIRE.

Quand on étudie avec quelque attention l'histoire du théâtre français pendant les soixante premières années du xviie siècle, de Hardy à Racine, on s'aperçoit bien vite que les poëtes traitaient presque toujours les mêmes sujets, soit qu'ils les prissent dans l'histoire des héros grecs ou dans l'histoire moderne, soit qu'ils les empruntassent aux romans de chevalerie.

Il y a deux réflexions littéraires à tirer de ce fait.

La première, c'est que les sujets et les personnages que nous croyons introduits pour la première fois sur la scène par Racine y avaient déjà paru plusieurs fois avant lui; la seconde, c'est que les grands poëtes de ce temps attachaient à l'invention beaucoup moins d'importance que nous ne le faisons aujourd'hui. La Fontaine a inventé fort peu de ses fables, et Racine ne se faisait aucun scrupule de reprendre des sujets déjà traités. Le talent d'exprimer les caractères et les passions surpassait pour eux le mérite de l'invention des sujets et des aventures. Beaucoup de critiques ont cru que Racine, dans son *Bajazet,* avait mis le premier les Turcs sur la scène. Nous verrons, quand nous examinerons *Bajazet,* qu'il existait déjà sur notre théâtre un grand nombre de tragédies qui avaient les Turcs pour héros, et dont l'action se passait au sérail. Seulement il est arrivé que *Bajazet* ayant éclipsé tous les héros turcs qui l'ont devancé, on l'a pris pour le premier Turc qui ait paru sur le théâtre, parce qu'il y est presque resté le seul. Il en est de même de l'*Alexandre* de Racine. J'ai lu quelque part qu'à l'exemple de Corneille qui avait mis César sur la scène, dans la *Mort de Pompée*, Racine avait voulu y mettre Alexandre. Je ne sais pas si l'idée de rivaliser avec Corneille a poussé Racine à choisir le sujet d'*Alexandre* ; mais Alexandre avait déjà paru plusieurs fois sur notre théâtre avant la tragédie de Racine. Le vieil Hardy l'avait pris pour le héros de deux de ses pièces, *la Mort de Daire* ou Darius, et *la Mort d'Alexandre* (1626). Alexandre avait le rôle principal dans la *Parthénie*, de Baro (1642). Enfin, en 1648, Boyer avait fait une tragédie de *Porus ou la générosité d'Alexandre*.

Disons rapidement quelques mots de ces diverses pièces, avant d'arriver à l'*Alexandre* de Racine.

Je me souviens qu'au temps de la grande querelle entre les romantiques et les classiques, les partisans de la littérature nouvelle, voulant n'être pas trop nouveaux et trop isolés, cherchaient à se donner des aïeux. Ils s'étaient imaginé d'opposer le xvie siècle au xviie, et Ronsard à Malherbe et à Boileau. Dans cette idée, ils se mirent à lire les vieux poëtes dramatiques du xvie siècle, Jodelle et le vieil Hardy, espérant qu'ils pourraient, avec un peu de bonne volonté, y trouver un Shakspeare ou un Lope de Véga qu'ils remettraient en lumière. Il ne fallut que peu de temps aux hommes d'esprit qui s'étaient mis en quête, pour s'apercevoir qu'ils ne trouveraient pas dans Jodelle ou dans Hardy le drame romantique qu'ils avaient rêvé. Ils virent bientôt que la tragédie classique, avec son action régulière, ses grands discours, ses longs récits, ses dialogues qui sont des chocs de sentences plutôt que de sentiments, était en France aussi vieille que le théâtre, et qu'à moins de recourir aux mystères

> Qui, sottement zélés en leur simplicité,
> Jouoient les saints, la Vierge et Dieu par piété,[1]

il n'y avait nulle part dans notre ancien théâtre cet art naturel et spontané qu'ils voulaient trouver. Hardy particulièrement, le plus fécond de nos poëtes dramatiques du commencement du xviie siècle, Hardy est le plus incurable des faux classiques ; il est,

---

1. *Art poétique*, chant III.

comme tout le théâtre du xvie siècle, de l'école de Sénèque. Ses tragédies sont très-déclamatoires; partout de grands discours, point d'action, point de caractères, point de passions. Il n'y avait que l'incorrection et la dureté de son style qui pouvaient offrir aux chercheurs de romantisme quelque ombre attirante de barbarie.

Si j'avais ici à parler de Hardy en particulier, je pourrais peut-être bien, l'ayant lu tout entier, citer quelques scènes qui, dans le genre classique, donneraient de lui une idée plus relevée que celle qu'en ont prise les anciens critiques. Malheureusement *la Mort de Daire* et *la Mort d'Alexandre*, les deux pièces que je veux citer à propos de l'*Alexandre* de Racine, ne sont point du nombre de celles de Hardy où percent quelques lueurs de talent.

Dans la *Mort de Daire*, Alexandre n'intervient qu'au dernier acte pour punir les meurtriers de Darius, et pour envoyer le corps du roi de Perse à sa mère Sisigambis, afin qu'elle lui fasse des funérailles royales. Dans la *Mort d'Alexandre*, le héros tient naturellement plus de place, sans que nous puissions pourtant nous intéresser beaucoup à lui. Il n'y a point d'action; Alexandre est empoisonné par les conjurés dont Cratère est le chef, sans que nous sachions rien de la conspiration, sinon quelques déclamations contre l'orgueil tyrannique d'Alexandre. Il n'y a donc, pour exciter notre intérêt, que la pitié qui s'attache naturellement à la mort de ce jeune et prodigieux conquérant. Aussi la tragédie de Hardy est plutôt, pour ainsi dire, une élégie et une méditation philosophique qu'elle n'est un drame. Les trois premiers actes sont remplis par les présages qui annoncent la mort d'Alexandre. Alexandre méprise ces présages en héros et en philosophe. Si les dieux veulent sa mort, qui peut l'empêcher? et qu'ont-ils besoin de l'annoncer par tant de vains prodiges? La plus heureuse mort, dit-il dans un vers mieux tourné que ne le sont ordinairement ceux du vieil Hardy,

La plus heureuse mort est la plus imprévue.

Cependant, malgré sa fermeté d'âme, quand il se sent mourir, quand il voit lui échapper tout ce qu'il se promettait encore de gloire et de grandeur ici-bas, il demande à la Fortune si c'en est fait, hélas! de sa destinée :

> O Fortune! jadis propice à tant d'exploits
> Qu'ils réduisent quasi le monde sous mes lois,
> Ajoute à tes faveurs encor quelques années;
> Prolonge, hélas! prolonge au moins mes destinées
> Jusqu'à ce peu qui reste à couronner leur cours.

Regrets touchants et naturels; car enfin, quand la mort vient frapper quelqu'un de ces hommes extraordinaires qui ne grandissent en face du monde que pour tomber de plus haut et avec plus de bruit, ne nous surprenons-nous pas nous-mêmes, hommes obscurs, à regretter la chute de la colonne avant qu'elle ait atteint son faîte? Nous nous faisions un spectacle, que dis-je? nous faisions notre idéal de leur grandeur toujours croissante; nous nous plaisions à mettre dans leur destinée toute la puissance et toute la gloire que Dieu peut accorder à l'humanité. Beau roman qu'interrompt tout à coup la mort du héros, et alors notre imagination regrette, dans la mort de ces hommes extraordinaires, les dieux qu'elle était en train de se faire. Si nous pleurons nos romans détruits, que ne doivent pas ressentir les héros mêmes de ces romans? Quelles larmes intérieures ne doivent-ils pas verser sur l'avenir qu'ils se voient enlever? Ce sont ces larmes intérieures que le vieil Hardy a surprises dans Alexandre mourant, et qu'il a su exprimer, sans abaisser le héros par la peur de la mort.

Je sais gré aussi au poëte d'avoir fait abjurer par Alexandre mourant ces prétentions qu'il avait à la divinité, et qui ont peut-être causé sa mort. En se faisant dieu pour régner sur les Orientaux, il cessait trop d'être Macédonien pour régner sur les Macédoniens. Sa mort le refait homme et Macédonien. Les dieux, dit-il à ses flatteurs d'Orient, qui essayent de lui déguiser cette mort prochaine en lui rappelant sa divinité,

> Les dieux n'ont avec nous aucune parenté;
> Impassibles, exempts de toute infirmité,
> Sans un terme de jours qui leur soit limité.

Enfin, comme si Hardy avait voulu nous montrer dans sa tragédie qu'il comprenait tous les grands sentiments et toutes les grandes idées prêtés à Alexandre par la postérité, mais qu'il ne savait pas donner à ces idées le mouvement et la vie dramatiques, son héros parle avec une sorte de grandeur du projet de conquérir le monde pour lui donner l'unité de lois et de gouvernement; pompeuse, et, selon moi, funeste chimère, mais qui plaît à notre siècle, lequel est en train de sacrifier toutes les libertés de l'individu, c'est-à-dire les seuls dignes motifs que nous ayons de vivre, au plaisir de créer de grandes et tyranniques unités de gouvernement.[1]

> J'atteste, Jupiter, ta puissance infinie,
> Mes desseins ne butter[2] qu'à faire une harmonie
> Des peuples de la terre unis sous mêmes lois.

Il est impossible d'être moins une tragédie, c'est-à-dire un drame et une action, que ne l'est *la Mort d'Alexandre* de Hardy. La *Parthénie* de Baro (1642) est toute différente; c'est un drame, mais un drame de l'école romanesque. J'aime mieux, après tout, cet Alexandre romanesque et les mouvements de passion que lui prête le poëte, que l'immobilité du bas-relief de Hardy.

Parthénie est une princesse de la maison royale de Perse. Elle est tombée avec l'empire des Perses au pouvoir d'Alexandre, qui n'a pu la voir sans l'aimer. Mais Parthénie est mariée au prince Hytaspe, prisonnier comme elle. Craignant que l'amour qu'il a pour elle ne soit funeste à son époux, elle a dit qu'Hytaspe était son frère. Alexandre l'a cru d'abord. Cependant, comme Parthénie refuse de céder à son amour, il commence à soupçonner quelque cause cachée à ses refus. Elle aime quelqu'un sans doute; peut-être est-ce Hytaspe qu'elle aime, et qui est son amant ou son époux, mais qui n'est pas son frère. Je sais, dit-il à Parthénie, quoiqu'il ne connaisse pas encore la vérité,

> Je sais quel est l'auteur des chaînes qui te lient,
> Je connois le dessein que tes larmes pallient,
> Et le secret démon qui force ta beauté
> A payer mon amour de tant de cruauté.

---

1. Écrit en 1866.
2. Ne tendre.

378   NOTICE PRÉLIMINAIRE.

> Oui, sans m'expliquer mieux dessus ton imposture,
> Ton adresse n'a pu me cacher ta blessure.
> De ton cœur embrasé le feu brille au dehors.
> . . . .
> Mais quelque doux espoir qui flatte Parthénie,
> Je ne laisserai point son offense impunie.
> . . . .
> Puisqu'à mes justes vœux cet obstacle s'oppose,
> D'un si fâcheux effet je détruirai la cause.

Bientôt Alexandre apprend qu'Hytaspe est en effet l'époux de Parthénie. La tragédie de Baro se rapproche alors d'une façon curieuse de l'*Adélaïde Duguesclin*, de Voltaire. On sait que dans Orosmane,[1] dans Gengis-Kan,[2] et dans Vendôme,[3] Voltaire a fort heureusement exprimé les transports de la jalousie. Je ne veux pas revenir[4] sur l'étude que j'ai faite ailleurs du caractère de Vendôme, je veux seulement en ce moment indiquer la singulière ressemblance de sentiments et de situation qui existe entre le Vendôme de Voltaire et l'Alexandre de Baro.

Une fois livré à la jalousie qui le devore, Vendôme ne se connaît plus. Il lui faut la mort de son rival, de son frère. Il demande à Coucy, son ami, de le venger, de tuer Nemours, et, comme Coucy hésite, Vendôme s'écrie dans l'emportement de la rage jalouse qui le possède :

> Je suis bien malheureux, bien digne de pitié ;
> Trahi dans mon amour, trahi dans l'amitié.
> Allez, Vendôme encor, dans le sort qui le presse,
> Trouvera des amis qui tiendront leur promesse ;
> D'autres me serviront et n'allégueront pas
> Cette triste vertu, l'excuse des ingrats.

Que dites-vous de cet homme qui se trouve malheureux et digne de pitié, parce qu'on l'empêche de tuer son frère ? La passion a ces oublis instinctifs et furieux de tout ce qui n'est pas son sentiment de la minute. Coucy cède et promet à Vendôme de

---

1. *Zaïre.*
2. *L'Orphelin de la Chine.*
3. *Adélaïde Duguesclin.*
4. Voir mon *Cours de littérature dramatique*, t. II, ch. XXIX.

tuer Nemours, afin que Vendôme ne charge pas un autre d'exécuter l'arrêt de sa colère :

Qu'à l'instant de la mort à mon impatience,

dit Vendôme,

Le canon des remparts annonce ma vengeance !

Voilà le Vendôme de Voltaire ; voyons l'Alexandre de Baro.

Livré aussi aux transports de sa passion pour Parthénie et à sa jalousie contre Hytaspe, Alexandre veut la mort de son rival et se trouve malheureux qu'Hytaspe ne périsse pas.

Ah ! cher Éphestion,

dit-il à son ami,

où me vois-tu réduit ?
D'un amour forcené victime déplorable,
Je soupire, je meurs ; tout me nuit, tout m'accable.
Outre mille accidents qui troublent mon dessein,
La jalouse fureur qui dévore mon sein,
D'amour et de dépit doublement agitée,
Fait du cœur d'Alexandre un cœur de Prométhée.

Et plus loin :

Cher ami, ne m'abandonne pas ;
Prête-moi ton secours ; sauve-moi du trépas.
Mais trêve de conseils ; car le mal qui me touche
A besoin de ta main, et non pas de ta bouche.
ÉPHESTION.
De ma main ! Que peut-elle afin de vous guérir ?
ALEXANDRE.
Je t'en laisse le juge. Hytaspe doit périr.
Sa vie est un obstacle au bien que je désire...
. . . .
Rien ne sauroit me vaincre ; il faut qu'Hytaspe meure !
Si tu veux m'obliger, défais-m'en de bonne heure.
ÉPHESTION.
Mais, sire ! ah ! quel arrêt et quel commandement !
Que je sois de sa mort le fatal instrument !
. . . .
ALEXANDRE.
C'est assez contesté ; j'ai tort, je le confesse,
De chercher un effort où règne la foiblesse.

Hytaspe est plus que moi digne de ton secours.
Mais considère bien le danger que tu cours :
Il mourra, je le jure, et sa triste infortune
A qui ne m'obéit se peut rendre commune.
Pour en venir à bout, Cratère m'aidera,
Et ce que tu ne peux, ton rival le fera.

Craignant, comme le Coucy dont Voltaire a fait le confident de Vendôme, qu'un autre moins scrupuleux ne s'empresse de servir la vengeance d'Alexandre, Éphestion répond qu'il obéira.

Je vais, puisqu'il vous plaît, voir Hytaspe en prison,
Et lui donner le choix du fer ou du poison.
ALEXANDRE.
Va, ne diffère point; rends-moi ce bon office,
Et, dès qu'il sera mort, fais qu'on m'en avertisse. [1]

Un soldat envoyé par Éphestion annonce à Alexandre la mort d'Hytaspe, et alors ses yeux s'ouvrent; il voit l'horreur de son action; et, plein de repentir, il se jette aux pieds de Parthénie, avoue son crime, et veut se tuer lui-même. Mais Éphestion lui déclare qu'il lui a désobéi, qu'Hytaspe n'est pas mort, et, de même que Vendôme, étouffant son fatal amour, cède à Nemours Adélaïde Duguesclin, Alexandre cède aussi Parthénie à Hytaspe. Les remercîments des deux époux sont vifs et touchants; ils sont même dans Hytaspe empreints d'un respect absolu de la royauté, même coupable, qui étonne l'esprit de notre temps, mais qui était conforme à l'esprit du XVIIe siècle.

Le rang que vous tenez,

dit Hytaspe,

et le superbe titre
Qui vous rend des mortels et le maître et l'arbitre,
Vous donnent tout pouvoir de nous faire endurer,
Et sans commettre un crime on n'en peut murmurer.

Hytaspe, qu'Alexandre faisait tuer pour lui prendre sa femme, Hytaspe, en vérité, pour parler son langage, me semble trop

---

1. Acte IV, scène III.

endurant. La reconnaissance de Parthénie est plus simple et moins humble.

> Parmi tant de faveurs dont je me vois combler,
> Je doute si je dois ou me taire ou parler.
> Voir Hytaspe vivant, l'avoir en ma présence!
> . . . . O justice, ô clémence!
> O royales vertus, dignes que les mortels
> D'une immortelle offrande honorent nos autels!

La réponse d'Alexandre est belle et me réconcilie avec le rôle que Baro lui a prêté dans sa pièce.

> Réservez,

dit-il,

> pour les dieux ces discours magnifiques :
> Ma honte et ma foiblesse ont été trop publiques,
> Pour voir jamais fumer, sans être profanés,
> Les encens qu'à ma gloire on avoit destinés.
> (S'adressant à Éphestion.)
> Tu le sais, cher ami, sans ta sage conduite,
> Mon crime et mes malheurs auroient eu plus de suite.
> Ta désobéissance a sauvé mon honneur ;
> L'un d'eux te doit la vie, et l'autre son bonheur.
> Mais je te dois tout seul mon honneur et ma vie.

Quelles que soient les ressemblances entre la *Parthénie* de Baro et l'*Adélaïde Duguesclin* de Voltaire, entre Alexandre et Vendôme, je suis persuadé que Voltaire ne connaissait pas la *Parthénie*. Il y a des situations dramatiques qu'amène nécessairement la peinture des passions. Prenez la jalousie, et mettez-la en action ; elle sera aveugle, violente, d'un égoïsme féroce, tant que sa colère ne sera pas satisfaite. Elle sera ce qu'est l'Alexandre de la *Parthénie* et le Vendôme de l'*Adélaïde Duguesclin*. Une fois accompli le meurtre qu'elle aura ordonné, elle le détestera comme Hermione, elle s'en repentira comme Vendôme. L'observation des passions humaines et l'art de les mettre en action créent naturellement ces situations, et Voltaire, pour représenter Vendôme jaloux jusqu'à vouloir tuer Nemours, son frère, n'a pas eu besoin d'en trouver une esquisse dans la *Parthénie* de Baro ou un exemple dans l'histoire. Il a trouvé son Vendôme dans la nature ; c'est là aussi que Baro a trouvé son Alexandre.

Entre l'Alexandre de Baro et celui de Racine il y a peu de ressemblance, soit pour le sujet, soit pour les passions, soit pour les caractères, et Racine ne connaissait peut-être pas la *Parthénie* de Baro, quoiqu'il n'y ait que vingt-trois ans de distance entre la *Parthénie* de Baro (1642) et l'*Alexandre* de Racine (1665). La France est le pays où de tout temps les générations littéraires se sont succédé le plus vite en s'ignorant le plus sincèrement les unes les autres. L'Alexandre de Racine est amoureux comme l'est celui de Baro ; mais il n'est ni jaloux ni emporté, et la princesse Cléofile ne lui donne ni soucis ni chagrins. Il l'aime parce qu'il sied à un héros d'être amoureux et de faire de jolis discours sur ce sujet. N'étant point passionné, l'Alexandre de Racine n'est pas non plus cruel, et quand il est magnanime avec Porus vaincu, cette magnanimité conforme à l'histoire se fait admirer comme un sentiment digne d'une grande âme; mais elle n'a pas pour nous la grandeur des victoires remportées sur la passion, comme celle que l'Alexandre de Baro remporte sur son amour et sur sa jalousie. Ne craignons pas de le dire, l'*Alexandre* de Racine est une pièce où l'on trouve déjà souvent son admirable style, mais où ne brille pas encore son génie dramatique. La *Parthénie* de Baro est plus intéressante que la tragédie de Racine. Inventée par un romancier qui avait du talent, elle aurait mérité d'être écrite par un poëte.

Quant à la tragédie de Boyer intitulée *Porus ou la générosité d'Alexandre*,[1] elle peut, si nous la comparons avec l'Alexandre de Racine, être pour nous l'occasion d'une curieuse étude. C'est absolument le même sujet; mais l'école romanesque ne pouvait pas se résigner à traiter un pareil sujet avec la sévérité régulière de l'histoire. Dans l'histoire, l'aventure de Porus se compose seulement de deux scènes, une bataille et la générosité d'Alexandre envers le vaincu. Le drame ne peut pas mettre la bataille sur le théâtre ; il ne lui reste donc qu'une seule scène, la générosité d'Alexandre. Comment avec une seule scène faire une tragédie? Racine a senti cet embarras, et il a rempli sa pièce avec l'amour d'Alexandre pour Cléofile et la rivalité de Taxile et de Porus, qui aiment tous deux la reine Axiane ; mais il l'a surtout

1. 1617.

remplie avec le personnage d'Alexandre; car c'est la grandeur d'Alexandre qui fait le vrai sujet et la véritable unité de l'œuvre.

Boyer, habitué aux procédés de la tragédie romanesque, a fait un petit roman qui remplace l'histoire de Porus et d'Alexandre.

La femme de Porus, la reine Argine, et ses deux filles, la princesse Clairance et la princesse Oraxène, ont été prises par Perdiccas; elles sont prisonnières d'Alexandre. Porus craint que celui-ci ne fasse la cour à sa femme et n'en soit aimé. Plein de jalousie, il vient dans le camp d'Alexandre en se faisant passer pour un officier du prince Arsacide, ambassadeur de Porus. La reine Argine a beau rassurer Porus et lui dire que le vainqueur a respecté sa captivité; Porus ne veut pas en croire la reine, et plus elle lui parle de la vertu d'Alexandre, plus il la suppose amoureuse d'Alexandre. Furieux, il essaye d'assassiner son rival; il est pris, et il va être tué comme un vil assassin, quand la reine Argine déclare que cet assassin est Porus, et que c'est la jalousie qui l'a poussé au crime. Comme c'est un crime amoureux, cela change la question, et Alexandre, avec une générosité de chevalier errant, rend la liberté à son rival et le renvoie dans son camp. Ils videront leur querelle sur le champ de bataille, en vrais paladins. Dans la bataille, Alexandre est vainqueur, Porus est prisonnier, et Alexandre, qui lui a déjà pardonné comme à son assassin, lui pardonne encore comme à son ennemi, et lui rend la liberté, sa femme et ses États. Dans l'histoire, Alexandre n'est généreux qu'une fois, mais il l'est grandement; dans la tragédie de Boyer, il l'est deux fois, et l'auteur a cru sans doute qu'il faisait son Alexandre plus grand en le faisant deux fois magnanime et coup sur coup.

Dans le récit que je viens de faire de la tragédie de Boyer, j'ai passé l'amour de Perdiccas pour la princesse Clairance et la jalousie du prince Arsacide au sujet de la princesse Oraxène, qu'il croit aimée par Perdiccas; j'ai voulu seulement montrer les transformations que la tragédie romanesque imposait à l'histoire. Citerai-je maintenant, pour mieux faire connaître la pièce de Boyer, quelques passages de cette tragédie?

Le personnage de Porus est assurément celui que Boyer a le plus défiguré. Au lieu de l'intrépide défenseur de l'Inde envahie, au lieu du dernier et du plus digne adversaire d'Alexandre, Porus n'est qu'un mari jaloux, soupçonneux sans raison, flottant de l'amour à la colère et de la colère à l'amour, qui parle sans cesse des jeunes appas de sa femme, quoique la reine Argine soit déjà mère de deux filles en âge d'être mariées. Tantôt Porus veut tuer Alexandre pour venger son honneur offensé :

dit-il,
>Je cherche mon rival,
>
>Et non plus Alexandre,
>Et je cherche en rival, en amant, en jaloux,
>Un tyran qui ravit sa femme à son époux;[1]

tantôt il veut tuer sa femme, puis, la voyant si belle, il s'écrie tout à coup :

> ... Ne crains rien, trop chère criminelle.[2]

Enfin, lorsque Porus paraît devant Alexandre, au lieu d'y paraître en roi comme dans Racine, et en roi qui défend la liberté du monde, il n'est qu'un assassin vulgaire qui vient d'être arrêté, et qu'Alexandre allait envoyer à la mort, si Argine épouvantée n'avait révélé son nom. Quel abaissement! et Alexandre lui-même semble le ressentir. Il cherchait un adversaire; il ne trouve plus qu'un meurtrier.

dit-il,
>Grands dieux!
>
>Me faites-vous un si cruel destin?
>Si je dois triompher, est-ce d'un assassin?[3]

En vain Porus, fidèle aux maximes de l'école romanesque et de l'école machiavélique, dit, pour s'excuser lui-même à ses propres yeux, qu'il poursuivait son rival d'amour, et non son ennemi national :

>De quoi suis-je coupable?
>Dans le noble dessein qui m'a conduit ici,
>Mon crime est seulement d'avoir mal réussi.[4]

---

1. Acte III, scène 1re.
2. *Ibid.*, scène II.
3. Acte IV, scène VI.
4. *Ibid.*

Déjà abaissé par son crime, Porus va l'être encore plus par le pardon que lui accorde Alexandre. En effet, celui-ci, qui est aussi un docteur en galanterie, ne veut pas punir un crime dont l'amour est la cause.

> Vous n'avez rien commis qui mérite ce nom,

dit-il à Porus,

> Si l'amour n'est un crime indigne de pardon.

Il lui pardonne donc, et, comme si nous étions déjà à la grande et dernière scène de la générosité d'Alexandre, il ajoute à son pardon les États qu'il a conquis sur les voisins de Porus.

> J'aurai beaucoup gagné, si je puis à ce prix
> Compter le grand Porus au rang de mes amis.

On voit qu'Alexandre change assez brusquement de conduite et de langage, puisque, après avoir traité Porus d'assassin, il veut maintenant le mettre au rang de ses amis; mais quoi! la conséquence n'est pas la qualité dominante des héros de la tragédie romanesque. Porus, tout à l'heure si humilié, se relève aussi tout à coup avec une sorte de fierté exagérée. A paladin, paladin et demi. Il ne veut pas accepter les bienfaits d'Alexandre, par grandeur d'âme et par conscience aussi, je pense, ne les méritant pas. Il choisit donc parmi ces bienfaits, et il prend la liberté seulement et le droit d'aller combattre encore une fois Alexandre. Ces sentiments de fierté un peu guindée sont exprimés en vers qui sont les meilleurs de la pièce, parce que ce passage est aussi le meilleur du rôle de Porus :

> Tu sais vaincre, Alexandre,
> Et le ciel, assemblant tant de vertus en toi,
> Sans doute à l'univers ne veut donner qu'un roi.
> A cette auguste loi j'obéis sans contrainte.
> Règne! Porte partout ou l'amour ou la crainte.
> Rien ne puisse arrêter ton destin glorieux!
> Toutefois, sans choquer l'ordonnance des cieux,
> Trouve bon que ce cœur plein de reconnoissance
> Ose se prévaloir de ta magnificence.
> Il choisit, et des biens que m'offre ta bonté

> Je te veux seulement devoir la liberté.
> Je la reçois de toi, mais si pleine et si belle
> Que mon premier orgueil me revient avec elle,
> Et, n'ayant jusqu'ici combattu qu'à demi,
> Je brûle de t'avoir encor pour ennemi.
> Après ce que pour moi ta bonté vient de faire,
> Ce désir est ingrat, injuste, téméraire,
> Dont tout autre que toi se pourroit outrager;
> Mais le grand Alexandre en saura mieux juger.
> . . . .
> Souffre donc qu'un combat achève notre guerre,
> Non pour te disputer l'empire de la terre,
> Tu peux seul y porter tes désirs justement;
> Les dieux te l'ont promis, et je veux seulement
> Que quelque grand exploit heureux ou magnanime
> Avant ton amitié m'acquière ton estime.
> Aussi, charmé d'un bien que je n'ose accepter,
> Je ne te combattrai que pour le mériter.[1]

Il y a quelque grandeur dans ce discours; mais cette scène a un grand défaut; elle devrait être la dernière, et elle ne l'est pas. Une fois que Porus s'est relevé de l'abaissement où l'ont réduit ses ridicules aventures de jalousie, une fois qu'Alexandre a montré la générosité que lui attribue l'histoire, la pièce est nécessairement finie. Il n'y a plus de place que pour une répétition affaiblie de la même situation et des mêmes sentiments. Porus a livré la bataille qu'il voulait, et il a été vaincu. Alexandre lui rend encore son titre de roi, ce qui n'étonne et ne touche plus personne, et Porus remercie encore Alexandre en termes dignes et fiers qui ont l'inconvénient de ne rien ajouter à ce que nous attendions de Porus.

> Je haïrois le sceptre et le titre de roi,

dit Porus à Alexandre,

> S'il falloit les tenir d'un autre que de toi.
> Mais pour me consoler du sort de cette guerre,
> Je n'ai qu'à regarder tous les rois de la terre.
> Ils ont tous mérité ta haine ou ta pitié;
> Et j'ose me vanter d'avoir ton amitié.

---

1. Acte IV, scène VII.

NOTICE PRÉLIMINAIRE. 387

> Ma perte en cet état vaut mieux qu'une victoire ;
> De ce dernier combat naîtra toute ma gloire,
> Et, bien que je me voie à tes pieds abattu,
> Je suis trop glorieux de t'avoir combattu.[1]

J'ai fini l'analyse de la tragédie de Boyer, et je dois dire maintenant pourquoi je tenais à faire connaître cette pièce fort justement oubliée.

Les deux vers de Boileau dans la satire du *Festin ridicule* :

> Je ne sais pas pourquoi l'on vante l'Alexandre ;
> Ce n'est qu'un glorieux qui ne dit rien de tendre,

m'ont fait longtemps l'effet d'une énigme. Car enfin l'Alexandre de Racine, avec son amour pour Cléofile, et Porus, avec son amour pour la reine Axiane, parlent très-volontiers le langage de la galanterie, et, loin d'être des héros d'histoire, ils ressemblent par je ne sais combien de traits aux héros du *Cyrus* et de la *Clélie*. Comment donc l'amitié que Boileau avait déjà pour Racine a-t-elle pu l'aveugler à ce point qu'au moment où il faisait son *Dialogue des héros de roman*,[2] et où il raillait la tendresse banale que les auteurs prêtaient aux héros de l'antiquité, il n'ait pas vu que l'Alexandre se ressentait fort de ce mauvais goût ? Comment se fait-il qu'il l'ait au contraire présenté au public comme un héros uniquement occupé de guerre et de gloire, et qui ignore le beau parler des ruelles ? Boileau se trompait-il lui-même, ou voulait-il tromper ses lecteurs ? Rien de pareil. Les jugements littéraires dépendent beaucoup du temps où ils sont rendus. Ceux qui, après l'*Andromaque* et le *Britannicus* de Racine, ont jugé l'*Alexandre*, l'ont jugé sur les nouveaux modèles que le génie de Racine venait de donner à l'art, et ils ont avec raison reproché à l'*Alexandre* sa ressemblance avec les héros de la tragédie romanesque. Ceux au contraire qui, comme Boileau, ont jugé l'*Alexandre* avant l'*Andromaque* et le *Britannicus*, ont plutôt vu et ont aimé à voir en quoi l'*Alexandre* s'éloignait de la tra-

---

1. Acte V, scène IV.
2. Le *Dialogue des héros de roman*, de Boileau, est précisément de 1665, l'année de l'*Alexandre*.

gédie fade et galante. Ce n'était point encore un contraste entier avec le mauvais goût; c'était déjà une séparation. De là la faveur de Boileau et les combats qu'il rendait pour son jeune ami, lui tenant compte des répugnances qu'il avait pour les défauts du temps, et les louant comme des qualités déjà presque accomplies.

En lisant la tragédie de Boyer, j'ai senti plus clairement que je ne l'avais fait jusqu'ici les pas que Racine, dans son *Alexandre*, faisait du mauvais au bon goût; et voilà pourquoi, cherchant à m'expliquer les vers de Boileau, j'ai voulu aussi faire en sorte que mes lecteurs prissent le *Porus* de Boyer pour leur point de départ en allant vers l'*Alexandre*.

AU ROI.

Sire,

Voici une seconde entreprise qui n'est pas moins hardie que la première. Je ne me contente pas d'avoir mis à la tête de mon ouvrage le nom d'*Alexandre*, j'y ajoute encore celui de Votre Majesté; c'est-à-dire que j'assemble tout ce que le siècle présent et les siècles passés nous peuvent fournir de plus grand. Mais, Sire, j'espère que Votre Majesté ne condamnera pas cette seconde hardiesse, comme elle n'a pas désapprouvé la première. Quelques efforts que l'on eût faits pour lui défigurer mon héros,[1] il n'a pas plutôt paru devant elle, qu'elle l'a reconnu pour Alexandre. Et à qui s'en rapportera-t-on, qu'à un roi dont la gloire est répandue aussi loin que celle de ce conquérant, et devant qui l'on peut dire que « tous les peuples du monde se taisent, » comme l'Écriture l'a dit d'Alexandre?

Je sais bien que ce silence est un silence d'étonnement et d'admiration; que, jusques ici, la force de vos armes ne leur a pas tant imposé que celle de vos vertus. Mais, Sire, votre

---

1. Allusion peut-être aux pièces de Baro et de Boyer.

réputation n'en est pas moins éclatante pour n'être point établie sur les embrasements et sur les ruines,[1] et déjà Votre Majesté est arrivée au comble de la gloire par un chemin plus nouveau et plus difficile que celui par où Alexandre y est monté. Il n'est pas extraordinaire de voir un jeune homme gagner des batailles, de le voir mettre le feu par toute la terre. Il n'est pas impossible que la jeunesse et la fortune l'emportent victorieux jusqu'au fond des Indes. L'histoire est pleine de jeunes conquérants; et l'on sait avec quelle ardeur Votre Majesté elle-même a cherché les occasions de se signaler dans un âge où Alexandre ne faisoit encore que pleurer sur les victoires de son père. Mais elle me permettra de lui dire que, devant[2] elle, on n'a point vu de roi qui, à l'âge d'Alexandre, ait fait paroître la conduite d'Auguste; qui, sans s'éloigner presque du centre de son royaume, ait répandu sa lumière jusqu'au bout du monde, et qui ait commencé sa carrière par où les plus grands princes ont tâché d'achever la leur.

On a disputé chez les anciens si la fortune n'avoit point eu plus de part que la vertu dans les conquêtes d'Alexandre. Mais quelle part la fortune peut-elle prétendre aux actions d'un roi qui ne doit qu'à ses seuls conseils l'état florissant de son royaume, et qui n'a besoin que de lui-même pour se rendre redoutable à toute l'Europe?

Mais, Sire, je ne songe pas qu'en voulant louer Votre Majesté, je m'engage dans une carrière trop vaste et trop difficile; il faut auparavant m'essayer encore sur quelques autres héros de l'antiquité; et je prévois qu'à mesure que je prendrai de nouvelles forces, Votre Majesté se couvrira elle-même d'une gloire toute nouvelle; que nous la reverrons peut-être, à la tête d'une armée, achever la comparaison qu'on peut faire d'elle et d'Alexandre, et ajouter le titre de conquérant à celui du plus sage roi de la terre.[3]

1. Louis XIV, en 1665, n'avait pas encore fait de grandes guerres. La guerre de Flandre n'eut lieu qu'en 1667.
2. *Devant*, pour *avant*, n'est plus en usage. (G.)
3. Philippe IV, roi d'Espagne et père de la reine de France Marie-Thérèse, femme de Louis XIV, venait de mourir en 1665; et Louis XIV, au nom du droit de dévolution, réclamait, pour la reine sa femme, la Flandre, le Brabant et la Franche-Comté. On prévoyait que Louis XIV ferait valoir ses prétentions par la guerre.

AU ROI.

Ce sera alors que vos sujets devront consacrer toutes leurs veilles au récit de tant de grandes actions,[1] et ne pas souffrir que VOTRE MAJESTÉ ait lieu de se plaindre, comme Alexandre, qu'elle n'a eu personne de son temps qui pût laisser à la postérité la mémoire de ses vertus. Je n'espère pas être assez heureux pour me distinguer par le mérite de mes ouvrages, mais je sais bien que je me signalerai au moins par le zèle et la profonde vénération avec laquelle je suis, SIRE, de VOTRE MAJESTÉ, le très-humble, très-obéissant et très-fidèle serviteur et sujet

RACINE.

1. Ces paroles semblent annoncer l'historiographe futur.

PREMIÈRE PRÉFACE.

Je ne rapporterai point ici ce que l'histoire dit de Porus, il faudroit copier tout le huitième livre de Quinte-Curce : et je m'engagerai moins encore à faire une exacte apologie de tous les endroits qu'on a voulu combattre dans ma pièce. Je n'ai pas prétendu donner au public un ouvrage parfait : je me fais trop justice pour avoir osé me flatter de cette espérance. Avec quelque succès qu'on ait représenté mon *Alexandre*, et quoique les premières personnes de la terre et les Alexandres de notre siècle se soient hautement déclarés pour lui, je ne me laisse point éblouir par ces illustres approbations. Je veux croire qu'ils ont voulu encourager un jeune homme et m'exciter à faire encore mieux dans la suite; mais j'avoue que, quelque défiance que j'eusse de moi-même, je n'ai pu m'empêcher de concevoir quelque opinion de ma tragédie, quand j'ai vu la peine que se sont donnée certaines gens pour la décrier. On ne fait point tant de brigues contre un ouvrage qu'on n'estime pas; on se contente de ne plus le voir quand on l'a vu une fois, et on le laisse tomber de lui-même, sans daigner seulement contribuer à sa chute. Cependant j'ai eu le plaisir de voir plus de six fois de suite à ma pièce le visage de ces censeurs; ils n'ont pas craint de s'exposer si souvent à entendre une chose qui leur déplaisoit; ils ont prodigué libéralement leur temps et leurs peines pour la venir critiquer, sans compter les chagrins que leur ont peut-être coûtés les applaudissements que leur présence n'a pas empêché le public de me donner.

Je ne représente point à ces critiques le goût de l'antiquité : je vois bien qu'ils le connoissent médiocrement. Mais de quoi se plaignent-ils, si toutes mes scènes sont bien remplies, si elles sont bien liées nécessairement les unes aux autres, si tous mes acteurs ne viennent point sur le théâtre que l'on ne sache la raison qui les y fait venir ; et si, avec peu d'incidents et peu de matière, j'ai été assez heureux pour faire une pièce qui les a peut-être attachés malgré eux depuis le commencement jusqu'à la fin ? Mais, ce qui me console, c'est de voir mes censeurs s'accorder si mal ensemble :[1] les uns disent que Taxile n'est point assez honnête homme ; les autres, qu'il ne mérite point sa perte ; les uns soutiennent qu'Alexandre n'est point assez amoureux ; les autres, qu'il ne vient sur le théâtre que pour parler d'amour. Ainsi je n'ai pas besoin que mes amis se mettent en peine de me justifier ; je n'ai qu'à renvoyer mes ennemis à mes ennemis ; je me repose sur eux de la défense d'une pièce qu'ils attaquent en si mauvaise intelligence et avec des sentiments si opposés.

1. Racine composa cette préface dans un premier mouvement. On y voit le dépit d'un jeune homme piqué de l'acharnement et de l'animosité de ses ennemis. La réflexion lui fit supprimer, dans les éditions suivantes, cette boutade un peu trop vive. (G.) — Je serais fâché cependant qu'elle n'eût point été conservée ; elle a son intérêt pour l'histoire littéraire et pour la critique. Elle indique d'abord la lutte qui commençait à s'engager entre l'ancienne et la nouvelle école ; entre la tragédie qui procédait des romans du temps et celle qui cherchait à se rapprocher de la vérité et de la manière des anciens. Racine est déjà grand partisan de l'antiquité et raille ses censeurs, qui n'en ont point le goût. Cette préface nous fait connaître aussi les critiques qui se faisaient de la tragédie de Racine. Les uns reprochaient à Alexandre de n'être pas assez amoureux ; c'étaient les partisans de la tragédie romanesque, les admirateurs peut-être du *Porus* de Boyer ; les autres, de meilleur goût, lui reprochaient d'être encore trop amoureux, et c'est ce reproche qui a prévalu. Quant à Racine, il sait bien où est le défaut de sa tragédie : pas d'incidents et peu de matière ; mais il se hâte de s'en faire un mérite, puisqu'il a su, malgré cela, intéresser le public. Assurément il lui eût été facile de multiplier les incidents, comme l'avait fait Boyer. Les poëtes de l'école romanesque n'y manquaient pas ; mais la simplicité de l'action est un des caractères de la nouvelle école, et Racine s'en glorifie.

SECONDE PRÉFACE.

Il n'y a guère de tragédie où l'histoire soit plus fidèlement suivie que dans celle-ci. Le sujet en est tiré de plusieurs auteurs, mais surtout du huitième livre de Quinte-Curce. C'est là qu'on peut voir tout ce qu'Alexandre fit lorsqu'il entra dans les Indes, les ambassades qu'il envoya aux rois de ce pays-là, les différentes réceptions qu'ils firent à ses envoyés, l'alliance que Taxile fit avec lui, la fierté avec laquelle Porus refusa les conditions qu'on lui présentoit, l'inimitié qui étoit entre Porus et Taxile, et enfin la victoire qu'Alexandre remporta sur Porus, la réponse généreuse que ce brave Indien fit au vainqueur, qui lui demandoit comment il vouloit qu'on le traitât, et la générosité avec laquelle Alexandre lui rendit tous ses États, et en ajouta beaucoup d'autres.

Cette action d'Alexandre a passé pour une des plus belles que ce prince ait faites en sa vie, et le danger que Porus lui fit courir dans la bataille lui parut le plus grand où il se fût jamais trouvé. Il le confessa lui-même, en disant qu'il avoit trouvé enfin un péril digne de son courage. Et ce fut en cette même occasion qu'il s'écria : « O Athéniens, combien de travaux j'endure pour me faire louer de vous! » J'ai tâché de représenter en Porus un ennemi digne d'Alexandre, et je puis dire que son caractère a plu extrêmement sur notre théâtre, jusque-là que des personnes m'ont reproché que je faisois ce prince plus grand qu'Alexandre.

Mais ces personnes ne considèrent pas que, dans la bataille et dans la victoire, Alexandre est en effet plus grand que Porus; qu'il n'y a pas un vers dans la tragédie qui ne soit à la louange d'Alexandre; que les invectives mêmes de Porus et d'Axiane sont autant d'éloges de la valeur de ce conquérant. Porus a peut-être quelque chose qui intéresse davantage, parce qu'il est dans le malheur; car, comme dit Sénèque, « nous sommes de telle nature, qu'il n'y a rien au monde qui se fasse tant admirer qu'un homme qui sait être malheureux avec courage. » — « Ita affecti sumus, ut nihil æque magnam apud nos admirationem occupet, quam homo fortiter miser.[1] »

Les amours d'Alexandre et de Cléofile ne sont pas de mon invention : Justin en parle, aussi bien que Quinte-Curce. Ces deux historiens rapportent qu'une reine dans les Indes, nommée Cléofile, se rendit à ce prince avec la ville où il la tenoit assiégée, et qu'il la rétablit dans son royaume, en considération de sa beauté. Elle en eut un fils, et elle l'appela Alexandre. Voici les paroles de Justin : « Regna Cleophilis reginæ petit, quæ, quum se dedisset ei, concubitu redemptum regnum ab Alexandro recepit, illecebris consecuta quod virtute non potuerat; filiumque, ab eo genitum, Alexandrum nominavit, qui postea regno Indorum potitus est.[2] »

---

1. *Senecæ Consolatio ad Helviam*, cap. XIII.
2. Justini, lib. XII, cap. VII.

ALEXANDRE LE GRAND

PERSONNAGES.

ALEXANDRE.
PORUS, } rois dans les Indes.
TAXILE,
AXIANE, reine d'une autre partie des Indes.
CLÉOFILE, sœur de Taxile.
ÉPHESTION.
Suite d'Alexandre.

La scène est sur le bord de l'Hydaspe, dans le camp de Taxile.

NOMS DES ACTEURS QUI ONT JOUÉ D'ORIGINAL DANS ALEXANDRE.

Cette pièce fut jouée le même jour, 15 décembre 1665, au Palais-Royal et à l'Hôtel de Bourgogne :

Au Palais-Royal, par la troupe de Molière : Acteurs :

ALEXANDRE.	La Grange.
PORUS.	La Thorillière.
TAXILE.	Imbert.
AXIANE.	Mlle Du Parc.
CLÉOFILE.	Mlle Molière.
ÉPHESTION.	Du Croisy.

A l'Hôtel de Bourgogne. Acteurs :

ALEXANDRE.	Floridor.
PORUS.	Montfleury.
TAXILE.	Brécourt.
AXIANE.	Mlle Désœillet.
CLÉOFILE.	Mlle d'Ennebaut.
ÉPHESTION.	Hauteroche.

ALEXANDRE LE GRAND

ACTE PREMIER.

SCÈNE PREMIÈRE.

TAXILE,[1] CLÉOFILE.

CLÉOFILE.

Quoi! vous allez combattre un roi dont la puissance
Semble forcer le ciel à prendre sa défense,
Sous qui toute l'Asie a vu tomber ses rois,
Et qui tient la fortune attachée à ses lois?
Mon frère, ouvrez les yeux pour connoître Alexandre ;
Voyez de toutes parts les trônes mis en cendre,
Les peuples asservis, et les rois enchaînés,
Et prévenez les maux qui les ont entraînés.

TAXILE.

Voulez-vous que, frappé d'une crainte si basse,
Je présente la tête au joug qui nous menace,
Et que j'entende dire aux peuples indiens

---

1. Ce prince s'appelait *Omphis;* le nom de *Taxile,* d'après Quinte-Curce, liv. VIII, chap. XII, était un titre que prenaient les princes indiens en montant sur le trône, comme les rois d'Égypte prenaient celui de *Pharaon.* (A. M.)

Que j'ai forgé moi-même et leurs fers et les miens?
Quitterai-je Porus? Trahirai-je ces princes
Que rassemble le soin d'affranchir nos provinces,
Et qui, sans balancer sur un si noble choix,
Sauront également vivre ou mourir en rois?
En voyez-vous un seul qui, sans rien entreprendre,
Se laisse terrasser au seul nom d'Alexandre,
Et, le croyant déjà maître de l'univers,
Aille, esclave empressé, lui demander des fers?*
Loin de s'épouvanter à l'aspect de sa gloire,
Ils l'attaqueront même au sein de la victoire;
Et vous voulez, ma sœur, que Taxile aujourd'hui,
Tout prêt à le combattre, implore son appui!

CLÉOFILE.

Aussi n'est-ce qu'à vous que ce prince s'adresse;
Pour votre amitié seule Alexandre s'empresse :
Quand la foudre s'allume et s'apprête à partir,
Il s'efforce en secret de vous en garantir.

TAXILE.

Pourquoi suis-je le seul que son courroux ménage?
De tous ceux que l'Hydaspe oppose à son courage,
Ai-je mérité seul son indigne pitié?
Ne peut-il à Porus offrir son amitié?
Ah! sans doute il lui croit l'âme trop généreuse
Pour écouter jamais une offre si honteuse;
Il cherche une vertu qui lui résiste moins;
Et peut-être il me croit plus digne de ses soins.

* Van. *Aille, jusqu'en son camp, lui demander des fers.*

La manière dont Racine refit ce vers prouve qu'il avait appris à corriger heureusement et à substituer des beautés aux défauts. *Jusqu'en son camp* était dur; *aille, esclave empressé*, donne au vers bien plus d'élégance. (L.)

CLÉOFILE.

Dites, sans l'accuser de chercher un esclave,
Que de ses ennemis il vous croit le plus brave ;
Et qu'en vous arrachant les armes de la main,
Il se promet du reste un triomphe certain.
Son choix à votre nom n'imprime point de taches ;
Son amitié n'est point le partage des lâches :[1]
Quoiqu'il brûle de voir tout l'univers soumis,
On ne voit point d'esclave au rang de ses amis.
Ah ! si son amitié peut souiller votre gloire,
Que ne m'épargniez-vous une tache si noire ?
Vous connoissez les soins qu'il me rend tous les jours,
Il ne tenoit qu'à vous d'en arrêter le cours.
Vous me voyez ici maîtresse de son âme ;
Cent messages secrets m'assurent de sa flamme ;
Pour venir jusqu'à moi, ses soupirs embrasés
Se font jour au travers de deux camps opposés.[2]

---

1. C'est une faute que de faire rimer *lâches*, qui est long, avec *taches* qui est bref. (L. B.) Non, on rimait alors pour les yeux ; on faisait rimer *françois* avec *lois*, et pourtant on prononçait *français*.

2. Après ce vers, on lisait dans les premières éditions les quatre suivants, que Racine a supprimés :

>   Mes yeux de leur conquête ont-ils fait un mystère ?
>   Vîtes-vous ses soupirs d'un regard de colère ?
>   Et lorsque devant vous ils se sont présentés,
>   Jamais comme ennemis les avez-vous traités ?

Corneille avait déjà fait de César le chevalier de Cléopâtre avant que Racine eût fait d'Alexandre le soupirant de la princesse Cléofile. C'est à Rome que César commença de m'aimer, dit Cléopâtre :

>   Là, j'eus de son amour le premier témoignage,
>   Et, depuis, jusqu'ici chaque jour ses courriers
>   M'apportent en tribut ses vœux et ses lauriers.
>   Partout, en Italie, aux Gaules, en Espagne,
>   La fortune le suit, et l'amour l'accompagne ;
>   Son bras ne dompte point de peuples ni de lieux,
>   Dont il ne rende hommage au pouvoir de mes yeux ;
>   Et de la même main dont il quitte l'épée

Au lieu de le haïr, au lieu de m'y contraindre,
De mon trop de rigueur je vous ai vu vous plaindre;
Vous m'avez engagée à souffrir son amour,
Et peut-être, mon frère, à l'aimer à mon tour.

TAXILE.

Vous pouvez, sans rougir du pouvoir de vos charmes,
Forcer ce grand guerrier à vous rendre les armes;
Et, sans que votre cœur doive s'en alarmer,
Le vainqueur de l'Euphrate a pu vous désarmer. *
Mais l'État aujourd'hui suivra ma destinée;
Je tiens avec mon sort sa fortune enchaînée;
Et, quoique vos conseils tâchent de me fléchir,
Je dois demeurer libre, afin de l'affranchir.
Je sais l'inquiétude où ce dessein vous livre;
Mais comme vous, ma sœur, j'ai mon amour à suivre.
Les beaux yeux d'Axiane, ennemis de la paix,
Contre votre Alexandre arment tous leurs attraits;
Reine de tous les cœurs, elle met tout en armes
Pour cette liberté que détruisent ses charmes;
Elle rougit des fers qu'on apporte en ces lieux,
Et n'y sauroit souffrir de tyrans que ses yeux.[1]

> Fumante encor du sang des amis de Pompée,
> Il trace des soupirs, et d'un style plaintif
> Dans son chant de victoire il se dit mon captif.[a]

* VAR. *Le vainqueur de l'Asie a pu vous désarmer.*

1. *Comme vous, ma sœur, j'ai mon amour à suivre... Les beaux yeux d'Axiane, ennemis de la paix*, et cette Axiane, *qui met tout en armes pour cette liberté que détruisent ses charmes*, et qui *ne sauroit souffrir de tyrans que ses yeux*, etc. Cette confusion de la *liberté* de l'Inde et de la *liberté* des cœurs, tout cela débité par un roi, quand il s'agit de combattre Alexandre, est sans doute le comble du mauvais goût. Mais souvenons-nous que c'est Racine qui, bientôt après, nous apprit à mépriser ces puérilités qui ont si longtemps déshonoré la tragédie. (L.)

[a] *Mort de Pompée*, acte II, scène 1re.

ACTE I, SCÈNE I.

Il faut servir, ma sœur, son illustre colère; *
Il faut aller...

CLÉOFILE.

Hé bien! perdez-vous pour lui plaire;**
De ces tyrans si chers suivez l'arrêt fatal,
Servez-les, ou plutôt servez votre rival.
De vos propres lauriers souffrez qu'on le couronne;
Combattez pour Porus, Axiane l'ordonne;
Et, par de beaux exploits appuyant sa rigueur,
Assurez à Porus l'empire de son cœur.

TAXILE.

Ah! ma sœur! croyez-vous que Porus...

CLÉOFILE.

Mais vous-même,
Doutez-vous, en effet, qu'Axiane ne l'aime?
Quoi! ne voyez-vous pas avec quelle chaleur
L'ingrate, à vos yeux même, étale sa valeur?
Quelque brave qu'on soit, si nous voulons la croire,
Ce n'est qu'autour de lui que vole la victoire :
Vous formeriez sans lui d'inutiles desseins,
La liberté de l'Inde est toute entre ses mains;
Sans lui déjà nos murs seroient réduits en cendre;
Lui seul peut arrêter les progrès d'Alexandre : ***
Elle se fait un dieu de ce prince charmant,
Et vous doutez encor qu'elle en fasse un amant![1]

---

* VAR. *Il faut servir, ma sœur, leur illustre colère.*
** VAR. . . . . . *Hé bien! perdez-vous pour leur plaire.*
*** VAR. *D'un seul de ses regards il peut vaincre Alexandre.*

1. *Charmant*, expression romanesque, surtout lorsqu'elle s'applique à un guerrier tel que Porus. Axiane, qui doit *se faire un amant de ce prince charmant, parce qu'elle s'en fait un dieu*, est encore une de ces antithèses dont Racine n'offre plus d'exemple après *Andromaque*. (G.)

TAXILE.

Je tâchois d'en douter, cruelle Cléofile :
Hélas! dans son erreur affermissez Taxile.
Pourquoi lui peignez-vous cet objet odieux?
Aidez-le bien plutôt à démentir ses yeux : *
Dites-lui qu'Axiane est une beauté fière,
Telle à tous les mortels qu'elle est à votre frère ;
Flattez de quelque espoir...

CLÉOFILE.

Espérez, j'y consens ;
Mais n'espérez plus rien de vos soins impuissants.
Pourquoi dans les combats chercher une conquête
Qu'à vous livrer lui-même Alexandre s'apprête?
Ce n'est pas contre lui qu'il la faut disputer ;
Porus est l'ennemi qui prétend vous l'ôter.
Pour ne vanter que lui, l'injuste renommée
Semble oublier les noms du reste de l'armée : [1]
Quoi qu'on fasse, lui seul en ravit tout l'éclat,
Et comme ses sujets il vous mène au combat.
Ah! si ce nom vous plaît, si vous cherchez à l'être,
Les Grecs et les Persans vous enseignent un maître ; [2]
Vous trouverez cent rois compagnons de vos fers ;

* VAR. *Si vous l'aimez, aidez-le à démentir ses yeux.*

1. Ces huit vers ont le mouvement, le ton et la tournure qui conviennent au style tragique. Le reste de la scène est indigne et de la tragédie et du sujet. Sur cette exposition, qui ne nous entretient que des froides amours de Cléofile pour Alexandre et de Taxile pour Axiane, on peut juger déjà que la pièce doit être glacée ; et Taxile qui s'écrie en voyant Porus : *Je me trouble*, etc., achève le ridicule de cette déplorable exposition. (L.)

2. On a prétendu que le nom de Perses convenoit aux habitants de l'ancienne Perse, et celui de Persans aux habitants de la Perse moderne. Cette distinction nous semble illusoire. (G.) — D'ailleurs, Racine a employé le mot *persan* dans *Bajazet* et dans *Esther*, et Voltaire a suivi son exemple dans la *Mort de César* (acte Ier, scène Ire). (A. M.)

Porus y viendra même avec tout l'univers.
Mais Alexandre enfin ne vous tend point de chaînes;[1]
Il laisse à votre front ces marques souveraines
Qu'un orgueilleux rival ose ici dédaigner.
Porus vous fait servir, il vous fera régner :
Au lieu que de Porus vous êtes la victime,
Vous serez... Mais voici ce rival magnanime.

TAXILE.

Ah, ma sœur! je me trouble; et mon cœur alarmé
En voyant mon rival, me dit qu'il est aimé.

CLÉOFILE.

Le temps vous presse. Adieu. C'est à vous de vous rendre
L'esclave de Porus, ou l'ami d'Alexandre.

SCÈNE II.

PORUS, TAXILE.

PORUS.

Seigneur, ou je me trompe, ou nos fiers ennemis
Feront moins de progrès qu'ils ne s'étoient promis.
Nos chefs et nos soldats, brûlant d'impatience,
Font lire sur leur front une mâle assurance :
Ils s'animent l'un l'autre; et nos moindres guerriers
Se promettent déjà des moissons de lauriers.
J'ai vu de rang en rang cette ardeur répandue
Par des cris généreux éclater à ma vue.[2]

---

1. *Ne vous tend point de chaînes.* Expression qui manque de justesse. *Apporter des chaînes, présenter des fers*, étaient les expressions propres à rendre l'idée de l'auteur. (L.)

2. Louis Racine a condamné avec raison cette expression *j'ai vu à ma vue*. (L. B.)

Ils se plaignent qu'au lieu d'éprouver leur grand cœur,
L'oisiveté d'un camp consume leur vigueur.
Laisserons-nous languir tant d'illustres courages?
Notre ennemi, seigneur, cherche ses avantages;
Il se sent foible encore; et, pour nous retenir,
Éphestion demande à nous entretenir,
Et par de vains discours...

TAXILE.

Seigneur, il faut l'entendre;
Nous ignorons encor ce que veut Alexandre :
Peut-être est-ce la paix qu'il nous veut présenter.

PORUS.

La paix! Ah! de sa main pourriez-vous l'accepter?
Hé quoi! nous l'aurons vu, par tant d'horribles guerres,
Troubler le calme heureux dont jouissoient nos terres,
Et, le fer à la main, entrer dans nos États
Pour attaquer des rois qui ne l'offensoient pas;
Nous l'aurons vu piller des provinces entières,
Du sang de nos sujets faire enfler nos rivières;
Et, quand le ciel s'apprête à nous l'abandonner,
J'attendrai qu'un tyran daigne nous pardonner!

TAXILE.

Ne dites point, seigneur, que le ciel l'abandonne;
D'un soin toujours égal sa faveur l'environne.
Un roi qui fait trembler tant d'États sous ses lois
N'est pas un ennemi que méprisent les rois.

PORUS.

Loin de le mépriser, j'admire son courage;
Je rends à sa valeur un légitime hommage;
Mais je veux, à mon tour, mériter les tributs
Que je me sens forcé de rendre à ses vertus.
Oui, je consens qu'au ciel on élève Alexandre;

Mais si je puis, seigneur, je l'en ferai descendre,¹
Et j'irai l'attaquer jusque sur les autels
Que lui dresse en tremblant le reste des mortels.
C'est ainsi qu'Alexandre estima tous ces princes
Dont sa valeur pourtant a conquis les provinces :
Si son cœur dans l'Asie eût montré quelque effroi,
Darius en mourant l'auroit-il vu son roi?

TAXILE.

Seigneur, si Darius avoit su se connoître,
Il régneroit encore où règne un autre maître.
Cependant cet orgueil, qui causa son trépas,
Avoit un fondement que vos mépris n'ont pas :
La valeur d'Alexandre à peine étoit connue ;
Ce foudre étoit encore enfermé dans la nue.
Dans un calme profond Darius endormi
Ignoroit jusqu'au nom d'un si foible ennemi.*
Il le connut bientôt, et son âme étonnée
De tout ce grand pouvoir se vit abandonnée :
Il se vit terrassé d'un bras victorieux ;
Et la foudre en tombant lui fit ouvrir les yeux.

PORUS.

Mais encore, à quel prix croyez-vous qu'Alexandre
Mette l'indigne paix dont il veut vous surprendre?
Demandez-le, seigneur, à cent peuples divers
Que cette paix trompeuse a jetés dans les fers.**
Non, ne nous flattons point : sa douceur nous outrage ;

---

1. Ces vers donnent une grande idée du caractère de Porus. Cependant il faut remarquer avec La Harpe qu'il y a de l'affectation à dire : *Je consens qu'on l'élève au ciel, si je puis l'en faire descendre.* Ces figures de rhéteur, ajoute-t-il, ne conviennent point à la sévérité tragique. (A. M.)

* VAR. *A peine connoissoit un si foible ennemi.*
** VAR. *Que cette paix trompeuse a jetés dans ses fers.*

Toujours son amitié traîne un long esclavage :
En vain on prétendroit n'obéir qu'à demi ;
Si l'on n'est son esclave, on est son ennemi.

TAXILE.

Seigneur, sans se montrer lâche ni téméraire,
Par quelque vain hommage on peut le satisfaire.*
Flattons par des respects ce prince ambitieux
Que son bouillant orgueil appelle en d'autres lieux.
C'est un torrent qui passe, et dont la violence
Sur tout ce qui l'arrête exerce sa puissance ;
Qui, grossi du débris de cent peuples divers,
Veut du bruit de son cours remplir tout l'univers.
Que sert de l'irriter par un orgueil sauvage ?**
D'un favorable accueil honorons son passage ;
Et, lui cédant des droits que nous reprendrons bien,
Rendons-lui des devoirs qui ne nous coûtent rien.

PORUS.

Qui ne nous coûtent rien, seigneur ! L'osez-vous croire?
Compterai-je pour rien la perte de ma gloire?
Votre empire et le mien seroient trop achetés,
S'ils coûtoient à Porus les moindres lâchetés.¹
Mais croyez-vous qu'un prince enflé de tant d'audace
De son passage ici ne laissât point de trace?
Combien de rois, brisés à ce funeste écueil,
Ne règnent plus qu'autant qu'il plaît à son orgueil !
Nos couronnes, d'abord devenant ses conquêtes,

* Var. *De quelque vain hommage on peut le satisfaire.*
** Var. *N'attirons point sur nous les effets de sa rage.*

1. On retrouve la même pensée, le même tour, et presque les mêmes expressions dans ces vers :

> Ce reste malheureux seroit trop acheté,
> S'il faut le conserver par une lâcheté.
>
> (*Bajazet*, acte II, scène III.) (L. B.)

Tant que nous régnerions flotteroient sur nos têtes;
Et nos sceptres, en proie à ses moindres dédains,
Dès qu'il auroit parlé, tomberoient de nos mains.
Ne dites point qu'il court de province en province :
Jamais de ses liens il ne dégage un prince;
Et, pour mieux asservir les peuples sous ses lois,
Souvent dans la poussière il leur cherche des rois.¹
Mais ces indignes soins touchent peu mon courage;
Votre seul intérêt m'inspire ce langage.
Porus n'a point de part dans tout cet entretien;
Et, quand la gloire parle, il n'écoute plus rien.

TAXILE.

J'écoute, comme vous, ce que l'honneur m'inspire,
Seigneur; mais il m'engage à sauver mon empire.

PORUS.

Si vous voulez sauver l'un ou l'autre aujourd'hui,*
Prévenons Alexandre, et marchons contre lui.

TAXILE.

L'audace et le mépris sont d'infidèles guides.

PORUS.

La honte suit de près les courages timides.

TAXILE.

Le peuple aime les rois qui savent l'épargner.

PORUS.

Il estime encor plus ceux qui savent régner.

TAXILE.

Ces conseils ne plairont qu'à des âmes hautaines.

---

1. Ce vers fait allusion à Abdolonyme, sorti de la tige des rois de Tyr, mais si pauvre qu'il étoit contraint, pour vivre, de cultiver lui-même son jardin (L. B.)

* VAR. *Si vous voulez sauver l'un et l'autre aujourd'hui.*

410   ALEXANDRE LE GRAND.

PORUS.

Ils plairont à des rois, et peut-être à des reines.

TAXILE.

La reine, à vous ouïr, n'a des yeux que pour vous.

PORUS.

Un esclave est pour elle un objet de courroux.[1]

TAXILE.

Mais, croyez-vous, seigneur, que l'amour vous ordonne
D'exposer avec vous son peuple et sa personne?
Non, non, sans vous flatter, avouez qu'en ce jour
Vous suivez votre haine, et non pas votre amour.

PORUS.

Hé bien ! je l'avouerai que ma juste colère
Aime la guerre autant que la paix vous est chère;
J'avouerai que, brûlant d'une noble chaleur,
Je vais contre Alexandre éprouver ma valeur.
Du bruit de ses exploits mon âme importunée
Attend depuis longtemps cette heureuse journée.[2]

1. On regrette que ce dialogue soit terminé par des galanteries aussi déplacées. A la suite de ce vers, on lisait dans les premières éditions (A. M.) :

TAXILE.
Votre fierté, seigneur, s'accorde avec la sienne.
PORUS.
J'aime la gloire ; et c'est tout ce qu'aime la reine.
TAXILE.
Son cœur vous est acquis.
PORUS.
J'empêcherai du moins
Qu'aucun maître étranger ne l'enlève à mes soins.
TAXILE.
Mais enfin croyez-vous que l'amour vous ordonne, etc.

2. Autrefois au seul bruit de ses grandes merveilles,
Quand le nom d'Alexandre eut frappé mes oreilles,
Avec le même effet je sentis dans mon cœur
Allumer le désir d'attaquer ce vainqueur.
Quand j'appris qu'il venoit fondre sur cette terre,
Mon âme avecque joie embrassa cette guerre,

Avant qu'il me cherchât, un orgueil inquiet*
M'avoit déjà rendu son ennemi secret.
Dans le noble transport de cette jalousie,
Je le trouvois trop lent à traverser l'Asie;
Je l'attirois ici par des vœux si puissants,
Que je portois envie au bonheur des Persans;
Et maintenant encor, s'il trompoit mon courage,
Pour sortir de ces lieux s'il cherchoit un passage,
Vous me verriez moi-même, armé pour l'arrêter,
Lui refuser la paix qu'il nous veut présenter.

TAXILE.

Oui, sans doute, une ardeur si haute et si constante
Vous promet dans l'histoire une place éclatante;
Et, sous ce grand dessein dussiez-vous succomber,
Au moins c'est avec bruit qu'on vous verra tomber.
La reine vient. Adieu. Vantez-lui votre zèle;
Découvrez cet orgueil qui vous rend digne d'elle.
Pour moi, je troublerois un si noble entretien,
Et vos cœurs rougiroient des foiblesses du mien.[1]

   Et me voir prévenu par ce fameux vainqueur
   Est le seul déplaisir qui trouble ce bonheur.[a]

* VAR. *La jalouse fierté que son nom m'inspiroit*, etc.

1. Il y a dans cette scène un vice bien marqué, dit La Harpe, c'est que Taxile s'y montre tout différent de ce qu'il était dans la précédente, et soutient contre Porus la cause que Cléofile vient de soutenir contre lui. Ce changement si prompt serait contraire à tous les principes, quand même il aurait quelques motifs apparents. Mais l'auteur n'a pris soin d'en indiquer aucun.

 Je ne puis pas être de l'avis de La Harpe dans cette critique. Cléofile a tout fait pour décider son frère Taxile à accepter la paix qu'offre Alexandre, et elle a surtout cherché à le persuader, en lui montrant que la reine Axiane lui préférera toujours Porus. Quand même il ferait tout contre Alexandre, il ne sera jamais dans cette guerre, aux yeux d'Axiane, que le

[a] *Porus ou la générosité d'Alexandre*, par Boyer, 1647 (acte III, scène 1re).

SCÈNE III.

PORUS, AXIANE.

AXIANE.

Quoi ! Taxile me fuit ! Quelle cause inconnue...*

PORUS.

Il fait bien de cacher sa honte à votre vue;
Et, puisqu'il n'ose plus s'exposer aux hasards,
De quel front pourroit-il soutenir vos regards?
Mais laissons-le, madame; et, puisqu'il veut se rendre,
Qu'il aille avec sa sœur adorer Alexandre.**
Retirons-nous d'un camp où, l'encens à la main,
Le fidèle Taxile attend son souverain.

AXIANE.

Mais, seigneur, que dit-il?

PORUS.

Il en fait trop paroître[1] :
Cet esclave déjà m'ose vanter son maître;
Il veut que je le serve...

AXIANE.

Ah ! sans vous emporter,

second de Porus. La jalousie qu'il a contre Porus pousse donc Taxile à la paix; et c'est cette jalousie aussi qui fait que l'entretien tourne entre les deux princes indiens à des picoteries amoureuses, très-peu dignes de la tragédie telle que Racine essayait de la faire, mais qui s'expliquent ou s'excusent par la rivalité des deux personnages.

* VAR. *Quoi ! Taxile me fuit ! Quelle cause imprévue, etc.*

** VAR. *Mais quittons-le, madame; et puisqu'il veut se rendre,*
Laissons-le avec sa sœur adorer Alexandre.

1. Expressions vagues et incorrectes. *En* ne se rapporte à rien. On dit bien *j'en dis trop;* c'est une phrase faite; mais on ne peut dire *il en fait trop paraître*, à moins que ce qui précède n'explique ce dont il s'agit. On devine la pensée de l'auteur, mais il ne l'exprime pas. (L.)

ACTE I, SCÈNE III.

Souffrez que mes efforts tâchent de l'arrêter :
Ses soupirs, malgré moi, m'assurent qu'il m'adore.
Quoi qu'il en soit, souffrez que je lui parle encore;
Et ne le forçons point, par ce cruel mépris,
D'achever un dessein qu'il peut n'avoir pas pris.

PORUS.

Hé quoi! vous en doutez? et votre âme s'assure
Sur la foi d'un amant infidèle et parjure,
Qui veut à son tyran vous livrer aujourd'hui,
Et croit, en vous donnant, vous obtenir de lui!
Hé bien! aidez-le donc à vous trahir vous-même.*
Il vous peut arracher à mon amour extrême;
Mais il ne peut m'ôter, par ses efforts jaloux,
La gloire de combattre et de mourir pour vous.[1]

AXIANE.

Et vous croyez qu'après une telle insolence,
Mon amitié, seigneur, seroit sa récompense?

---

* VAR. *Hé bien ! madame, aidez-le à vous trahir vous-même.*

Je conclus de cette variante et de plusieurs autres que nous avons données plus haut, que Racine dans ses corrections tendait à supprimer dans la versification l'élision de l'e muet, si fréquente dans l'ancienne poésie, et souvent utile. Ainsi nous voyons :

> Laissons-le avec sa sœur adorer Alexandre,

remplacé par ce vers :

> Qu'il aille avec sa sœur adorer Alexandre;

> Si vous l'aimez, aidez-le à démentir ses yeux,

remplacé par :

> Aidez-le bien plutôt à démentir ses yeux.

1. Porus a fait assez connaître son caractère, pour que l'on sente bien qu'il est homme à se battre contre Alexandre, quand même il n'y auroit pas d'Axiane au monde. Cependant tel est le vice radical de cette froide galanterie, qu'elle rabaisse infailliblement le plus grand caractère, du moment où ce qui ne doit être qu'une noble émulation de gloire, de courage, de vertu, peut être regardé comme l'ouvrage de l'amour. (L.)

Vous croyez que mon cœur s'engageant sous sa loi,
Je souscrirois au don qu'on lui feroit de moi?
Pouvez-vous, sans rougir, m'accuser d'un tel crime?
Ai-je fait pour ce prince éclater tant d'estime?
Entre Taxile et vous s'il falloit prononcer,
Seigneur, le croyez-vous qu'on me vît balancer?
Sais-je pas que Taxile est une âme incertaine,
Que l'amour le retient quand la crainte l'entraîne?
Sais-je pas que, sans moi, sa timide valeur
Succomberoit bientôt aux ruses de sa sœur?
Vous savez qu'Alexandre en fit sa prisonnière,
Et qu'enfin cette sœur retourna vers son frère;
Mais je connus bientôt qu'elle avoit entrepris
De l'arrêter au piége où son cœur étoit pris.

PORUS.

Et vous pouvez encor demeurer auprès d'elle!
Que n'abandonnez-vous cette sœur criminelle?
Pourquoi par tant de soins voulez-vous épargner
Un prince...

AXIANE.

C'est pour vous que je le veux gagner.
Vous verrai-je, accablé du soin de nos provinces,
Attaquer seul un roi vainqueur de tant de princes?
Je vous veux dans Taxile offrir un défenseur*
Qui combatte Alexandre en dépit de sa sœur.
Que n'avez-vous pour moi cette ardeur empressée!
Mais d'un soin si commun votre âme est peu blessée :
Pourvu que ce grand cœur périsse noblement,
Ce qui suivra sa mort le touche foiblement.
Vous me voulez livrer, sans secours, sans asile,

* VAR. *Mon cœur, dans un rival, vous cherche un défenseur.*

Au courroux d'Alexandre, à l'amour de Taxile,
Qui, me traitant bientôt en superbe vainqueur,
Pour prix de votre mort demandera mon cœur.
Hé bien! seigneur, allez; contentez votre envie,
Combattez, oubliez le soin de votre vie;
Oubliez que le ciel, favorable à vos vœux,
Vous préparoit peut-être un sort assez heureux.
Peut-être qu'à son tour Axiane charmée
Alloit... Mais non, seigneur, courez vers votre armée :
Un si long entretien vous seroit ennuyeux;
Et c'est vous retenir trop longtemps en ces lieux.

PORUS.

Ah, madame! arrêtez, et connoissez ma flamme,
Ordonnez de mes jours, disposez de mon âme :
La gloire y peut beaucoup, je ne m'en cache pas,
Mais que n'y peuvent point tant de divins appas![1]
Je ne vous dirai point que pour vaincre Alexandre
Vos soldats et les miens alloient tout entreprendre;
Que c'étoit pour Porus un bonheur sans égal
De triompher tout seul aux yeux de son rival :
Je ne vous dis plus rien. Parlez en souveraine :
Mon cœur met à vos pieds et sa gloire et sa haine.

AXIANE.

Ne craignez rien; ce cœur, qui veut bien m'obéir,
N'est pas entre des mains qui le puissent trahir :
Non, je ne prétends pas, jalouse de sa gloire,
Arrêter un héros qui court à la victoire.
Contre un fier ennemi précipitez vos pas;

---

1. Voilà Porus qui se conforme aussi à l'étiquette de la tragédie romanesque, et qui devient à son tour un soupirant amoureux. Il est curieux de voir Racine, dans son *Alexandre*, tantôt suivre son génie qui le pousse vers l'histoire et la vérité, et tantôt retomber sous le joug des romans à la mode.

Mais de vos alliés ne vous séparez pas :
Ménagez-les, seigneur; et, d'une âme tranquille,
Laissez agir mes soins sur l'esprit de Taxile;
Montrez en sa faveur des sentiments plus doux;
Je le vais engager à combattre pour vous.

PORUS.

Hé bien, madame, allez, j'y consens avec joie :
Voyons Éphestion, puisqu'il faut qu'on le voie.
Mais, sans perdre l'espoir de le suivre de près,
J'attends Éphestion, et le combat après.

ACTE DEUXIÈME.

SCÈNE PREMIÈRE.

CLÉOFILE, ÉPHESTION.

ÉPHESTION.

Oui, tandis que vos rois délibèrent ensemble,
Et que tout se prépare au conseil qui s'assemble,
Madame, permettez que je vous parle aussi
Des secrètes raisons qui m'amènent ici.
Fidèle confident du beau feu de mon maître,
Souffrez que je l'explique aux yeux qui l'ont fait naître;[1]
Et que pour ce héros j'ose vous demander
Le repos qu'à vos rois il veut bien accorder.
Après tant de soupirs, que faut-il qu'il espère?
Attendez-vous encore après l'aveu d'un frère?
Voulez-vous que son cœur, incertain et confus,
Ne se donne jamais sans craindre vos refus?
Faut-il mettre à vos pieds le reste de la terre?
Faut-il donner la paix? faut-il faire la guerre?

---

1. Le poëte dégrade ici comme à plaisir tous ses personnages. Éphestion y joue un rôle peu digne de l'ami d'Alexandre. Il intrigue pour les amours de son maître, et la scène entière n'est qu'un message d'amour.
On n'*explique* pas *un feu;* mais cent fautes de cette espèce seraient moins choquantes qu'un Éphestion *fidèle confident du beau feu de son maître.* (**L.**)

Prononcez : Alexandre est tout prêt d'y courir,
Ou pour vous mériter, ou pour vous conquérir.

CLÉOFILE.

Puis-je croire qu'un prince au comble de la gloire
De mes foibles attraits garde encor la mémoire;
Que, traînant après lui la victoire et l'effroi,
Il se puisse abaisser à soupirer pour moi?
Des captifs comme lui brisent bientôt leur chaîne :
A de plus hauts desseins la gloire les entraîne;
Et l'amour dans leurs cœurs, interrompu, troublé,
Sous le faix des lauriers est bientôt accablé.
Tandis que ce héros me tint sa prisonnière,
J'ai pu toucher son cœur d'une atteinte légère;
Mais je pense, seigneur, qu'en rompant mes liens,
Alexandre à son tour brisa bientôt les siens.

ÉPHESTION.

Ah! si vous l'aviez vu, brûlant d'impatience,
Compter les tristes jours d'une si longue absence
Vous sauriez que, l'amour précipitant ses pas,
Il ne cherchoit que vous en courant aux combats.
C'est pour vous qu'on l'a vu, vainqueur de tant de princes,
D'un cours impétueux traverser vos provinces,
Et briser en passant, sous l'effort de ses coups,
Tout ce qui l'empêchoit de s'approcher de vous.
On voit en même champ vos drapeaux et les nôtres;
De ses retranchements il découvre les vôtres :
Mais, après tant d'exploits, ce timide vainqueur
Craint qu'il ne soit encor bien loin de votre cœur.
Que lui sert de courir de contrée en contrée,
S'il faut que de ce cœur vous lui fermiez l'entrée;
Si, pour ne point répondre à de sincères vœux,

ACTE II, SCÈNE I.

Vous cherchez chaque jour à douter de ses feux;
Si votre esprit, armé de mille défiances...?

CLÉOFILE.

Hélas! de tels soupçons sont de foibles défenses;
Et nos cœurs, se formant mille soins superflus,
Doutent toujours du bien qu'ils souhaitent le plus.
Oui, puisque ce héros veut que j'ouvre mon âme,
J'écoute avec plaisir le récit de sa flamme.
Je craignois que le temps n'en eût borné le cours;
Je souhaite qu'il m'aime, et qu'il m'aime toujours.
Je dis plus : quand son bras força notre frontière,
Et dans les murs d'Omphis m'arrêta prisonnière,
Mon cœur, qui le voyoit maître de l'univers,
Se consoloit déjà de languir dans ses fers;
Et, loin de murmurer contre un destin si rude,
Il s'en fit, je l'avoue, une douce habitude,
Et de sa liberté perdant le souvenir,
Même en la demandant, craignoit de l'obtenir :[1]

---

1. Quelques-uns de ces vers rappellent ceux d'Ériphile dans *Iphigénie*, quand elle explique comment elle a aimé Achille.

> Rappellerai-je encor le souvenir affreux
> Du jour qui dans les fers nous jeta toutes deux?
> Dans les cruelles mains par qui je fus ravie,
> Je demeurai longtemps sans lumière et sans vie;
> Enfin mes foibles yeux cherchèrent la clarté;
> Et me voyant presser d'un bras ensanglanté,
> Je frémissois, Doris, et d'un vainqueur sauvage
> Craignois de rencontrer l'effroyable visage.
> J'entrai dans son vaisseau, détestant sa fureur,
> Et détournant toujours ma vue avec horreur.
> Je le vis : son aspect n'avoit rien de farouche;
> Je sentis le reproche expirer dans ma bouche;
> Je sentis contre moi mon cœur se déclarer;
> J'oubliai ma colère, et ne sus que pleurer.
> Je me laissai conduire à cet aimable guide;
> Je l'aimois en Lesbos, et je l'aime en Aulide.
> (*Iphigénie*, acte II, scène 1re.) (G.)

La reine Cléofile n'a pas eu, comme Éryphile, à passer de la colère à

Jugez si son retour me doit combler de joie.
Mais tout couvert de sang veut-il que je le voie?
Est-ce comme ennemi qu'il se vient présenter?
Et ne me cherche-t-il que pour me tourmenter?

ÉPHESTION.

Non, madame : vaincu du pouvoir de vos charmes,
Il suspend aujourd'hui la terreur de ses armes;
Il présente la paix à des rois aveuglés,
Et retire la main qui les eût accablés.
Il craint que la victoire, à ses vœux trop facile,
Ne conduise ses coups dans le sein de Taxile.
Son courage, sensible à vos justes douleurs,
Ne veut point de lauriers arrosés de vos pleurs.
Favorisez les soins où son amour l'engage;
Exemptez sa valeur d'un si triste avantage;
Et disposez des rois qu'épargne son courroux
A recevoir un bien qu'ils ne doivent qu'à vous.

CLÉOFILE.

N'en doutez point, seigneur : mon âme inquiétée [1]
D'une crainte si juste est sans cesse agitée;
Je tremble pour mon frère, et crains que son trépas
D'un ennemi si cher n'ensanglante le bras.
Mais en vain je m'oppose à l'ardeur qui l'enflamme,
Axiane et Porus tyrannisent son âme;

l'amour; il y a cependant dans les vers de Cléofile, dans ceux-ci par exemple :

> Et loin de murmurer contre un destin si rude,
> Je m'en fis, je l'avoue, une douce habitude,

une douceur et une élégance qui font pressentir les vers d'Éryphile.

1. L'abbé d'Olivet aurait voulu que Racine eût écrit *mon âme inquiète*, parce que le participe *inquiété* ne présente pas le même sens que l'adjectif *inquiet*. Cependant cette expression ne nous semble pas répréhensible, et il suffit, pour la faire adopter, que Racine l'ait encore employée dans *Andromaque*. (A. M.)

Les charmes d'une reine et l'exemple d'un roi,
Dès que je veux parler, s'élèvent contre moi.
Que n'ai-je point à craindre en ce désordre extrême !
Je crains pour lui, je crains pour Alexandre même ;
Je sais qu'en l'attaquant cent rois se sont perdus;
Je sais tous ses exploits; mais je connais Porus.
Nos peuples, qu'on a vus, triomphants à sa suite,
Repousser les efforts du Persan et du Scythe,
Et tout fiers des lauriers dont il les a chargés,
Vaincront à son exemple, ou périront vengés ;
Et je crains...

ÉPHESTION.

Ah ! quittez une crainte si vaine;
Laissez courir Porus où son malheur l'entraîne :
Que l'Inde en sa faveur arme tous ses États,
Et que le seul Taxile en détourne ses pas ![1]
Mais les voici.

CLÉOFILE.

Seigneur, achevez votre ouvrage,
Par vos sages conseils dissipez cet orage;
Ou, s'il faut qu'il éclate, au moins souvenez-vous
De le faire tomber sur d'autres que sur nous.

1. A quoi se rapporte *en?* De quoi Taxile doit-il *détourner ses pas?* Suivant la construction, c'est *de l'Inde et de tous ses États;* d'après le sens, c'est de la route où Porus est entraîné par son malheur. (G.) — Je crois que les critiques grammaticales de La Harpe et de Geoffroy sont souvent trop rigoureuses ou trop minutieuses. Les lois de la construction grammaticale sont faites pour déterminer le sens des phrases, et non pour le violenter. Quand le sens est clair, la grammaire doit être satisfaite. Or, dans le vers critiqué, *en* se rapporte clairement au malheur où court Porus; il se rapporte à la phrase, et c'est pédanterie que de vouloir, au nom de la grammaire, le rapporter seulement aux derniers mots.

SCÈNE II.

PORUS, TAXILE, ÉPHESTION.

ÉPHESTION.

Avant que le combat qui menace vos têtes
Mette tous vos États au rang de nos conquêtes,
Alexandre veut bien différer ses exploits,
Et vous offrir la paix pour la dernière fois.
Vos peuples, prévenus de l'espoir qui vous flatte,
Prétendoient arrêter le vainqueur de l'Euphrate ;
Mais l'Hydaspe, malgré tant d'escadrons épars,
Voit enfin sur ses bords flotter nos étendards :
Vous les verriez plantés jusque sur vos tranchées,
Et de sang et de morts vos campagnes jonchées,[1]
Si ce héros, couvert de tant d'autres lauriers,
N'eût lui-même arrêté l'ardeur de nos guerriers.
Il ne vient point ici, souillé du sang des princes,
D'un triomphe barbare effrayer vos provinces,
Et cherchant à briller d'une triste splendeur,
Sur le tombeau des rois élever sa grandeur.
Mais vous-mêmes, trompés d'un vain espoir de gloire,
N'allez point dans ses bras irriter la victoire ;[2]

---

1. Des campagnes ne peuvent être *jonchées de sang*, comme l'observe l'abbé d'Olivet, mais elles peuvent être *jonchées de morts*. Ce dernier terme couvre l'impropriété du premier. Racine offre d'ailleurs dans ses meilleures pièces plusieurs exemples très-heureux de cette licence. Lorsque Achille dit, dans *Iphigénie en Aulide*,

> Si de sang et de mort le ciel est affamé,

personne ne s'avise de remarquer qu'on ne peut pas être *affamé de sang*. (G.)

2. Ce vers est digne des chefs-d'œuvre de Racine : *irriter la victoire* est une figure aussi juste qu'elle est neuve et hardie. (G.)

Et lorsque son courroux demeure suspendu,
Princes, contentez-vous de l'avoir attendu.
Ne différez point tant à lui rendre l'hommage
Que vos cœurs, malgré vous, rendent à son courage ;
Et, recevant l'appui que vous offre son bras,
D'un si grand défenseur honorez vos États.
Voilà ce qu'un grand roi veut bien vous faire entendre,
Prêt à quitter le fer, et prêt à le reprendre.
Vous savez son dessein : choisissez aujourd'hui
Si vous voulez tout perdre, ou tout tenir de lui.

TAXILE.

Seigneur, ne croyez point qu'une fierté barbare*
Nous fasse méconnoître une vertu si rare ;
Et que dans leur orgueil nos peuples affermis
Prétendent, malgré vous, être vos ennemis.**
Nous rendons ce qu'on doit aux illustres exemples ;
Vous adorez des dieux qui nous doivent leurs temples ;
Des héros, qui chez vous passoient pour des mortels,
En venant parmi nous ont trouvé des autels.[1]
Mais en vain l'on prétend, chez des peuples si braves,
Au lieu d'adorateurs se faire des esclaves :[2]

* Var. *Seigneur, ne croyez point qu'une haine barbare.*
** Var. *Veuillent, malgré vous-même, être vos ennemis.*

1. C'est une ingénieuse allusion aux voyages fabuleux de Bacchus dans les Indes. (G.)

2. Ici Racine paraît avoir eu en vue ce passage du discours des Scythes à Alexandre : « Quibus bellum non intuleris, bonis amicis poteris uti, nam et firmissina est inter pares amicitia ; et videntur pares qui non fecerunt inter se periculum virium. Quos viceris, amicos tibi esse cave credas : inter dominum et servum nulla amicitia est. » — « Ne compte que sur l'amitié des rois à qui tu n'auras pas fait la guerre ; car il n'y a d'amitié solide qu'entre les égaux ; et ceux-là seuls paraissent égaux, qui n'ont point mesuré leurs forces. Crois-moi, ceux que tu auras vaincus ne seront jamais tes amis : entre le maître et l'esclave il n'est point d'amitié. » (Q. Curt., lib. VII, c. xxiii).

Croyez-moi, quelque éclat qui les puisse toucher,
Ils refusent l'encens qu'on leur veut arracher.
Assez d'autres États, devenus vos conquêtes,
De leurs rois, sous le joug, ont vu ployer les têtes.
Après tous ces États qu'Alexandre a soumis,*
N'est-il pas temps, seigneur, qu'il cherche des amis?
Tout ce peuple captif, qui tremble au nom d'un maître,
Soutient mal un pouvoir qui ne fait que de naître.
Ils ont, pour s'affranchir, les yeux toujours ouverts;**
Votre empire n'est plein que d'ennemis couverts;
Ils pleurent en secret leurs rois sans diadèmes;***
Vos fers trop étendus se relâchent d'eux-mêmes;
Et déjà dans leur cœur les Scythes mutinés
Vont sortir de la chaîne où vous nous destinez.
Essayez, en prenant notre amitié pour gage,
Ce que peut une foi qu'aucun serment n'engage;
Laissez un peuple au moins qui puisse quelquefois
Applaudir sans contrainte au bruit de vos exploits.
Je reçois à ce prix l'amitié d'Alexandre;
Et je l'attends déjà comme un roi doit attendre
Un héros dont la gloire accompagne les pas,
Qui peut tout sur mon cœur, et rien sur mes États.[1]

* VAR. *Sous le joug d'Alexandre ont vu ployer leurs têtes.*
  Après tant de sujets à ses armes soumis, etc.
** VAR. *Pour secouer le joug, ils ont les yeux ouverts.*
*** VAR. *Le Bactrien conquis reprend son diadème.*

1. Ce discours de Taxile est plus noble qu'on n'avait lieu de l'attendre après son dernier entretien avec Porus. *Leurs rois sans diadèmes* est une expression heureuse. Le caractère vague et indécis de ce Taxile refroidit toute la pièce. Il est étonnant que Racine n'ait pas pris dans Plutarque, plutôt que dans nos mauvais romans, les traits dont il s'est servi pour peindre ce roi indien. Taxile aurait pu former un beau contraste avec Porus. Moins ardent, moins fougueux, il aurait pu se distinguer par une sagesse et une prudence consommée qui s'allie très-bien avec le courage. Cela eût mieux valu que d'en faire un lâche, un vil esclave de l'amour, un rival

ACTE II, SCÈNE II.

PORUS.

Je croyois, quand l'Hydaspe, assemblant ses provinces,
Au secours de ses bords fit voler tous ses princes,
Qu'il n'avoit avec moi, dans des desseins si grands,
Engagé que des rois ennemis des tyrans;
Mais puisqu'un roi, flattant la main qui nous menace,[1]
Parmi ses alliés brigue une indigne place,
C'est à moi de répondre aux vœux de mon pays,
Et de parler pour ceux que Taxile a trahis.*
Que vient chercher ici le roi qui vous envoie?
Quel est ce grand secours que son bras nous octroie?
De quel front ose-t-il prendre sous son appui

de Porus, toujours humilié, et ne contrastant avec lui que par une bassesse pitoyable.

« La portion de l'Inde soumise à Taxile, dit Plutarque, égalait presque l'Égypte en étendue, et ne le cédait en fertilité à aucune contrée de l'univers. Ce prince avait la réputation d'être un sage. Quand il parut devant Alexandre, il lui dit, après l'avoir salué : « Qu'est-il besoin de
« guerre et de combats entre nous, ô Alexandre, si tu n'es pas venu nous
« enlever l'eau et les aliments nécessaires à la vie, les seuls objets pour les-
« quels un homme sensé soit forcé de combattre? Pour les autres posses-
« sions, pour les richesses, si j'en ai plus que toi, me voilà prêt à t'en faire
« part; si tu en as plus que moi, je ne rougirai point d'en recevoir de toi et
« de t'être redevable. » Charmé de la franchise de ce roi barbare, Alexandre
lui répondit en lui tendant la main : « Crois-tu donc, Taxile, que notre
« entrevue puisse se passer sans combat? Tes raisons et tes marques d'ami-
« tié n'ont rien gagné sur mon esprit : je veux absolument te combattre, je
« veux te vaincre en bienfaits. Alexandre ne souffrira jamais qu'on l'emporte
« sur lui en générosité. » Il reçut donc de grands présents de Taxile, lui en
fit de plus grands encore, et finit par lui porter une santé de mille talents
(environ trois millions), libéralité qui chagrina beaucoup les amis d'Alexandre, et ne contribua pas peu à lui gagner les cœurs des Barbares. » Plut.,
Vie d'Alexandre. (G.)

1. Taxile a cependant parlé noblement, mais d'un ton trop modéré pour l'humeur altière de Porus. Un roi sage et prudent n'est qu'un lâche et un traître pour un guerrier aussi fier, aussi audacieux que Porus, dont toute la politique est dans son épée. (G.)

* Var. *Je soutiendrai ma gloire, et répondant en roi,*
Je vais parler ici pour la reine et pour moi:

Des peuples qui n'ont point d'autre ennemi que lui?
Avant que sa fureur ravageât tout le monde,
L'Inde se reposoit dans une paix profonde;
Et si quelques voisins en troubloient les douceurs,
Il portoit dans son sein d'assez bons défenseurs.[1]
Pourquoi nous attaquer? Par quelle barbarie
A-t-on de votre maître excité la furie?
Vit-on jamais chez lui nos peuples en courroux
Désoler un pays inconnu parmi nous?[2]
Faut-il que tant d'États, de déserts, de rivières,
Soient entre nous et lui d'impuissantes barrières?
Et ne sauroit-on vivre au bout de l'univers
Sans connoître son nom et le poids de ses fers?[3]
Quelle étrange valeur, qui, ne cherchant qu'à nuire,

---

1. Dans cette phrase : *il portoit*, etc., le sens et la grammaire veulent que *il* se rapporte au mot *Inde*, placé deux vers plus haut. Or, il faudrait *elle*, car *Inde* est du féminin. Cette irrégularité n'a été remarquée par aucun commentateur. (A. M.)

Je ne suis pas bien sûr qu'au xvıı^e siècle et en 1665, le genre du mot Inde fût fixé. En 1643, Boyer, dans son *Porus*, disait l'*Indie* et non l'*Inde*.

Tu n'eus que ce moyen pour conquérir l'Indie.
(Acte IV, scène vi.)

Nous voyons plus haut *l'Hydaspe assemblant ses provinces*. Le fleuve est pris pour le pays; l'Inde est peut-être aussi le fleuve Indus pris pour le pays même.

2. Cette idée d'Homère est rendue avec plus de force et d'éloquence dans l'*Iphigénie en Aulide*, lorsque Achille dit à Agamemnon :

Jamais vaisseaux, partis des rives du Scamandre, etc.
(Acte IV, scène vi.) (G.)

3. C'est ainsi que les Scythes disent à Alexandre : « Quid nobis tecum est? Nunquam terram tuam attigimus? Quis sis, unde venias, licetne ignorare in vastis sylvis degentibus? Nec servire ulli possumus, nec imperare desideramus. » — « Qu'y a-t-il de commun entre nous et toi? Avons-nous jamais mis le pied sur tes terres? Et dans ces vastes forêts n'est-il pas permis d'ignorer qui tu es, et d'où tu viens? Nous ne pouvons servir, et ne voulons point commander. » Q. Curt., lib. VII, c. xxiii. (A. M.)

Embrase tout, sitôt qu'elle commence à luire; [1]
Qui n'a que son orgueil pour règle et pour raison ;
Qui veut que l'univers ne soit qu'une prison,
Et que, maître absolu de tous tant que nous sommes,
Ses esclaves en nombre égalent tous les hommes !
Plus d'États, plus de rois : ses sacriléges mains
Dessous un même joug rangent tous les humains.
Dans son avide orgueil je sais qu'il nous dévore :
De tant de souverains nous seuls régnons encore.
Mais que dis-je, nous seuls? Il ne reste que moi
Où l'on découvre encor les vestiges d'un roi.
Mais c'est pour mon courage une illustre matière :
Je vois d'un œil content trembler la terre entière,
Afin que par moi seul les mortels secourus,
S'ils sont libres, le soient de la main de Porus;
Et qu'on dise partout, dans une paix profonde :
« Alexandre vainqueur eût dompté tout le monde;
« Mais un roi l'attendoit au bout de l'univers,
« Par qui le monde entier a vu briser ses fers.[2] »

---

1. Boileau, dit Louis Racine, vantoit beaucoup ce portrait d'Alexandre. « Il est, disoit-il, de la main d'un poëte héroïque, et celui que j'ai fait est de la main d'un poëte satirique. » Sans doute, en louant ce morceau, Despréaux en exceptait ce vers :

Embrase tout, sitôt qu'elle commence à *luire.*

Une valeur qui luit est une mauvaise expression : quoiqu'on dise très-bien qu'*une valeur a brillé,* on ne sauroit dire qu'elle a *lui.* De plus, *une valeur qui embrase dès qu'elle luit* est un rapprochement frivole, une espèce de jeu de mots, peu digne du style tragique. (L.) L'usage n'a point adopté la valeur qui *luit :* pourquoi? On dit fort bien de la vertu, du génie, qu'il commence à luire. Je trouve une image admissible et non un rapprochement frivole dans une lueur qui annonce et précède un embrasement.

2. La tirade de Porus est magnifique. Ce vers :

Dans son avide orgueil je sais qu'il nous dévore,

ÉPHESTION.

Votre projet du moins nous marque un grand courage ;
Mais, seigneur, c'est bien tard s'opposer à l'orage :
Si le monde penchant n'a plus que cet appui,
Je le plains, et vous plains vous-même autant que lui.
Je ne vous retiens point ; marchez contre mon maître :
Je voudrois seulement qu'on vous l'eût fait connoître ;
Et que la renommée eût voulu, par pitié,
De ses exploits au moins vous conter la moitié ;
Vous verriez...

PORUS.

Que verrois-je, et que pourrois-je apprendre
Qui m'abaisse si fort au-dessous d'Alexandre?
Seroit-ce sans effort les Persans subjugués,
Et vos bras tant de fois de meurtres fatigués ?
Quelle gloire, en effet, d'accabler la foiblesse
D'un roi déjà vaincu par sa propre mollesse
D'un peuple sans vigueur et presque inanime,
Qui gémissoit sous l'or dont il étoit armé,
Et qui, tombant en foule au lieu de se défendre,
N'opposoit que des morts au grand cœur d'Alexandre?
Les autres, éblouis de ses moindres exploits,*
Sont venus à genoux lui demander des lois ;
Et, leur crainte écoutant je ne sais quels oracles,
Ils n'ont pas cru qu'un dieu pût trouver des obstacles.
Mais nous, qui d'un autre œil jugeons des conquérants,

---

est un des plus brillants et des plus hardis que Racine ait jamais faits. Il faut remarquer aussi ces paroles non moins admirables :

> Il ne reste que moi
> Où l'on découvre encor les vestiges d'un roi.

Corneille n'a pas de trait plus sublime. (G.)

* VAR. *Tout le reste, ébloui de ses moindres exploits*, etc.

Nous savons que les dieux ne sont pas des tyrans;
Et de quelque façon qu'un esclave le nomme,
Le fils de Jupiter passe ici pour un homme.
Nous n'allons point de fleurs parfumer son chemin;
Il nous trouve partout les armes à la main;
Il voit à chaque pas arrêter ses conquêtes;
Un seul rocher ici lui coûte plus de têtes,[1]
Plus de soins, plus d'assauts, et presque plus de temps,
Que n'en coûte à son bras l'empire des Persans.
Ennemis du repos qui perdit ces infâmes,
L'or qui naît sous nos pas ne corrompt point nos âmes.
La gloire est le seul bien qui nous puisse tenter,
Et le seul que mon cœur cherche à lui disputer;
C'est elle...
    ÉPHESTION, en se levant.
    Et c'est aussi ce que cherche Alexandre.
A de moindres objets son cœur ne peut descendre.
C'est ce qui, l'arrachant du sein de ses États,
Au trône de Cyrus lui fit porter ses pas,
Et, du plus ferme empire ébranlant les colonnes,
Attaquer, conquérir, et donner les couronnes.[2]
Et, puisque votre orgueil ose lui disputer
La gloire du pardon qu'il vous fait présenter,
Vos yeux, dès aujourd'hui témoins de sa victoire,

---

1. Ce vers fait allusion à la prise du rocher d'Aorne, où les troupes d'Alexandre furent arrêtées par les assiégés, qui ne se rendirent qu'après une vigoureuse résistance. Voy. Q. Curt., lib. VIII, c. xxxvi, xxxvii et xxxviii. (A. M.)

2. L'abbé d'Olivet a observé que les deux participes *arrachant* et *ébranlant* ne se rapportent pas au même substantif; mais les vers s'enchaînent si bien, leur marche est si rapide, qu'il n'y a qu'un grammairien qui puisse apercevoir la faute. Ce vers :
  Attaquer, conquérir, et donner les couronnes,
se lisait ainsi dans les premières éditions :
  Attaquer, conquérir, et rendre les couronnes. (G.)

Verront de quelle ardeur il combat pour la gloire :
Bientôt le fer en main vous le verrez marcher.

PORUS.

Allez donc : je l'attends, ou je le vais chercher.¹

SCÈNE III.

PORUS, TAXILE.

TAXILE.

Quoi ! vous voulez, au gré de votre impatience...*

PORUS.

Non, je ne prétends point troubler votre alliance :
Éphestion, aigri seulement contre moi,
De vos soumissions rendra compte à son roi.
Les troupes d'Axiane, à me suivre engagées,
Attendent le combat sous mes drapeaux rangées;
De son trône et du mien je soutiendrai l'éclat,
Et vous serez, seigneur, le juge du combat;
A moins que votre cœur, animé d'un beau zèle,
De vos nouveaux amis n'embrasse la querelle.**

SCÈNE IV.

AXIANE, PORUS, TAXILE.

AXIANE, à Taxile.

Ah ! que dit-on de vous, seigneur? Nos ennemis

---

1. C'est particulièrement dans cette scène que l'auteur commence à montrer un talent décidé pour la versification. A quelques fautes près, qui sont même fort légères, tout ce que dit Porus est excellent. Il y a de la force et de l'élévation dans les idées, et la diction est d'un homme qui connaît déjà toutes les formes de la phrase poétique. (G.)

* VAR. *Quoi! voulez-vous, au gré de votre impatience...*
** VAR. *De ses nouveaux amis n'embrasse la querelle.*

ACTE II, SCÈNE IV.

Se vantent que Taxile est à moitié soumis;
Qu'il ne marchera point contre un roi qu'il respecte.

TAXILE.

La foi d'un ennemi doit être un peu suspecte,
Madame; avec le temps ils me connoîtront mieux.

AXIANE.

Démentez donc, seigneur, ce bruit injurieux;
De ceux qui l'ont semé confondez l'insolence;
Allez, comme Porus, les forcer au silence,
Et leur faire sentir, par un juste courroux,
Qu'ils n'ont point d'ennemi plus funeste que vous.

TAXILE.

Madame, je m'en vais disposer mon armée;
Écoutez moins ce bruit qui vous tient alarmée :
Porus fait son devoir, et je ferai le mien.

SCÈNE V.

AXIANE, PORUS.

AXIANE.

Cette sombre froideur ne m'en dit pourtant rien,
Lâche; et ce n'est point là, pour me le faire croire,
La démarche d'un roi qui court à la victoire.
Il n'en faut plus douter, et nous sommes trahis :
Il immole à sa sœur sa gloire et son pays;
Et sa haine, seigneur, qui cherche à vous abattre,
Attend pour éclater que vous alliez combattre.

PORUS.

Madame, en le perdant, je perds un foible appui,

Je le connoissois trop pour m'assurer sur lui.*
Mes yeux sans se troubler ont vu son inconstance;
Je craignois beaucoup plus sa molle résistance.
Un traître, en nous quittant pour complaire à sa sœur,
Nous affoiblit bien moins qu'un lâche défenseur.

AXIANE.

Et, cependant, seigneur, qu'allez vous entreprendre?
Vous marchez sans compter les forces d'Alexandre;
Et, courant presque seul au-devant de leurs coups,
Contre tant d'ennemis vous n'opposez que vous.

PORUS.

Hé quoi! voudriez-vous qu'à l'exemple d'un traître,
Ma frayeur conspirât à vous donner un maître;
Que Porus, dans un camp se laissant arrêter,
Refusât le combat qu'il vient de présenter?
Non, non, je n'en crois rien. Je connois mieux, madame,
Le beau feu que la gloire allume dans votre âme :
C'est vous, je m'en souviens, dont les puissants appas
Excitoient tous nos rois, les traînoient aux combats;
Et de qui la fierté, refusant de se rendre,
Ne vouloit pour amant qu'un vainqueur d'Alexandre.
Il faut vaincre, et j'y cours, bien moins pour éviter
Le titre de captif, que pour le mériter.
Oui, madame, je vais, dans l'ardeur qui m'entraîne,
Victorieux ou mort, mériter votre chaîne;
Et puisque mes soupirs s'expliquoient vainement
A ce cœur que la gloire occupe seulement,

' Var.   AXIANE.
    O dieux!
                     PORUS.
                Son changement me dérobe un appui
Que je connoissois trop pour m'assurer sur lui.

ACTE II, SCÈNE V.

Je m'en vais, par l'éclat qu'une victoire donne,
Attacher de si près la gloire à ma personne,
Que je pourrai peut-être amener votre cœur
De l'amour de la gloire à l'amour du vainqueur. [1]

AXIANE.

Hé bien, seigneur, allez. Taxile aura peut-être
Des sujets dans son camp plus braves que leur maître;
Je vais les exciter par un dernier effort.
Après, dans votre camp j'attendrai votre sort.
Ne vous informez point de l'état de mon âme :
Triomphez et vivez.

PORUS.

Qu'attendez-vous, madame?
Pourquoi, dès ce moment, ne puis-je pas savoir
Si mes tristes soupirs ont pu vous émouvoir?
Voulez-vous (car le sort, adorable Axiane,
A ne vous plus revoir peut-être me condamne),
Voulez-vous qu'en mourant un prince infortuné*
Ignore à quelle gloire il étoit destiné? [2]
Parlez.

---

1. Voilà Porus retombé dans le galimatias romanesque. Il va *par la victoire attacher de si près la gloire à sa personne,* qu'Axiane sera forcée de passer de *l'amour de la gloire à l'amour du vainqueur!*

* VAR. *Voulez-vous qu'en mourant ce cœur infortuné.*

Dans *Mithridate* et dans *Phèdre*, on retrouve à peu près la même situation. Xipharès forcé de s'éloigner de Monime, Hippolyte prêt à quitter Aricie, veulent être instruits du sort de leur amour. Monime et Aricie font une réponse délicate et ingénieuse dans le goût de celle d'Axiane; mais il faut convenir que Porus, prêt à courir au combat pour défendre la liberté de sa patrie et de sa maîtresse, est dans une position plus intéressante et plus théâtrale, (G.) — mais qui devrait lui inspirer moins de fadeurs sentimentales.

2. Ces paroles douceureuses dans la bouche d'un prince qui vient de dire des choses si grandes doivent étonner. Porus partant pour aller combattre Alexandre doit-il s'appeler *un prince infortuné,* qui ignore *à quelle gloire il est destiné?* Nos romans avoient mis ce style à la mode parmi les héros. (L. R.)

AXIANE.

Que vous dirai-je?

PORUS.

Ah! divine princesse,
Si vous sentiez pour moi quelque heureuse foiblesse,
Ce cœur, qui me promet tant d'estime en ce jour,
Me pourroit bien encor promettre un peu d'amour.
Contre tant de soupirs peut-il bien se défendre?
Peut-il...

AXIANE.

Allez, seigneur, marchez contre Alexandre,
La victoire est à vous, si ce fameux vainqueur
Ne se défend pas mieux contre vous que mon cœur.[1]

1. Après la belle scène que nous avons admirée, le sujet, la pièce, l'auteur, retombent pour ne plus se relever. Porus, qui, au moment d'aller combattre Alexandre, *y court, moins pour éviter le titre de captif que pour le mériter;* qui veut qu'on soit ému de *ses tristes soupirs*, et que sa *divine princesse sente pour lui quelque heureuse foiblesse*, et qu'avec *tant d'estime* on lui promette *un peu d'amour;* et cette Axiane qui en dit cent fois plus qu'il n'en faut pour qu'on ne lui demande plus rien; tout cela n'est qu'un dialogue comique entre des rois et des reines, fait pour avilir à la fois et le rang, et le caractère des personnages, et celui de la tragédie. Plus on y réfléchit, plus on aperçoit qu'il ne fallait rien moins que cet ascendant des opinions et des mœurs générales qu'on appelle la mode, pour qu'une nation éclairée ait pu si longtemps, je ne dis pas supporter, mais applaudir de pareilles choses. Cette galanterie étant alors ce qu'on appelait dans la société le langage des honnêtes gens, on voulait l'entendre sur le théâtre, sans songer que ce ton de la société française ne devait pas être celui des héros de l'antiquité, qui n'en avaient pas la moindre idée. Boileau est le seul (il faut le dire à sa gloire), parmi tant de grands esprits, qui ait été frappé de cet absurde travestissement; et il en fit sentir le ridicule et l'indécence dans son *Art poétique* et dans ses autres ouvrages. Mais de son temps, il n'y eut guère que Racine qui profita de la leçon. (L.)

ACTE TROISIÈME.

SCÈNE PREMIÈRE.
AXIANE, CLÉOFILE.

AXIANE.

Quoi! madame, en ces lieux on me tient enfermée!
Je ne puis au combat voir marcher mon armée!
Et, commençant par moi sa noire trahison,*
Taxile de son camp me fait une prison![1]
C'est donc là cette ardeur qu'il me faisoit paroître!
Cet humble adorateur se déclare mon maître!
Et déjà son amour, lassé de ma rigueur,
Captive ma personne au défaut de mon cœur!

CLÉOFILE.

Expliquez mieux les soins et les justes alarmes
D'un roi qui pour vainqueurs ne connoît que vos charmes;
Et regardez, madame, avec plus de bonté
L'ardeur qui l'intéresse à votre sûreté.
Tandis qu'autour de nous deux puissantes armées,

---

* VAR. *Et commençant sur moi sa noire trahison.*

1. Le poëte, n'osant violer l'unité de lieu, avait besoin d'Axiane dans le camp de Taxile. Il a mieux aimé abaisser le caractère de Taxile que de manquer à une règle d'Aristote : mais comment supposer que Porus, conduisant au combat son armée et celle d'Axiane, laisse sa maîtresse dans le camp et au pouvoir de son rival Taxile? (G.)

D'une égale chaleur au combat animées,*
De leur fureur partout font voler les éclats,
De quel autre côté conduiriez-vous vos pas?[1]
Où pourriez-vous ailleurs éviter la tempête?
Un plein calme en ces lieux assure votre tête :
Tout est tranquille...

AXIANE.

Et c'est cette tranquillité
Dont je ne puis souffrir l'indigne sûreté.
Quoi! lorsque mes sujets, mourant dans une plaine,
Sur les pas de Porus combattent pour leur reine,
Qu'au prix de tout leur sang ils signalent leur foi,
Que le cri des mourants vient presque jusqu'à moi,
On me parle de paix; et le camp de Taxile
Garde dans ce désordre une assiette tranquille!
On flatte ma douleur d'un calme injurieux!
Sur des objets de joie on arrête mes yeux!

---

* Var. *D'une égale fierté l'une et l'autre animées.*

1. On ne peut pas dire *faire voler les éclats de la fureur*. On ne dit pas non plus *conduire ses pas*, quand le mot *ses* se rapporte au sujet du verbe. Il faut alors, *porter ses pas, diriger ses pas*. Quelques vers plus bas, les commentateurs ont blâmé *la sûreté d'une tranquillité*, qui ne peut se dire ni en vers ni en prose. (A. M.) Je crois que M. Aimé Martin tombe ici dans la même erreur que je me suis permis de relever dans La Harpe et dans Geoffroy. Il prend l'usage actuel pour la règle absolue de la langue, sans songer qu'au xviie siècle, en 1665, l'usage n'avait pas encore condamné ou consacré certaines acceptions de mots. Nous trouvons tout simple aujourd'hui de dire *porter ses pas, diriger ses pas* au lieu de *conduire ses pas*, quand *ses* se rapporte au sujet du verbe. Comme les deux expressions étaient très rapprochées l'une de l'autre, il n'y avait que l'usage qui pût décider entre les deux. En 1665, rien ne me dit que l'usage eût encore décidé.— Je ne puis pas blâmer non plus *la sûreté d'une tranquillité* : il y a peut être un léger pléonasme dans cette phrase, quoi qu'il y ait cependant entre ces deux mots une nuance de sens assez différente pour permettre de les rapprocher. On dit très-bien : voici un endroit où je suis sûr d'être tranquille. *La sûreté de la tranquillité* d'Axiane exprime le même sens.

ACTE III, SCÈNE I.

CLÉOFILE.

Madame, voulez-vous que l'amour de mon frère
Abandonne aux périls une tête si chère?
Il sait trop les hasards...

AXIANE.

Et pour m'en détourner
Ce généreux amant me fait emprisonner!
Et, tandis que pour moi son rival se hasarde,
Sa paisible valeur me sert ici de garde![1]

CLÉOFILE.

Que Porus est heureux! le moindre éloignement
A votre impatience est un cruel tourment;
Et, si l'on vous croyoit, le soin qui vous travaille
Vous le feroit chercher jusqu'au champ de bataille.

AXIANE.

Je ferois plus, madame : un mouvement si beau

---

1. Ce vers, dans les premières éditions, était suivi d'un grand nombre d'autres, dont la suppression est un témoignage précieux des progrès du goût de Racine.

> Ah, madame! s'il m'aime, il le témoigne mal.
> Ses lâches soins ne font qu'avancer son rival.
> Il devoit, dans un camp, plein d'une noble envie,
> Lui disputer mon cœur et le soin de ma vie,
> Balancer mon estime, et, comme lui, courir
> Bien moins pour me sauver que pour me conquérir.
> CLÉOFILE.
> D'un refus si honteux il craint peu les reproches :
> Il n'a point du combat évité les approches;
> Il en eût partagé la gloire et le danger;
> Mais Porus avec lui ne veut rien partager;
> Il auroit cru trahir son illustre colère
> Que d'attendre un moment le secours de mon frère.
> AXIANE.
> Un si lent défenseur, quel que soit son amour,
> Se seroit fait, madame, attendre plus d'un jour.
> Non, non, vous jouissez d'une pleine assurance :
> Votre amant, votre frère, étoient d'intelligence.
> Le lâche, qui dans l'âme étoit déjà rendu,
> Ne cherchoit qu'à nous vendre après s'être vendu.
> Et vous m'osez encor parler de votre frère!
> Ah! de ce camp, madame, ouvrez-moi la barrière!

Me le feroit chercher jusque dans le tombeau,
Perdre tous mes États, et voir d'un œil tranquille
Alexandre en payer le cœur de Cléofile.

CLÉOFILE.

Si vous cherchez Porus, pourquoi m'abandonner?*
Alexandre en ces lieux pourra le ramener.
Permettez que, veillant au soin de votre tête,
A cet heureux amant l'on garde sa conquête.

AXIANE.

Vous triomphez, madame; et déjà votre cœur
Vole vers Alexandre, et le nomme vainqueur;
Mais, sur la seule foi d'un amour qui vous flatte,
Peut-être avant le temps ce grand orgueil éclate :
Vous poussez un peu loin vos vœux précipités,
Et vous croyez trop tôt ce que vous souhaitez.
Oui, oui...

CLÉOFILE.

Mon frère vient; et nous allons apprendre
Qui de nous deux, madame, aura pu se méprendre.

AXIANE.

Ah! je n'en doute plus; et ce front satisfait
Dit assez à mes yeux que Porus est défait.

SCÈNE II.

TAXILE, AXIANE, CLÉOFILE.

TAXILE.

Madame, si Porus, avec moins de colère,
Eût suivi les conseils d'une amitié sincère,

---

* VAR. *Si vous cherchez Porus, sans nous abandonner...*

ACTE III, SCÈNE II.

Il m'auroit en effet épargné la douleur
De vous venir moi-même annoncer son malheur.

AXIANE.

Quoi ! Porus...

TAXILE.

C'en est fait; et sa valeur trompée
Des maux que j'ai prévus se voit enveloppée.
Ce n'est pas (car mon cœur, respectant sa vertu,
N'accable point encore un rival abattu),
Ce n'est pas que son bras, disputant la victoire,
N'en ait aux ennemis ensanglanté la gloire;[1]
Qu'elle-même, attachée à ses faits éclatants,
Entre Alexandre et lui n'ait douté quelque temps :
Mais enfin contre moi sa vaillance irritée
Avec trop de chaleur s'étoit précipitée.
J'ai vu ses bataillons rompus et renversés,
Vos soldats en désordre, et les siens dispersés;
Et lui-même, à la fin, entraîné dans leur fuite,
Malgré lui du vainqueur éviter la poursuite,
Et de son vain courroux trop tard désabusé,
Souhaiter le secours qu'il avoit refusé.

AXIANE.

Qu'il avoit refusé ! Quoi donc ! pour ta patrie,
Ton indigne courage attend que l'on te prie !*
Il faut donc, malgré toi, te traîner aux combats,
Et te forcer toi-même à sauver tes États !
L'exemple de Porus, puisqu'il faut qu'on t'y porte,

---

1. *Ensanglanter la gloire à quelqu'un* est un de ces latinismes que Racine aimait à introduire dans notre langue; mais l'usage n'a point adopté celui-ci. Cependant il serait injuste de ne pas remarquer avec La Harpe combien l'expression *ensanglanter la gloire* est heureusement hardie. (A. M.)

* VAR. Lâche, pour ta patrie,
    Ton infâme courage attend donc qu'on te prie '

Dis-moi, n'étoit-ce pas une voix assez forte?
Ce héros en péril, ta maîtresse en danger,[1]
Tout l'État périssant n'a pu t'encourager!
Va, tu sers bien le maître à qui ta sœur te donne.
Achève, et fais de moi ce que sa haine ordonne.
Garde à tous les vaincus un traitement égal,
Enchaîne ta maîtresse, en livrant ton rival.*
Aussi bien c'en est fait : sa disgrâce et ton crime
Ont placé dans mon cœur ce héros magnanime.
Je l'adore! et je veux, avant la fin du jour,
Déclarer à la fois ma haine et mon amour;
Lui vouer, à tes yeux, une amitié fidèle,
Et te jurer, aux siens, une haine éternelle.
Adieu. Tu me connois : aime-moi si tu veux.

TAXILE.

Ah! n'espérez de moi que de sincères vœux,
Madame; n'attendez ni menaces ni chaînes :
Alexandre sait mieux ce qu'on doit à des reines.
Souffrez que sa douceur vous oblige à garder
Un trône que Porus devoit moins hasarder;**
Et moi-même en aveugle on me verroit combattre
La sacrilége main qui le voudroit abattre.

AXIANE.

Quoi! par l'un de vous deux mon sceptre raffermi

---

1. Cette tirade d'Axiane est vive et passionnée; mais, puisqu'elle hait et méprise Taxile, elle ne doit pas se donner à elle-même le titre de *sa maîtresse*; c'est un oubli de la bienséance dans les termes. (G.) — Le mot de maîtresse n'avait pas le sens qu'il a pris. Ici encore, Geoffroy oppose mal à propos l'usage du xviiie et du xixe siècle à l'usage du xviie.

J'avois ici laissé mon maître et ma maîtresse,

dit Nicomède (acte Ier, scène III) parlant de la reine Laodice.

* Var. *Enchaîne ta maîtresse avecque ton rival.*
** Var. *Un sceptre que Porus devoit moins hasarder.*

Deviendroit dans mes mains le don d'un ennemi?
Et sur mon propre trône on me verroit placée
Par le même tyran qui m'en auroit chassée?[1]

TAXILE.

Des reines et des rois vaincus par sa valeur
Ont laissé par ses soins adoucir leur malheur.
Voyez de Darius et la femme et la mère :
L'une le traite en fils, l'autre le traite en frère.

AXIANE.

Non, non, je ne sais point vendre mon amitié,
Caresser un tyran et régner par pitié.[2]
Penses-tu que j'imite une foible Persane;
Qu'à la cour d'Alexandre on retienne Axiane;
Et qu'avec mon vainqueur courant tout l'univers,
J'aille vanter partout la douceur de ses fers?
S'il donne les États, qu'il te donne les nôtres;
Qu'il te pare, s'il veut, des dépouilles des autres.
Règne : Porus ni moi n'en serons point jaloux;
Et tu seras encor plus esclave que nous.
J'espère qu'Alexandre, amoureux de sa gloire,
Et fâché que ton crime ait souillé sa victoire,
S'en lavera bientôt par ton propre trépas.
Des traîtres comme toi font souvent des ingrats :
Et de quelques faveurs que sa main t'éblouisse,
Du perfide Bessus regarde le supplice.
Adieu.

1. Il faut se ressouvenir qu'Axiane parle devant Cléofile, qu'Alexandre avoit rétablie sur le trône. (L. B.)

2. *Régner par pitié*, dit La Harpe, est ici à contre-sens. Axiane veut dire qu'elle ne veut pas devoir son trône à la pitié : et *régner par pitié* signifie *consentir par pitié* à régner. Au reste, Axiane s'exprime dans cette scène comme les héroïnes de Corneille. Son dernier couplet surtout est plein de vigueur. (A. M.) — On dit fort bien vivre par pitié, c'est-à-dire par la pitié d'un autre et non par la sienne.

SCÈNE III.

CLÉOFILE, TAXILE.

CLÉOFILE.

Cédez, mon frère, à ce bouillant transport :
Alexandre et le temps vous rendront le plus fort :
Et cet âpre courroux, quoi qu'elle en puisse dire,
Ne s'obstinera point au refus d'un empire.
Maître de ses destins, vous l'êtes de son cœur.
Mais, dites-moi, vos yeux ont-ils vu le vainqueur?
Quel traitement, mon frère, en devons-nous attendre?
Qu'a-t-il dit?

TAXILE.

Oui, ma sœur, j'ai vu votre Alexandre.
D'abord ce jeune éclat qu'on remarque en ses traits
M'a semblé démentir le nombre de ses faits.[1]
Mon cœur, plein de son nom, n'osoit, je le confesse,
Accorder tant de gloire avec tant de jeunesse;
Mais de ce même front l'héroïque fierté,
Le feu de ses regards, sa haute majesté,
Font connoître Alexandre; et certes son visage*
Porte de sa grandeur l'infaillible présage;
Et sa présence auguste appuyant ses projets,

---

1. *Ses faits* ne peut guère entrer dans la poésie noble, sans une épithète qui les relève. *Le jeune éclat* est une de ces épithètes hardiment métonymiques, toujours si heureuses dans Racine et Despréaux. (L.) — L'observation sur le mot *faits* n'est pas applicable à tous les cas. Jean-Baptiste Rousseau, dans son ode sur la mort du prince de Condé, a employé très-heureusement le mot *faits* sans épithète. Boileau, dans son épitre au roi, s'exprime encore avec élégance lorsqu'il dit :

> Et moi sur ce sujet, loin d'exercer ma plume,
> J'amasse de tes *faits* le pénible volume. (A. M.)

* VAR. *Le font bientôt connoître : et certes son visage...*

ACTE III, SCÈNE III.

Ses yeux, comme son bras, font partout des sujets. ¹
Il sortoit du combat. Ébloui de sa gloire,*
Je croyois dans ses yeux voir briller la victoire.
Toutefois, à ma vue, oubliant sa fierté,
Il a fait à son tour éclater sa bonté.
Ses transports ne m'ont point déguisé sa tendresse :
« Retournez, m'a-t-il dit, auprès de la princesse ;
« Disposez ses beaux yeux à revoir un vainqueur
« Qui va mettre à ses pieds sa victoire et son cœur. »
Il marche sur mes pas. Je n'ai rien à vous dire,
Ma sœur : de votre sort je vous laisse l'empire ; ²
Je vous confie encor la conduite du mien.

CLÉOFILE.

Vous aurez tout pouvoir, ou je ne pourrai rien.
Tout va vous obéir, si le vainqueur m'écoute.

TAXILE.

Je vais donc... Mais on vient. C'est lui-même sans doute.

SCÈNE IV.

ALEXANDRE, TAXILE, CLÉOFILE, ÉPHESTION,
Suite d'Alexandre.

ALEXANDRE.

Allez, Éphestion. Que l'on cherche Porus,
Qu'on épargne sa vie, et le sang des vaincus.

---

1. *Des yeux qui font des sujets comme le bras*, cette façon de parler est précieuse et maniérée. (G.)

* Var. *Il sortoit du combat, et, tout couvert de gloire...*

2. *L'empire de votre sort* n'est qu'une faute contre la langue ; mais Alexandre qui dépêche Taxile vers sa sœur pour disposer ses beaux yeux à recevoir un vainqueur, mais Taxile qui compte sur la protection des beaux yeux de sa sœur, sont des vices bien plus essentiels, qui dégradent les caractères et détruisent toute espèce de dignité tragique. (G.)

SCÈNE V.

ALEXANDRE, TAXILE, CLÉOFILE.

ALEXANDRE, à Taxile.

Seigneur, est-il donc vrai qu'une reine aveuglée
Vous préfère d'un roi la valeur déréglée?
Mais ne le craignez point : son empire est à vous;
D'une ingrate, à ce prix, fléchissez le courroux.
Maître de deux États, arbitre des siens mêmes,
Allez avec vos vœux offrir trois diadèmes.

TAXILE.

Ah! c'en est trop, seigneur! Prodiguez un peu moins....

ALEXANDRE.

Vous pourrez à loisir reconnoître mes soins.
Ne tardez point, allez où l'amour vous appelle;[1]
Et couronnez vos feux d'une palme si belle.

SCÈNE VI.

ALEXANDRE, CLÉOFILE.

ALEXANDRE.

Madame, à son amour je promets mon appui :
Ne puis-je rien pour moi, quand je puis tout pour lui
Si prodigue envers lui des fruits de la victoire,
N'en aurai-je pour moi qu'une stérile gloire?

---

1. Quand il renvoie si promptement le frère pour rester seul avec la sœur, lorsqu'il dit des choses si galantes à cette sœur, qu'il vient chercher tandis que les armées combattent encore et que lui-même, qui a trouvé dans Porus un rival digne de son estime, après l'avoir joint, n'y songe plus, parce qu'il a été séparé *par un gros de soldats*, on a raison de ne pas reconnoître Alexandre. (L. R.)

ALEXANDRE.

CLÉOFILE Que, vous y trouverez la victoire certaine,
Mais je doute, Seigneur, que l'amour vous y mène.

(Acte I, Scène II.)

Les sceptres devant vous ou rendus ou donnés,
De mes propres lauriers mes amis couronnés,
Les biens que j'ai conquis, répandus sur leurs têtes,
Font voir que je soupire après d'autres conquêtes :
Je vous avois promis que l'effort de mon bras
M'approcheroit bientôt de vos divins appas;
Mais, dans ce même temps, souvenez-vous, madame,
Que vous me promettiez quelque place en votre âme.
Je suis venu : l'amour a combattu pour moi ;
La victoire elle-même a dégagé ma foi ;
Tout cède autour de vous : c'est à vous de vous rendre;
Votre cœur l'a promis, voudra-t-il s'en défendre?
Et lui seul pourroit-il échapper aujourd'hui
A l'ardeur d'un vainqueur qui ne cherche que lui?

CLÉOFILE.

Non, je ne prétends pas que ce cœur inflexible
Garde seul contre vous le titre d'invincible :[1]
Je rends ce que je dois à l'éclat des vertus
Qui tiennent sous vos pieds cent peuples abattus.
Les Indiens domptés sont vos moindres ouvrages;
Vous inspirez la crainte aux plus fermes courages;
Et, quand vous le voudrez, vos bontés, à leur tour,
Dans les cœurs les plus durs inspireront l'amour.[2]

---

1. Vers imité de Rotrou, qui fait dire à Antigone en parlant à Polynice (*Antigone,* acte II) :

> Et vous, plus inhumain et plus inaccessible,
> Conservez contre moi le titre d'invincible ! (A. M.)

2. D'Olivet a remarqué qu'on ne disait pas *inspirer dans*, mais *inspirer à*. La Harpe et Geoffroy se sont rangés de son avis. Cependant quelques grands écrivains offrent des exemples remarquables de l'emploi de *dans* avec *inspirer.* Telle est la phrase suivante de Bossuet, citée dans le Dictionnaire de Trévoux : *La sombre obscurité des églises inspire une sainte horreur*

Mais, seigneur, cet éclat, ces victoires, ces charmes,
Me troublent bien souvent par de justes alarmes :
Je crains que, satisfait d'avoir conquis un cœur,
Vous ne l'abandonniez à sa triste langueur;
Qu'insensible à l'ardeur que vous aurez causée,
Votre âme ne dédaigne une conquête aisée.
On attend peu d'amour d'un héros tel que vous :
La gloire fit toujours vos transports les plus doux;
Et peut-être, au moment que ce grand cœur soupire,
La gloire de me vaincre est tout ce qu'il désire.

ALEXANDRE.

Que vous connaissez mal les violents désirs
D'un amour qui vers vous porte tous mes soupirs ![1]
J'avouerai qu'autrefois, au milieu d'une armée,
Mon cœur ne soupiroit que pour la renommée;
Les peuples et les rois, devenus mes sujets,
Étoient seuls, à mes vœux, d'assez dignes objets.
Les beautés de la Perse, à mes yeux présentées,*
Aussi bien que ses rois, ont paru surmontées :
Mon cœur, d'un fier mépris armé contre leurs traits,
N'a pas du moindre hommage honoré leurs attraits;
Amoureux de la gloire, et partout invincible,

dans l'âme. Tel est encore l'exemple de Voltaire dans le cinquième chant de la *Henriade* :

> Du Capitole en cendre il passa dans l'église;
> Et *dans* les cœurs chrétiens *inspirant* ses fureurs...

Il semble que *dans* ait plus de force que *à*, et que l'exemple de trois grands écrivains puisse faire adopter cette locution. (A. M.)

1. Les mêmes mots qui terminent les deux premiers vers d'Alexandre terminent aussi les deux derniers de Cléofile; ce qui est une négligence d'autant moins pardonnable, qu'elle n'est pas rachetée par la pensée. Qu'est-ce qu'*un amour dont les désirs portent des soupirs?* Toute la tirade est assortie à ce début. (A. M.)

* VAR. *Les beautés de l'Asie, à mes yeux présentées...*

Il mettoit son bonheur à paroître insensible.
Mais, hélas ! que vos yeux, ces aimables tyrans,
Ont produit sur mon cœur des effets différents !
Ce grand nom de vainqueur n'est plus ce qu'il souhaite ;
Il vient avec plaisir avouer sa défaite :
Heureux, si, votre cœur se laissant émouvoir,
Vos beaux yeux, à leur tour, avouoient leur pouvoir !
Voulez-vous donc toujours douter de leur victoire,
Toujours de mes exploits me reprocher la gloire?
Comme si les beaux nœuds où vous me tenez pris
Ne devoient arrêter que de foibles esprits !
Par des faits tout nouveaux je m'en vais vous apprendre
Tout ce que peut l'amour sur le cœur d'Alexandre :
Maintenant que mon bras, engagé sous vos lois,
Doit soutenir mon nom et le vôtre à la fois,
J'irai rendre fameux, par l'éclat de la guerre,
Des peuples inconnus au reste de la terre,
Et vous faire dresser des autels en des lieux
Où leurs sauvages mains en refusent aux dieux.

CLÉOFILE.

Oui, vous y traînerez la victoire captive ;
Mais je doute, seigneur, que l'amour vous y suive.
Tant d'États, tant de mers qui vont nous désunir,[1]
M'effaceront bientôt de votre souvenir.
Quand l'Océan troublé vous verra sur son onde
Achever quelque jour la conquête du monde ;
Quand vous verrez les rois tomber à vos genoux,
Et la terre en tremblant se taire devant vous ;[2]

---

1. *Désunir* n'est pas le mot propre, il fallait *séparer*. (A. M.)
2. « . . . . Et siluit terra in conspectu ejus. »
        Mach., lib. I, cap. I, v. 3.

« Et la terre se tut devant lui. » C'est l'expression de l'Écriture sur

Songerez-vous, seigneur, qu'une jeune princesse
Au fond de ses États vous regrette sans cesse,
Et rappelle en son cœur les moments bienheureux
Où ce grand conquérant l'assuroit de ses feux?

ALEXANDRE.

Hé quoi! vous croyez donc qu'à moi-même barbare
J'abandonne en ces lieux une beauté si rare?
Mais vous-même plutôt voulez-vous renoncer
Au trône de l'Asie où je vous veux placer?

CLÉOFILE.

Seigneur, vous le savez, je dépends de mon frère.

ALEXANDRE.

Ah! s'il disposoit seul du bonheur que j'espère,
Tout l'empire de l'Inde asservi sous ses lois
Bientôt en ma faveur iroit briguer son choix.

CLÉOFILE.

Mon amitié pour lui n'est point intéressée.
Apaisez seulement une reine offensée;
Et ne permettez pas qu'un rival aujourd'hui,
Pour vous avoir bravé, soit plus heureux que lui.

ALEXANDRE.

Porus étoit sans doute un rival magnanime :
Jamais tant de valeur n'attira mon estime.
Dans l'ardeur du combat je l'ai vu, je l'ai joint,
Et je puis dire encor qu'il ne m'évitoit point :
Nous nous cherchions l'un l'autre. Une fierté si belle
Alloit entre nous deux finir notre querelle,

Alexandre. On peut mettre ces vers au nombre des plus beaux que l'auteur ait faits. (L. R.)

ACTE III, SCÈNE VI.

Lorsqu'un gros de soldats, se jetant entre nous,
Nous a fait dans la foule ensevelir nos coups.[1]

SCÈNE VII.

ALEXANDRE, CLÉOFILE, ÉPHESTION.

ALEXANDRE.

Hé bien, ramène-t-on ce prince téméraire?[2]

ÉPHESTION.

On le cherche partout; mais, quoi qu'on puisse faire,
Seigneur, jusques ici sa fuite ou son trépas
Dérobe ce captif aux soins[3] de vos soldats.
Mais un reste des siens entourés dans leur fuite,*
Et du soldat vainqueur arrêtant la poursuite,
A nous vendre leur mort semblent se préparer.

ALEXANDRE.

Désarmez les vaincus sans les désespérer.
Madame, allons fléchir une fière princesse,
Afin qu'à mon amour Taxile s'intéresse;
Et, puisque mon repos doit dépendre du sien,
Achevons son bonheur pour établir le mien.

---

1. Alexandre ne parle jamais mieux que lorsqu'il ne parle point d'amour. *Ensevelir nos coups* est une expression heureuse, et si juste qu'on n'en sent pas d'abord toute la hardiesse. (G.)

2. *Téméraire* n'est pas le mot propre. Alexandre oublie qu'il vient de faire lui-même l'éloge de ce téméraire :

> Porus étoit sans doute un rival magnanime, etc. (G.)

3. *Soins* tient ici la place de *recherches;* mais l'emploi du mot dans ce sens n'a point été confirmé par l'usage.

* Van. *Mais un reste des siens, ralliés de leur fuite,*
A du soldat vainqueur arrêté la poursuite.
Leur bras à quelque effort semble se préparer.
ALEXANDRE.
Observez leur dessein sans les désespérer.

ACTE QUATRIÈME.

SCÈNE PREMIÈRE.

AXIANE.

N'entendrons-nous jamais que des cris de victoire,
Qui de mes ennemis me reprochent la gloire?
Et ne pourrai-je au moins, en de si grands malheurs,
M'entretenir moi seule avecque[1] mes douleurs?
D'un odieux amant sans cesse poursuivie,
On prétend, malgré moi, m'attacher à la vie :
On m'observe, on me suit. Mais, Porus, ne crois pas
Qu'on me puisse empêcher de courir sur tes pas.
Sans doute à nos malheurs ton cœur n'a pu survivre.
En vain tant de soldats s'arment pour te poursuivre :
On te découvriroit au bruit de tes efforts;
Et s'il te faut chercher, ce n'est qu'entre les morts.
Hélas! en me quittant, ton ardeur redoublée
Sembloit prévoir les maux dont je suis accablée,
Lorsque tes yeux, aux miens découvrant ta langueur,
Me demandoient quel rang tu tenois dans mon cœur;
Que, sans t'inquiéter du succès de tes armes,
Le soin de ton amour te causoit tant d'alarmes.
Et pourquoi te cachois-je avec tant de détours
Un secret si fatal au repos de tes jours?

---

1. On voit par les diverses leçons que l'auteur avoit corrigé presque partout *avecque;* celui-ci lui est échappé. (L. R.)

Combien de fois, tes yeux forçant ma résistance,
Mon cœur s'est-il vu près de rompre le silence !
Combien de fois, sensible à tes ardents désirs,
M'est-il, en ta présence, échappé des soupirs !
Mais je voulois encor douter de ta victoire ?
J'expliquois mes soupirs en faveur de la gloire ;
Je croyois n'aimer qu'elle. Ah ! pardonne, grand roi,
Je sens bien aujourd'hui que je n'aimois que toi.
J'avouerai que la gloire eut sur moi quelque empire ;
Je te l'ai dit cent fois. Mais je devois te dire
Que toi seul, en effet, m'engageas sous ses lois.
J'appris à la connoître en voyant tes exploits ;
Et de quelque beau feu qu'elle m'eût enflammée,
En un autre que toi je l'aurois moins aimée.
Mais que sert de pousser des soupirs superflus
Qui se perdent en l'air, et que tu n'entends plus ?
Il est temps que mon âme, au tombeau descendue,
Te jure une amitié si longtemps attendue ;
Il est temps que mon cœur, pour gage de sa foi,
Montre qu'il n'a pu vivre un moment après toi.
Aussi bien penses-tu que je voulusse vivre
Sous les lois d'un vainqueur à qui ta mort nous livre ?
Je sais qu'il se dispose à me venir parler ;
Qu'en me rendant mon sceptre il veut me consoler.
Il croit peut-être, il croit que ma haine étouffée
A sa fausse douceur servira de trophée ![1]
Qu'il vienne. Il me verra, toujours digne de toi,
Mourir en reine, ainsi que tu mourus en roi.

---

1. Tout ce monologue est froid et languissant. On n'aime point à entendre Axiane parler de *soupirs superflus qui se perdent dans l'air*, de *son secret caché avec tant de détours*, et de *cette haine étouffée qui sert de trophée à une fausse douceur*. (A. M.)

SCÈNE II.

ALEXANDRE, AXIANE.

AXIANE.

Hé bien, seigneur, hé bien, trouvez-vous quelques charmes
A voir couler des pleurs que font verser vos armes?
Ou si vous m'enviez, en l'état où je suis,
La triste liberté de pleurer mes ennuis?

ALEXANDRE.

Votre douleur est libre autant que légitime :
Vous regrettez, madame, un prince magnanime.
Je fus son ennemi; mais je ne l'étois pas
Jusqu'à blâmer les pleurs qu'on donne à son trépas.
Avant que sur ses bords l'Inde me vît paroître,
L'éclat de sa vertu me l'avoit fait connoître;
Entre les plus grands rois il se fit remarquer.
Je savois...

AXIANE.

Pourquoi donc le venir attaquer?
Par quelle loi faut-il qu'aux deux bouts de la terre
Vous cherchiez la vertu pour lui faire la guerre?
Le mérite à vos yeux ne peut-il éclater
Sans pousser votre orgueil à le persécuter?

ALEXANDRE.

Oui, j'ai cherché Porus; mais, quoi qu'on puisse dire,
Je ne le cherchois pas afin de le détruire.
J'avouerai que, brûlant de signaler mon bras,
Je me laissai conduire au bruit de ses combats,
Et qu'au seul nom d'un roi jusqu'alors invincible,
A de nouveaux exploits mon cœur devint sensible.

ACTE IV, SCÈNE II.

Tandis que je croyois, par mes combats divers,
Attacher sur moi seul les yeux de l'univers,
J'ai vu de ce guerrier la valeur répandue
Tenir la renommée entre nous suspendue ;
Et, voyant de son bras voler partout l'effroi,[1]
L'Inde sembla m'ouvrir un champ digne de moi.[2]
Lassé de voir des rois vaincus sans résistance,
J'appris avec plaisir le bruit de sa vaillance.
Un ennemi si noble a su m'encourager :
Je suis venu chercher la gloire et le danger.
Son courage, madame, a passé mon attente :
La victoire, à me suivre autrefois si constante,
M'a presque abandonné pour suivre vos guerriers.
Porus m'a disputé jusqu'aux moindres lauriers ;
Et j'ose dire encor qu'en perdant la victoire
Mon ennemi lui-même a vu croître sa gloire ;
Qu'une chute si belle élève sa vertu,
Et qu'il ne voudroit pas n'avoir point combattu.

1. *Et, voyant de son bras voler partout l'effroi,*
    L'Inde sembla m'ouvrir un champ digne de moi.

Voyant est ici comme un de ces ablatifs absolus (*moi voyant*), qui sont si favorables à la poésie, et dont personne ne s'est mieux servi que Racine. Ils exigent quelques précautions, pour ne produire dans la phrase ni embarras, ni obscurité. Entre autres choses, il faut prendre garde que l'ablatif absolu ne puisse pas se rapporter à deux substantifs : ici *voyant* peut également s'entendre de l'*Inde* et d'*Alexandre*. Il y a donc amphibologie, et c'est une faute.

Remarquez que l'ablatif absolu est naturel aux langues qui marquent les cas par la terminaison, parce que alors il ne peut guère produire d'équivoque. Il n'en est pas de même des langues modernes, qui marquent leurs cas par des articles : ici ce genre d'ablatif absolu est souvent près de l'équivoque. Il sert beaucoup en vers pour la rapidité et la précision ; mais il peut nuire à la clarté. (**L.**)

2. Ce vers est la traduction du mot d'Alexandre rapporté par Quinte-Curce : « Video tandem par animo meo periculum. » — « Je vois enfin un danger digne de mon courage. » Q. CURT., lib. VIII, cap. XLVII. (G.)

AXIANE.

Hélas ! il falloit bien qu'une si noble envie
Lui fît abandonner tout le soin de sa vie,
Puisque, de toutes parts trahi, persécuté,
Contre tant d'ennemis il s'est précipité.
Mais vous, s'il étoit vrai que son ardeur guerrière
Eût ouvert à la vôtre une illustre carrière,
Que n'avez-vous, seigneur, dignement combattu?
Falloit-il par la ruse attaquer sa vertu,
Et, loin de remporter une gloire parfaite,
D'un autre que de vous attendre sa défaite?
Triomphez ; mais sachez que Taxile en son cœur
Vous dispute déjà ce beau nom de vainqueur ;
Que le traître se flatte, avec quelque justice,
Que vous n'avez vaincu que par son artifice :
Et c'est à ma douleur un spectacle assez doux
De le voir partager cette gloire avec vous.

ALEXANDRE.

En vain votre douleur s'arme contre ma gloire :
Jamais on ne m'a vu dérober la victoire,
Et par ces lâches soins, qu'on ne peut m'imputer,
Tromper mes ennemis au lieu de les dompter.
Quoique partout, ce semble,[1] accablé sous le nombre,

---

1. *Ce semble* se disait autrefois pour *à ce qu'il paraît*, et était plus précis. Il est tombé en désuétude, on ne sait trop pourquoi, puisqu'on dit encore *ce me semble* : c'est une bizarrerie de l'usage. Mais *ce semble* est ici répréhensible absolument, parce qu'il ne sauroit se lier avec la phrase, qui veut dire *quoique partout accablé sous le nombre, à ce qu'il paraissait, je n'ai pu*. (L.) — Je trouve la remarque juste, mais d'une justesse minutieuse. La Harpe oublie dans quelques-unes de ses notes que la première règle du style en français est la clarté. La régularité grammaticale n'est bonne que pour créer la clarté. On pourrait croire, je l'avoue, qu'il faut mettre *ce semble* à l'imparfait. Mais *ce semble* est une locution particulière, et qui fait

ACTE IV, SCÈNE II.

Je n'ai pu me résoudre à me cacher dans l'ombre :
Ils n'ont de leur défaite accusé que mon bras ;
Et le jour a partout éclairé mes combats.[1]
Il est vrai que je plains le sort de vos provinces ;*
J'ai voulu prévenir la perte de vos princes ;
Mais, s'ils avoient suivi mes conseils et mes vœux,
Je les aurois sauvés ou combattus tous deux.
Oui, croyez...

AXIANE.

Je crois tout. Je vous crois invincible :
Mais, seigneur, suffit-il que tout vous soit possible?
Ne tient-il qu'à jeter tant de rois dans les fers?
Qu'à faire impunément gémir tout l'univers?
Et que vous avoient fait tant de villes captives,
Tant de morts dont l'Hydaspe a vu couvrir ses rives?
Qu'ai-je fait pour venir accabler en ces lieux[2]
Un héros sur qui seul j'ai pu tourner les yeux?
A-t-il de votre Grèce inondé les frontières?
Avons-nous soulevé des nations entières,
Et contre votre gloire excité leur courroux?
Hélas! nous l'admirions sans en être jaloux.
Contents de nos États, et charmés l'un de l'autre,
Nous attendions un sort plus heureux que le vôtre ;

---

presque un adverbe, comme *sans doute, assurément*. On peut donc dispenser cette locution de la concordance des temps.

1. Vers très-beau, mais qui ne le justifie pas contre le reproche qu'on lui fait. La trahison de Taxile diminue beaucoup l'éclat de sa victoire. (L. R.)

* VAR. *Il est vrai que j'ai plaint le sort de vos provinces.*

2. *Pour venir* se rapporte par la construction à Axiane, et par le sens à Alexandre. C'est Axiane qui parle, et c'est Alexandre qui vient. L'emploi de l'infinitif est donc une incorrection. L'exactitude grammaticale demandait *pour que vous veniez*. Cette faute se retrouve ailleurs. (A. M.)

Porus bornoit ses vœux à conquérir un cœur
Qui peut-être aujourd'hui l'eût nommé son vainqueur.
Ah! n'eussiez-vous versé qu'un sang si magnanime,
Quand on ne vous pourroit reprocher que ce crime,
Ne vous sentez-vous pas, seigneur, bien malheureux
D'être venu si loin rompre de si beaux nœuds?
Non, de quelque douceur que se flatte votre âme,
Vous n'êtes qu'un tyran.

ALEXANDRE.

Je le vois bien, madame.
Vous voulez que, saisi d'un indigne courroux,
En reproches honteux j'éclate contre vous.[1]
Peut-être espérez-vous que ma douceur lassée
Donnera quelque atteinte à sa gloire passée.[2]
Mais quand votre vertu ne m'auroit point charmé,
Vous attaquez, madame, un vainqueur désarmé.
Mon âme, malgré vous à vous plaindre engagée,
Respecte le malheur où vous êtes plongée.
C'est ce trouble fatal qui vous ferme les yeux,
Qui ne regarde en moi qu'un tyran odieux.
Sans lui vous avoueriez que le sang et les larmes
N'ont pas toujours souillé la gloire de mes armes;
Vous verriez...

---

1. Voltaire, dans *Zaïre*, s'est approprié ce vers tout entier :

> Vous ne m'entendrez point, amant faible et jaloux,
> En reproches honteux *éclater contre vous*.

Cette expression élégante, *éclater en reproches*, n'était rien moins que commune, quand l'auteur d'*Alexandre* s'en servit. Il y avait donc quelque mérite à la trouver : c'est ce qui fait que cet emprunt de Voltaire méritait d'être remarqué. (L.)

2. *Portera* serait beaucoup plus élégant que *donnera*, et *à ma gloire* vaudrait mieux qu'*à sa gloire*. *La gloire de ma douceur* n'est pas une bonne expression, comme le serait *la gloire de ma clémence*. (L.)

AXIANE.

Ah ! seigneur, puis-je ne les point voir
Ces vertus dont l'éclat aigrit mon désespoir?
N'ai-je pas vu partout la victoire modeste
Perdre avec vous l'orgueil qui la rend si funeste?
Ne vois-je pas le Scythe et le Perse abattus
Se plaire sous le joug et vanter vos vertus,
Et disputer enfin, par une aveugle envie,
A vos propres sujets le soin de votre vie?
Mais que sert à ce cœur que vous persécutez
De voir partout ailleurs adorer vos bontés?
Pensez-vous que ma haine en soit moins violente
Pour voir baiser partout la main qui me tourmente?
Tant de rois par vos soins vengés ou secourus,
Tant de peuples contents me rendent-ils Porus?
Non, seigneur : je vous hais d'autant plus qu'on vous aime,
D'autant plus qu'il me faut vous admirer moi-même,
Que l'univers entier m'en impose la loi,
Et que personne enfin ne vous hait avec moi.

ALEXANDRE.

J'excuse les transports d'une amitié si tendre;
Mais, madame, après tout, ils doivent me surprendre :
Si la commune voix ne m'a point abusé,
Porus d'aucun regard ne fut favorisé;
Entre Taxile et lui votre cœur en balance,
Tant qu'ont duré ses jours, a gardé le silence;
Et lorsqu'il ne peut plus vous entendre aujourd'hui,
Vous commencez, madame, à prononcer pour lui.
Pensez-vous que, sensible à cette ardeur nouvelle,
Sa cendre exige encor que vous brûliez pour elle?
Ne vous accablez point d'inutiles douleurs;
Des soins plus importants vous appellent ailleurs.

Vos larmes ont assez honoré sa mémoire;
Régnez, et de ce rang soutenez mieux la gloire :
Et, redonnant le calme à vos sens désolés,
Rassurez vos États par sa chute ébranlés.
Parmi tant de grands rois choisissez-leur un maître.
Plus ardent que jamais, Taxile...

AXIANE.

Quoi! le traître!

ALEXANDRE.

Hé! de grâce, prenez des sentiments plus doux;
Aucune trahison ne le souille envers vous.
Maître de ses États, il a pu se résoudre
A se mettre avec eux à couvert de la foudre.
Ni serment ni devoir ne l'avoient engagé
A courir dans l'abîme où Porus s'est plongé.
Enfin, souvenez-vous qu'Alexandre lui-même
S'intéresse au bonheur d'un prince qui vous aime.
Songez que, réunis par un si juste choix,
L'Inde et l'Hydaspe entiers couleront sous vos lois;
Que pour vos intérêts tout me sera facile
Quand je les verrai joints avec ceux de Taxile.
Il vient. Je ne veux point contraindre ses soupirs;
Je le laisse lui-même expliquer ses désirs :
Ma présence à vos yeux n'est déjà que trop rude :
L'entretien des amants cherche la solitude;
Je ne vous trouble point.[1]

1. Tous les commentateurs ont remarqué combien Alexandre était dégradé dans cette scène. Il s'y fait l'interprète et le protecteur de l'amour de Taxile, et finit par se retirer en confident discret pour ne pas gêner son entretien. (A. M.)

SCÈNE III.

AXIANE, TAXILE.

AXIANE.

Approche, puissant roi,
Grand monarque de l'Inde ; on parle ici de toi :
On veut en ta faveur combattre ma colère ;
On dit que tes désirs n'aspirent qu'à me plaire,
Que mes rigueurs ne font qu'affermir ton amour ;
On fait plus, et l'on veut que je t'aime à mon tour.
Mais sais-tu l'entreprise où s'engage ta flamme?
Sais-tu par quels secrets on peut toucher mon âme?
Es-tu prêt...

TAXILE.

Ah, madame! éprouvez seulement
Ce que peut sur mon cœur un espoir si charmant.[1]
Que faut-il faire?

AXIANE.

Il faut, s'il est vrai que l'on m'aime,
Aimer la gloire autant que je l'aime moi-même,
Ne m'expliquer ses vœux que par mille beaux faits,
Et haïr Alexandre autant que je le hais ;
Il faut marcher sans crainte au milieu des alarmes ;
Il faut combattre, vaincre, ou périr sous les armes.
Jette, jette les yeux sur Porus et sur toi,
Et juge qui des deux étoit digne de moi.

---

1. *Un espoir si charmant* : cet hémistiche se retrouve dans *Andromaque* acte Ier, scène IV) :

Un espoir si charmant me seroit-il permis?

Dans l'un et l'autre endroit, c'est une expression galante qui convient au roman plus qu'à la tragédie. (G.)

Oui, Taxile, mon cœur, douteux en apparence,[1]
D'un esclave et d'un roi faisoit la différence.*
Je l'aimai ; je l'adore : et puisqu'un sort jaloux
Lui défend de jouir d'un spectacle si doux,
C'est toi que je choisis pour témoin de sa gloire :
Mes pleurs feront toujours revivre sa mémoire ;
Toujours tu me verras, au fort de mon ennui,[2]
Mettre tout mon plaisir à te parler de lui.

TAXILE.

Ainsi je brûle en vain pour une âme glacée :
L'image de Porus n'en peut être effacée.
Quand j'irois, pour vous plaire, affronter le trépas,
Je me perdrois, madame, et ne vous plairois pas.
Je ne puis donc...

AXIANE.

     Tu peux recouvrer mon estime :
Dans le sang ennemi tu peux laver ton crime.
L'occasion te rit : Porus dans le tombeau
Rassemble ses soldats autour de son drapeau ;
Son ombre seule encor semble arrêter leur fuite.

---

1. *Douteux* se prenait autrefois dans le sens d'*incertain*, d'*irrésolu*, ainsi qu'on peut en voir un exemple dans l'épitre que Boileau adressa au grand Arnauld :

    Ainsi toujours douteux, chancelant et volage.
       (Épître III.)

Aujourd'hui *douteux* signifie ce dont on doute, et non pas celui qui doute. On est incertain d'une chose, et une chose est douteuse.

* VAR. *D'un lâche et d'un héros faisoit la différence.*

2. *Au fort*, en style noble, ne peut guère s'appliquer qu'aux choses physiques : *au fort de la tempête, au fort de la mêlée*. (L.) — Ceci souffre sans doute quelques exceptions. Si, comme je le crois, on peut dire *au fort de ma douleur*, Racine a pu dire *au fort de mon ennui*, puisqu'en maints endroits il emploie *ennui* dans le sens de *tædia*. L'Académie, sinon l'usage, sanctionne cette acception. (A. M.)

ACTE IV, SCÈNE III.

Les tiens même, les tiens, honteux de ta conduite,
Font lire sur leurs fronts justement courroucés
Le repentir du crime où tu les as forcés.
Va seconder l'ardeur du feu qui les dévore ;
Venge nos libertés qui respirent encore ;
De mon trône et du tien deviens le défenseur ;
Cours, et donne à Porus un digne successeur...
Tu ne me réponds rien ! Je vois sur ton visage
Qu'un si noble dessein étonne ton courage.
Je te propose en vain l'exemple d'un héros ;
Tu veux servir. Va, sers ; et me laisse en repos.

TAXILE.

Madame, c'en est trop. Vous oubliez peut-être[1]
Que, si vous m'y forcez, je puis parler en maître ;
Que je puis me lasser de souffrir vos dédains ;
Que vous et vos États, tout est entre mes mains ;
Qu'après tant de respects, qui vous rendent plus fière,
Je pourrai...

AXIANE.

Je t'entends. Je suis ta prisonnière :
Tu veux peut-être encor captiver mes désirs ;
Que mon cœur, en tremblant, réponde à tes soupirs :
Hé bien, dépouille enfin cette douceur contrainte ;
Appelle à ton secours la terreur et la crainte ;
Parle en tyran tout prêt à me persécuter ;
Ma haine ne peut croître, et tu peux tout tenter.

---

1. Dans les premières éditions, la réponse de Taxile commençait par les vers suivants :

> Hé bien, n'en parlons plus ; les soupirs et les larmes
> Contre tant de mépris sont d'impuissantes armes.
> Mais c'est user, madame, avec trop de rigueur
> Du pouvoir que vos yeux vous donnent sur mon cœur.
> Tout amant que je suis, vous oubliez peut-être, etc.

Surtout ne me fais point d'inutiles menaces.
Ta sœur vient t'inspirer ce qu'il faut que tu fasses :
Adieu. Si ses conseils et mes vœux en sont crus,
Tu m'aideras bientôt à rejoindre Porus.

TAXILE.

Ah! plutôt...

SCÈNE IV.

TAXILE, CLÉOFILE.

CLÉOFILE.

Ah! quittez cette ingrate princesse,
Dont la haine a juré de nous troubler sans cesse ;
Qui met tout son plaisir à vous désespérer.
Oubliez...

TAXILE.

Non, ma sœur, je la veux adorer.
Je l'aime; et quand les vœux que je pousse pour elle[1]
N'en obtiendroient jamais qu'une haine immortelle,
Malgré tous ses mépris, malgré tous vos discours,
Malgré moi-même, il faut que je l'aime toujours.
Sa colère, après tout, n'a rien qui me surprenne :
C'est à vous, c'est à moi qu'il faut que je m'en prenne.
Sans vous, sans vos conseils, ma sœur, qui m'ont trahi,
Si je n'étois aimé, je serois moins haï ;[2]

---

1. *Pousser des vœux* se disait encore du temps de Racine. Cette expression ne se trouve que dans ses premières pièces. Son goût la lui fit rejeter bientôt, et elle ne reparaît plus dans ses derniers chefs-d'œuvre. (L.)

2. L'auteur ne dit rien moins que ce qu'il veut dire. *Si je ne pouvois être aimé, du moins je ne serois point haï :* voilà sa pensée. Celle qu'il exprime conviendrait parfaitement à un homme qui, poursuivi par une maîtresse furieuse de jalousie, dirait : *Si je n'étois aimé, je serois moins haï :* et c'est à peu près ce que dit Hermione :

Ah! je l'ai trop aimé pour ne le point haïr. (L.)

Le vers de Taxile pourrait s'expliquer par le vers d'Hermione. Mais il

ACTE IV, SCÈNE IV.

Je la verrois, sans vous, par mes soins défendue,
Entre Porus et moi demeurer suspendue ;
Et ne seroit-ce pas un bonheur trop charmant
Que de l'avoir réduite à douter un moment?
Non, je ne puis plus vivre accablé de sa haine ;
Il faut que je me jette aux pieds de l'inhumaine.
J'y cours : je vais m'offrir à servir son courroux,
Même contre Alexandre, et même contre vous.
Je sais de quelle ardeur vous brûlez l'un pour l'autre ;
Mais c'est trop oublier mon repos pour le vôtre ;
Et, sans m'inquiéter du succès de vos feux,
Il faut que tout périsse, ou que je sois heureux.

CLÉOFILE.

Allez donc, retournez sur le champ de bataille ;
Ne laissez point languir l'ardeur qui vous travaille.
A quoi s'arrête ici ce courage inconstant ?
Courez : on est aux mains, et Porus vous attend.

TAXILE.

Quoi ! Porus n'est point mort ! Porus vient de paroître ! *¹

CLÉOFILE.

C'est lui. De si grands coups le font trop reconnoître.
Il l'avoit bien prévu : le bruit de son trépas
D'un vainqueur trop crédule a retenu le bras.
Il vient surprendre ici leur valeur endormie,
Troubler une victoire encor mal affermie ;

peut avoir aussi un autre sens, celui que lui donne Taxile, et la phrase n'y répugne pas : *Je ne serais point aimé, mais je serais moins haï.*

* VAR. *Quoi, ma sœur, on se bat! Porus vient de paroître!*

1. Cette nouvelle de la résurrection de Porus est, dans tout cet acte, le seul incident qui fasse faire un pas à l'action. Porus vivant détruit l'espoir de Taxile, relève celui d'Axiane, et ranime l'attention du spectateur. Un quatrième acte doit être vif, et celui-ci est le plus languissant de la pièce. (G.)

Il vient, n'en doutez point, en amant furieux,
Enlever sa maîtresse, ou périr à ses yeux.
Que dis-je! Votre camp, séduit par cette ingrate,
Prêt à suivre Porus, en murmures éclate.
Allez, vous-même, allez, en généreux amant,
Au secours d'un rival aimé si tendrement.
Adieu.

SCÈNE V.

TAXILE.

Quoi! la fortune, obstinée à me nuire,
Ressuscite un rival armé pour me détruire!
Cet amant reverra les yeux qui l'ont pleuré,
Qui, tout mort qu'il étoit, me l'avoient préféré!
Ah! c'en est trop. Voyons ce que le sort m'apprête,
A qui doit demeurer cette noble conquête.
Allons. N'attendons pas, dans un lâche courroux,[1]
Qu'un si grand différend se termine sans nous.

---

1. On peut mettre au nombre des négligences du style de Racine, dans ses deux premières pièces, l'emploi souvent malheureux et presque toujours vague qu'il fait du mot *courroux*. (G.)

ACTE CINQUIÈME.

SCÈNE PREMIÈRE.

ALEXANDRE, CLÉOFILE.

ALEXANDRE.

Quoi! vous craignez Porus même après sa défaite!
Ma victoire à vos yeux sembloit-elle imparfaite?
Non, non : c'est un captif qui n'a pu m'échapper,
Que mes ordres partout ont fait envelopper.*
Loin de le craindre encor, ne songez qu'à le plaindre.

CLÉOFILE.

Et c'est en cet état que Porus est à craindre.
Quelque brave qu'il fût, le bruit de sa valeur
M'inquiétoit bien moins que ne fait son malheur.
Tant qu'on l'a vu suivi d'une puissante armée,
Ses forces, ses exploits ne m'ont point alarmée;
Mais, seigneur, c'est un roi malheureux et soumis;
Et dès lors je le compte au rang de vos amis.

ALEXANDRE.

C'est un rang où Porus n'a plus droit de prétendre :
Il a trop recherché la haine d'Alexandre.
Il sait bien qu'à regret je m'y suis résolu;

* Var. *Ma victoire à vos yeux semble-t-elle imparfaite?*
Non, non : c'est un captif qui n'a pu m'éviter.
Lui-même à son vainqueur il se vient présenter.

Mais enfin je le hais autant qu'il l'a voulu.
Je dois même un exemple au reste de la terre :
Je dois venger sur lui tous les maux de la guerre,
Le punir des malheurs qu'il a pu prévenir,
Et de m'avoir forcé moi-même à le punir.[1]
Vaincu deux fois, haï de ma belle princesse...

CLÉOFILE.

Je ne hais point Porus, seigneur, je le confesse;
Et s'il m'étoit permis d'écouter aujourd'hui
La voix de ses malheurs qui me parle pour lui,
Je vous dirois qu'il fut le plus grand de nos princes;
Que son bras fut longtemps l'appui de nos provinces;
Qu'il a voulu peut-être, en marchant contre vous,
Qu'on le crût digne au moins de tomber sous vos coups;
Et qu'un même combat signalant l'un et l'autre,
Son nom volât partout à la suite du vôtre.
Mais si je le défends, des soins si généreux
Retombent sur mon frère et détruisent ses vœux.
Tant que Porus vivra, que faut-il qu'il devienne?
Sa perte est infaillible, et peut-être la mienne.
Oui, oui, si son amour ne peut rien obtenir,
Il m'en rendra coupable, et m'en voudra punir.
Et maintenant encor que votre cœur s'apprête
A voler de nouveau de conquête en conquête,
Quand je verrai le Gange entre mon frère et vous,
Qui retiendra, seigneur, son injuste courroux?
Mon âme, loin de vous, languira solitaire.

---

1. La répétition de *punir*, dans ces deux vers, n'est pas agréable; mais un défaut plus grand, suivant l'observation de La Harpe, c'est de rendre le caractère d'Alexandre gratuitement odieux. Il y a excès d'orgueil et de tyrannie à prétendre punir un roi parce qu'il s'est défendu contre un injuste agresseur. Nous ne disons rien du *malheur d'être haï d'une belle princesse*, qu'Alexandre place à côté des deux défaites de Porus (A. M.)

Hélas! s'il condamnoit mes soupirs à se taire,
Que deviendroit alors ce cœur infortuné?
Où sera le vainqueur à qui je l'ai donné?

ALEXANDRE.

Ah! c'en est trop, madame; et si ce cœur se donne,
Je saurai le garder, quoi que Taxile ordonne,
Bien mieux que tant d'États qu'on m'a vu conquérir,
Et que je n'ai gardés que pour vous les offrir.
Encore une victoire, et je reviens, madame,
Borner toute ma gloire à régner sur votre âme,
Vous obéir moi-même, et mettre entre vos mains
Le destin d'Alexandre et celui des humains.
Le Mallien m'attend, prêt à me rendre hommage.[1]
Si près de l'Océan, que faut-il davantage,
Que d'aller me montrer à ce fier élément,[2]
Comme vainqueur du monde, et comme votre amant?
Alors...

CLÉOFILE.

Mais quoi, seigneur, toujours guerre sur guerre!
Cherchez-vous des sujets au delà de la terre?
Voulez-vous pour témoins de vos faits éclatants,
Des pays inconnus même à leurs habitants?[3]

---

1. Les Malliens, peuple de l'Inde au delà du Gange, réunis avec les Oxydraques, opposèrent quelque résistance aux armes victorieuses d'Alexandre. (G.)

2. Alexandre *qui veut se montrer au fier élément de l'Océan comme vainqueur du monde et comme amant!* On est toujours surpris de trouver ce langage dans la bouche d'un héros. (A. M.)

3. Suivant l'observation de Geoffroy, Cléofile, dans cette seule scène, ennoblit son caractère en donnant à Alexandre de sages conseils. Les pensées que Racine lui prête se retrouvent dans Quinte-Curce. Cœnus, l'un des généraux d'Alexandre, donne à ce conquérant à peu près les mêmes leçons que Cléofile :

« Quidquid mortalitas capere poterat, implevimus : emensis maria terrasque, melius nobis quam incolis omnia nota sunt; pene in ultimo mundi

Qu'espérez-vous combattre en des climats si rudes ?
Ils vous opposeront de vastes solitudes,
Des déserts que le ciel refuse d'éclairer,
Où la nature semble elle-même expirer.
Et peut-être le sort, dont la secrète envie
N'a pu cacher le cours d'une si belle vie,
Vous attend dans ces lieux, et veut que dans l'oubli
Votre tombeau du moins demeure enseveli.
Pensez-vous y traîner les restes d'une armée[1]
Vingt fois renouvelée et vingt fois consumée ?
Vos soldats, dont la vue excite la pitié,
D'eux-mêmes en cent lieux ont laissé la moitié,
Et leurs gémissements vous font assez connoître...*

fine consistimus. In alium orbem paras ire, et Indiam quæris Indis quoque ignotam ; inter feras serpentesque degentes eruere ex latebris et cubilibus suis expetis, ut plura quam sol videt victoria lustres. » — « Tout ce qui est possible à un mortel, vous l'avez accompli. Les terres et les mers que nous venons de franchir nous sont mieux connues qu'à leurs propres habitants, et lorsque nous touchons presque aux extrémités du monde, vous vous élancez dans un autre univers, vous cherchez des Indes ignorées des Indiens mêmes. Vous voulez arracher de leurs repaires et de leurs cavernes des sauvages qui vivent au milieu des serpents et des bêtes féroces, et parcourir en vainqueur plus de pays que le soleil n'en éclaire. » (Lib. IX, c. III.) Quinte-Curce parle de pays *mieux* connus aux vainqueurs qu'à leurs habitants ; il ne dit pas, comme Racine, des pays *inconnus même à leurs habitants,* ce qui est un véritable non-sens.

1. « Intuere corpora exsanguia, tot perfossa vulneribus, tot cicatricibus putria. Jam tela hebetia sunt, jam arma deficiunt... Quoto cuique lorica est ? Quis equum habet ?... Omnium victores, omnium inopes sumus : nec luxuria laboramus, sed bello instrumenta belli consumpsimus. Hunc tu pulcherrimum exercitum nudum objicies belluis ? » — « Voyez ces corps épuisés par tant de blessures ; voyez ces plaies d'où s'écoule un sang corrompu. Nos traits sont émoussés, les armes nous manquent. Combien ont conservé une cuirasse, un glaive, un cheval ? Nous, les maîtres du monde, nous manquons de tout : ce n'est pas le luxe qui nous a désarmés ; la guerre a usé les instruments de la guerre. Livrerez-vous maintenant aux animaux féroces une armée jadis si belle, aujourd'hui sans défense ? » Q. Curt., lib. IX, c. III.

* Var. *Qui d'eux-même en cent lieux ont laissé la moitié,*
  Par leurs gémissements vous font assez connoître...

ALEXANDRE.

Ils marcheront, madame, et je n'ai qu'à paroître :
Ces cœurs qui, dans un camp, d'un vain loisir déçus,
Comptent en murmurant les coups qu'ils ont reçus,
Revivront pour me suivre, et, blâmant leurs murmures,
Brigueront à mes yeux de nouvelles blessures.[1]
Cependant de Taxile appuyons les soupirs :
Son rival ne peut plus traverser ses désirs.
Je vous l'ai dit, madame, et j'ose encor vous dire...

CLÉOFILE.

Seigneur, voici la reine.

SCÈNE II.

ALEXANDRE, AXIANE, CLÉOFILE.

ALEXANDRE.

Hé bien, Porus respire.
Le ciel semble, madame, écouter vos souhaits;
Il vous le rend...

AXIANE.

Hélas! il me l'ôte à jamais!
Aucun reste d'espoir ne peut flatter ma peine;
Sa mort étoit douteuse, elle devient certaine :
Il y court; et peut-être il ne s'y vient offrir
Que pour me voir encore, et pour me secourir.
Mais que feroit-il seul contre toute une armée?
En vain ses grands efforts l'ont d'abord alarmée;
En vain quelques guerriers, qu'anime son grand cœur,
Ont ramené l'effroi dans le camp du vainqueur :

---

1. On reconnoît Alexandre à ce discours. Mais comment le reconnoître, lorsque plus bas il veut *appuyer les soupirs* de Taxile? De plus, on n'appuie pas des soupirs. (L. B.)

Il faut bien qu'il succombe, et qu'enfin son courage
Tombe sur tant de morts qui ferment son passage.[1]
Encor, si je pouvois, en sortant de ces lieux,
Lui montrer Axiane, et mourir à ses yeux!
Mais Taxile m'enferme; et cependant le traître
Du sang de ce héros est allé se repaître;
Dans les bras de la mort il le va regarder,
Si toutefois encore il ose l'aborder.[2]

ALEXANDRE.

Non, madame, mes soins ont assuré sa vie :
Son retour va bientôt contenter votre envie.
Vous le verrez.

AXIANE.

Vos soins s'étendroient jusqu'à lui!
Le bras qui l'accabloit deviendroit son appui!
J'attendrois son salut de la main d'Alexandre!
Mais quel miracle enfin n'en dois-je point attendre?
Je m'en souviens, seigneur, vous me l'avez promis,
Qu'Alexandre vainqueur n'avoit plus d'ennemis.
Ou plutôt ce guerrier ne fut jamais le vôtre :
La gloire également vous arma l'un et l'autre.

---

1. Louis Racine pensait qu'il y avait une faute d'impression dans ces vers, et il les corrigeait de la manière suivante :

Il faut bien qu'il succombe, et, malgré son courage,
Tombe sur tant de morts qui ferment son passage.

Ces vers valent mieux que les premiers; mais rien n'autorise à supposer ici une faute d'impression. Toutes les éditions publiées pendant la vie de Racine sont uniformes : elles portent toutes *et qu'enfin son courage*. (G.) Le mot courage est pris ici dans le sens du θυμός d'Homère, qui veut dire à la fois le courage, le cœur, la vie.

2. Cette fin du discours d'Axiane est d'une grande fierté de style. Corneille, dans le temps de sa gloire, n'avait pas fait mieux. Ce vers :

Dans les bras de la mort il le va regarder,

peut être cité parmi les plus beaux vers de Racine. (G.)

Contre un si grand courage il voulut s'éprouver;
Et vous ne l'attaquiez qu'afin de le sauver.
．．．．．．．．．．．ALEXANDRE.
Ses mépris redoublés qui bravent ma colère
Mériteroient sans doute un vainqueur plus sévère;
Son orgueil en tombant semble s'être affermi;
Mais je veux bien cesser d'être son ennemi;
J'en dépouille, madame, et la haine et le titre.
De mes ressentiments je fais Taxile arbitre :
Seul il peut, à son choix, le perdre ou l'épargner;
Et c'est lui seul enfin que vous devez gagner.
．．．．．．．．．．．．AXIANE.
Moi, j'irois à ses pieds mendier un asile!
Et vous me renvoyez aux bontés de Taxile!
Vous voulez que Porus cherche un appui si bas!
Ah! seigneur, votre haine a juré son trépas.
Non, vous ne le cherchiez qu'afin de le détruire.
Qu'une âme généreuse est facile à séduire!
Déjà mon cœur crédule, oubliant son courroux,
Admiroit des vertus qui ne sont point en vous.[1]

1. On lit, dans les premières éditions, les vers suivants, qui ont été retranchés :

> Je croyois que, touché de mes justes alarmes,
> Vous sauveriez Porus.
> ．．．．．．．．ALEXANDRE.
> ．．．．．．．．．．Que j'écoute vos larmes,
> Tandis que votre cœur, au lieu de s'émouvoir,
> Désespère Taxile, et brave mon pouvoir!
> Pensez-vous, après tout, que j'ignore son crime?
> C'est moi dont la faveur le noircit et l'opprime;
> Vous le verriez, sans moi, d'un œil moins irrité;
> Mais on n'en croira pas votre injuste fierté :
> Porus est mon captif. Avant qu'on le ramène,
> Consultez votre amour, consultez votre haine.
> Vous le pouvez, d'un mot, ou sauver ou punir.
> Madame, prononcez ce qu'il doit devenir.
> ．．．．．．．．AXIANE.
> Hélas! que voulez-vous que ma douleur prononce?

Armez-vous donc, seigneur, d'une valeur cruelle;
Ensanglantez la fin d'une course si belle :
Après tant d'ennemis qu'on vous vit relever,
Perdez le seul enfin que vous deviez sauver.

ALEXANDRE.

Hé bien, aimez Porus sans détourner sa perte;[1]
Refusez la faveur qui vous étoit offerte;
Soupçonnez ma pitié d'un sentiment jaloux;
Mais enfin, s'il périt, n'en accusez que vous.
Le voici. Je veux bien le consulter lui-même :
Que Porus de son sort soit l'arbitre suprême.*

    Pour sauver mon amant faut-il que j'y renonce?
    Faut-il, pour obéir aux ordres du vainqueur,
    Que je livre à Taxile ou Porus ou mon cœur?
    Pourquoi m'ordonnez-vous un choix si difficile?
    Abandonnez mes jours au pouvoir de Taxile,
    J'y consens. Ne peut-il se venger à son tour?
    Qu'il contente sa haine, et non pas son amour.
    Punissez les mépris d'une fière princesse,
    Qui, d'un cœur endurci, le haïra sans cesse.
          CLÉOFILE.
    Et pourquoi ces mépris qu'il n'a pas mérités?
    Lui qui semble adorer jusqu'à vos cruautés!
    Pourquoi garder toujours cette haine enflammée?
          AXIANE.
    C'est pour vous avoir crue, et pour m'avoir aimée.
    Je connois vos desseins. Votre esprit alarmé
    Veut éteindre un courroux par vous-même allumé.
    Vous me craignez enfin. Mais qu'il vienne, ce frère,
    Il saura quelle main l'expose à ma colère.
    Heureuse si je puis lui donner aujourd'hui
    Plus de haine pour vous que je n'en ai pour lui!
    Armez-vous donc, seigneur, etc.

1. *Sans détourner sa perte :* expression un peu obscure; le sens est : aimez Porus, sans songer que votre amour le perd. (G.) — Sans vouloir rien faire pour le sauver.

* Var. *Le voici. Consultons-le en ce péril extrême;*
    Je veux à son secours n'appeler que lui-même.

SCÈNE III.

PORUS, ALEXANDRE, AXIANE, CLÉOFILE,
ÉPHESTION, Gardes d'Alexandre.

ALEXANDRE.
Hé bien, de votre orgueil, Porus, voilà le fruit!
Où sont ces beaux succès qui vous avoient séduit?
Cette fierté si haute est enfin abaissée.
Je dois une victime à ma gloire offensée :
Rien ne vous peut sauver. Je veux bien toutefois
Vous offrir un pardon refusé tant de fois.
Cette reine, elle seule à mes bontés rebelle,*
Aux dépens de vos jours veut vous être fidèle;
Et que, sans balancer, vous mouriez seulement
Pour porter au tombeau le nom de son amant.[1]
N'achetez point si cher une gloire inutile :
Vivez; mais consentez au bonheur de Taxile.

PORUS.
Taxile!

ALEXANDRE.
Oui.

PORUS.
Tu fais bien, et j'approuve tes soins;
Ce qu'il a fait pour toi ne mérite pas moins :
C'est lui qui m'a des mains arraché la victoire;
Il t'a donné sa sœur; il t'a vendu sa gloire;
Il t'a livré Porus. Que feras-tu jamais

---

* Var. *Axiane, elle seule à mes bontés rebelle.*

1. Il est indigne d'Alexandre, qui va bientôt faire une action héroïque, de commencer par faire une proposition honteuse, en exigeant que Porus cède sa maîtresse pour sauver sa vie. (G.)

Qui te puisse acquitter d'un seul de ses bienfaits?
Mais j'ai su prévenir le soin qui te travaille :
Va le voir expirer sur le champ de bataille.
ALEXANDRE.
Quoi! Taxile?
CLÉOFILE.
Qu'entends-je?
ÉPHESTION.
Oui, seigneur, il est mort.
Il s'est livré lui-même aux rigueurs de son sort.
Porus étoit vaincu; mais, au lieu de se rendre,
Il sembloit attaquer, et non pas se défendre.
Ses soldats, à ses pieds étendus et mourants,
Le mettoient à l'abri de leurs corps expirants.
Là, comme dans un fort, son audace enfermée
Se soutenoit encor contre toute une armée;
Et, d'un bras qui portoit la terreur et la mort,
Aux plus hardis guerriers en défendoit l'abord.
Je l'épargnois toujours. Sa vigueur affoiblie
Bientôt en mon pouvoir auroit laissé sa vie,
Quand sur ce champ fatal Taxile est descendu.
« Arrêtez, c'est à moi que ce captif est dû.
« C'en est fait, a-t-il dit, et ta perte est certaine,
« Porus; il faut périr ou me céder la reine. »
Porus, à cette voix ranimant son courroux,
A relevé ce bras lassé de tant de coups,
Et cherchant son rival d'un œil fier et tranquille :
« N'entends-je pas, dit-il, l'infidèle Taxile,
« Ce traître à sa patrie, à sa maîtresse, à moi?
« Viens, lâche! poursuit-il, Axiane est à toi.
« Je veux bien te céder cette illustre conquête;
« Mais il faut que ton bras l'emporte avec ma tête.

« Approche ! » A ce discours, ces rivaux irrités
L'un sur l'autre à la fois se sont précipités.
Nous nous sommes en foule opposés à leur rage;
Mais Porus parmi nous court et s'ouvre un passage,
Joint Taxile, le frappe; et lui perçant le cœur,
Content de sa victoire, il se rend au vainqueur.

CLÉOFILE.

Seigneur, c'est donc à moi de répandre des larmes;
C'est sur moi qu'est tombé tout le faix de vos armes.
Mon frère a vainement recherché votre appui,
Et votre gloire, hélas! n'est funeste qu'à lui.
Que lui sert au tombeau l'amitié d'Alexandre?
Sans le venger, seigneur, l'y verrez-vous descendre?
Souffrirez-vous qu'après l'avoir percé de coups,
On en triomphe aux yeux de sa sœur et de vous?

AXIANE.

Oui, seigneur, écoutez les pleurs de Cléofile.
Je la plains. Elle a droit de regretter Taxile :
Tous ses efforts en vain l'ont voulu conserver;
Elle en a fait un lâche, et ne l'a pu sauver.
Ce n'est point que Porus ait attaqué son frère;
Il s'est offert lui-même à sa juste colère.
Au milieu du combat que venoit-il chercher?
Au courroux du vainqueur venoit-il l'arracher?
Il venoit accabler dans son malheur extrême
Un roi que respectoit la victoire elle-même.
Mais pourquoi vous ôter un prétexte si beau?
Que voulez-vous de plus? Taxile est au tombeau.
Immolez-lui, seigneur, cette grande victime;
Vengez-vous. Mais songez que j'ai part à son crime.
Oui, oui, Porus, mon cœur n'aime point à demi;
Alexandre le sait, Taxile en a gémi :

Vous seul vous l'ignoriez ; mais ma joie est extrême
De pouvoir en mourant vous le dire à vous-même.

PORUS.

Alexandre, il est temps que tu sois satisfait.*
Tout vaincu que j'étois, tu vois ce que j'ai fait.
Crains Porus ; crains encor cette main désarmée
Qui venge sa défaite au milieu d'une armée.
Mon nom peut soulever de nouveaux ennemis,
Et réveiller cent rois dans leurs fers endormis.[1]
Étouffe dans mon sang ces semences de guerre ;
Va vaincre en sûreté le reste de la terre.
Aussi bien n'attends pas qu'un cœur comme le mien
Reconnoisse un vainqueur, et te demande rien.
Parle : et, sans espérer que je blesse ma gloire,
Voyons comme tu sais user de la victoire.

ALEXANDRE.

Votre fierté, Porus, ne se peut abaisser :
Jusqu'au dernier soupir vous m'osez menacer.
En effet, ma victoire en doit être alarmée,
Votre nom peut encor plus que toute une armée :
Je m'en dois garantir. Parlez donc, dites-moi ;
Comment prétendez-vous que je vous traite ?

PORUS.

En roi.[2]

* Ce vers était précédé des quatre suivants, que Racine a retranchés :

> Ah, madame ! sur moi laissez tomber leurs coups ;
> Ne troublez point un sort que vous rendez si doux.
> Vous m'allez regretter : quelle plus grande gloire
> Pouvoit à mes soupirs accorder la victoire ?

1. Grande et magnifique image. Racine, dans cette pièce, est presque toujours sublime quand il fait parler Porus, et presque toujours froid et recherché lorsqu'il fait parler Alexandre. (A. M.)

2. « Estant donc ce roy Porus prins, Alexandre lui demanda comment il le traicteroit. Porus lui respondit qu'il le traictast *en roy*. » PLUT., *Vie d'Alexandre,* chap. XIX, traduction d'Amyot.

ACTE V, SCÈNE III.

ALEXANDRE.

Hé bien, c'est donc en roi qu'il faut que je vous traite.
Je ne laisserai point ma victoire imparfaite ;
Vous l'avez souhaité, vous ne vous plaindrez pas.
Régnez toujours, Porus : je vous rends vos États.
Avec mon amitié recevez Axiane :
A des liens si doux tous deux je vous condamne.
Vivez, régnez tous deux ; et, seuls de tant de rois,
Jusques aux bords du Gange allez donner vos lois.

(A Cléofile.)

Ce traitement, madame, a droit de vous surprendre ; [1]
Mais enfin c'est ainsi que se venge Alexandre.
Je vous aime ; et mon cœur, touché de vos soupirs,
Voudroit par mille morts venger vos déplaisirs.
Mais vous-même pourriez prendre pour une offense
La mort d'un ennemi qui n'est plus en défense :
Il en triompheroit ; et, bravant ma rigueur,
Porus dans le tombeau descendroit en vainqueur.
Souffrez que, jusqu'au bout achevant ma carrière,
J'apporte à vos beaux yeux ma vertu tout entière.
Laissez régner Porus couronné par mes mains ;
Et commandez vous-même au reste des humains.
Prenez les sentiments que ce rang vous inspire ;
Faites, dans sa naissance, admirer votre empire ;

---

1. Oui ; car, jusqu'à ce moment, Cléofile n'a vu dans Alexandre qu'un esclave soumis, qu'un adorateur servile. Mais ce qui a bien plus droit de surprendre les lecteurs, c'est qu'Alexandre, qui vient de signaler son grand cœur par un acte héroïque de clémence, en demande, pour ainsi dire, pardon à sa maîtresse ; c'est qu'après avoir parlé le langage d'un grand homme, il *apporte sa vertu aux beaux yeux de Cléofile*. Axiane elle-même, la fière et indomptable Axiane, se rabaisse au rang des femmes les plus ordinaires, lorsqu'elle complimente Cléofile sur *l'avantage charmant qu'elle possède d'être adorée d'un amant que toute la terre adore*. (G.)

Et, regardant l'éclat qui se répand sur vous,
De la sœur de Taxile oubliez le courroux.

AXIANE.

Oui, madame, régnez; et souffrez que moi-même
J'admire le grand cœur d'un héros qui vous aime.
Aimez, et possédez l'avantage charmant
De voir toute la terre adorer votre amant.

PORUS.

Seigneur, jusqu'à ce jour l'univers en alarmes
Me forçoit d'admirer le bonheur de vos armes;
Mais rien ne me forçoit, en ce commun effroi,
De reconnoître en vous plus de vertu qu'en moi.
Je me rends; je vous cède une pleine victoire :
Vos vertus, je l'avoue, égalent votre gloire.
Allez, seigneur, rangez l'univers sous vos lois;
Il me verra moi-même appuyer vos exploits :
Je vous suis; et je crois devoir tout entreprendre
Pour lui donner un maître aussi grand qu'Alexandre.[1]

CLÉOFILE.

Seigneur, que vous peut dire un cœur triste, abattu?
Je ne murmure point contre votre vertu :
Vous rendez à Porus la vie et la couronne;
Je veux croire qu'ainsi votre gloire l'ordonne;
Mais ne me pressez point: en l'état où je suis,
Je ne puis que me taire, et pleurer mes ennuis.

---

1. Le vers est beau; mais le sentiment qu'il exprime est-il digne de Porus? Après avoir fait éclater, dans tout le cours de la pièce, un enthousiasme aussi vif pour la liberté de son pays; après avoir si vaillamment combattu pour maintenir son indépendance, convient-il à Porus de conspirer contre la liberté du monde, et de tout entreprendre pour lui donner un maître, quelque grand qu'on le suppose? Cet élan de la reconnaissance n'est-il pas trop peu mesuré? Et Porus, en parlant ainsi, ne dément-il pas le caractère que le poëte lui a donné dans toute la pièce? (G.)

ALEXANDRE.

Oui, madame, pleurons un ami si fidèle,
Faisons en soupirant éclater notre zèle ;
Et qu'un tombeau superbe instruise l'avenir
Et de votre douleur et de mon souvenir.[1]

[1]. Le grand défaut qui règne dans cette pièce, dit Louis Racine, est un amour qui en paroît faire tout le nœud, tandis qu'un des plus glorieux exploits d'Alexandre n'en paroît que l'épisode.

On était, lorsque cette pièce parut, si accoutumé à ces romans où les héros de l'antiquité sont changés en de fades galants, qu'Alexandre même ne parut pas assez doucereux. Au reste, on reconnaît ici une imitation continuelle de Corneille, non-seulement dans le style, mais encore dans le sujet. Corneille avait mis Jules César sur la scène ; Racine essaya d'y mettre Alexandre. Corneille avait présenté César amoureux de Cléopâtre ; Racine offrit Alexandre amoureux de Cléofile. Corneille avait peint la générosité de César envers un ennemi mort ; Racine peignit la générosité d'Alexandre envers un ennemi vaincu et mourant.

Il est tout simple que Racine, alors très-jeune, n'ait pas cru pouvoir faire mieux que de modeler son Alexandre sur le César de Corneille.

Heureusement le succès d'*Alexandre* n'empêcha pas son auteur de s'ouvrir une route nouvelle. Il fit *Andromaque*, et l'on peut dire avec La Harpe qu'il y a un demi-siècle entre ces deux ouvrages. (A. M.)

FIN D'ALEXANDRE.

EXAMEN CRITIQUE

D'ALEXANDRE LE GRAND.

Il est facile de voir qu'il y a dans l'*Alexandre* deux tragédies et deux poëtes, pour ainsi dire, relevant d'écoles différentes. Il y a une tragédie romanesque et un jeune auteur qui se règle sur le goût du temps; il y a quelques scènes qui appartiennent à la tragédie historique, à celle dont Racine donnera, dans *Britannicus,* le plus bel exemple, et dont il reprendra la gravité, en l'épurant encore, dans *Esther* et dans *Athalie*; mais, chose curieuse, il n'y a encore dans *Alexandre* rien qui sente la tragédie passionnée, celle qui substitue l'amour naturel et vrai à l'amour de convention ou de conversation, si cher aux romans du temps.

Lorsque Racine se laisse aller à exprimer l'amour romanesque, Alexandre devient un dameret et un précieux; le héros disparaît tout entier. Voyez Éphestion, au deuxième acte, parler à la reine Cléofile de l'amour qu'a pour elle Alexandre :

  . . . . L'amour,

lui dit-il,
    précipitant ses pas,
Il ne cherchoit que vous en courant aux combats.
C'est pour vous qu'on l'a vu, vainqueur de tant de princes,
D'un cours impétueux traverser nos provinces,

> Et briser en passant, sous l'effort de ses coups,
> Tout ce qui l'empêchoit de s'approcher de vous.[1]

Ainsi, Alexandre n'a conquis le monde que pour s'approcher de la reine Cléofile. Comment Boileau pouvait-il lire ces vers de l'*Alexandre* sans se souvenir de son *Dialogue des héros de roman* ?

DIOGÈNE, à Pluton.

« Je vois bien que vous ne savez pas l'histoire de Cyrus.

PLUTON.

« Qui? moi! Je sais aussi bien mon Hérodote qu'un autre.

DIOGÈNE.

« Oui; mais, avec tout cela, sauriez-vous bien pourquoi Cyrus a tant conquis de provinces, traversé l'Asie, la Médie, l'Hyrcanie, la Perse, et ravagé enfin plus de la moitié du monde?

PLUTON.

« Belle demande! C'est que c'étoit un prince ambitieux, qui vouloit que toute la terre lui fût soumise.

DIOGÈNE.

« Point du tout : c'est qu'il vouloit délivrer sa princesse, qui avoit été enlevée. »

Alexandre, lorsqu'il parle lui-même de son amour à Cléofile, n'est pas plus raisonnable qu'Éphestion ; et je le regrette d'autant plus, que l'entrée en scène d'Alexandre vainqueur est belle et vraiment digne de lui :

> Allez, Éphestion, que l'on cherche Porus ;
> Qu'on épargne sa vie et le sang des vaincus.[2]

Nobles sentiments, vraiment dignes d'Alexandre, et qui font un contraste avec ceux qu'il exprime à la reine Cléofile, quand il lui rappelle qu'il lui avait promis que

> . . . . l'effort de son bras
> L'approcheroit bientôt de ses divins appas;

---

1. Acte II, scène 1re.
2. Acte III, scène IV.

quand il lui dit :

> Tout cède autour de vous; c'est à vous de vous rendre;

et que Cléofile lui répond en vraie précieuse :

> Non, je ne prétends pas que ce cœur inflexible
> Garde seul contre vous le titre d'invincible;

ou bien quand, au cinquième acte, toujours plus occupé d'entretenir la princesse que d'achever de vaincre Porus qui résiste encore, il lui demande son cœur, que Cléofile me semble déjà lui avoir donné cent fois, et ne veut plus, dit-il, que prendre le temps d'aller se montrer à l'Océan,

> A ce fier élément,
> Comme vainqueur du monde et comme votre amant.

Porus et Axiane ne sont ni plus naturels ni plus vraisemblables, quand ils s'entretiennent de leur amour, que ne le sont Alexandre et Cléofile. L'un est un héros sauvage à qui Racine a prêté une fierté qui semblerait devoir le défendre des fadeurs de la galanterie; l'autre est une princesse un peu barbare aussi, qui imite les grands sentiments des héroïnes de Corneille, et qui se souvient de la fière Émilie de *Cinna*. Mais l'empire de la mode est tout-puissant, et Porus et Axiane, tout sauvages qu'ils sont, courbent la tête sous le joug des exigences du roman. Porus, avant d'aller combattre Alexandre, dit à Axiane, en homme qui connaît sa carte de Tendre :

> Ce cœur qui me promet tant d'*estime* en ce jour
> Me pourroit bien encor promettre un peu d'*amour*.
> Contre tant de soupirs peut-il bien se défendre?
> Peut-il...

Et Axiane lui répond :

> Allez, seigneur; marchez contre Alexandre;
> La victoire est à vous, si ce fameux vainqueur
> Ne se défend pas mieux contre vous que mon cœur.[1]

---

1. Acte II, scène v.

Voilà dans *Alexandre* le côté suranné et usé, celui de l'imitation et de la mode; venons maintenant au côté d'où souffle un nouvel esprit, venons à la tragédie historique, ou tout au moins à l'essai d'en créer une après Corneille, avec des sentiments aussi élevés et avec un style plus pur et plus correct. C'est ici qu'est la nouveauté dans *Alexandre*. Le génie de Racine ne le portait peut-être pas naturellement vers ce genre; il était fait, dit-on, pour peindre les passions plutôt que pour peindre les caractères. Mais quand on lit quelques scènes de l'*Alexandre*, tout le *Britannicus*, le rôle de Mithridate et celui d'Acomat, on voit combien Racine approche de Corneille et l'égale presque, même dans la tragédie historique et héroïque.

La scène entre Éphestion, Porus et Taxile, au deuxième acte, quand Éphestion vient, au nom d'Alexandre, offrir la paix aux deux rois indiens, est vraiment belle et digne de Corneille; là, plus de galanteries banales, plus de madrigaux prétentieux. Porus ne veut point avoir de maître, et Alexandre ne veut point d'égal.

> Toujours son amitié traîne un long esclavage,

dit Porus en vers excellents :

> En vain on prétendroit n'obéir qu'à demi;
> Si l'on n'est son esclave, on est son ennemi.

Taxile lui-même, que Porus traite de lâche ou de timide, parce qu'il ne veut pas de la guerre à tout prix, peint admirablement la grandeur précaire de l'empire d'Alexandre, composé de peuples vaincus et non soumis :

> Votre empire n'est plein que d'ennemis couverts;
> Ils pleurent en secret leurs rois sans diadèmes;
> Vos fers trop étendus se relâchent d'eux-mêmes.

Plus bouillant que Taxile et plus prompt à courir au combat, Porus s'indigne qu'Alexandre ne veuille pas souffrir qu'il y ait même au bout du monde un peuple qui reste indépendant et un roi qui soit libre :

> Dans son avide orgueil je sais qu'il nous dévore ;
> De tant de souverains nous seuls régnons encore ;
> Mais que dis-je, nous seuls? Il ne reste que moi
> Où l'on découvre encor les vestiges d'un roi.
> Mais c'est pour mon courage une illustre matière :
> Je vois d'un œil content trembler la terre entière,
> Afin que par moi seul les mortels secourus,
> S'ils sont libres, le soient de la main de Porus,
> Et qu'on dise partout dans une paix profonde :
> Alexandre vainqueur eût dompté tout le monde ;
> Mais un roi l'attendoit au bout de l'univers,
> Par qui le monde entier a vu briser ses fers.[1]

Il y a bien ici un peu de grandeur affectée qui fait souvenir de Corneille. Mais songeons que Porus est un sauvage et un barbare, dispensé, à ce titre, de la modestie. Porus est de l'école des héros d'Homère; il dit de lui tout ce qu'il pense et fait son éloge sans respect humain. Que d'autres admirent superstitieusement les victoires d'Alexandre, Porus considère quels sont les peuples qu'il a vaincus.

> Que verrois-je et que pourrois-je apprendre
> Qui m'abaisse si fort au-dessous d'Alexandre?
> Seroit-ce sans efforts les Persans subjugués,
> Et vos bras tant de fois de meurtres fatigués?
> Quelle gloire, en effet, d'accabler la foiblesse
> D'un roi déjà vaincu par sa propre mollesse ;
> D'un peuple sans vigueur et presque inanimé
> Qui gémissoit sous l'or dont il étoit armé !
> . . . .
> Un seul rocher ici lui coûte plus de têtes,
> Plus de soins, plus d'assauts, et presque plus de temps,
> Que n'en coûte à son bras l'empire des Persans.
> Ennemis du repos qui perdit ces infâmes,
> L'or qui naît sous nos pas ne corrompt point nos âmes.
> La gloire est le seul bien qui nous puisse tenter
> Et le seul que mon cœur cherche à lui disputer.[2]

---

1. Acte II, scène II.
2. *Ibid.*

Racine a emprunté à Quinte-Curce le caractère de Porus, et il l'a fort heureusement reproduit, sans lui rien ôter de la grandeur un peu déclamatoire qu'il a dans l'historien, j'allais dire dans le romancier latin. L'imitation de Corneille, vers laquelle penchait alors Racine, n'était pas faite pour lui conseiller d'adoucir ou de rendre plus simple cette fierté à la fois sauvage et théâtrale. Tel qu'il est cependant, si le personnage de Porus eût pu remplir la pièce, Racine aurait, dès son *Alexandre* et avant *Britannicus,* touché au but de la tragédie historique. Mais le malheur du sujet, c'est que Porus, si le poëte voulait rester fidèle à l'histoire, ne pouvait paraître que dans une ou deux scènes. Il en était de même d'Alexandre. Alexandre nous intéresse et nous plaît quand il parle de son amour de la gloire, ou quand Porus s'indigne de cette ambition qui opprime la terre entière; Porus aussi nous émeut et nous attire à lui, quand il se fait le défenseur de la liberté du monde. Mais quoi? l'amour de la gloire et l'amour de l'indépendance peuvent remplir une scène ou deux; la magnanimité d'Alexandre, qui traite Porus en roi, peut faire encore une dernière et très-belle scène. Mais Racine avait raison de dire dans sa préface qu'il y avait peu d'incidents et peu de matière dans son sujet. Comment remplir ce vide? Racine a essayé de le remplir de deux manières, l'une peu heureuse, mais très à la mode, c'est l'imitation de la tragédie romanesque; il a fait de ses deux héros, Porus et Alexandre, deux chevaliers amoureux; l'autre, meilleure peut-être, et qui se sent de l'imitation de Corneille, c'est le personnage de la reine Axiane, inspiré par l'Émilie de *Cinna* et surtout par la reine Viriate dans *Sertorius.*[1]

Je ne veux signaler ici que quelques traits curieux de ressemblance, d'abord entre Émilie et Axiane, ensuite entre Viriate et Axiane. On sait comment Maxime, qui a dénoncé Cinna à Auguste, veut fuir avec Émilie qu'il aime et s'emparer

1. *Sertorius* de Corneille, 1662. — *Alexandre,* 1665.

ainsi de l'amante de son ami. Émilie ne veut pas survivre à Cinna, et elle s'indigne que Maxime, au lieu de songer à suivre son ami au tombeau, vienne en ce moment lui parler d'amour.

> Quiconque après sa perte aspire à se sauver
> Est indigne du jour qu'il tâche à conserver.
> . . . .

Et comme Maxime s'obstine à l'entretenir de sa tendresse :

> . . . Tu m'oses aimer, et tu n'oses mourir!
> Tu prétends un peu trop; mais quoi que tu prétendes,
> Rends-toi digne du moins de ce que tu demandes;
> Cesse de fuir en lâche un glorieux trépas
> Ou de m'offrir un cœur que tu fais voir si bas.[1]

Axiane traite Taxile comme Émilie traite Maxime. Alexandre, qui n'est pas seulement un amoureux du pays de Tendre, mais qui est aussi un habile ambassadeur d'amour, Alexandre a pressé Axiane d'aimer et d'épouser Taxile. Celui-ci accourt pour profiter auprès d'Axiane de cette sollicitation souveraine.

> Eh bien,

lui dit Axiane,

> on prétend que tu m'aimes;
> On fait plus, et l'on veut que je t'aime à mon tour.
> Mais sais-tu l'entreprise où s'engage ta flamme?
> Sais-tu par quels secrets on peut toucher mon âme?
> Es-tu prêt?...
>   TAXILE.
>   Ah! madame, éprouvez seulement
> Ce que peut sur mon cœur un espoir si charmant!
> Que faut-il faire?
>   AXIANE.
>   Il faut, s'il est vrai que l'on m'aime,
> Aimer la gloire autant que je l'aime moi-même,
> Ne m'expliquer ses vœux que par mille hauts faits,
> Et haïr Alexandre autant que je le hais...

Et comme Taxile répond très-justement, avec plus de raison

---

1. *Cinna*, acte IV, scène VI.

que de tendresse, qu'à agir ainsi il se perdrait auprès d'Alexandre, sans pour cela gagner l'amour d'Axiane,

> ... Tu peux recouvrer mon estime,

lui dit Axiane,

> Dans le sang ennemi tu peux laver ton crime.
> . . . .
> Venge nos libertés qui respirent encore;
> De mon trône et du tien deviens le défenseur;
> Cours, et donne à Porus un digne successeur...
> Tu ne me réponds rien! Je vois sur ton visage
> Qu'un si noble dessein étonne ton courage.
> Je te propose en vain l'exemple d'un héros;
> Tu veux servir. Va, sers, et me laisse en repos.

Entre Axiane et Émilie la ressemblance de situation et de sentiments est visible dans cette scène. Au dénoûment, quand Taxile a péri sous les coups de Porus, Axiane se souvient encore de la fière Émilie, à voir le dédain altier avec lequel elle réfute les plaintes de Cléofile qui pleure son frère Taxile.

> Elle a droit de regretter Taxile,

dit Axiane,

> Tous ses efforts en vain l'ont voulu conserver;
> Elle en a fait un lâche, et ne l'a pu sauver.

Ce dernier vers est tout cornélien.

Viriate, dans *Sertorius*, est aussi une de ces femmes héroïques et altières que Corneille aime à mettre sur le théâtre. Elles n'émeuvent pas beaucoup; elles plaisent cependant par une certaine grandeur qui nous étonne plus qu'elle ne nous attire. Quand un amant vient offrir ses vœux à ces héroïnes, elles ne lui demandent pas s'il les aime beaucoup, mais s'il est prêt à se sacrifier pour elles.

> Vous m'aimez, Perpenna,

dit Viriate à celui-ci,

> Sertorius le dit;
> Je crois sur sa parole, et lui dois tout crédit.

Je sais donc votre amour; mais tirez-moi de peine :
Par où prétendez-vous mériter une reine?
A quel titre lui plaire, et par quel charme un jour
Obliger sa couronne à payer votre amour?

Perpenna alors s'empresse de protester de son zèle et de son dévouement :

VIRIATE.
Eh bien! qu'êtes-vous prêt à me sacrifier?[1]

Voilà la même situation et presque les mêmes sentiments que ceux d'Axiane avec Taxile, et je crois que Racine, en concevant son personnage d'Axiane, sans vouloir imiter particulièrement l'Émilie de *Cinna* ou la Viriate de *Sertorius,* s'est inspiré de ces deux personnages plus héroïques que tendres, quoique Axiane me paraisse plus sensible qu'Émilie et que Viriate; soit que déjà le génie de Racine le poussât naturellement de ce côté, soit qu'il cédât seulement à l'influence de l'école romanesque, plus favorable aux belles passions qu'aux grands caractères.

Dans Axiane, c'est l'héroïne d'abord qui paraît. Elle s'indigne d'avoir été retenue par Taxile dans son camp, loin des dangers que court Porus.

Un plein calme en ces lieux assure votre tête,

lui dit Cléofile,

Tout est tranquille...
AXIANE.
Et c'est cette tranquillité
Dont je ne puis souffrir l'indigne sûreté.
Quoi! lorsque mes sujets, mourant dans une plaine,
Sur les pas de Porus combattent pour leur reine;
Qu'au prix de tout leur sang ils signalent leur foi;
Que le cri des mourants vient presque jusqu'à moi,
. . . .
On flatte ma douleur d'un calme injurieux!

Axiane a le courage de la femme guerrière et de l'amazone; elle a aussi, comme Viriate, la fierté de la reine qui veut

1. *Sertorius,* acte II, scène IV.

garder son indépendance. Taxile lui offre en vain l'amitié d'Alexandre, qui lui rendra sa couronne; il lui cite en vain la mère et la femme de Darius touchées de la générosité et des respects d'Alexandre :

> L'une le traite en fils; l'autre le traite en frère.
> AXIANE.
> Non, non, je ne sais point vendre mon amitié,
> Caresser un tyran et régner par pitié.
> Penses-tu que j'imite une foible Persane;
> Qu'à la cour d'Alexandre on retienne Axiane;
> Et qu'avec mon vainqueur, courant tout l'univers,
> J'aille vanter partout la douceur de ses fers?
> S'il donne les États, qu'il te donne les nôtres;
> Qu'il te pare, s'il veut, des dépouilles des autres.
> Règne : Porus ni moi n'en serons pas jaloux;
> Et tu seras encor plus esclave que nous. [1]

Même fierté de reine et d'Espagnole dans Viriate; elle veut épouser Sertorius, mais en Espagne, et pour y régner avec lui; elle ne veut point être à Rome la femme d'un consul et avoir le titre d'alliée et d'amie du peuple romain. Elle sait ce que vaut cette impérieuse amitié :

> Je vous verrai consul m'en apporter les lois,
> Et m'abaisser vous-même au rang des autres rois!
> Si vous m'aimez, seigneur, nos mers et nos montagnes
> Doivent borner nos vœux, ainsi que nos Espagnes :
> Nous pourons nous y faire un assez beau destin,
> Sans chercher d'autre gloire au pied de l'Aventin.
> Affranchissons le Tage, et laissons faire au Tibre.
> La liberté n'est rien quand tout le monde est libre;
> Mais il est beau de l'être, et voir tout l'univers
> Soupirer sous le joug et gémir dans les fers;
> Il est beau d'étaler cette prérogative
> Aux yeux du Rhône esclave et de Rome captive. [2]

D'ailleurs Viriate n'a point de passion. Je ne sais, dit-elle,

> Je ne sais ce que c'est d'aimer ou de haïr,
> Et la part que tantôt vous aviez dans mon âme

---

1. Acte III, scène II.
2. *Sertorius,* acte IV, scène II.

> Fut un don de ma gloire, et non pas de ma flamme.
> Je n'en ai point pour lui (Perpenna), je n'en ai point pour vous :
> Je ne veux point d'amant, mais je veux un époux ;
> Mais je veux un héros qui, par son hyménée,
> Sache élever si haut le trône où je suis née,
> Qu'il puisse de l'Espagne être l'heureux soutien,
> Et laisser de vrais rois de mon sang et du sien.[1]

Mêmes sentiments avec Thamire, sa confidente, qui s'étonne que Viriate veuille épouser Sertorius déjà vieux.

> VIRIATE.
> Ce ne sont point les sens que mon amour consulte ;
> Il hait des passions l'impétueux tumulte ;
> Et son feu, que j'attache aux soins de ma grandeur,
> Dédaigne tout mélange avec leur folle ardeur.
> J'aime en Sertorius ce grand art de la guerre
> Qui soutient un banni contre toute la terre ;
> J'aime ces cheveux gris tout couverts de lauriers,
> Ce front qui fait trembler les plus braves guerriers,
> Ce bras qui semble avoir la victoire en partage.
> L'amour de la vertu n'a jamais d'yeux pour l'âge :
> Le mérite a toujours des charmes éclatants,
> Et quiconque peut tout est aimable en tout temps.

Je me suis laissé aller, je l'avoue, au plaisir de citer un peu plus de vers de Corneille qu'il n'en fallait pour comparer Axiane avec Émilie et avec Viriate. Les vers de Corneille ne sont pas toujours très-corrects et très-élégants ; mais on y sent partout un souffle qui nous emporte vers l'admiration du grand, et qui nous inspire le dédain des sentiments vulgaires et médiocres. Axiane, malgré son courage et son amour de l'indépendance, n'est point un caractère de la trempe de Viriate. Elle aime la gloire ; mais, quand elle croit Porus mort, elle avoue à ses mânes l'amour qu'elle a eu pour lui :

> J'avouerai

dit-elle,

> que la gloire ait sur moi quelque empire ;
> Je te l'ai dit cent fois ; mais je devois te dire

---

1. *Sertorius*, acte IV, scène II.

> Que toi seul, en effet, m'engageas sous ses lois;
> J'appris à la connoître en voyant tes exploits;
> Et de quelque beau feu qu'elle m'eût enflammée,
> En un autre que toi je l'aurois moins aimée.

Enfin, lorsqu'elle s'emporte contre Alexandre qui veut la décider à épouser Taxile, elle lui reproche bien encore l'ambition qu'il a de conquérir le monde; mais son principal grief est qu'il soit venu interrompre par ses conquêtes l'amour qu'elle avait pour Porus, et que Porus avait pour elle.

> Contents de nos États et charmés l'un de l'autre,
> Nous attendions un sort plus heureux que le vôtre :
> Porus bornoit ses vœux à conquérir un cœur
> Qui peut-être aujourd'hui l'eût nommé son vainqueur.
> Ah! n'eussiez-vous versé qu'un sang si magnanime,
> Quand on ne vous pourroit reprocher que ce crime,
> Ne vous sentez-vous pas, seigneur, bien malheureux
> D'être venu si loin rompre de si beaux nœuds?
> Non, de quelque douceur que se flatte votre âme,
> Vous n'êtes qu'un tyran.

Nous avons entendu Alexandre avouer qu'il n'était arrivé jusqu'aux bords de l'Hydaspe que pour s'approcher *des divins appas* de la reine Cléofile; voilà maintenant la reine Axiane qui l'accuse de n'y être venu que pour rompre les beaux nœuds qui allaient l'unir à Porus. N'est-ce pas une curieuse manière d'expliquer l'histoire ancienne?

Pendant que Boileau, par amitié pour Racine et par zèle de réformateur, essayait de faire croire à son siècle que l'*Alexandre* était une tragédie héroïque, sévère et sans amour, et cela parce que la tragédie historique et sévère était son idéal, il y avait des critiques de grand esprit qui voyaient bien que le mérite attribué à l'*Alexandre* par Boileau n'était que le mérite de deux ou trois scènes au plus, et que tout le reste de la pièce avait le tort d'appartenir à l'école romanesque, c'est-à-dire à la fausse et prétentieuse galanterie. Le premier et le plus célèbre de ces critiques est Saint-Évremond dans sa dissertation sur l'*Alexandre* de Racine.

Saint-Évremond, dont je ne veux dire ici que quelques mots, est le premier de nos écrivains du second rang au xviie siècle, et souvent même il approche des écrivains du premier.[1]

Homme d'esprit, et aimant avant tout l'indépendance de pensées et de vie, il ne put vivre sous le gouvernement de Louis XIV, quoiqu'il n'eût pas été frondeur, et il se réfugia en Angleterre, moitié banni et moitié émigré. Il y vécut dans une société moitié anglaise aussi et moitié française, mais surtout spirituelle, aimant la conversation et le plaisir. Sa réputation grandit en France et s'accrut par ses ouvrages qui y étaient très-recherchés et très-lus. Le public, qui semblait s'être donné tout entier au roi et ne plus faire qu'un avec lui, aimait cependant beaucoup les écrits d'un homme qui refusait de s'associer à cette abdication universelle. Le public français a souvent des inconséquences de ce genre; ses goûts sont plus fiers que sa conduite. Saint-Évremond, qui, outre ses admirateurs, avait beaucoup d'amis, même à la cour et auprès du roi, reçut souvent l'offre de rentrer dans son pays; on lui demandait seulement une lettre qui fût de nature à être vue de Louis XIV. Les Français sont de tous les Européens ceux qui ont le moins la vocation de l'exil. Saint-Évremond céda en 1667 à l'envie si française de revoir son pays, et il écrivit au comte de Lionne une lettre que son père le marquis de Lionne, ministre des affaires étrangères, pût montrer au roi. La lettre était pleine d'éloges pour Louis XIV; mais Saint-Évremond n'y désavouait pas le blâme qu'il avait fait de Mazarin et du traité des Pyrénées. Cette lettre ne toucha pas Louis XIV; il pensa sans doute qu'un homme qui se réservait un coin quelconque d'indépendance, même dans le passé, n'était pas un homme sûr. Saint-Évremond était en Hollande depuis déjà quatre ans, quand il apprit le sort

---

[1]. Voir, dans *La Fontaine et les fabulistes,* ce que j'ai dit de Saint-Évremond. 1er vol., 10e leçon, p. 334.

de sa lettre. Il l'avait prévu, et il n'avait écrit que pour se mettre en règle contre les sollicitations de ses amis. Il se le tint pour dit, et, repassant en Angleterre, il s'y établit pour le reste de ses jours.

Quand Saint-Évremond, en Angleterre, lut l'*Alexandre* de Racine, il n'y retrouva que çà et là, à travers le pathos des romans du jour, l'Alexandre qu'il admirait dans l'histoire. C'était un grand partisan d'Alexandre, et il le préférait à César. Il avait fait entre les deux héros un parallèle qu'il faut lire avec sa dissertation sur la pièce de Racine, parce que le parallèle explique et confirme la dissertation qu'il a précédée.

Je dirais volontiers, prenant un mot de notre temps pour indiquer le genre d'admiration que Saint-Évremond avait pour Alexandre, que ce qu'il estimait le plus dans son héros, « c'étaient ces instincts merveilleux qui sont comme la partie divine de l'art de gouverner.[1] » — « Dans toute la vie d'Alexandre, dit Saint-Évremond,[2] M. le prince (le grand Condé) n'admiroit rien plus que cette fierté qu'il avoit avec les Macédoniens et cette confiance de lui-même. « Alexandre, disoit-il, abandonné « des siens parmi des barbares mal assujettis, se sentoit si digne « de commander, qu'il ne croyoit pas qu'on pût refuser de lui « obéir. Être en Europe ou en Asie, parmi les Grecs ou les « Perses, tout lui étoit indifférent. Il pensoit trouver des sujets où « il trouvoit des hommes. » — Curieux éloge d'un grand homm par un grand homme qui avait aussi, dans un ordre secondaire, l'instinct et le don du commandement. Saint-Évremond explique admirablement cette grandeur d'idées et de sentiments, cette hauteur d'âme, de cœur et d'esprit, qui correspondent si bien à la destinée que la Providence avait réservée à Alexandre dans le monde, qu'on peut croire qu'elle avait créé l'instrument pour l'ouvrage. Il y avait là quelque chose

---

1. Discours de M. Royer-Collard sur la tombe de Casimir Périer.
2. Tome III, p. 11.

au-dessus de la portée ordinaire des hommes. « Alexandre, dit Saint-Évremond, n'étoit proprement dans son naturel qu'aux choses extraordinaires. S'il falloit courir, il vouloit que ce fût contre des rois; s'il aimoit la chasse, c'étoit celle des lions; il avoit peine à faire un présent qui ne fût digne de lui. Jamais si résolu, jamais si gai que dans l'abattement des troupes, jamais si constant, si assuré que dans leur désespoir; en un mot, il commençoit à se posséder pleinement où les hommes d'ordinaire, soit par la crainte, soit par quelque autre foiblesse, ont accoutumé de ne se posséder plus. Mais son âme trop élevée s'ajustoit malaisément au train commun de la vie, et, peu sûre d'elle-même, il étoit à craindre qu'elle ne s'échappât parmi les plaisirs ou dans le repos.[1] »

Voilà une page que Saint-Évremond pourrait, pour la pensée et pour le style, prêter à Montesquieu.

César, selon Saint-Évremond, est aussi grand qu'Alexandre; mais il l'est par des moyens moins grands ou plus en rapport avec les mesures humaines. Jamais homme n'a été plus actif, plus habile, plus hardi, plus décidé, plus éloquent, plus aimable, plus séduisant, plus indifférent au bien et au mal, plus appliqué à son intérêt, plus ambitieux, toutes qualités bonnes et mauvaises qui sont des causes de succès dans le monde. « Loin d'être sujet aux désordres de la passion, César, dit Saint-Évremond, fut l'homme le plus agissant du monde et le moins ému : les grandes et les petites choses le trouvoient dans son assiette, sans qu'il parût s'élever pour celles-là, ni s'abaisser pour celles-ci.[2] » Il se servait des unes comme des autres. Enfin la grandeur de César s'explique humainement, surtout si l'on veut bien considérer, comme le dit Saint-Évremond, que « César a profité des travaux de tous les Romains : Scipion, Émilius, Marcellus, Marius, Sylla et Pompée, ses propres ennemis ont combattu pour lui. Tout ce

1. Pages 16 et 17.
2. Page 16.

qui s'étoit fait en six cents années fut le fruit d'une seule heure de combat. Ce qui semble plus incompréhensible d'Alexandre, c'est qu'en douze ou treize ans il ait conquis plus de pays que les plus grands États n'ont su faire dans toute l'étendue de leur durée. Aujourd'hui un voyageur est célèbre pour avoir traversé une partie des nations qu'il a subjuguées; et afin qu'il ne manque rien à sa félicité, il a joui paisiblement de son empire, jusqu'à être adoré de ceux qu'il avoit vaincus; en quoi je plains le malheur de César, qui n'a pu donner une forme à l'État, selon ses desseins, ayant été assassiné par ceux qu'il alloit assujettir.[1] »

Saint-Évremond résume très-bien son parallèle entre César et Alexandre : « Disons que, par des moyens praticables, César a exécuté les plus grandes choses, et qu'il s'est fait le plus grand des Romains. Alexandre étoit naturellement au-dessus des hommes. Vous diriez qu'il étoit né le maître de l'univers et que, dans ses expéditions, il alloit moins combattre des ennemis que se faire reconnoître de ses peuples.[2] »

Ayant cette grande idée d'Alexandre, Saint-Évremond ne pouvait guère le retrouver dans Racine, excepté dans quelques scènes qu'il admirait; mais ces scènes mêmes faisaient la critique du reste de la tragédie. « Peut-être, dit Saint-Évremond, que pour faire Porus plus grand, sans donner dans le fabuleux, notre auteur a pris le parti d'abaisser son Alexandre. Si ça été son dessein, il ne pouvoit pas mieux réussir; car il en fait un prince si médiocre, que cent autres le pourroient emporter sur lui comme Porus. Ce n'est pas qu'Éphestion n'en donne une belle idée; que Taxile, que Porus même ne parlent avantageusement de sa grandeur; mais quand il paroît lui-même, il n'a pas la force de la soutenir..... A parler sérieusement, je ne connois d'Alexandre ici que le seul nom : son génie, son humeur, ses qualités ne me paroissent en aucun

1. Pages 13 et 14.
2. Page 18.

endroit. Je cherche dans un héros impétueux des mouvements extraordinaires qui me transportent, et je trouve un prince si peu animé, qu'il me laisse tout le sang-froid où je puis être.[1] »

Le reproche que Saint-Évremond faisait à Racine d'avoir trop rapetissé Alexandre s'accordait avec l'opinion générale du temps, qui, malgré Boileau, ne trouvait pas qu'Alexandre fût trop grand ou trop *glorieux*. On croyait même que la pièce avait porté d'abord le nom de *Porus*, parce que c'était vraiment Porus qui en était le héros. M. de Pomponne, qui en avait entendu lire les premiers actes chez Mme du Plessy-Guénégaud, écrit à M. Arnauld d'Andilly, le 4 février 1665 : « Despréaux, que vous connoissez, étoit venu réciter de ses satires qui me parurent admirables, et Racine y récita aussi trois actes et demi d'une comédie de Porus, si célèbre contre Alexandre, qui est assurément d'une fort grande beauté.[2] » Dans sa gazette en vers, Robinet, rendant compte de l'*Alexandre*, dit que

> Là, Porus fait aussi son rôle
> Et généralement contrôle
> Le grand vainqueur de l'univers,
> Lors même qu'il le tient aux fers.

Porus, montrant une fierté triomphante et gourmandant son vainqueur, ne faisait que suivre en cela l'usage des vaincus du théâtre de Corneille ; il n'y avait donc rien dans cette fierté qui pût étonner le public contemporain ; mais il la trouvait mal partagée entre Porus et Alexandre.

Porus ne satisfait pas non plus Saint-Évremond, et la critique qu'il fait de ce personnage n'est pas moins judicieuse et moins élevée que celle qu'il a faite d'Alexandre. « Je m'imaginois en Porus une grandeur d'âme qui nous fût plus étrangère ; le héros des Indes devoit avoir un caractère différent de celui des nôtres. Un autre ciel, pour ainsi parler,

---

1. Pages 138-139.
2. *Lettres de Pomponne*, à la suite des *Mémoires de Coulanges*, 1820, in-12, p. 472.

un autre soleil, une autre terre y produisent d'autres animaux et d'autres fruits. Les hommes y paroissent tout autres par la différence des visages, et plus encore, si je l'ose dire, par une diversité de raison. Une morale, une sagesse singulière à la région y semble régler et conduire d'autres esprits dans un autre monde. Porus cependant, que Quinte-Curce dépeint tout étranger aux Grecs et aux Perses, est ici purement François : au lieu de nous transporter aux Indes, on l'amène en France, où il s'accoutume si bien à notre humeur, qu'il semble né parmi nous ou du moins y avoir vécu toute la vie.....[1] Un des grands défauts de notre nation, c'est de ramener tout à elle, jusqu'à nommer étrangers dans leur propre pays ceux qui n'ont pas bien ou son air ou ses manières. De là vient qu'on nous reproche justement de ne savoir estimer les choses que par le rapport qu'elles ont avec nous.....[2] Concluons qu'Alexandre et Porus devoient conserver leur caractère tout entier; que c'étoit à nous à les regarder sur les bords de l'Hydaspe, tels qu'ils étoient; non pas à eux de venir sur les bords de la Seine étudier notre naturel et prendre nos sentiments. Le discours de Porus devoit avoir quelque chose de plus étranger et de plus rare. Si Quinte-Curce s'est fait admirer dans la harangue des Scythes par des pensées et des expressions naturelles à leur nation, l'auteur se pouvoit rendre aussi merveilleux en nous faisant voir, pour ainsi parler, la rareté du génie d'un autre monde.....[3]

« J'aurois souhaité que le fort de la pièce eût été à nous représenter ces grands hommes, et que, dans une scène digne de la magnificence du sujet, on eût fait aller la grandeur de leurs âmes jusqu'où elle pourroit aller. Si la conversation de Sertorius et de Pompée[4] a tellement rempli nos esprits, que

---

1. Page 159.
2. Page 141.
3. Page 142.
4. Voyez le *Sertorius* de Corneille, acte III, scène 1re.

ne devoit-on pas espérer de celle de Porus et d'Alexandre sur un sujet si peu commun? J'aurois voulu encore que l'auteur nous eût donné une plus grande idée de cette guerre. En effet, ce passage de l'Hydaspe, si étrange qu'il se laisse à peine concevoir : une grande armée de l'autre côté, avec des chariots terribles, et des éléphants alors effroyables; des éclairs, des foudres, des tempêtes qui mettoient la confusion partout, quand il fallut passer un fleuve si large sur de simples peaux; cent choses étonnantes qui épouvantèrent les Macédoniens, et qui surent faire dire à Alexandre qu'*enfin il avoit trouvé un péril digne de lui ;* tout cela devoit fort élever l'imagination du poëte, et dans la peinture de l'appareil, et dans le récit de la bataille.

« Cependant on parle à peine des camps des deux rois, à qui l'on ôte leur propre génie, pour les asservir à des princesses purement imaginées. Tout ce que l'intérêt a de plus grand et de plus précieux parmi les hommes, la défense d'un pays, la conservation d'un royaume, n'excite point Porus au combat : il y est animé seulement par les beaux yeux d'Axiane, et l'unique but de sa valeur est de se rendre recommandable auprès d'elle. On dépeint ainsi les chevaliers errants, quand ils entreprennent une aventure, et le plus bel esprit, à mon avis, de toute l'Espagne ne fait jamais entrer Don Quichotte dans le combat, qu'il ne se recommande à Dulcinée.

« Un faiseur de romans peut former ses héros à sa fantaisie : mais ces grands personnages de l'antiquité, si célèbres dans leur siècle, et plus connus parmi nous que les vivants même, les Alexandre, les Scipion, les César ne doivent jamais perdre leur caractère entre nos mains; car le spectateur le moins délicat sent qu'on le blesse quand on leur donne des défauts qu'ils n'avoient pas, ou qu'on leur ôte des vertus qui avoient fait sur son esprit une impression agréable. Leurs vertus, établies une fois chez nous, intéressent l'amour-propre comme si c'étoit notre propre mérite : on ne sauroit y apporter la moindre altération, sans nous faire sentir ce changement avec violence. Surtout il ne faut pas les défigurer dans la guerre, pour les rendre plus illustres dans l'amour. Nous pouvons leur donner des maîtresses de notre invention; nous pouvons mêler de la passion avec leur gloire; mais gardons-nous de faire un Antoine d'un Alexandre, et ne ruinons pas le héros établi par tant de siècles, en faveur de l'amant que nous formons à notre fantaisie.[1] »

J'ose dire que dans tout le xviie et le xviiie siècle il n'y a pas une page de critique qui soit plus sensée, plus fine et plus élevée que celle qu'on vient de lire. N'est-il pas remarquable que les défauts principaux reprochés à notre théâtre classique par la critique du xixe siècle, pendant la querelle des classiques et des romantiques, soient déjà signalés par Saint-Évremond avec tant de bon sens et de sagacité? Le défaut de vérité locale, la manie de changer en personnages français tous les personnages grecs ou romains, indiens ou persans, que nous mettons sur le théâtre, l'amour devenant le sentiment obligatoire de tous les héros de la scène, toutes les passions de l'âme humaine réduites, pour ainsi dire, à une seule, et à la plus banale de toutes, quand elle n'est pas la plus violente ou la plus touchante, l'amour enfin remplacé par la galanterie, l'action se privant comme à plaisir de toutes les singularités historiques qui pouvaient lui appartenir, pour se concentrer dans les coups de théâtre invraisemblables : tels sont les reproches que Saint-Évremond faisait, dès 1665, à notre théâtre.

Il n'y a point dans l'*Alexandre* de coups de théâtre romanesques. Le bon goût de Racine et le penchant qu'il témoignait dans cette pièce pour la véritable grandeur historique l'ont préservé de cette faute. Cependant Saint-Évremond a raison de lui reprocher de ne s'être point assez inspiré de Quinte-Curce. Cet auteur, en effet, que Saint-Évremond estimait beaucoup, et qu'on peut prendre, à le juger sur son style, pour un

---

1. Tome III, p. 143, 144, 145.

imitateur et un contemporain de Tacite, est admirable dans le récit qu'il fait de la résistance héroïque de Porus, et bien plus intéressant que la description un peu banale qu'en fait Éphestion. Je ne puis résister au plaisir de citer ce récit plein d'action et de mouvement, bien supérieur à la scène de Racine, et je le prends dans la traduction de Vaugelas,[1] si admirée au xviie siècle.

1. Je ne veux pas corriger cette traduction, qui me paraît souvent un peu molle; c'est le défaut qu'avoue Duryer dans la préface qu'il a mise au *Quinte-Curce* de Vaugelas, en y joignant la traduction des suppléments de Freinshemius; je me contente de mettre ici le texte latin :

« Porus, destitutus a pluribus, tela multo ante præparata in circumfusos ex elephanto suo cœpit ingerere : multisque eminus vulneratis, expositus ipse ad ictus undique petebatur. Novem jam vulnera hinc tergo, illinc pectore exceperat; multoque sanguine profuso, languidis manibus magis elapsa quam excussa tela mittebat. Nec segnius bellua instincta rabie, nondum saucia, invehebatur ordinibus : donec rector belluæ regem conspexit, fluentibus membris omissisque armis, vix compotem mentis. Tum belluam in fugam concitat, sequente Alexandro : sed equus ejus, multis vulneribus confossus deficiensque, procubuit, posito magis rege quam effuso. Itaque dum equum mutat, tardius insequutus est.

« Interim frater Taxilis regis Indorum, præmissus ab Alexandro, monere cœpit Porum, *ne ultima experiri perseveraret, dederetque se victori*. At ille, quanquam exhaustæ erant vires, deficiebatque sanguis, tamen ad notam vocem excitatus : *Agnosco*, inquit, *Taxilis fratrem, imperii regnique sui proditoris :* et telum, quod unum forte non effluxerat, contorsit in eum; quod per medium pectus penetravit ad tergum. Hoc ultimo virtutis opere edito, fugere acrius cœpit. Sed elephantus quoque, qui multa exceperat tela, deficiebat. Itaque sistit fugam, peditemque sequenti hosti objecit. Jam Alexander consequutus erat; et pertinacia Pori cognita, vetabat resistentibus parci. Ergo undique et in pedites et in ipsum Porum tela congesta sunt : queis tandem gravatus labi ex bellua cœpit. Indus qui elephantum regebat, descendere eum ratus, more solito elephantum procumbere jussit in genua : qui ut se submisit, ceteri quoque (ita enim instituti erant) demisere corpora in terram. Ea res et Porum, et ceteros, victoribus tradidit.

« Rex spoliari corpus Pori, interemptum esse credens, jussit : et qui detraherent loricam vestemque, concurrere; quum bellua dominum tueri, et spoliantes cœpit appetere, levatumque corpus ejus rursus dorso suo imponere. Ergo telis undique obruitur; confossoque eo, in vehiculum Porus imponitur. Quem rex ut vidit allevantem oculos, non odio, sed miseratione commotus : *Quæ, malum,* inquit, *amentia te coegit, rerum mearum cognita*

« Porus, se voyant abandonné de là plupart de ses gens, se mit à lancer du haut de son éléphant les dards dont il avoit fait bonne provision, et en blessa plusieurs qui l'environnoient, pendant que lui-même étoit en butte de tous côtés aux traits de ses ennemis. Il avoit déjà reçu neuf blessures par devant et par derrière, si bien, qu'ayant perdu quantité de sang, il n'avoit plus de force, et les dards lui tomboient des mains, quand il les pensoit tirer. Mais son éléphant, qui n'étoit point encore blessé, étant entré en fureur, fit un grand carnage des Macédoniens, jusqu'à ce que celui qui le gouvernoit, s'apercevant que le roi chanceloit de foiblesse et laissoit aller ses armes, fit prendre la fuite à la bête. Alexandre le suivoit de près ; mais son cheval, tout percé de coups, lui manqua au besoin, et se coucha doucement sous lui, comme s'il eût peur de le blesser. Cependant Porus gagna les devants, et le roi, qui perdit du temps à changer de cheval, ne put le suivre ; le frère de Taxile, roi des Indes, qu'Alexandre avoit envoyé après lui, l'ayant joint, l'exhorta de se soumettre au vainqueur et de ne pas attendre l'extrémité. Porus, quoique ses forces fussent épuisées, et qu'il perdît tout son sang, revint néan-

---

fama, belli fortunam experiri; quum Taxiles esset in deditos clementiæ meæ tam propinquum tibi exemplum? At ille : *Quoniam,* inquit, *percontaris, respondebo ea libertate, quam interrogando fecisti. Neminem me fortiorem esse censebam : meas enim noveram vires, nondum expertus tuas : fortiorem esse te, belli docuit eventus. Sed ne sic quidem parum felix sum, secundus tibi.* Rursus interrogatus, quid in se victorem statuere debere censeret : *Quod hic,* inquit, *dies tibi suadet, quo expertus es, quam caduca felicitas esset.* Plus monendo profecit, quam si precatus esset. Quippe magnitudinem animi ejus interritam, ac ne fortuna quidem infractam, non misericordia modo, sed etiam honore excipere dignatus est : ægrum curavit, haud secus quam si pro ipso pugnasset : confirmatum contra spem omnium, in amicorum numerum recepit : mox donavit ampliore regno, quam tenuit. Nec sane quidquam ingenium ejus solidius aut constantius habuit, quam admirationem veræ laudis et gloriæ : simplicius tamen famam æstimabat in hoste, quam in cive : quippe a suis credebat magnitudinem suam destrui posse ; eamdem clariorem fore, quo majores fuissent quos ipse vicisset. »

moins à cette voix qu'il reconnut, et dit : « N'est-ce pas le
« frère de Taxile que j'entends, ce traître à sa patrie et à son
« royaume? » Et, prenant un dard qui lui étoit resté, il le lança
contre lui d'une telle violence, qu'il le perça d'outre en outre;
et, après ce dernier exploit de valeur, se remit à fuir plus fort
qu'auparavant. Mais l'éléphant, qui avoit aussi reçu plusieurs
coups, ne pouvoit plus marcher, de sorte que Porus fut contraint de s'arrêter, et, avec quelques fantassins, se résolut de
faire tête aux ennemis qui le poursuivoient.

« Alexandre l'ayant atteint, et voyant son opiniâtreté,
ordonna qu'on taillât en pièces tout ce qui se mettroit en
défense. On commença donc à tirer de tous côtés sur Porus et
sur ses gens; et ce prince, enfin accablé, se laissoit aller le
long de son éléphant. L'Indien qui conduisoit la bête crut
qu'il vouloit descendre, et la fit mettre à genoux comme elle
avoit accoutumé; mais elle ne fut pas plutôt baissée, que les
autres éléphants, qu'on avoit dressés à cela, en firent de
même, ce qui livra Porus et toute sa suite au vainqueur.

« Le roi, croyant que Porus fût mort, commanda qu'on le
dépouillât. Mais, comme on accouroit pour lui ôter sa cuirasse
et ses habits, l'éléphant se mit à défendre son maître et à se
jeter sur ceux qui en approchoient, et, l'ayant levé de terre
avec sa trompe, le remit sur son dos. En un moment, la
bête est toute couverte de dards, et, ayant rendu les abois,
Porus fut pris et mis sur un chariot. Comme le roi vit qu'il
levoit encore les yeux, il fut ému de compassion et lui dit :
« Malheureux que tu es, quelle manie t'a saisi de tenter la
« fortune de la guerre, toi qui savois et la puissance et le bon-
« heur de mes armes, et qui avois pu connoître par l'exemple
« de Taxile, ton voisin, quelle est ma clémence envers ceux
« qui se soumettent? » A quoi il répondit : « Puisque tu le
« veux savoir, je te le dirai avec la même liberté que tu me
« donnes, en effet, en me faisant cette demande. Je ne croyois
« pas qu'il y eût au monde un plus vaillant homme que moi;
« car je connoissois mes forces et n'avois pas encore éprouvé les

« tiennes. Le succès de la bataille m'apprend aujourd'hui que
« je te dois céder cette gloire ; mais je ne m'estime pas peu
« heureux de tenir le second rang après toi. » Alexandre lui
ayant encore demandé quel traitement il croyoit que le vainqueur lui dût faire : « Celui, dit-il, que te conseillera cette
« journée, qui t'a fait voir combien la félicité des hommes est
« une chose fragile. » Il gagna plus par cet avertissement qu'il
donna au roi, qu'il n'eût fait en s'abaissant à des prières indignes. Car ce grand courage, que rien n'étonnoit, et que la
fortune même n'avoit pu abattre, lui sembla, non-seulement
digne de compassion, mais d'honneur. Il le fit panser de ses
blessures, comme s'il les eût reçues pour son service: et, lorsqu'il en fut guéri, contre l'opinion de tout le monde, il l'admit
au nombre de ses amis, et lui donna aussitôt un plus grand
royaume que n'étoit celui qu'il avoit auparavant, et certainement il n'y avoit rien en lui de plus louable ni qui lui fût
plus naturel que de révérer la valeur et la véritable vertu. Il
est vrai qu'il n'étoit pas si franc à l'estimer en ses citoyens
qu'en ses ennemis, parce qu'il croyoit que les siens pouvoient
faire ombre à sa gloire, au lieu que la réputation et la grandeur de ceux qu'il avoit vaincus rendroient ses triomphes plus
magnifiques et sa vaillance plus illustre. »

Le récit de Quinte-Curce est assurément plus dramatique,
surtout pour ceux qui le lisent dans le latin, que le cinquième
acte de Racine. On aime à n'avoir plus à s'occuper que de la
fierté de Porus et de la vraie grandeur d'âme d'Alexandre; on
sent que c'est vraiment là la tragédie d'*Alexandre,* telle peut-
être que Racine l'avait conçue, telle que voulait la voir son ami
Boileau, telle enfin qu'il n'avait pas pu la faire, entraîné irré-
sistiblement par la mode de cet amour romanesque et faux
dont il devait corriger son siècle.

Si j'avais besoin d'un exemple pour justifier Racine de cet
asservissement à la mode, je le prendrais dans Saint-Évremond lui-même, c'est-à-dire dans le critique qui blâmait si
justement cette galanterie des chevaliers errants, introduite

fort mal à propos dans l'*Alexandre*. Saint-Évremond se garde d'interdire absolument l'amour dans les tragédies dont il ne fait pas le sujet principal. Il n'ose se brouiller à ce point avec le goût de son temps. « Rejeter l'amour de nos tragédies, comme indigne des héros, c'est, dit-il, ôter ce qui nous fait tenir encore à eux par un secret rapport, par je ne sais quelle liaison qui demeure encore entre leurs âmes et les nôtres. . . . . . D'ailleurs, comme les femmes sont aussi nécessaires pour la représentation que les hommes, il est à propos de les faire parler autant qu'on peut de ce qui leur est le plus naturel, et dont elles parlent mieux que d'aucune chose. Otez aux unes l'expression des sentiments amoureux, et aux autres l'entretien secret où les fait aller la confidence, vous les réduisez ordinairement à des conversations ennuyeuses. . . . . . Leurs joies, leurs tristesses, leurs craintes, leurs désirs doivent sentir un peu d'amour pour nous plaire. Introduisez une mère qui se réjouit du bonheur de son cher fils, ou s'afflige de l'infortune de sa pauvre fille : sa satisfaction ou sa peine fera peu d'impression sur l'âme des spectateurs. Pour être touchés des larmes et des plaintes de ce sexe, voyons une amante qui pleure la mort d'un amant, non pas une femme qui se désole de la perte d'un mari. La douleur des maîtresses, tendre et précieuse, nous touche bien plus que l'affliction d'une veuve artificieuse ou intéressée, et qui, toute sincère qu'elle est quelquefois, nous donne toujours une idée noire des enterrements et de leurs cérémonies lugubres.[1] »

Bizarre et étrange théorie, qui exclut tous les sentiments les plus naturels du cœur humain pour n'en conserver qu'un seul, l'amour, et celui-là à condition que ce ne sera point l'amour d'une femme pour son mari. Alceste ne peut pas nous toucher. Qu'est-ce qu'une femme qui se sacrifie pour son époux? Andromaque pleurant Hector fera peu d'impression sur l'âme des spectateurs : elle pleure son mari. Quant à l'amour ma-

1. Tome III, p. 145-147.

ternel de Mérope, quant à la piété filiale d'Antigone, il n'y a rien là qui puisse nous émouvoir : ce sont tragédies antiques bonnes pour les Grecs, qui n'avaient pas de femmes sur leurs théâtres. Singulière raison, en vérité : si les rôles n'étaient pas joués par des femmes, ils n'en étaient pas moins des rôles de femmes, conformes aux sentiments du cœur féminin, qui n'avait pas encore appris qu'il n'y a en lui qu'un seul sentiment qui puisse nous plaire, l'amour, toujours l'amour, et non pas l'amour maternel ou filial, non pas surtout l'amour conjugal. Saint-Évremond exclut de la scène la mère, la fille, la sœur, l'épouse, tout ce qui est le plus la femme ; il n'admet que la maîtresse : il n'y a qu'elle dont la douleur précieuse, c'est-à-dire de bon ton et de bonne compagnie, puisse nous toucher. Surtout point de douleurs de veuves : celles-là sont artificieuses ou intéressées; et, quand quelquefois elles sont sincères, elles font penser aux enterrements et à leurs cérémonies lugubres. Les maîtresses, à ce compte, pleurent leurs amants, mais ne les enterrent jamais; c'est là leur supériorité dramatique. Ne nous y trompons pas : quand Saint-Évremond rejetait du théâtre l'amour faux et romanesque, mais qu'il y admettait par préférence l'amour frivole et mondain, il sacrifiait aux préjugés du monde élégant et facile qu'il aimait, et il était aussi loin de la vérité dramatique que les docteurs de la *carte de Tendre* et que Racine lui-même dans sa tragédie d'*Alexandre*.

FIN DU PREMIER VOLUME.

TABLE

DU TOME PREMIER.

DISCOURS PRÉLIMINAIRE.

Pages.

De Racine et de son influence sur la littérature du xviie siècle 1

INTRODUCTION.

De l'état du théâtre français entre Corneille et Racine, entre *Polyeucte*,
1640, et les *Frères ennemis*, 1664 15
Mlle de Scudéry 18
L'illustre Bassa de Scudéry. 26
Duryer. 47
Thomas Corneille 55
Quinault 82
Les opéras de Quinault 112

VIE DE RACINE.

Vie de Racine, depuis ses commencements jusqu'à sa première tragédie : *Les Frères ennemis*, 1639-1664 141
Éducation de Racine à Port-Royal. 161
Premiers vers de Racine — Sa sortie de Port-Royal en 1658 182
Premières poésies de Racine. — *La Nymphe de la Seine*. — Voyage et
séjour à Uzès. 199
Retour à Paris. — Premiers protecteurs de Racine à la cour. — Molière
et le comte de Saint-Aignan. — *Les Frères ennemis* 230

TABLE DU TOME PREMIER.

ŒUVRES DE RACINE.

	Pages.
LA THÉBAÏDE OU LES FRÈRES ENNEMIS	243
Examen critique de la *Thébaïde*	329
ALEXANDRE LE GRAND	371
Notice préliminaire	373
Examen critique d'*Alexandre le Grand*	481

FIN DE LA TABLE DU PREMIER VOLUME.

www.ingramcontent.com/pod-product-compliance
Lightning Source LLC
Chambersburg PA
CBHW071606230426
43669CB00012B/1849